史記

全本 全注 全译

〔汉〕司马迁 著

杨燕起 译注

八 列传（三）

岳麓書社·长沙

史记卷一百二

张释之冯唐列传第四十二

原文

张廷尉释之者，堵阳人也，字季。[1]有兄仲同居。以訾为骑郎[2]，事孝文帝，十岁不得调，无所知名。释之曰："久宦减仲之产，不遂[3]。"欲自免归。中郎将袁盎知其贤，惜其去，乃请徙释之补谒者。[4]释之既朝毕，因前言便宜[5]事。文帝曰："卑[6]之，毋甚高论，令今可施行也。"于是释之言秦汉之间事，秦所以失而汉所以兴者久之。文帝称善，乃拜释之为谒者仆射[7]。

译文

廷尉张释之是堵阳县人，字季。他有个哥哥张仲和他一起生活。张仲花钱为张释之买了个骑郎的职位，他事奉孝文帝，十年时间都没能被提升，没有什么人知道他。张释之说："长久做官会耗费张仲的家产，我心里感到不安。"他想请求免官回家。中郎将袁盎知道他贤能，舍不得他离去，就请求调张释之补任谒者缺职。张释之在朝见完毕后，顺便上前进言朝廷应做的事情。文帝说："切实一点，不要太高谈阔论，要的是现在可以施行的。"于是张释之就谈论秦汉之间的事，秦朝为什么灭亡和汉朝为什么兴起的原因，谈了很长时间。文帝称赞说好，于是任命张释之为谒者仆射。

注释 1 廷尉：官名，九卿之一，掌刑狱。 堵阳：汉县名，在今河南方城县东。 2 訾(zī)：通"资"，钱财。 骑郎：官名，皇帝外出时，骑马护卫皇帝的郎官。 3 遂：安，此指安心任职。 4 中郎将：官名，统领皇帝的侍卫。 袁盎：西汉大臣。详见《袁盎晁错列传》。 谒者：官名，以仪容威严、声音洪亮之郎官、孝廉充任，主要负责司仪、出使等工作，其统领为谒者仆射。 5 便(biàn)宜：方便，适宜。 6 卑：低。此指现实的、实在的。 7 仆射(yè)：秦汉时设置为侍中、尚书、博士、谒者、郎等诸官之长。

释之从行，登虎圈[1]。上问上林尉[2]诸禽兽簿，十余问，尉左右视，尽不能对。虎圈啬夫[3]从旁代尉对上所问禽兽簿甚悉，欲以观其能口对响应无穷者。文帝曰："吏不当若是邪[4]？尉无赖[5]！"乃诏释之拜啬夫为上林令[6]。释之久之前曰："陛下以绛侯周勃[7]何如人也？"上曰："长者也。"又复问："东阳侯张相如[8]何如人也？"上复曰："长者。"释之曰："夫绛侯、东阳侯称为长者，此两人言事曾不能出

张释之跟随皇上出行，登上虎圈。文帝问上林尉登记各种禽兽档案的情况，问了十多个问题，上林尉左顾右盼，全都答不出来。看管虎圈的啬夫从旁边代替上林尉很详细地回答了皇上问的禽兽档案的情况，想借这来显示自己对答如流犹如回响应声一样没有穷尽。文帝说："官吏不应当像这样么？上林尉没有才能是靠不住的！"于是下令让张释之任命啬夫做上林苑令。张释之过了很久上前说："陛下认为绛侯周勃是怎样的人呢？"皇上说："是忠厚长者。"张释之又问："东阳侯张相如是怎样的人呢？"皇上又说："忠厚长者。"张释之说："绛侯、东阳侯被称为忠厚长者，这两个人谈论事情时竟然说不出话，难道让人们仿效这

口，岂敩此啬夫谍谍利口捷给哉！[9] 且秦以任刀笔之吏，吏争以亟疾苛察相高，然其敝徒文具耳，无恻隐之实。[10] 以故不闻其过，陵迟[11] 而至于二世，天下土崩。今陛下以啬夫口辩而超迁之，臣恐天下随风靡靡，争为口辩而无其实。[12] 且下之化上疾于景响，举错不可不审也。[13]"文帝曰："善。"乃止不拜啬夫。

个啬夫喋喋不休的伶牙俐齿吗？况且秦朝因为任用舞文弄墨的官吏，官吏们争着拿办事迅速和督察苛刻与否来比高下，然而那是只有表面的官样文书，没有实质性的内容。因此皇上听不到自己的过失，导致国力逐渐衰败，直到二世，天下便土崩瓦解了。如今陛下因为啬夫能言善辩而破格提升他，我担心天下受这风气影响，会争着夸夸其谈而不讲求实际内容。况且下面仿效上面比影之随形、响之应声还要快，做什么和不做什么不能不审慎啊。"文帝说："好。"于是就没有提拔这个啬夫。

上就车，召释之参乘[14]，徐行，问释之秦之敝。具以质[15] 言。至宫，上拜释之为公车令[16]。

皇上登上车，召张释之来陪乘，缓缓地前行，问张释之秦朝的弊端。张释之一一如实回答。到了宫中，皇上任命张释之为公车令。

注释　1 虎圈：上林苑养虎的场所。　2 上林尉：即上林令之属官。　3 啬夫：小吏名。　4 邪(yé)：语气助词。　5 无赖：此处是说没有才能何赖以为用。　6 令：汉朝中央政府所属机构长官多称令，此指上林苑长官。　7 周勃：西汉大臣，被封为绛侯，详见《绛侯周勃世家》。　8 张相如：汉初大臣，被封为东阳侯。　9 敩(xiào)：效法。　谍谍：同"喋喋"，形容说话无休无止。　利口捷给(jǐ)：口才好，应对敏捷。　10 刀笔之吏：即刀笔吏，主办狱讼文案的官吏。　亟(jí)：急。　敝：通"弊"，弊端。 徒文具:谓空具其文而无其实也。 恻隐:此指诚恳,实在。 **11** 陵迟:衰落。 **12** 超迁:越级提拔。 随风靡靡:与社会风尚相随顺。靡,倒下。 **13** 景(yǐng)响:影子和回音。景,影之本字。响,回音。 举错:即"举措",采取的行为和措施。错,通"措"。 审:审慎。 **14** 参乘:即"骖乘",在车右边陪乘。 **15** 质:实言,实情。 **16** 公车令:即公车司马令,掌宫门警卫及传达事务,属卫尉。

顷之,太子与梁王共车入朝,不下司马门,于是释之追止太子、梁王无得入殿门。[1]遂劾不下公门不敬[2],奏之。薄太后[3]闻之,文帝免冠谢曰:"教儿子不谨。"薄太后乃使使承诏赦太子、梁王,然后得入。文帝由是奇释之,拜为中大夫[4]。

不久,太子和梁王一同乘车入宫朝见,经过公车司马门没有下车,于是张释之追上来拦住太子、梁王,不让他们进殿门。张释之于是弹劾他们不在公车司马门下车是犯不敬罪,报告上去。薄太后听说了,文帝脱下帽子向太后认错说:"我教儿子不够谨严。"薄太后于是派使者秉承诏令赦免了太子、梁王,而后他俩才得以入宫。文帝因为这事认为张释之与众不同,任命他为中大夫。

注释 **1** 太子:即后来的汉景帝刘启。 梁王:即梁孝王刘武,汉景帝之胞弟,文帝次子,为窦太后所生。 司马门:皇宫之外门,即公车司马门。 **2** 劾:弹劾。 公门:即公车司马门之省文。 不敬:指对皇帝"大不敬"。 **3** 薄太后:名薄姬,汉高祖刘邦之妾,文帝之母。 **4** 中大夫:官名,掌议论,属郎中令。

顷之，至中郎将[1]。从行至霸陵，居北临厕。[2]是时慎夫人从，上指示慎夫人新丰道[3]，曰："此走邯郸[4]道也。"使慎夫人鼓瑟[5]，上自倚瑟而歌，意惨凄悲怀，顾谓群臣曰："嗟乎！以北山石为椁，用纻絮斫陈，蕠漆其间，岂可动哉！[6]"左右皆曰："善。"释之前进曰："使其中有可欲者，虽锢南山犹有郄；[7]使其中无可欲者，虽无石椁，又何戚[8]焉！"文帝称善。其后拜释之为廷尉。

不久，张释之官至中郎将。他跟随皇上出行到霸陵，文帝站在霸陵上面的北边一侧远望。这时慎夫人跟随，皇上指着去新丰县的路给慎夫人看，说："这是到邯郸去的路。"皇上让慎夫人弹瑟，自己和着瑟的旋律而唱歌，情意凄凉悲伤，回头对群臣说："唉！拿北山的石头做外椁，用苎麻、棉絮放置充塞在石椁的缝隙，再用漆黏合起来，难道可以打得开么！"身边的人都说："好。"张释之上前说："假使那里面有能引起欲念的东西，即使封铸起整个南山做棺椁，也还有缝隙；假使那里面没有能引起欲念的东西，即使没有石椁，又何必担忧呢！"文帝称赞他说得好。其后又任命张释之为廷尉。

注释　1 中郎将：官名，统领皇帝的侍卫，属郎中令。　2 霸陵：汉文帝陵墓，在今陕西西安市东北，因临近霸水而名。　厕：通"侧"，边侧。　3 慎夫人：汉文帝之宠姬，邯郸人。　新丰：汉县名，在今陕西西安市临潼区东北。　4 邯郸：汉都邑名，在今河北邯郸市。　5 鼓瑟：弹奏瑟。瑟，古代一种弦乐器。　6 椁(guǒ)：外棺。　纻：苎麻。　斫：繁体为"斮"。《史记集解》引徐广曰："斮，一作'错'。"《史记索隐》："斮音侧略反。"错，通"措"，放置。　蕠(rú)漆其间："蕠"字疑为"絮"字之衍讹。"絮漆其间"即斫陈絮以漆著其间也。蕠，麻絮。　动：意指盗墓。　7 可欲：指有可使人们贪求的金玉珠宝等财物。　锢：用金属熔液浇铸。　郄(xì)：同"郤"，

“郤”通“隙”。 8 戚：忧虑。

顷之，上行出中渭桥，有一人从桥下走出，乘舆马惊。[1]于是使骑捕，属[2]之廷尉。释之治问。曰：“县人来，闻跸，匿桥下。[3]久之，以为行已过，即出，见乘舆车骑，即走耳。”廷尉奏当，一人犯跸，当罚金[4]。文帝怒曰：“此人亲惊吾马，吾马赖[5]柔和，令他马，固不败伤我乎？而廷尉乃当之罚金！”释之曰：“法者天子所与天下公共也。今法如此而更重之，是法不信于民也。且方其时，上使立诛之则已。今既下廷尉，廷尉，天下之平也，一倾而天下用法皆为轻重，民安所措其手足？唯陛下察之。”良久，上曰：“廷尉当是也。”

不久，皇上出行经过中渭桥，有一个人从桥下面跑出来，使皇上所乘的车马受了惊吓。皇上于是命令骑士捉住那人，交给廷尉治罪。张释之审问。那人说：“我是长安县乡下人，来到这里，听到清道戒严，就藏在桥下面。过了很久，以为皇上已经过去，就出来，看到皇上的车马和仪仗队，立刻又跑了。”廷尉上奏应判的刑罚，说一个人犯了清道戒严的禁令，应该处以罚金。文帝发怒说：“这个人惊了我的马，我的马幸亏脾性柔和，假如是其他的马，难道不会摔伤我吗？可廷尉却只判处以罚金！”张释之说：“法令是天子和天下人一同遵奉的。如今依法令是这样判定的，而要更改加重处罚，这样法令就不会取得人民的信任。况且在当时，皇上假如立刻诛杀了他也就罢了。如今既然交给廷尉处理，廷尉是天下公平之所在，一旦有倾斜，天下使用法律时都任意取轻或取重，人民把自己的手脚放在哪里好呢？希望陛下明察。”过了很久，皇上说：“廷尉的判处是正确的。”

注释 1 中渭桥：跨越渭水之古桥名，当时有三所，中渭桥在长安城北。 舆马：车马。此指驾车之马。 2 属(zhǔ)：交付。 3 县人：指长安县人。 跸(bì)：古代帝王出行时清道，禁止行人通行。 4 当罚金：《史记索隐》："崔浩云'当谓处其罪也'。案：《百官志》云'廷尉掌平刑罚，奏当所应。郡国谳疑罪，皆处当以报之'也。" 5 赖：幸亏。

其后有人盗高庙坐前玉环[1]，捕得，文帝怒，下廷尉治。释之案律盗宗庙服御物者为奏，奏当弃市。[2]上大怒曰："人之无道，乃盗先帝庙器，吾属廷尉者，欲致之族，而君以法奏之，非吾所以共承宗庙意也。[3]"释之免冠顿首[4]谢曰："法如是足也。且罪等，然以逆顺[5]为差。今盗宗庙器而族之，有如万分之一，假令愚民取长陵一抔土[6]，陛下何以加其法乎？"久之，文帝与太后言之，乃许廷尉当。是时，中尉条侯周亚夫与梁相山都侯王恬开见释之持议平，乃结为亲友。[7]张廷尉由此天下称之。

此后，有人偷了高祖庙内神座前的玉环，被捉拿到，文帝发怒，交给廷尉判处。张释之依照常法中偷盗宗庙服饰器物的条文向皇上禀奏，奏请应当判处死刑。皇上大为恼怒说："那人胡作非为，竟然偷盗先帝宗庙里的器物，我交给廷尉来处理的原因，是想判他灭族，可是你依据常法奏请，这不是我用来恭敬承奉宗庙的本意。"张释之脱下帽子叩头谢罪说："按照常法这样判决已经够重了。况且斩首与灭族同是死罪，但从犯罪轻重的程度而论有差别。如今偷盗宗庙中的器物就诛杀他全族，如果有万一，假使愚蠢的百姓偷挖了长陵上的一捧土，陛下又怎样惩罚他呢？"过了很久，文帝和太后谈论这事，才批准了廷尉的判决。这时，中尉条侯周亚夫和梁国相山都侯王恬开看到张释之执法公正，于是和他结为亲密朋友。张廷尉从此受到天下人称誉。

注释 1 高庙:汉供奉高祖刘邦之庙。 坐:"座"之古字,神座。 2 案:按照。 服御:指服饰车马器用之类。 弃市:死刑。因古代执行死刑一般均在市场,并有示众之义,故称。 3 族:灭族。 法:常法。 共承:恭敬承奉。共,通"恭"。 4 顿首:磕头。旧时礼节之一,以头叩地即举而不停留。 5 逆顺:此指犯罪的轻重程度。 6 长陵:汉高祖刘邦的陵墓。 抔(póu):把,捧。 7 中尉:官名,主管京城治安。 周亚夫:西汉大臣,周勃之子,因功被封为条侯。见《绛侯周勃世家》。 王恬开:西汉大臣,原名王恬启,因避景帝讳(景帝名刘启)而改,曾任梁王刘恢相,后被封为山都侯。

后文帝崩,景帝立,释之恐,称病。欲免去,惧大诛至;欲见谢[1],则未知何如。用王生计,卒见谢,景帝不过[2]也。

王生者,善为黄老言,处士也。[3]尝召居廷中,三公九卿尽会立,王生老人,曰"吾袜解",顾谓张廷尉:"为我结袜!"释之跪而结之。[4]既已,人或谓王生曰:"独柰何廷辱张廷尉,使跪结袜?"王生曰:"吾老且贱,自度终无益于张廷尉。张廷尉

后来文帝驾崩,景帝继位,张释之害怕,便托称有病。他想辞官离去,怕会招来大的刑罚;又想进宫面见景帝谢罪,却不知会怎么样。后来采用了王先生的建议,终于进见景帝当面谢罪,景帝没有怪罪他。

王先生擅长黄帝、老子学说,是位隐士。曾经被召进宫廷中,当时三公九卿都聚在殿内站立着,王先生是老年人,说"我的袜带松了",回头对张廷尉说:"给我系好袜带!"张释之跪下来给他系好袜带。过后,有人对王先生说:"怎么偏偏在朝廷上当众侮辱张廷尉,让他跪着系袜带呢?"王先生说:"我年老并且地位低贱,自料终究对张廷尉没有什么好处。张廷尉正是当今天下的名臣,

方今天下名臣，吾故聊辱廷尉，使跪结袜，欲以重之。”诸公闻之，贤王生而重张廷尉。

所以我姑且羞辱他一下，让他跪着系袜带，想借此来抬高他的威名。”各位公卿听说了，都认为王先生贤良，而更加敬重张廷尉。

张廷尉事景帝岁余，为淮南王相[5]，犹尚以前过也。久之，释之卒。其子曰张挚，字长公，官至大夫[6]，免。以不能取容当世，故终身不仕。

张廷尉事奉景帝一年多，后来任淮南王相，也还是因为以前得罪过景帝的缘故。过了很久，张释之去世。他的儿子叫张挚，字长公，官做到了大夫，后来被免职。由于他不被当时的官场所容，所以直到死也再没有当官。

注释　1 见谢：朝见并当面谢罪。　2 过：指责。　3 黄老言：指主张清静无为的道家学说。　处士：贤而隐居不仕之人。　4 廷：宫廷。　会立：朝聚而立。　袜解：系袜子的带子松脱。古时群臣上殿必须脱掉鞋子，只穿袜子行走。　5 淮南王：即刘安，淮南厉王刘长之子。　相：官名，汉朝王国所置，秩二千石。初掌辅导、监督诸侯王，后兼掌民政，职如郡守。　6 大夫：汉时掌谏议、顾问的侍从官员。

冯唐者，其大父[1]赵人。父徙代[2]。汉兴，徙安陵[3]。唐以孝著，为中郎署长[4]，事文帝。文帝辇过，问唐曰：“父老何自为郎？家安在？”唐具以实对。文帝曰：“吾居代

冯唐，他的祖父是赵国人。他父亲迁移到代郡。汉朝建立后，移居安陵。冯唐因为有孝行而出名，担任中郎署长，事奉文帝。文帝乘车经过中郎官署时，问冯唐说：“老人家为什么当了郎官呢？家在什么地方？”冯唐一一如实回答。文帝说：“我居住在代地时，我的尚食监高祛多次对我称

时，吾尚食监高祛数为我言赵将李齐之贤，战于钜鹿下。[5] 今吾每饭，意未尝不在钜鹿也。父知之乎？”唐对曰：“尚不如廉颇、李牧之为将也。[6]”上曰：“何以？”唐曰：“臣大父在赵时，为官率将[7]，善李牧。臣父故为代相，善赵将李齐，知其为人也。”上既闻廉颇、李牧为人，良说，而搏髀曰：“嗟乎！吾独不得廉颇、李牧时为吾将，吾岂忧匈奴哉！”[8] 唐曰：“主臣[9]！陛下虽得廉颇、李牧，弗能用也。”上怒，起，入禁中。良久，召唐让曰：“公柰何众辱我，独无间处[10]乎？”唐谢曰：“鄙人不知忌讳。”

赞赵国将领李齐的贤能，讲了他在钜鹿城下战斗的故事。如今我每次吃饭，都会想到李齐鏖战钜鹿的情形。老人家知道李齐这个人吗？”冯唐回答说：“作为将领，他还比不上廉颇、李牧。”皇上说：“有什么依据？”冯唐说：“我祖父在赵国时，官任率将，和李牧友好。我父亲从前当过代王的丞相，和赵将李齐友好，所以我了解他们的为人。”皇上听了冯唐讲述廉颇、李牧的为人后，十分高兴，拍着大腿说：“唉！我偏偏不能得到廉颇、李牧做我的将领，不然，我难道还用担忧匈奴么！”冯唐说：“您……我！我认为陛下即使得到了廉颇、李牧，也不会重用他们。”皇上大怒，起身，进入宫里。过了很久，召见冯唐责怪说：“您为什么当众羞辱我，难道不能找个僻静的地方对我说么？”冯唐谢罪说：“我是个粗鄙之人，不知道忌讳。”

注释　**1** 大父：祖父。　**2** 代：原为代国，战国时为赵所灭。汉文帝曾于此为代王，后设为郡，汉初为诸侯王国，都代县，在今河北蔚县东北。其后又徙都中都，在今山西平遥县西南；一说徙都晋阳，在今山西太原市西南。　**3** 安陵：本为汉惠帝陵墓，后置县，在今陕西咸阳市东北。**4** 中郎署长：郎中令的属官，主管中郎署事。　**5** 尚食监：亦称太官，主管皇帝、君王膳食的官吏。 高祛(qū):人名,汉文帝为代王时主管膳食的官吏。 李齐:人名,战国时赵国将领,曾于钜鹿大战齐兵。 钜鹿:古邑名,在今河北平乡县西南。 6 廉颇:战国时赵之良将。详见《廉颇蔺相如列传》。 李牧:战国末赵国将领,长于用兵。亦见《廉颇蔺相如列传》。 7 率将:军官。 8 良说:非常高兴。良,非常。说,通“悦”。 搏髀(bì):拍击大腿。 9 主臣:臣下对君主表示恭敬惶恐的言辞。
10 间处:僻静的场所。

当是之时,匈奴新大入朝那,杀北地都尉印。[1] 上以胡寇为意,乃卒复问唐曰:“公何以知吾不能用廉颇、李牧也?”唐对曰:“臣闻上古王者之遣将也,跪而推毂[2],曰:阃[3]以内者,寡人制之;阃以外者,将军制之。军功爵赏皆决于外,归而奏之。此非虚言也。臣大父言,李牧为赵将居边,军市之租皆自用飨士,赏赐决于外,不从中扰也。[4] 委任而责成功,故李牧乃得尽其智能,遣选车千三百乘,彀骑万三千,百金之士十万,是以北逐单于,破东

这时,匈奴新近大举入侵朝那,杀死了北地郡都尉孙卬。皇上正在为匈奴入侵担心,于是又问冯唐:“您凭什么知道我不能任用廉颇、李牧呢?”冯唐回答说:“我听说上古时代君王派遣将领时,跪着推车子,说国门以内的事,我来控制;国门以外的事,请将军来控制。军功、爵位和赏赐都由将军在外决定,回来再上奏朝廷。这不是空话啊。我的祖父说,李牧任赵将居守边疆,把从军中交易市场上征收的租税都自行用来犒赏将士,赏赐由将军在外决定,朝廷不从中干预。交给他任务而责令他成功,所以李牧才能尽他的智慧和才能,派遣挑选合格的战车一千三百乘,善射的骑兵一万三千人,精锐的士卒十万人,因此向北驱逐单于,打败东胡,

胡，灭澹林，西抑强秦，南支韩、魏。[5] 当是之时，赵几霸。其后会赵王迁立，其母倡也。[6] 王迁立，乃用郭开谗，卒诛李牧，令颜聚代之。[7] 是以兵破士北，为秦所禽灭。[8] 今臣窃闻魏尚为云中守，其军市租尽以飨士卒，出私养钱，五日一椎牛，飨宾客军吏舍人，是以匈奴远避，不近云中之塞。[9] 虏曾一入，尚率车骑击之，所杀甚众。夫士卒尽家人子，起田中从军，安知尺籍伍符。[10] 终日力战，斩首捕虏，上功莫府，一言不相应，文吏以法绳之。[11] 其赏不行而吏奉法必用。臣愚，以为陛下法太明，赏太轻，罚太重。且云中守魏尚坐上功首虏差六级，陛下下之吏，削其爵，罚作之。[12] 由此言之，陛下虽得廉颇、李牧，弗能用也。臣诚愚，

灭掉澹林，向西牵制强大的秦国，向南抗衡韩国、魏国。这个时候，赵国几乎成了霸主。其后适逢赵王迁继位，他的母亲原是个歌女。赵王迁继位，就听信郭开的谗言，诛杀了李牧，让颜聚取代他。因此军败士兵逃跑，被秦国俘虏消灭。如今我私下听说魏尚任云中太守时，把军市交易的税收全部拿来犒赏将士，拿出私人的俸钱，每五天杀一次牛，宴请宾客、军吏和属官，因此匈奴远远地躲避，不敢靠近云中要塞。匈奴曾经有一次入侵，魏尚带领车兵、骑兵攻击他们，杀死很多敌人。那些士兵都是平民百姓的子弟，从庄稼地里出来去参军，哪里知道尺籍、伍符之类的军法条令。他们整天奋力作战，斩杀敌首，捕获俘虏，可是向衙门报功时，一个字不符合事实，法官就依据法律来制裁他们。他们的赏赐没能兑现而司法官所奉行的法令一定要执行。我愚蠢，认为陛下所实行的法令太苛细，赏赐太轻，刑罚太重。况且云中太守魏尚由于上报斩杀敌军的数目差了六个首级，陛下就把他交给司法官治罪，削了他的爵

触忌讳,死罪死罪!”文帝说。是日令冯唐持节赦魏尚,复以为云中守,而拜唐为车骑都尉,主中尉及郡国车士。[13]

七年,景帝立,以唐为楚相,免。[14]武帝立,求贤良[15],举冯唐。唐时年九十余,不能复为官,乃以唐子冯遂为郎。遂字王孙,亦奇士,与余善。

位,判了他一年徒刑。由此说来,陛下即使得到廉颇、李牧,也不能重用。我确实愚蠢,触犯了忌讳,死罪死罪!”文帝听了很高兴。当天派冯唐拿着符节去赦免魏尚,让他重新任云中郡守,而任命冯唐为车骑都尉,掌管中尉和各郡国的车兵。

汉文帝后元七年,景帝继位,任命冯唐做楚国的国相,后被免职。武帝继位,诏求贤良人才,有人推举冯唐。冯唐当时九十多岁,不能再做官,于是就让冯唐的儿子冯遂任郎官。冯遂字王孙,也是才能出众的人,和我友好。

注释 1 朝那(zhū nuó):即“朝那”。汉县名,在今宁夏固原市东南,萧关旁。那,“那”的古字。 北地:郡名,治所马岭,在今甘肃庆阳市西北。 都尉:官名,郡太守之副职,主武事。 卬(áng):北地郡都尉,姓孙名卬。 2 毂(gǔ):车轮中心的圆木。此指车。 3 阃(kǔn):门槛。此指京城城门。 4 军市:驻军区域内所设的交易市场。 飨:犒劳。 5 彀骑(gòu jì):使用弓弩的骑兵。 百金之士:《史记索隐》引晋灼云:“百金喻其贵重也。”又引服虔曰:“良士直百金也。”又引刘氏云:“其功可赏百金者。”指勇猛善战之士。 单(chán)于:匈奴君王的称号。 东胡:当时活动于辽宁西部、内蒙古东部一带的部族,因在匈奴之东,故名。 澹林:当时活动于代郡以北的部族。 支:抗拒,抗衡。 6 赵王迁:赵悼襄王之子,赵国国君,公元前235—前228年在位,又名幽穆王。 倡:歌舞艺人。 7 郭开:赵王迁之宠臣。 颜聚:赵国将领。 8 北:败逃。 禽:通“擒”。 9 魏尚:西汉将领,槐里(今陕西兴平市东南)人。 云中:郡名,治所云中,在今内蒙古托克托县东北古城。 私养钱:自己应得的俸禄。 椎(chuí):击杀。 **10** 家人:普通百姓。 尺籍伍符:军事法令。 **11** 莫府:即“幕府”,将帅出征时设在野外的营帐。 言:指报功的文字。 应:符合事实。 **12** 坐上功首虏差六级:因上报斩首的数目差六个而犯罪。坐,因……而犯罪。六级,六个首级。 罚作:汉代刑罚之一,处轻罪犯以一年苦役。 **13** 持节:拿着皇帝的符节。古代使臣奉命出行,必执符节以为凭证。 车骑都尉:汉朝武官,不常置。 郡国:各地所置郡及诸侯王国。 车士:车战之士。 **14** 七年:汉文帝后元七年,即公元前157年。 楚:汉初封国,建都彭城(今江苏徐州市)。 **15** 贤良:汉武帝即位于建元元年,即令各郡国推举贤良方正、直言极谏之士,以备策问任使,后成为汉代选拔统治人才的科目之一。

太史公曰:张季之言长者,守法不阿意[1];冯公之论将率,有味哉![2]有味哉!语曰“不知其人,视其友”。二君之所称诵,可著廊庙[3]。《书》曰:“不偏不党,王道荡荡;不党不偏,王道便便。”[4]张季、冯公近之矣。

太史公说:张季谈论长者的话,坚守法度不逢迎皇上意旨;冯公评论将帅的话,说得好啊!说得好啊!俗话说“不了解那个人,就看看他的朋友”。他们二人所说的关于长者、将帅的话,可以写在朝廷和宗庙的墙壁上。《尚书》中说:“不偏心不结党,国家的事业就能兴旺;不结党不偏心,国家的事业就有前途。”张季、冯公与此很接近。

注释 **1** 阿(ē)意:曲从、迎合别人的意图。 **2** 将率:即“将帅”。率,通“帅”。 有味:耐人寻味,意义深刻。 **3** 廊庙:朝廷。 **4** “不偏不党”四句:出自《尚书·洪范》。党,阿附。王道,圣王之道,治理天下之道。荡荡,宽广的样子。便便,平坦的样子。

史记卷一百三

万石张叔列传第四十三

原文

万石君名奋，其父赵人也，姓石氏。赵亡，徙居温[1]。高祖东击项籍，过河内[2]，时奋年十五，为小吏，侍高祖。高祖与语，爱其恭敬，问曰："若[3]何有？"对曰："奋独有母，不幸失明。家贫。有姊，能鼓琴。"高祖曰："若能从我乎？"曰："愿尽力。"于是高祖召其姊为美人，以奋为中涓，受书谒，徙其家长安中戚里，以姊为美人故也。[4]其官至孝文时，积功劳至大中大夫[5]。无文学，恭谨无与比。

译文

万石君名奋，他父亲是赵国人，姓石。赵国灭亡后，迁居到温县。高祖向东攻打项籍，经过河内郡，当时石奋十五岁，当小官吏，侍候高祖。高祖和他谈话，喜欢他的恭敬有礼，问他说："你家中还有什么人？"他回答说："我只有母亲，不幸双目失明。家里贫穷。还有一个姐姐，擅长弹琴。"高祖说："你能跟随我吗？"他说："愿意尽力效劳。"于是高祖召他姐姐来封为美人，让石奋任中涓，负责接受外来的文书和名帖等事务，把他家迁到长安城里的戚里，这是因为他姐姐做了美人的缘故。到孝文帝的时候，石奋靠累积的功劳当上大中大夫。他没有文才学问，但恭敬谨严没人能比得上。

注释 1 温:汉县名,时属河内郡,在今河南温县西南。 2 河内:汉郡名,治所怀县,在今河南武陟县西南。 3 若:你。 4 美人:汉妃嫔称号。 中涓:官名,亦称“涓人”,侍从帝王左右,主通书谒出入。 书谒:文书及通报求见的名帖。 戚里:帝王姻戚聚居之里名,地处长安城内。 5 大中大夫:即“太中大夫”,掌议论,属郎中令(光禄勋),秩比千石。

文帝时,东阳侯张相如为太子太傅[1],免。选可为傅者,皆推奋,奋为太子太傅。及孝景即位,以为九卿[2]。迫近,惮之,徙奋为诸侯相。[3]奋长子建,次子甲,次子乙,次子庆,皆以驯行孝谨,官皆至二千石。[4]于是景帝曰:“石君及四子皆二千石,人臣尊宠乃集其门。”号奋为万石君。

文帝的时候,东阳侯张相如任太子太傅,被免官。文帝选拔可以任太子太傅的人,大家都推举石奋,于是石奋当了太子太傅。到孝景帝即位,让他担任九卿之一。皇上觉得石奋离自己太近,很畏惧他,就调他出任诸侯国相。石奋的长子叫石建,二子、三子皆失其名,四子石庆,都因为品行善良,孝敬父母,办事谨严,做官做到了二千石。于是景帝说:“石君和四个儿子都是二千石官员,臣子的尊贵荣宠竟然集中在他一家。”于是时人称呼石奋为万石君。

注释 1 太子太傅:官名,皇太子辅臣,掌辅导、翼护太子之职,秩二千石。 2 九卿:汉代中央政府的九个高级官职,为太常、光禄勋、卫尉、太仆、廷尉、大鸿胪、宗正、大司农、少府等。 3 迫近:接近。 诸侯相:汉朝诸侯王国相,刘邦时置,统王国众官,秩二千石,由中央任命。 4 次子甲,次子乙:《史记正义》引颜师古云:“史失其名,故云甲乙耳,非其名也。” 驯行:行为和顺。驯,顺。 孝谨:孝顺而恭谨。 二千石:俸禄等级,月俸百二十斛(十斗为一斛),年俸约为二千石。汉代太子太傅及右扶风、郡守、诸侯相等官，皆二千石。

孝景帝季年，万石君以上大夫禄归老于家，以岁时为朝臣。[1]过宫门阙，万石君必下车趋，见路马必式焉。[2]子孙为小吏，来归谒，万石君必朝服见之，不名。[3]子孙有过失，不谯让，为便坐，对案不食。[4]然后诸子相责，因长老肉袒固谢罪，改之，乃许。[5]子孙胜冠者在侧，虽燕居必冠，申申如也。[6]僮仆䜣䜣[7]如也，唯谨。上时赐食于家，必稽首[8]俯伏而食之，如在上前。其执丧[9]，哀戚甚悼。子孙遵教，亦如之。万石君家以孝谨闻乎郡国，虽齐鲁诸儒质行[10]，皆自以为不及也。

孝景帝晚年，万石君按上大夫俸禄回家养老，每年在固定的时节参加朝会。经过皇宫的门楼，万石君一定下车快步走，看到皇上的车驾，一定俯身按着车前横木表示敬意。他的子孙做小官，回家来进见他，万石君一定穿着朝服来接见，不称呼名字。子孙有错误，他不直接责备他们，只是坐在旁边的座位上，对着几案不吃饭。然后儿子们互相责备，通过年长的帮助说情，当事人光着上身谢罪，改正了错误，他才答应。已成年的子孙在他身边，即便平常在家也一定戴礼帽，一副整齐肃穆的样子。奴仆也一派恭敬和悦的样子，特别谨慎。皇上时常赏赐食物给他家，他一定跪下叩拜俯伏着吃，好像就在皇上眼前一样。他办理丧事，总是哀痛万分。子孙遵循他的教导，也和他一样。万石君一家凭着孝敬谨严而闻名于各郡各国，即使齐、鲁地方那些虔诚庄重的儒生，都自认为比不上他。

注释　**1** 季年：晚年。　上大夫：汉有上、下大夫，二千石位上大夫，千石以下至六百石为下大夫。　岁时：每年固定的时节。　**2** 阙：宫门前的高台楼观。 趋:疾行,小步快走。 路马:亦作“辂马”,辂,大也。为君主驾车的马,此指天子的车驾。 式:通“轼”,指车前横木。古人伏轼表示致敬。 3 归谒:回家拜见。 朝服:朝会时所穿礼服。 不名:不称呼名字。 4 谯(qiào)让:谴责。 便坐:《史记索隐》:“盖谓为之不处正室,别坐他处,故曰便坐。……故王者所居有便殿、便房,义亦然也。” 5 长老:年纪大的。 肉袒:裸露上体表示请罪。 6 胜冠:已经加冠的成年男子。 燕居:闲居。燕,通“宴”。 申申:严肃规矩的样子。 如:形容词词尾,表示“……的样子”或“……的状态”。 7 訢訢(yín yín):恭敬和悦的样子。 8 稽首:叩头跪拜。 9 执丧:奉行丧礼或守孝。 10 质行:虔诚庄重的行为礼节。

建元二年,郎中令王臧以文学获罪。[1]皇太后以为儒者文多质少,今万石君家不言而躬行,乃以长子建为郎中令,少子庆为内史。[2]

建老白首,万石君尚无恙[3]。建为郎中令,每五日洗沐归谒亲,入子舍,窃问侍者,取亲中裙厕牏,身自浣涤,复与侍者,不敢令万石君知,以为常。[4]建为郎中令,事有可言,屏人恣言,极切;至廷见,如不能

建元二年,郎中令王臧因为推行儒学而犯罪。皇太后认为儒生夸夸其谈而缺少实质内容,如今万石君一家不多说话而身体力行,就让他的长子石建任郎中令,小儿子石庆任内史。

石建年老头发白了,万石君却还健康没病。石建任郎中令,每五天休假回来拜见父亲,进入小房内,悄悄问仆人他父亲的身体状况,拿父亲的内裤便器,亲自洗好,再交给仆人,不敢让万石君知道,他经常这样做。石建任郎中令,有可以述说的事情,就背着人尽情地说;到了朝廷上进见,就好像不会说话一样。因此皇上便亲近尊敬和礼遇他。

言者。是以上乃亲尊礼之。

万石君徙居陵里[5]。内史庆醉归,入外门不下车。万石君闻之,不食。庆恐,肉袒请罪,不许。举宗及兄建肉袒,万石君让[6]曰:"内史贵人,入闾里,里中长老皆走匿,而内史坐车中自如,固当!"乃谢罢[7]庆。庆及诸子弟入里门,趋至家。

万石君迁居到陵里。内史石庆喝醉了回家,进入外门没有下车。万石君听说了,不吃饭。石庆害怕,光着上身去请罪,他也不答应。全族人和哥哥石建都袒衣露体请罪,万石君责备说:"内史是显贵的人,进入里巷,里巷中的长辈都走开回避,而内史坐在车中自得其乐,还自以为理所应当呢!"这才饶了石庆。从此,石庆和众子弟进入里门,都快步回到家。

注释 **1** 建元二年:即公元前139年。建元,汉武帝刘彻的第一个年号。 郎中令:官名,掌管宫廷宿卫的高级官员,九卿之一。汉武帝太初元年改称光禄勋。 王臧:西汉大臣,因主张儒家学说,贬低道家学说,而得罪窦太后,下狱自杀。 文学:此指儒家的文章学术。 **2** 皇太后:即窦太后。 质:朴实。 内史:官名,掌治京畿地方。 **3** 恙:疾病。 **4** 五日洗沐:汉制,官吏五日一休假用以沐浴。 子舍:小房,非正堂。 亲:这里指父。 中裙:内裤。 厕牏(yú):便器。 **5** 陵里:《史记索隐》引小颜云:"陵里,里名,在茂陵。非长安之戚里也。" **6** 让:指责。 **7** 谢罢:吩咐停止追究。谢,吩咐。

万石君以元朔五年[1]中卒。长子郎中令建哭泣哀思,扶杖乃能行。岁余,建亦死。诸子孙咸孝,然

万石君在元朔五年中去世。他的长子郎中令石建痛哭哀悼,扶着杖才能行走。一年多后,石建也去世了。众子孙都有孝行,可石建最突出,超过万石君。

建最甚,甚于万石君。

石建任郎中令,有一次上书禀奏事情,文件批下来,石建又读它,说:“写错了!‘馬’字下面脚连尾应该五笔,如今只有四笔,少一笔。皇上发现责怪下来就该死了!”十分害怕。他行事谨慎,即使是别的小事也都这样。

建为郎中令,书奏事,事下,建读之,曰:“误书!‘馬[2]’者与尾当五,今乃四,不足一。上谴死矣!”甚惶恐。其为谨慎,虽他皆如是。

万石君少子庆为太仆[3],御出,上问车中几马,庆以策数马毕,举手曰:“六马。”庆于诸子中最为简易[4]矣,然犹如此。为齐相,举齐国皆慕其家行,不言而齐国大治,为立石相祠。

万石君的小儿子石庆任太仆,皇帝御车出行,皇上问他驾车子的有几匹马,石庆用鞭子逐一数完马后,举起手说:“六匹马。”石庆在各位儿子中是最简略随便的了,但还是这样认真。他任齐国相,全齐国的人都仰慕他们家的品行,他不用说话,齐国就得以大治,齐国人专门为他立了石相祠。

注释 1 元朔五年:即公元前124年。元朔,汉武帝的第三个年号。2 馬:此按隶字“馬”而释义。 3 太仆:官名,九卿之一,掌管皇家车马。4 简易:简略随便。

元狩元年,上立太子,选群臣可为傅者,庆自沛守为太子太傅,七岁迁为御史大夫。[1]

元狩元年,皇上确立太子,选拔群臣中可以做太子老师的人,于是石庆从沛郡太守调任太子太傅,过了七年升为御史大夫。

元鼎五年秋,丞相有

元鼎五年秋天,丞相犯罪,被罢免。皇上有制书诏告御史说:“万

罪，罢。[2]制诏[3]御史："万石君先帝尊之，子孙孝，其以御史大夫庆为丞相，封为牧丘侯。"是时汉方南诛两越，东击朝鲜，北逐匈奴，西伐大宛，中国多事。[4]天子巡狩海内，修上古神祠，封禅[5]，兴礼乐。公家用少，桑弘羊等致利，王温舒之属峻法，兒宽等推文学至九卿，更进用事，事不关决于丞相，丞相醇谨而已。[6]在位九岁，无能有所匡言[7]。尝欲请治上近臣所忠、九卿咸宣罪[8]，不能服，反受其过，赎罪。

石君受到先帝尊重，他的子孙有孝行，应该让御史大夫石庆任丞相，封为牧丘侯。"这时朝廷正在南面征讨南越、东越，在东边攻打朝鲜，在北边驱逐匈奴，在西边讨伐大宛，中原地区多事。天子视察全国，修复上古的神庙，祭祀天地，大兴礼乐。国家财政匮乏，桑弘羊等人开辟财源，王温舒之流推行严刑峻法，兒宽等人推崇儒学做到了九卿之官，这几个人相继掌权，事情不由丞相来决定，丞相只是忠厚谨慎罢了。石庆在职九年，没有能够发表什么匡正时弊的言论。他曾经想请求惩办皇上亲近的大臣所忠、九卿咸宣的罪行，结果非但没能让他们服罪，自己反而因此遭受惩处，后来用钱赎了罪。

注释　1 元狩元年：即公元前122年。元狩，汉武帝的第四个年号。　沛：汉郡名，治所相县，在今安徽濉溪县西北。　御史大夫：官名，三公之一，主管监察、执法，协理全国政务。　2 元鼎五年：即公元前112年。元鼎，汉武帝的第五个年号。　丞相：此指赵周。　3 制：制书，古代皇帝之"命"称为"制"。　诏：此指下诏、命令。　4 两越：汉时指南越、东越。　大宛(yuān)：古西域国名，都贵山城，都城故址在今塔吉克斯坦的苦盏。　中国：中原。　5 封禅(shàn)：封天禅地，古代帝王举行的祭祀天地的活动。　6 桑弘羊：西汉大臣，武帝时任大司农。事见《平准书》。　王温舒：西汉大臣，有名的酷吏，详见《酷吏列传》。 兒(ní)宽：西汉大臣，水利家。 **7** 匡言：匡正反驳之言。 **8** 所忠：武帝近臣。 减(jiǎn)宣：武帝近臣，曾任御史中丞等职，酷吏。见《酷吏列传》。

元封四年中，关东流民二百万口，无名数者四十万，公卿议欲请徙流民于边以適之。[1] 上以为丞相老谨，不能与其议，乃赐丞相告归，而案御史大夫以下议为请者。[2] 丞相惭不任职，乃上书曰："庆幸得待罪丞相，罢驽无以辅治，城郭仓库空虚，民多流亡，罪当伏斧质，上不忍致法。[3] 愿归丞相侯印，乞骸骨归，避贤者路。"天子曰："仓廪既空，民贫流亡，而君欲请徙之，摇荡不安，动危之，而辞位，君欲安归难乎？"以书让庆，庆甚惭，遂复视事[4]。

庆文深[5]审谨，然无他大略，为百姓言。后三岁余，太初二年[6]中，丞相庆卒，

元封四年中，关东有二百万流民，没有户籍的人有四十万，公卿大臣议论想请求皇上迁移流民到边疆，让他们戍边。皇上认为丞相年老谨慎，不能和他议论大事，就赐丞相休假回家，而后对御史大夫以下凡是提出过要求发配流民的人都通通进行了查办。丞相为自己不能胜任职守而惭愧，于是上书说："我有幸得以任丞相，才能低下，没有办法来辅助治理国家，城郊仓库空虚，很多百姓流离失所，罪应被处死，皇上不忍心惩罚我。希望归还丞相印和侯印，让我回家去，给贤能的人让开路。"天子说："粮仓已经空了，贫苦的百姓流散，而你们想请求迁移他们，他们的生活已经动荡不安了，你们还要威胁他们，而今你辞去职位，你想要把百姓的责难推给谁呢？"武帝用诏书责备石庆，石庆十分惭愧，就重新处理政事。

石庆思虑周密而办事谨慎，

谥为恬侯。庆中子德，庆爱用之，上以德为嗣，代侯。后为太常[7]，坐法当死，赎免为庶人。庆方为丞相，诸子孙为吏更至二千石者十三人。及庆死后，稍[8]以罪去，孝谨益衰矣。

可是没有别的大谋略，也不替百姓说话。以后三年多，在太初二年中，丞相石庆去世，被赐谥号为恬侯。石庆的二子石德，石庆喜爱他，皇上让石德做石庆的继承人，接替侯爵。后来他任太常，犯法应当处死，赎罪免死刑而成为平民。石庆任丞相时，众子孙做官陆续做到二千石的有十三人。到石庆死后，这些人逐渐因为有罪而被免了官，孝敬、谨严的家风日益衰落了。

注释　1 元封四年：即公元前107年。元封，汉武帝的第六个年号。　关东：函谷关以东地区。　名数：户籍。　適（zhé）：通“谪”，强迫戍边。　2 与：参与。　案：查办，惩治。　3 罢（pí）：通“疲”。　驽：劣马。此自谦，言愚钝无能。　斧质：古代杀人的刑具。质，砧板。　4 视事：治事，任职。　5 文深：思虑周密。　6 太初二年：即公元前103年。太初，汉武帝的第七个年号。　7 太常：官名，九卿之一，掌管礼乐郊庙社稷事宜。　8 稍：逐渐。

建陵侯卫绾者，代大陵人也[1]。绾以戏车[2]为郎，事文帝，功次迁为中郎将，醇谨无他。孝景为太子时，召上左右饮，而绾称病不行。文帝且崩时，属孝景曰[3]：“绾长者，善遇之。”及

建陵侯卫绾，代郡大陵人。卫绾凭借车技而当了郎官，侍奉文帝，连续立功而升为中郎将，除了忠厚谨严，没有别的才能。孝景帝做太子的时候，召皇上身边的人饮酒，而卫绾推托有病没有来。文帝快要驾崩时，嘱咐孝景帝说：“卫绾是忠厚的人，要好好对待他。”到文帝驾崩，

文帝崩，景帝立，岁余不噍呵[4]绾，绾日以谨力。

景帝继位，一年多都没有理睬卫绾，卫绾每天仍是谨慎勤勉地工作。

注释 1 代：汉郡名，治所在今河北蔚县东北。 大陵：汉县名，属代郡。 2 戏车：表演车技。 3 且：将。 属(zhǔ)：嘱托。 4 噍呵(jiū hē)：厉声责备。

景帝幸上林[1]，诏中郎将参乘，还而问曰："君知所以得参乘乎？"绾曰："臣从车士幸得以功次迁为中郎将，不自知也。"上问曰："吾为太子时召君，君不肯来，何也？"对曰："死罪，实病！"上赐之剑。绾曰："先帝赐臣剑，凡六剑，不敢奉诏[2]。"上曰："剑，人之所施易[3]，独至今乎？"绾曰："具在。"上使取六剑，剑尚盛，未尝服也。[4]郎官有谴，常蒙其罪，不与他将争；有功，常让他将。上以为廉，忠实无他肠，乃拜绾为

景帝到上林苑，命令中郎将陪同乘车，回来时问道："你知道你为什么能陪同乘车吗？"卫绾说："我从车兵有幸能够凭着连续立功升任中郎将，这回让我陪乘，我不知道为什么。"皇上问道："我做太子时召你来，你不愿意来，为什么？"卫绾回答说："死罪，我当时确实生了病！"皇上赐给他宝剑。卫绾说："先帝曾赐给我宝剑，共赐了六把宝剑，我不敢再承奉诏令接受宝剑了。"皇上说："宝剑是人们所喜好的，可以进行交换、买卖，难道能留到现在么？"卫绾说："都在。"皇上让他拿来那六把宝剑，宝剑还在鞘中，没有使用过。当他下属的郎官有过失，他常常承担罪责，不和其他中郎将争辩；相反，有功劳的时候，他常常让给别的中郎将。皇上认为他廉洁忠厚，没有别的心肠，于是任命他

河间王太傅。[5]吴楚反，诏绾为将，将河间兵击吴楚有功，拜为中尉。[6]三岁，以军功，孝景前六年[7]中封绾为建陵侯。

做河间王太傅。吴楚造反时，皇上命令卫绾任将军，率领河间的部队攻打吴楚，有功劳，被任命为中尉。过了三年，因为立了军功，在孝景帝前元六年中卫绾被封为建陵侯。

注释 1 上林：汉官苑名，故址在今陕西西安市西及周至一带。 2 不敢奉诏：意即再次赐剑臣不敢接受。 3 施(yí)易：移易交换。施，移易，改变。 4 盛(chéng)：放在剑鞘中。 服：佩带。 5 无他肠：《史记索隐》引小颜云："心肠之内无他恶也。" 河间：景帝子刘德所封王国名，都乐成(今河北献县东南)。 太傅：官吏，辅佐封国王。 6 吴楚反：即发生于公元前154年，以吴王刘濞为首的吴楚七国之乱。 中尉：官名，掌管京师治安，兼主北军。 7 孝景前六年：即汉景帝前元六年，公元前151年。

其明年，上废太子，诛栗卿之属。[1]上以为绾长者，不忍，乃赐绾告归，而使郅都治捕栗氏[2]。既已，上立胶东王[3]为太子，召绾，拜为太子太傅。久之，迁为御史大夫。五岁，代桃侯舍[4]为丞相，朝奏事如职所奏。然自初官以至丞相，终无可言。天子以

第二年，皇上废弃太子刘荣，诛杀栗卿等人。皇上认为卫绾忠厚，不忍心大肆捕杀，就赐他休假回家，而派郅都逮捕惩办栗家。事情完结后，皇上立胶东王做太子，征召卫绾，任命他为太子太傅。过了很久，卫绾升为御史大夫。过了五年，他取代桃侯刘舍任丞相，在朝廷上奏请事情遵守职分照章办事。可是他从开始做官一直到做丞相，一点儿值得提起的事也没办过。天子认为

为敦厚，可相[5]少主，尊宠之，赏赐甚多。

他诚实宽厚，可以辅佐少主，尊重宠爱他，给他的赏赐非常多。

为丞相三岁，景帝崩，武帝立。建元年中，丞相以景帝疾时诸官囚多坐不辜者，而君不任职，免之。[6]其后绾卒，子信代。坐酎金[7]失侯。

卫绾任丞相三年，景帝驾崩，武帝继位。建元年间，因为景帝患病时各官署的囚犯很多是无辜受罪的，而卫绾作为当时的丞相，没有尽到职责，于是武帝将他罢免了。后来卫绾去世，他的儿子卫信袭侯爵。卫信由于助祭献金不合规定而失去了爵位。

注释　1 太子：即刘荣，景帝长子，栗姬所生。　栗卿：刘荣之舅父。　2 郅都：西汉大臣，官至中尉。详见《酷吏列传》。　治：惩处。　3 胶东王：即后来的汉武帝刘彻，景帝中子，初封为胶东王。　4 舍：即刘舍，曾被封为桃侯。　5 相：辅佐。　6 官囚：官署囚禁的人。　不辜：无罪。　不任职：不胜任其职。　7 酎(zhòu)金：汉代宗庙祭祀时，诸侯助祭所献金。

塞侯直不疑者，南阳人也。[1]为郎，事文帝。其同舍有告归，误持同舍郎金去，已而金主觉，妄意不疑，不疑谢有之，买金偿。[2]而告归者来而归金，而前郎亡金者大惭，以此称为长者。文帝称举，稍迁至太中大夫。[3]朝廷见，人或毁曰："不疑状貌甚美，

塞侯直不疑，南阳人。任郎官，侍奉文帝。他同屋有人请假回家，错拿了同屋郎官的黄金而去，不久丢失黄金的主人发现，胡乱猜测是直不疑所为，直不疑承认有这事，买黄金偿还他。请假回家的人返来而送还了黄金，先前丢失黄金的郎官十分惭愧，因此称赞他是忠厚的人。文帝选拔人才，他逐渐升官做到太中大夫。在朝堂上，有人诽谤他说："直不疑相貌很美，可无奈他

然独无柰其善盗嫂[4]何也！”不疑闻，曰：“我乃无兄。”然终不自明也。

为什么与嫂子私通！”直不疑听后，说：“我是没有哥哥的。”可是始终不为自己辩白。

吴楚反时，不疑以二千石将兵击之。景帝后元年[5]，拜为御史大夫。天子修[6]吴楚时功，乃封不疑为塞侯。武帝建元年中，与丞相绾俱以过免。

吴、楚等国谋反时，直不疑以二千石官员的身份带领军队前去参与攻打。景帝后元元年，任命他为御史大夫。天子表彰平定吴、楚叛乱的有功人员，就封直不疑为塞侯。武帝建元年间，他和丞相卫绾都因为过失而被免官。

不疑学老子言。其所临[7]，为官如故，唯恐人知其为吏迹也。不好立名称[8]，称为长者。不疑卒，子相如代。孙望，坐酎金失侯。

直不疑学习老子学说。他所任职的地方，办事的方法都与前任一模一样，唯恐人们知道他做官的路数。他不喜欢树立名声，被人称为厚道的人。直不疑死后，他儿子直相如继袭侯爵。他孙子直望，因为助祭献金不合规定而失去侯爵。

注释 1 直不疑：人名，姓直，名不疑，西汉大臣，曾被封为塞侯。 南阳：汉郡名，治所在今河南南阳市。 2 告归：请假回家。 意：猜测，怀疑。 谢：承认。 3 称举：称誉举荐。《汉书》无“文帝称举”四字。 太中大夫：《史记志疑》：“考《百官表》直不疑以孝景中五年为主爵都尉，六年由中大夫令更为卫尉，后元年乃由卫尉迁御史大夫，此脱不具，且未尝为太中大夫也。《汉传》言‘中大夫’，亦脱‘令’字，中大夫令即卫尉。” 4 盗嫂：与嫂私通。 5 景帝后元年：即公元前143年。 6 修：表彰，总结。 7 临：任职。 8 名称：名声。

郎中令周文者，名仁，其先故任城[1]人也。以医见。景帝为太子时，拜为舍人[2]，积功稍迁。孝文帝时至太中大夫。景帝初即位，拜仁为郎中令。

仁为人阴重不泄，常衣敝补衣溺裤，期为不洁清，以是得幸。[3]景帝入卧内，于后宫秘戏，仁常在旁。[4]至景帝崩，仁尚为郎中令，终无所言。上时问人[5]，仁曰："上自察之。"然亦无所毁。以此景帝再自幸其家。家徙阳陵[6]。上所赐甚多，然常让，不敢受也。诸侯群臣赂遗[7]，终无所受。

武帝立，以为先帝臣，重之。仁乃病免，以二千石禄归老，子孙咸至大官矣。

郎中令周文，名叫仁，他的祖先以前是任城人。他凭借医术而闻名。景帝做太子时，任命他为舍人，后来靠积累功劳而官位逐渐提升。孝文帝时官至太中大夫。景帝刚登位，任命周仁为郎中令。

周仁为人谨慎持重，从不泄露别人的秘密，经常穿着破旧的衣裳，常常故意让自己不洁净，因此受到皇帝宠爱。景帝进入寝宫，在后宫卧室里嬉戏，周仁常在旁边。到景帝驾崩，周仁还任郎中令，始终没有什么重大建议。皇上时常向他询问别人的情况，周仁说："皇上自己考察他吧。"可是也没有讲别人的坏话。因为这样，景帝曾经两次亲自到他家。他家迁到了阳陵。皇上赏赐给他的钱物很多，可他经常推辞，不敢接受。诸侯百官赠送的东西，他始终什么也不接受。

武帝继位，认为他是先帝的大臣，器重他。周仁因有病被免职，以二千石的俸禄回家养老，他的子孙都做到了大官。

注释 1 任城：汉县名，在今山东济宁市东南，独山湖畔。 2 舍人：太子舍人，管理太子家事。 3 阴重：慎密稳重。阴，密。 泄：指泄露人言。　敝补：破烂修补。　溺裤(niào kù)：能吸附尿液的内裤。溺，小便。　期：常常。　4 卧内：卧室。　秘戏：后宫内秘密之淫秽嬉戏。　5 问人：《史记正义》引颜师古云："问以他人之善恶也。"　6 阳陵：西汉景帝陵墓，后置县，在今陕西咸阳市东北。　7 赂遗(wèi)：以财物送人。

御史大夫张叔者，名欧，安丘侯说之庶子也。[1]孝文时以治刑名[2]言事太子。然欧虽治刑名家，其人长者。景帝时尊重，常为九卿。至武帝元朔四年，韩安国免，诏拜欧为御史大夫。[3]自欧为吏，未尝言案人[4]，专以诚长者处官。官属以为长者，亦不敢大欺。上具狱[5]，事有可却，却之；不可者，不得已，为涕泣，面对而封之。其爱人如此。

老病笃，请免。于是天子亦策罢，以上大夫禄归老于家。家于阳陵。子孙咸至大官矣。

御史大夫张叔，名叫欧，是安丘侯张说的妾生的儿子。孝文帝时他凭研究刑名学说侍奉太子。可是张欧虽然研究刑名家的学问，他为人却很忠厚。景帝时他受到尊重，常担任九卿。到武帝元朔四年，韩安国被免职，武帝任命张欧为御史大夫。自从张欧做官起，从不说查办人，一心用诚实忠厚的态度做官。属下认为他是个忠厚的人，也不敢太欺负他。每当下属向他呈送已经判定的案件，凡有可宽免的，他总是宽免；不可避免的，没办法的，他就流着泪，当着囚犯的面向他们讲清，把案卷封好。他对人们的爱护就是这个样子。

张欧年老病重，请求辞官。于是天子也特颁明令准予他退休，并让他按照上大夫的俸禄回家养老。他家在阳陵。他的子孙都做了大官。

注释　1 欧：音 qū。　说(yuè)：即张说，汉初大臣，因军功被封为安丘

侯。 庶子:妾所生之子。 2 刑名:即“刑名之学”,亦作“形名”。战国时法家之一派,以申不害为代表,强调循名责实。 3 元朔四年:即公元前 125 年。 韩安国:西汉大臣,官至御史大夫。详见《韩长孺列传》。 4 案人:查办人。 5 具:定案,判决。 狱:诉讼案件。

太史公曰:仲尼有言曰“君子欲讷于言而敏于行”[1],其万石、建陵、张叔之谓邪?是以其教不肃[2]而成,不严而治。塞侯微巧,而周文处讇,君子讥之,为其近于佞也。[3]然斯可谓笃行君子矣![4]

太史公说:孔子有句话说“君子言语要迟钝,行动要迅速”,说的大概是万石君、建陵侯和张叔吧?因此他们推行教化不峻急而能成功,不苛刻而有效果。塞侯精妙机巧,而周文陷于阿谀,君子讥笑他们,因为他们接近于奸巧谄媚。可是他们可以称得上是行为敦厚的君子了!

注释 1 君子欲讷于言而敏于行:此句出自《论语·里仁》。讷(nè),语言迟钝。敏,行动敏捷。 2 肃:峻急,苛刻。 3 微巧:隐秘巧妙。 处讇:以谄媚的态度处事。 4 斯:此。 笃行:行为忠厚。

史记卷一百四

田叔列传第四十四

原文

田叔者,赵陉城[1]人也。其先,齐田氏苗裔也[2]。叔喜剑,学黄老术于乐巨公所。[3]叔为人刻廉自喜[4],喜游诸公。赵人举之赵相赵午,午言之赵王张敖所,赵王以为郎中。[5]数岁,切直廉平,赵王贤之,未及迁。[6]

译文

田叔是赵国陉城人。他的祖先,是齐国田家的后代。田叔喜欢剑术,在乐巨公处学习黄老之术。田叔为人严正、清廉、自重、自爱,喜欢和那些年长有德行的人交游。赵国人把他推荐给赵国相赵午,赵午在赵王张敖那里称赞他,赵王让他任郎中。经过几年,他恳切率直,清廉公平,赵王认为他贤良,还没来得及提拔他。

注释　1 陉(xíng)城:《史记索隐》以为:国之县名,然西汉无陉城县,可能系苦陉之误。苦陉,县名,属中山国,在今河北无极县东北。　2 齐田氏:即田齐。春秋时,陈国厉公之子陈完因本国发生变乱而投奔齐国,并改姓田。后田氏子孙世代为齐卿,势力逐渐发展,战国初取代姜氏夺取了齐政权,是为田齐。　苗裔:后代。　3 黄老术:即黄老学派的学说。　乐巨公:《史记索隐》:“本燕人,乐毅之后。”　4 刻廉:严正清白。　自喜:

自爱，自好。 5 张敖：人名，张耳之子。张耳死后嗣立为赵王。 郎中：官名，掌执戟殿下，宿卫宫禁。 6 切直：恳切率直。 廉平：清廉公平。 迁：提升。

会陈豨[1]反代。汉七年，高祖往诛之，过赵，赵王张敖自持案进食，礼恭甚，高祖箕踞骂之。[2]是时赵相赵午等数十人皆怒，谓张王[3]曰："王事上礼备矣，今遇王如是，臣等请为乱。"赵王啮[4]指出血，曰："先人失国，微陛下，臣等当虫出。[5]公等柰何言若是！毋复出口矣！"于是贯高等曰："王长者，不倍[6]德。"卒私相与谋弑上[7]。会事发觉，汉下诏捕赵王及群臣反者。于是赵午等皆自杀，唯贯高就系[8]。是时汉下诏书："赵有敢随王者罪三族[9]。"唯孟舒、田叔等十余人赭衣自髡钳[10]，称王家奴，随赵王敖至长安。贯高事明

适逢陈豨在代造反。汉七年，高祖去讨伐他，经过赵国，赵王张敖亲自捧着托盘给高祖送食物，礼仪十分恭敬，高祖傲慢地坐着骂赵王。这时赵国相赵午等几十人都很生气，对赵王张敖说："您侍奉皇上礼节十分周到了，如今皇上这样对待您，我们请求造反。"赵王咬破指头出了血，说："我父亲失去王国，假如没有陛下，我们将会死无葬身之地。你们怎么这样说呢！不要再这样讲了！"于是贯高等人说："大王是忠厚有德行的人，不背叛恩德。"但他们却在暗地里策划谋害皇上。碰巧事情被发觉，朝廷下诏书逮捕赵王和群臣中谋反的人。于是赵午等人都自杀，只有贯高投案受捕。这时朝廷颁下诏书说："赵国有敢于跟随赵王的人，罪灭三族。"只有孟舒、田叔等十几人穿着赤褐色囚衣，自动剃光头发，带上枷锁，自称为赵王家的奴仆，跟随赵王张敖到了长安。贯高谋反的事情弄清楚后，赵王张

白，赵王敖得出，废为宣平侯，乃进言田叔等十余人。上尽召见，与语，汉廷臣毋能出其右者，上说，尽拜为郡守、诸侯相。[11] 叔为汉中[12]守十余年，会高后崩，诸吕作乱，大臣诛之，立孝文帝。

敖得以出狱，王位被废除，降为宣平侯，于是赵王上奏称赞田叔等十几人。皇上召见了他们，和他们谈话，认为汉家朝廷大臣中没有能比他们强的人，皇上高兴，将他们都任命为郡守、诸侯王相。田叔担任汉中郡郡守十多年，适逢高后去世，吕氏诸王侯准备叛乱，大臣们诛杀了他们，立孝文帝为天子。

注释　1 陈豨(xī)：汉初异姓王，后反，被诛。见《韩信卢绾列传》。 2 汉七年：即公元前200年。陈豨反发生在十年，此处记载有误。　箕踞：古时按礼人席地而坐，若随意伸开两腿坐着，形似簸箕，是一种傲慢无礼之形态。 3 张王：即赵王张敖。 4 啮(niè)：咬。 5 微：如果不是。　虫出：指人死后不能下葬以至尸体生蛆。虫，蛆。 6 倍：通"背"。 7 相与：互相。　弑(shì)：古人称子杀父、臣杀君为弑。 8 就系：投案而被拘捕。 9 三族：说法不一。一般是指父族、母族、妻族。 10 赭(zhě)衣：古代犯人所穿的赤褐色的囚服。此指穿着囚服。　髡(kūn)钳：古代刑罚，谓剃去头发，用铁圈束颈。 11 右：古代尊崇右，以右为上。　说：通"悦"。 12 汉中：汉郡名，治所西城，在今陕西安康市西北。

孝文帝既立，召田叔问之曰："公知天下长者乎？"对曰："臣何足以知之！"上曰："公，长者也，宜知之。"叔顿首曰："故

孝文帝登位后，召田叔来询问说："您知道天下忠厚而有德行的人吗？"田叔回答说："臣哪里知道呢！"皇上说："您是忠厚长者，应该知道。"田叔叩头说："原云中郡郡守孟舒是忠厚长者。"这时孟舒因

云中守孟舒，长者也。”是时孟舒坐虏大入塞盗劫，云中尤甚，免。[1] 上曰：“先帝置孟舒云中十余年矣，虏曾一入，孟舒不能坚守，毋故[2] 士卒战死者数百人。长者固杀人乎？公何以言孟舒为长者也？”叔叩头对曰：“是乃孟舒所以为长者也。夫贯高等谋反，上下明诏，赵有敢随张王，罪三族。然孟舒自髡钳，随张王敖之所在，欲以身死之，岂自知为云中守哉！汉与楚相距，士卒罢敝。[3] 匈奴冒顿新服北夷，来为边害，孟舒知士卒罢敝，不忍出言，士争临城死敌，如子为父，弟为兄，以故死者数百人。[4] 孟舒岂故驱战之哉！是乃孟舒所以为长者也。”于是上曰：“贤哉孟舒！”复召孟舒以为云中守。

匈奴大规模入边塞抢劫，云中郡被劫尤其严重，被免职。皇上说：“先帝让孟舒任云中郡守十多年了，匈奴曾经入侵一次，孟舒不能坚守，无缘无故士卒战死数百人。忠厚而有德行的人难道会让士卒这样被杀吗？您为什么说孟舒是忠厚长者呢？”田叔叩头回答说：“这正是孟舒为忠厚长者的原因。贯高等人谋反，皇上颁下明诏，赵国有敢于跟随赵王张敖的人，罪至三族。可是孟舒自动剃光头发，带上枷锁，跟随赵王张敖到他去的地方，想为他效死，难道他自己知道会做云中郡守么！汉和楚相对抗，士兵很疲乏了。匈奴冒顿单于刚刚征服北方的部族，就来边境为害，孟舒了解士兵的疲劳困苦，不忍心命令他们作战，士兵争着登临城池，和敌人拼命，就像儿子为了父亲，弟弟为了哥哥，因此战死的有几百人。孟舒难道是故意驱使他们作战吗？这正是孟舒为忠厚长者的原因。”于是皇上说：“好啊孟舒！”于是重新起用孟舒为云中郡守。

注释 1 虏:敌人,此指匈奴。 云中:汉郡名,治所云中,在今内蒙古托克托县东北古城。 2 毋故:没有原因,无道理。 3 距:通"拒",抗拒。 罢敝:疲劳困苦。罢,通"疲"。 4 冒顿(mò dú):西汉初年匈奴单于。 北夷:匈奴北方的部族。 死敌:与敌拼死作战。

后数岁,叔坐法失官。梁孝王使人杀故吴相袁盎,景帝召田叔案梁,具得其事,还报。[1]景帝曰:"梁有之乎?"叔对曰:"死罪!有之。"上曰:"其事安在?"田叔曰:"上毋以梁事为也。"上曰:"何也?"曰:"今梁王不伏诛[2],是汉法不行也;如其伏法,而太后食不甘味,卧不安席,此忧在陛下也。"景帝大贤之,以为鲁相。

几年后,田叔因为犯法丢失官位。梁孝王派人杀害了前吴国国相袁盎,景帝召田叔来,派他去梁国查办,他查清案情后,回来汇报。景帝说:"梁王杀人属实吗?"田叔回答说:"臣昧死禀告,实有此事。"皇上说:"那罪证在哪里?"田叔说:"皇上不要再追究此案了。"景帝说:"为什么?"田叔说:"梁孝王不伏法被诛,那朝廷法律就无法执行;如果他伏法受诛,那太后就将食不甘味,卧不安席,这样,陛下的麻烦就更大了。"景帝认为他特别贤能,命他为鲁国国相。

注释 1 梁孝王:即刘武,汉文帝之子,窦皇后所生。详见《梁孝王世家》。 袁盎:汉廷大臣,曾为齐相、吴相,后为梁孝王所杀。详见《袁盎晁错列传》。 案:查办、审查。 2 伏诛:被处死。

鲁相初到,民自言相,讼[1]王取其财物百余人。

鲁国国相刚上任,百姓主动来对国相讲,控告鲁王夺取他们财物

田叔取其渠率二十人,各笞五十,余各搏二十,怒之曰:"王非若主邪?何自敢言若主!"[2]鲁王闻之大惭,发中府钱,使相偿之。[3]相曰:"王自夺之,使相偿之,是王为恶而相为善也。相毋与偿之。"于是王乃尽偿之。

鲁王好猎,相常从入苑中,王辄休相就馆舍,相出,常暴坐待王苑[4]外。王数使人请相休,终不休,曰:"我王暴露苑中,我独何为就舍!"鲁王以故不大出游。

数年,叔以官卒,鲁以百金祠[5],少子仁不受也,曰:"不以百金伤先人名。"

的有一百多人。田叔抓住他们的首领二十人,每人笞打五十大板,其余的打手心二十板,对他们发怒说:"鲁王不是你们的君主吗?怎么敢谈论你们的君主!"鲁王听说了之后十分惭愧,打开内库分发藏钱,让国相偿还给他们。国相说:"大王自己夺取的,让国相去还,这样是大王做坏事而国相做好事了。国相不能参与偿还的事。"于是鲁王亲自将财物偿还给他们。

鲁王喜欢打猎,国相经常跟随他进入狩猎场中,鲁王总是让他到馆舍去休息,国相走出来,经常露天坐在围场外等待鲁王。鲁王屡次派人请他去休息,他始终不去,说:"我们大王露天在围场中奔驰,我为什么偏偏到馆舍中去呢!"鲁王因此而不经常出外游猎。

过了几年,田叔在官任上死去,鲁王用一百斤黄金做祭礼,他的小儿子田仁不肯接受,说:"不能因为一百斤黄金损害了先父的名声。"

注释　1 讼:诉讼,告状。　2 渠率:同"渠帅",首领。　笞:古代五刑之一,用荆条或竹板打人的背部或臀部。　搏:拍,打。此指打手板。　3 鲁王:鲁共王刘余,景帝之子。　中府:内库。　4 苑:畜养禽兽供狩猎用的园林。　5 祠:此指祭礼。

仁以壮健为卫将军舍人[1]，数从击匈奴。卫将军进言[2]仁，仁为郎中。数岁，为二千石丞相长史[3]，失官。其后使刺举三河[4]。上东巡，仁奏事有辞，上说，拜为京辅都尉[5]。月余，上迁拜为司直[6]。数岁，坐太子[7]事。时左丞相自将兵，令司直田仁主闭守城门，坐纵太子，下吏诛死。[8]仁发兵，长陵令车千秋上变仁[9]，仁族死。陉城今在中山国。

田仁因为身体健壮当了卫青的家臣，多次跟随他去攻打匈奴。卫青向皇上推荐田仁，田仁做了郎中。几年后，他任二千石级的丞相长史，又因失职而受处罚。后来武帝派他监察河东、河南、河内三郡。皇上到东边视察，田仁报告政事言辞出众有据，皇上高兴，任命他为京辅都尉。一个多月后，皇上提升他任司直。几年后，他由于戾太子事件犯了罪。当时左丞相亲自带领军队，命令司直田仁主管闭守城门，他因放走太子而犯罪，交司法官审判处死。田仁带兵到长陵，长陵令车千秋上告田仁叛变，田仁被灭族处死。陉城如今属中山国。

注释　1 卫将军：即卫青。　舍人：王公贵族门下亲近的属官。　2 进言：向皇帝推荐。　3 丞相长史：丞相的高级幕僚。　4 刺举：刺探举发。　三河：指河南、河内、河东三郡。　5 京辅都尉：即京畿都尉，三辅地区之都尉。　6 司直：亦名丞相司直，掌佐丞相举不法。　7 太子：汉武帝太子，亦称戾太子、卫太子。　8 左丞相："左"字为衍文。此指丞相刘屈氂。　纵：放跑。　9 长陵：本为汉高祖陵，后在此设置县，在今陕西咸阳市东北。　令：县级行政长官。　车千秋：即田千秋，西汉大臣。　上变仁：上书告发田仁兵变。

太史公曰：孔子称曰“居是国必闻其政”[1]，田叔之谓乎！义不忘贤，明主之美以救过。[2]仁与余善，余故并论之。

太史公说：孔子称赞说“住在那个国家一定了解它的政事”，说的是田叔吧！坚持大义而不忘记举荐贤能，公开赞扬君主的美德并补救他的过错。田仁和我友好，所以我将他们父子的事情一齐写下来。

注释　1 居是国必闻其政：此引语有误。《论语·学而》云：“子禽问于子贡曰：‘夫子至于是邦也，必闻其政……。’”　2 义不忘贤：坚持大义，不忘记贤明之人。　救过：挽救其过失。

褚先生[1]曰：臣为郎时，闻之曰田仁故与任安[2]相善。任安，荥阳[3]人也。少孤贫困，为人将车之长安，留，求事为小吏，未有因缘也，因占著名数。[4]家于武功，扶风西界小邑也，谷口蜀划[5]道近山。安以为武功小邑，无豪，易高也，安留，代人为求盗亭父。[6]后为亭长[7]。邑中人民俱出猎，任安常为人分麋鹿雉兔，部署老小当壮剧易[8]处，众人皆喜，曰：“无伤也，任少卿分

褚先生说：我任侍郎时，听说田仁以前和任安很友好。任安是荥阳人。他小时候孤苦，生活贫困，替别人拉车到长安，留在那里，想找个小吏的差事做，但没有机缘，根据自己占卜著录户籍。把家安在武功县，那是扶风西边的小县，山谷入口有通往蜀郡的栈道。任安认为武功小县，没有豪杰，容易出人头地，就留在那儿，代替别人做求盗、亭父。后来他当了亭长。邑中百姓都出外打猎，任安经常帮别人分配猎物，安排老人、小孩和壮年者各做他们力所能及的事，大家都高兴，说：“没有关系，任少卿分配公平，有智谋。”第二天又召

别[9]平,有智略。”明日复合会,会者数百人。任少卿曰:“某子甲何为不来乎?”诸人皆怪其见之疾也。其后除为三老,举为亲民,出为三百石长,治民。[10]坐上行出游共帐[11]不办,斥免。

集人聚会,聚集的有几百人。任少卿说:“某某的儿子甲为什么不来呢?”他眼光的迅疾令众人惊讶。那以后他被任命为乡三老,被举荐为亲民的官吏,又出任为县长,管理百姓。他因为皇上巡行出游的时候没有准备好帷帐等用具而犯罪,被斥责罢免。

注释 1 褚先生:即褚少孙,西汉史学家、文学家,元帝、成帝间博士。 2 任安:西汉大臣,字少卿。 3 荥(xíng)阳:汉县名,在今河南荥阳市东北。 4 将车:御车。 占著名数:《史记索隐》:“言卜占而自占著家口名数,隶于武功,犹今附籍然也。” 5 刬:疑为“栈”字之误。 6 易高:容易出人头地。 求盗亭父:《史记正义》引应劭云:“旧时亭有两卒,其一为亭父,掌关闭扫除;一为求盗,掌逐捕盗贼也。” 7 亭长:汉时地方基层行政单位,农村十里设一亭。亭长主逐捕盗贼,兼及民事,理词讼。 8 当壮:正当壮年。 剧易:难易。 9 分别:分配,区别。 10 除:提升,任命。 三老:《史记正义》引《百官表》云:“十亭一乡,乡有三老一人,掌教化也。” 亲民:日本泷川资言《史记会注考证》认为此职掌乡邑之事。 三百石长:俸禄为三百石官吏。汉时,万户以上县的长吏称令,秩六百石至一千石;万户以下小县为长,秩三百石至五百石。其下均有丞、尉。 11 共帐:供给皇帝出行所需之帷帐等器物。

乃为卫将军舍人,与田仁会,俱为舍人,居门下,同心相爱。此二人家贫,无钱用以事将军家监,家监使养

后来他做卫青的家臣,和田仁相识,两人都是家臣,都在卫青门下,情投意合。这两个人家境贫穷,没有钱财来侍奉将军的管

恶啮马[1]。两人同床卧，仁窃言曰:“不知人哉家监也!”任安曰:“将军尚不知人,何乃家监也!”卫将军从此两人过平阳主,主家令两人与骑奴同席而食,此二子拔刀列断席别坐。[2]主家皆怪而恶之,莫敢呵。

家,管家派他们喂养咬人的烈马。两人同床睡,田仁悄悄地说:“这个管家不识人才啊!”任安说:“将军尚且不识人才,何况管家呢!”卫青将军让这两个人跟随他去拜访平阳公主,公主的管家让他俩和骑奴们同席吃饭,这两人拔出刀来割断席子,和骑奴们分开来坐。公主家的人都觉得奇怪而反感,但不敢呵斥他们。

注释 1 家监:管家。 恶啮马:凶暴咬人的烈马。 2 从此两人:以此二人为随从。 过:拜访,探望。 平阳主:即平阳公主,汉武帝的姐姐,原为平阳侯曹寿妻,后嫁卫青。 列:通“裂”。 别:另,另外。

其后有诏募择卫将军舍人以为郎,将军取舍人中富给者,令具鞍马绛衣玉具剑[1],欲入奏之。会贤大夫少府[2]赵禹来过卫将军,将军呼所举舍人以示赵禹。赵禹以次问之,十余人无一人习事[3]有智略者。赵禹曰:“吾闻之,将门之下必有将类。传曰‘不知其君,

后来有诏书招募选拔卫将军的家臣来做郎官,卫将军选取家臣中富裕的人,让他们准备好鞍马、绛衣、玉具剑,要入宫上奏。适逢贤能的大夫、少府赵禹来拜访卫将军,将军叫出所推举的家臣来给赵禹看。赵禹按照顺序问他们,十多人中没有一人熟谙事理和有智谋的。赵禹说:“我听说,将军的家中一定有可当将官的人。书传说‘不了解那个国君,就看他使用的人;不了解那人的儿子,就看他结交的朋友’。如今有诏书举荐将军

视其所使;不知其子,视其所友'[4]。今有诏举将军舍人者,欲以观将军而能得贤者文武之士也。今徒取富人子上之,又无智略,如木偶人衣之绮绣[5]耳,将柰之何?"于是赵禹悉召卫将军舍人百余人,以次问之,得田仁、任安,曰:"独此两人可耳,余无可用者。"卫将军见此两人贫,意不平[6]。赵禹去[7],谓两人曰:"各自具鞍马新绛衣。"两人对曰:"家贫无用具也。"将军怒曰:"今两君家自为贫,何为出此言?鞅鞅[8]如有移德于我者,何也?"将军不得已,上籍[9]以闻。有诏召见卫将军舍人,此二人前见,诏问能略,相推第也。[10]田仁对曰:"提桴鼓[11]立军门,使士大夫乐死战斗,仁不及任安。"任安对曰:"夫决嫌疑,定是非,辩治官,使百姓无怨心,安不及仁也。"武帝大笑

家臣,是要借此考察将军能够得到的贤人和文武之士。如今仅仅选取富人家儿子送上,这些人又没有智谋,就像给木偶人穿上锦绣衣服罢了,拿他们怎么办?"于是赵禹把卫将军的百名家臣全部召集起来,挨个来考问他们,发现了田仁、任安,说:"只这两人可以,其余没有可用的人。"卫将军看到这两人贫困,心里不满。赵禹离去后,卫将军对两人说:"你们各自去准备鞍马、新绛衣。"两人回答说:"家里贫穷,无法准备这些东西。"将军发怒说:"家贫是你们自己的事,怎么对我说出这样的话?你们郁郁不乐,好像曾经给我施过恩德一样,为什么呢?"将军没有别的办法,列名上奏给皇上。有诏书下来召见卫将军家臣,这两人前去拜见,武帝问两人的才能智谋,他们相互推让。田仁回答说:"手拿鼓槌立于军门,使部属乐于拼死战斗,我比不上任安。"任安回答说:"决断嫌疑,评判是非,辨别、管理官吏,让老百姓没有怨气,任安我比不上田仁。"武帝大笑说:"好。"派任

曰:“善。”使任安护北军,使田仁护边田谷于河上。[12]此两人立名天下。

安监护北军,派田仁到黄河边上监护边地的屯田和谷物。这两人立即名扬天下。

注释 1 绛衣:深红色的衣服,古代军服常用绛色。 玉具剑:剑口和把手部分用玉装饰的剑。 2 少府:官名,九卿之一,掌管皇室财用收支、宫廷服务和手工业。 3 习事:熟谙事理。 4“不知其君”四句:源于《荀子·性恶》,其原文为“不知其子视其友,不知其君视其左右”。 5 绮绣:有花纹的锦绣。 6 意:内心,心里。 不平:不满。 7 去:离开。 8 鞅鞅:因不平或不满而郁郁不乐。 9 上籍:列名上奏。 10 能略:才能谋略。 推第:推让而互相荐举。 11 桴(fú)鼓:战鼓。桴,同“枹”,鼓槌。 12 护:监护。 北军:汉代守卫京师的屯卫兵,其守卫京城西南未央宫的卫兵称南军,守卫京城东北长乐宫的卫兵称北军。 边田谷:边地的屯田与谷物。

其后用任安为益州刺史[1],以田仁为丞相长史。

田仁上书言:“天下郡太守多为奸利[2],三河尤甚,臣请先刺举三河。三河太守皆内倚中贵人,与三公有亲属,无所畏惮,宜先正三河以警天下奸吏。[3]”是时河南、河内太守皆御史大夫杜父兄子弟也,河东太守

其后又任用任安做益州刺史,任命田仁做丞相长史。

田仁上奏书说:“全国的郡太守中有很多人用非法手段谋取私利,三河地区尤其严重,我请求首先侦察检举三河。三河的太守全都在京城内倚靠皇帝所宠幸的近臣,和三公有亲属关系,没有什么畏惧的,应该首先肃正三河来警告全国的犯法官吏。”这时河南、河内太守都是御史大夫杜周父兄的子

石丞相子孙也。[4]是时石氏九人为二千石，方盛贵。田仁数上书言之。杜大夫及石氏使人谢，谓田少卿曰："吾非敢有语言也，愿少卿无相诬污也。"仁已刺三河，三河太守皆下吏诛死。仁还奏事，武帝说，以仁为能不畏强御[5]，拜仁为丞相司直，威振天下。

弟，河东太守是丞相石庆的子孙。这时石家有九人担任二千石级的官员，正强盛显贵。田仁多次上奏书谈及这事。大夫杜周和石家派人向田仁道歉，对田少卿说："我们不敢说什么话，希望少卿您不要诬陷我们。"田仁查办三河完毕，三河太守都被司法官惩办判处死刑。田仁回朝廷上奏这事，武帝很高兴，认为田仁能干，不怕有权势的人，任命田仁为丞相司直，于是田仁威震天下。

其后逢太子有兵事，丞相自将兵，使司直主城门。司直以为太子骨肉之亲，父子之间不甚欲近，去之诸陵过。是时武帝在甘泉，使御史大夫暴君下责丞相"何为纵太子"，丞相对言"使司直部守城门，而开太子"。[6]上书以闻，请捕系司直。司直下吏，诛死。

其后适逢太子发动兵变之事，丞相亲自带领军队，派司直主管城门。司直认为太子是皇上的骨肉至亲，父子之间的事情自己不太想卷进去，就离开城门到那些陵寝去。这时武帝在甘泉宫，派御史大夫暴胜之下去责问丞相"为什么放太子走"，丞相回答说"派司直统辖守卫城门，他却放了太子"。丞相上奏此事，请求拘捕司直。于是司直被交给司法官治罪，被依法处死。

注释 1 益州刺史：汉武帝时分全国为十三部(州)，益州为其一，职掌监察，秩六百石。统管今四川折多山、云南怒山、哀牢山以东，甘肃陇南市、两当县，陕西秦岭以南，湖北十堰市郧阳区、保康县西北，贵州除东边以外地区。

2 奸利:举动奸恶,攫取私利。 3 中贵人:皇帝所宠幸的近臣。 三公:古代中央三种最高官衔的合称,西汉时指丞相、太尉、御史大夫。 正:治理,肃正。 4 杜:杜周,武帝时酷吏。见《酷吏列传》。 石:石庆,石奋子。详见《万石张叔列传》。 5 强御:强暴有势力的人。 6 甘泉:即甘泉宫,汉武帝时建,在今陕西淳化县西北甘泉山上。 暴君:即暴胜之,西汉大臣。

是时任安为北军使者护军,太子立车北军南门外,召任安,与节令发兵。[1]安拜受节,入,闭门不出。武帝闻之,以为任安为详邪,不傅事,何也?[2]任安笞辱北军钱官小吏,小吏上书言之,以为受太子节,言"幸与我其鲜好者"[3]。书上闻,武帝曰:"是老吏也,见兵事起,欲坐观成败,见胜者欲合从[4]之,有两心。安有当死之罪甚众,吾常活之,今怀诈,有不忠之心。"下安吏,诛死。

这时任安担任北军使者护军,太子把车停立于北军的南门外,召见任安,交给他符节,让他派遣军队。任安下拜接受符节,进营,关起门不出来。武帝听说了,认为任安是假装接受符节,不附会太子起事,为什么呢?任安鞭打辱骂北军管钱的小官吏,小吏上书揭发他,认为他接受了太子的符节,并说"希望交出我那新装备的优良军队"。上书被皇上看到,武帝说:"这是个圆滑的官吏,看到太子起兵的事件出现,想坐着看胜负,看到了胜利者就想和他联合,有二心。任安犯有很多该死的罪,我总是让他活下来,如今他内怀欺诈,有不忠之心。"于是将任安交司法官治罪,被依法处死。

夫月满则亏,物盛则衰,天地之常[5]也。知进而不知退,久乘富贵,祸积为

月亮圆了之后就会亏缺,事物旺盛到极点就会衰败,这是天地间的常理。知道进取而不知道退却,

祟[6]。故范蠡[7]之去越,辞不受官位,名传后世,万岁不忘,岂可及哉!后进者慎戒之。

长久地居于富贵,灾难逐渐积累就会成为祸祟。所以范蠡离开越国,辞官不做,美名传到后世,万年不忘,谁能比得上呢!后来者应引以为戒。

注释 1 护军:西汉护军中尉、护军都尉的简称,监军官。 立车:停车。 节:符节。 2 详邪:假装应邪。详,通“佯”。 傅事:傅会成事。 3 幸:表示希望。 鲜好:《史记索隐》:“谓太子请其鲜好之兵甲也。” 4 合从:联合随同。 5 常:常规,常理。 6 祟:灾祸。 7 范蠡(lǐ):春秋末越国大夫,曾助句践灭吴立国,功成后周游各国经商。见《货殖列传》。

史记卷一百五

扁鹊仓公列传第四十五

原文

扁鹊者，勃海郡郑人也，姓秦氏，名越人。[1]少时为人舍长。舍客长桑君过，扁鹊独奇之，常谨遇之。[2]长桑君亦知扁鹊非常人也。出入十余年，乃呼扁鹊私坐，间与语曰："我有禁方，年老，欲传与公，公毋泄。"[3]扁鹊曰："敬诺。"乃出其怀中药予扁鹊："饮是以上池之水，三十日当知物矣。[4]"乃悉取其禁方书尽与扁鹊。忽然不见，殆非人也。扁鹊以其言饮药三十日，视

译文

扁鹊是勃海郡郑地人，姓秦，名叫越人。他年轻时当过客馆的主管。有个叫长桑君的客人住在客馆里，只有扁鹊认为他是奇特的人，经常恭谨地对待他。长桑君也知道扁鹊不是普通人。长桑君在客馆里出出进进十多年，后来他把扁鹊叫到房间里，悄悄地告诉他说："我有秘方，我年老了，想传给您，您不要泄露出去。"扁鹊说："我一定照办。"于是他拿出怀中的药给扁鹊："用没有落地的露水送饮此药，三十天以后就能洞察一切事物了。"接着长桑君就把他的秘方全拿出来交给扁鹊。忽然长桑君不见了，大概他不是凡人吧。扁鹊照他的话服药三十天后，能隔着墙看到另一边的人。他据此

见垣一方[5]人。以此视病，尽见五藏症结，特以诊脉为名耳。[6]为医或在齐，或在赵。在赵者名扁鹊。

来看病，完全可以看得见人的五脏疾病所在，只是以诊脉为名罢了。他有时在齐国行医，有时在赵国。在赵国时被称为扁鹊。

注释 1 勃海郡：郡名，治所浮阳，在今河北沧州市东南。 郑：《史记集解》和《史记索隐》都认为勃海郡无郑县，"郑"当为"鄚"。鄚(mò)，县名，时属河间国，在今河北任丘市西北鄚州镇。 2 长桑：复姓。 遇：礼遇。 3 间：悄悄。 禁方：秘方。 毋：不要。 4 上池之水：凭空接取或取之于草木上的雨露，后常称为佳水。 知物：洞察事物。 5 垣一方：墙的那一边。方，犹"边"。 6 五藏：《史记正义》："五藏谓心、肺、脾、肝、肾也。六府谓大、小肠、胃、胆、膀胱、三焦也。王叔和《脉经》云：左手脉横，症在左；右手脉横，症在右。脉，头大者在上，头小者在下。两手脉，结上部者濡，结中部者缓，结三里者豆起。阳邪来见浮洪，阴邪来见沈细，水谷来见坚实。" 症结：即所结的病块。 诊脉：用手按病人腕部脉搏以察病情。

当晋昭公时，诸大夫强而公族弱，赵简子为大夫，专国事。[1]简子疾，五日不知人[2]，大夫皆惧，于是召扁鹊。扁鹊入视病，出，董安于[3]问扁鹊，扁鹊曰："血脉治也，而何怪！[4]昔秦穆公尝如此，七日而

正当晋昭公的时候，众大夫的势力强大而国君宗族的力量弱小，赵简子是大夫，独揽国家大事。赵简子生病，五天不省人事，大夫们都害怕，于是召来扁鹊。扁鹊进来看病后，走出去，大夫董安于问扁鹊，扁鹊说："他的血脉正常，你们惊怪什么！以前秦穆公也曾这样，七天以后才苏醒。苏醒的那天，他告诉

寤。[5]寤之日,告公孙支与子舆[6]曰:'我之帝所甚乐[7]。吾所以久者,适[8]有所学也。帝告我:"晋国且大乱,五世不安。其后将霸,未老而死。霸者之子且令而国男女无别。"'公孙支书而藏之,秦策[9]于是出。夫献公之乱,文公之霸,而襄公败秦师于殽而归纵淫,此子之所闻。[10]今主君之病与之同,不出三日必间[11],间必有言也。"

公孙支和子舆说:'我到了天帝那里,玩得十分高兴。我待那么久的原因,是恰好有要学的东西。天帝告诉我:"晋国将要大乱,五代都不得安宁。之后将有人称霸,称霸不久就会死去。霸主的儿子将使他们的国家男女淫乱。"'公孙支把这些话记下来收藏好,秦国的历史就是从这时开始的。晋献公的内乱,晋文公的称霸,而晋襄公在殽山打败秦军回国后放纵淫乱,这些都是您听说过的。如今你们主君的病和他相同,不超过三天一定会痊愈,痊愈后必定有一些话要说。"

注释 **1** 晋昭公:春秋时晋国国君,公元前531—前526年在位。 公族:此指国君。 赵简子:即赵鞅,春秋末晋国正卿。 专:专擅,专断。 **2** 不知人:即不省人事。 **3** 董安于:赵简子手下的臣僚,事迹不详。 **4** 治:安,正常。 而:你,你们。 **5** 秦穆公:即秦缪公,春秋时秦国国君,公元前659—前621年在位,春秋五霸之一。 寤(wù):醒。 **6** 公孙支与子舆:二人皆秦大夫。公孙支,即子桑。子舆未详。 **7** 之:到。 帝所:天帝居住的地方。 **8** 适:恰好,正。 **9** 秦策:秦国的史书。 **10** 献公:即春秋晋献公,公元前676—前651年在位。 文公:即春秋五霸之一晋文公,公元前636—前628年在位。 襄公:即春秋晋襄公,公元前627—前621年在位。 殽(xiáo):殽山,在今河南三门峡市东南一带。亦作"崤"。 **11** 间:痊愈。

居二日半，简子寤，语诸大夫曰："我之帝所甚乐，与百神游于钧天，广乐九奏万舞，不类三代之乐，其声动心。[1]有一熊欲援我，帝命我射之，中熊，熊死。[2]有罴[3]来，我又射之，中罴，罴死。帝甚喜，赐我二笥，皆有副。[4]吾见儿在帝侧，帝属我一翟犬[5]，曰：'及而子之壮也以赐之。'帝告我：'晋国且世衰，七世而亡。嬴姓将大败周人于范魁之西，而亦不能有也。[6]'"董安于受言，书而藏之。以扁鹊言告简子，简子赐扁鹊田四万亩。

过了两天半，赵简子醒了，告诉众大夫说："我到天帝那里，玩得十分开心，和百神在天的中央游玩，听着各种乐器奏着许多乐曲，看着各种各样的舞蹈，不像上古三代时的乐舞，乐声动人心弦。有一只熊想抓我，天帝命令我射杀它，我射中了熊，熊死了。有一只罴走过来，我又射它，射中了罴，罴也死了。天帝十分高兴，赐给我两个竹笥，里面装有首饰。我看见我的儿子在天帝的身边，天帝把一只翟犬交给我，说：'等你儿子长大后，把这个赐给他。'天帝告诉我：'晋国将要一代一代地衰落，过七代就灭亡。秦国将在范魁的西边大败周人，但它也不能占据那个地方。'"董安于听了这些话，记录下来并收藏好。又把扁鹊的话告诉赵简子，赵简子赐给扁鹊四万亩田地。

注释　1 钧天：天之中央。　广乐：盛大之乐。　三代：夏、商、周三代。　2 援：抓。　中：射中。　3 罴（pí）：马熊。　4 笥（sì）：装物品的方形竹器。　副：古代首饰名。《释名》："王后首饰曰副。副，覆也，以覆首也。"　5 属（zhǔ）：托付。　翟：通"狄"，中国古代北方部族。　6 嬴姓：赵氏之本姓。此指姓嬴之秦国。　周人：此指卫。晋亡之后，赵成侯三年伐卫，取乡邑七十三。　范魁：古地名，不详。

其后扁鹊过虢[1]。虢太子死，扁鹊至虢宫门下，问中庶子喜方[2]者曰："太子何病，国中治穰[3]过于众事？"中庶子曰："太子病血气不时，交错而不得泄，暴发于外，则为中害。[4]精神不能止邪气，邪气畜积而不得泄，是以阳缓而阴急，故暴蹷而死。[5]"扁鹊曰："其死何如时？"曰："鸡鸣至今。"曰："收乎？"曰："未也，其死未能半日也。""言臣齐勃海秦越人也，家在于郑，未尝得望精光，侍谒于前也。[6]闻太子不幸而死，臣能生之。"中庶子曰："先生得无诞之乎？[7]何以言太子可生也！臣闻上古之时，医有俞跗，治病不以汤液醴洒、镵石挢引、案抓毒熨，一拨见病之应，因五藏之输，

后来扁鹊经过虢国。正逢虢国太子病死，扁鹊到虢君宫门前，问喜好方术的中庶子说："太子患什么病，怎么国中都在祈祷，把别的事都搁置起来了呢？"中庶子说："太子患气血不和的病症，气血运行交错违逆而不能宣泄，突然发作于外，就造成内脏受伤害。正气不能抑制邪气，邪气积聚而不能发散，因此阳脉松弛而阴脉拘急，所以突然昏倒而死。"扁鹊说："他死去多长时间了？"中庶子说："从鸡叫时到现在。"扁鹊说："收殓了吗？"中庶子说："还没有，他死还不到半天。"扁鹊说："请告诉虢君，说我是齐国勃海秦越人，家在郑地，没有机会一睹虢君风采，侍问拜谒虢君，为他效力。听说太子不幸而死，我能让他活过来。"中庶子说："先生该不会是胡说吧？凭什么说太子可活过来呢！我听说上古的时候，有位名医叫俞跗，治病不用汤药酒剂、石针导引、按摩药熨，一察看就能发现疾病的所在，顺着五脏的腧穴，就剖开肌肉，通导经脉，结扎筋腱，按髓脑，触膏肓，疏理膈膜，清洁肠胃，洗涤五脏，炼精气，换形体。先生的医术能和他一样，那么太子就可复活

乃割皮解肌，诀脉结筋，搦髓脑，揲荒爪幕，湔浣肠胃，漱涤五藏，练精易形。[8] 先生之方能若是，则太子可生也；不能若是而欲生之，曾不可以告咳婴[9]之儿。”终日，扁鹊仰天叹曰：“夫子之为方也，若以管窥天，以郄视文。越人之为方也，不待切脉、望色、听声、写形，言病之所在。[10] 闻病之阳，论得其阴；闻病之阴，论得其阳。[11] 病应见于大表，不出千里，决者至众，不可曲止也。[12] 子以吾言为不诚，试入诊太子，当闻其耳鸣而鼻张，循其两股以至于阴，当尚温也。[13]”

了；不能做到这些，而要让太子复活，连三岁小孩也不会相信您说的话。”过了很久，扁鹊仰天长叹说：“先生说的那些医疗方法，就像从竹管里看天，从缝隙里看花纹。我秦越人的医疗方法，不需切脉理、看气色、听声音、察形态，就能讲出病症之所在。知道疾病的外在表现，就能推知其内在的原因；知道疾病的内在原因就能推知其外在表现。人体有病会从外表反映出来，据此可以诊断千里之内的病人，我决断的方法很多，不能只停留在一个角度看问题。您认为我的话是不真实的，您试试进去诊察太子，会听到他耳有鸣响，看到他鼻翼翕动，他的两腿直到阴部，应该还是温热的。”

注释　1 虢(guó)：西周分封诸侯国名，有西虢、东虢、北虢之分，时均灭已久，或疑为其小支遗民，约在今山西西南和河南西北相连的局部地带。2 中庶子：官名，在诸侯国内职掌诸侯、卿大夫之子的管理教育。　喜方：喜好方术。　3 治穰(ráng)：举办消除邪恶的祭祀活动。穰，通“禳”，古代以祭祷消除灾祸的迷信活动。　4 不时：不按时，没有规律。　暴(pù)发：显露，表现。　中害：内病。　5 精神：精力体气。　畜(xù)：蓄积。　暴蹶：突然昏倒。蹶，倒下，跌倒。　6 精光：风仪神采。　侍谒：侍问拜谒。

7 得无:该不是,恐怕。 诞:荒诞离奇。 8 俞跗(fū):传说中黄帝时的良医,医病不用汤药,只给病人割皮解肌,洗涤内脏。 汤液:汤药,汤剂。 醴:甜酒。 镵(chán)石:古时治病用的石针。 挢(jiǎo)引:《史记索隐》:"谓为按摩之法,夭挢引身,如熊顾鸟伸也。"挢,伸举,翘起。 案扤(wù):按摩。案,通"按"。扤,摇动,摆动。 毒熨:《史记索隐》:"谓毒病之处以药物熨帖也。" 一拨:拨理一次。 见:现,显现。 输(shù):又作"腧",经穴。 诀脉:割断血管。诀,通"决"。 结筋:结扎筋腱。 搦(nuò):按压。 揲(shé)荒:取膏肓。揲,取。荒,通"肓",膏肓,心脏与膈膜之间的脂肪。 爪幕:用于搔理膈膜。爪,手。幕,通"膜"。 湔浣(jiān huàn):清洗。 练精:养炼精气。 易形:改变形体面容。 9 咳(hái)婴:刚会笑的婴儿。咳,小儿笑。 10 望色:观察面部颜色和光泽。 写形:从外形审察病人。 11 阳、阴:阳,外表。阴,内里。 12 病应:病的征候。 大表:身体之外表。 不可曲止:即不能只停留在一个角度上。 13 张:扩张,翕动。 阴:阴部。

中庶子闻扁鹊言,目眩然而不瞋,舌挢然而不下,乃以扁鹊言入报虢君。[1]虢君闻之大惊,出见扁鹊于中阙[2],曰:"窃闻高义[3]之日久矣,然未尝得拜谒于前也。先生过小国,幸而举之,偏国寡臣幸甚。[4]有先生则活,无先生则弃捐填沟壑,长

中庶子听了扁鹊的话,眼睛昏花,一眨不眨,舌头翘着放不下来,就进去把扁鹊的话告诉虢君。虢君听了后大惊,出来在宫廷中门门楼前接见扁鹊,说:"我早就听说您的大名,可是没有机会拜见您。先生经过我们小国,如能救活太子,那我这个小国之君,真是太幸运了。有了先生,太子才能活;没有先生,太子就只能抛尸野外而填塞溪谷,永远不能回来了。"话没说完,就悲痛得气满郁结,精神恍惚,涕泪纵横,泪珠闪闪沾在睫毛上,悲痛得控制不住自己,连容貌

终而不得反。[5]”言未卒，因嘘唏服臆，魂精泄横，流涕长潸，忽忽承睫，悲不能自止，容貌变更。[6]扁鹊曰：“若太子病，所谓‘尸蹷’[7]者也。夫以阳入阴中，动胃繵缘，中经维络，别下于三焦、膀胱，是以阳脉下遂，阴脉上争，会气闭而不通，阴上而阳内行，下内鼓而不起，上外绝而不为使，上有绝阳之络，下有破阴之纽，破阴绝阳，色废脉乱，故形静如死状。[8]太子未死也。夫以阳入阴支兰藏[9]者生，以阴入阳支兰藏者死。凡此数事，皆五藏蹷中之时暴作也。[10]良工取之，拙者疑殆。[11]”

神情都变了。扁鹊说：“像太子这样的病，就是所谓的‘尸蹷’。因为阳气进入阴脉，脉气缠绕冲搅了胃，经脉受损伤脉络被阻塞，分别下注入三焦、膀胱，因此阳脉下坠，阴脉向上争扰，交会时气闭而不通，阴气上争而阳气内行，下气在内鼓动而不能运行，上气外绝而不为役使，上有隔绝了阳气的脉络，下有破坏了阴气的筋纽，这样阴气破坏、阳气隔绝，使人的面色衰败、血脉混乱，所以人会安静得像死去一样。太子实际没有死。因为阳入袭阴而阻绝脏气的能治愈，阴入袭阳而阻绝脏气的必死。这些情况，都是五脏气机逆乱致病时突然发作的。精良的医生能治愈此病，拙劣的医生会困惑不解致使病人陷入危险。”

注释 1 眩然：眼睛昏花的样子。 瞚(shùn)：同“瞬”，眨眼。 挢然：翘起的状态。 2 中阙：宫殿之中门。 3 高义：高妙的道理。 4 举：纠正，匡正。 寡臣：寡德之臣，虢君的自谦之词。 5 弃捐：抛弃。 长终：永久地死去。 反：返回。 6 嘘唏：抽泣、哽咽之声。 服(bì)臆：胸中郁结。服，郁结。臆，胸。 魂精：精神。 泄横：纷杂飞散。 长潸(shān)：长时间流泪。 忽忽：眼泪掉得飞快的样子。 承睫(jié)：《史记索隐》：“睫即睫也。承睞，言泪恒垂以承于睫也。” 7 尸蹷(jué)：病名。症状为突然昏倒，不省人事。 8 阳入阴中：《史记正义》引《八十一难》云：“脉居阴部反阳脉见者，为阳入阴中，是阳乘阴也，脉虽时沈濇而短，此谓阳中伏阴也。脉居阳部而阴脉见者，是阴乘阳也，脉虽时沈滑而长，此谓阴中伏阳也。胃，水谷之海也。” 纏缘：《史记正义》：“谓脉缠绕胃也。”纏，同“缠”。 中经维络：损伤经脉。中，中伤，伤害。维，结，阻结。 三焦：中医学名词。上焦、中焦、下焦的合称。《史记正义》：“《八十一难》云：‘三焦者，水谷之道路，气之所终始也。上焦在心下下鬲，在胃上口也；中焦在胃中脘，不上不下也；下焦在脐下，当膀胱上口也。膀胱者，津液之府也，溺九升九合也。’言经络下于三焦及膀胱也。” 遂：通“坠”。 会：《史记正义》引《八十一难》云：“府会太仓，藏会季胁，筋会阳陵泉，髓会绝骨，血会鬲俞，骨会大杼，脉会大渊，气会三焦，此谓八会也。” 纽：赤脉。 色废：容颜顿变失常。 9 支兰藏：《史记正义》引《素问》云：“支者顺节，兰者横节，阴支兰胆藏也。” 10 藏：同“脏”。 暴作：突然发作。 11 良工：《史记正义》引《八十一难》云：“知一为下工，知二为中工，知三为上工。上工者十全九，中工者十全八，下工者十全六。”又引吕广云：“五藏一病辄有五，解一藏为下工，解三藏为中工，解五藏为上工也。” 殆：危险。

扁鹊乃使弟子子阳厉针砥石，以取外三阳五会。[1]有间，太子苏。乃使子豹为五分之熨，以八减之齐和煮之，以更熨两胁下。[2]太子起坐。更适阴阳，但服汤，二旬而复故[3]。故天下尽以扁鹊为

扁鹊于是让他弟子子阳磨制针石，他用针刺太子的三阳、五会等经络的穴位。一会儿，太子苏醒了。扁鹊就叫子豹用能入体五分的药熨，把八减方的药剂一起煎煮后交替在两胁下熨治。太子能够坐起来了。再进一步调和阴阳之气，只服用汤药，二十天后太子就康复了。于是天下人都认为扁鹊能起死回生。扁

能生死人[4]。扁鹊曰:"越人非能生死人也,此自当生者,越人能使之起耳。"

鹊说:"我并不是能够使人起死回生,只是能使这些本来就没死的人好起来而已。"

注释 1 厉:磨。 三阳五会:《史记正义》所引《素问》云:"手足各有三阴三阳:太阴、少阴、厥阴,太阳、少阳、阳明也。五会谓百会、胸会、听会、气会、臑会也。" 2 五分之熨、八减之齐(jì):《史记索隐》:"言五分之熨者,谓熨之令温暖之气入五分也。八减之齐者,谓药之齐和所减有八。并越人当时有此方也。"齐,通"剂"。 3 复故:恢复原样。 4 生死人:使死人复活。

扁鹊过齐,齐桓侯[1]客之。入朝见,曰:"君有疾在腠理[2],不治将深。"桓侯曰:"寡人无疾。"扁鹊出,桓侯谓左右曰:"医之好利也,欲以不疾者为功。"后五日,扁鹊复见,曰:"君有疾在血脉,不治恐深。"桓侯曰:"寡人无疾。"扁鹊出,桓侯不悦。后五日,扁鹊复见,曰:"君有疾在肠胃间,不治将深。"桓侯不应。扁鹊出,桓侯不悦。后五日,扁鹊复见,望见桓

扁鹊经过齐国,齐桓侯把他当客人接待。他进入宫廷拜见桓侯,说:"您有小病在皮肤与肌肉的交接处,不医治将会加重。"齐桓侯说:"我没有病。"扁鹊出去后,桓侯对身旁的人说:"医生喜好功利,想拿医治好没病的人来显示功绩。"过了五天,扁鹊又来拜见,说:"您有病在血脉里,不医治恐怕会加重。"桓侯说:"我没有病。"扁鹊出去后,桓侯不高兴。过了五天,扁鹊又来拜见,说:"您的病在肠胃之间,不医治将会加重。"桓侯不予回答。扁鹊出去后,桓侯不高兴。过了五天,扁鹊又来拜见,望见桓侯就后退跑开了。桓侯派人去问他为什

侯而退走。桓侯使人问其故。扁鹊曰："疾之居腠理也，汤熨之所及也；在血脉，针石之所及也；其在肠胃，酒醪[3]之所及也；其在骨髓，虽司命[4]无柰之何。今在骨髓，臣是以无请[5]也。"后五日，桓侯体病[6]，使人召扁鹊，扁鹊已逃去。桓侯遂死。

么这样。扁鹊说："病在皮肉之间，汤剂、药熨的效力就能达到治病的目的；病在血脉中，靠针刺和砭石的效力就能达到治病的目的；病在肠胃中，药酒的效力就能达到治病的目的；病在骨髓，就是掌管生命的神也对它没有什么办法了。现在桓侯的病在骨髓，我因此不敢请求为他治病了。"五天以后，桓侯患了重病，派人去召扁鹊，扁鹊已经逃离了。桓侯于是就病死了。

注释　1 齐桓侯：《史记集解》："傅玄曰：'是时齐无桓侯。'骃谓是齐侯田和之子桓公午也。"　2 腠(còu)理：中医指皮下肌肉之间的空隙和皮肤、肌肉的纹理，为渗泄及气血流通灌注之处。腠，指皮下肌肉之间的空隙。　3 酒醪(láo)：此指药酒。醪，汁滓混合的酒，即酒酿。　4 司命：传说中掌管人生命的神。　5 无请：不再请求为他治病。　6 病：病情严重。

使圣人预知微，能使良医得蚤从事，则疾可已，身可活也。[1]人之所病，病疾多[2]；而医之所病，病道[3]少。故病有六不治：骄恣不论于理[4]，一不治也；轻身重财，二不治也；衣食不能适，三

假使圣明的人能预先知道疾病的征兆，能够让好的医生及早治疗，那么病就可以治好，身体也能存活。人们所担忧的，是疾病多；而医生所担忧的，是治病的方法少。所以有六种病不能医治：骄横放纵，不讲道理，是一不治；轻视性命而看重钱财，是二不治；衣着饮

不治也；阴阳并[5]，藏气不定，四不治也；形羸[6]不能服药，五不治也；信巫不信医，六不治也。有此一者，则重[7]难治也。

食不适当，是三不治；阴阳错乱，脏腑精气不调和，是四不治；身体羸弱，不能承受药物，是五不治；相信巫术而不信医术，是六不治。人只要有其中一种毛病，就很难医治了。

注释　1 微：细微。　蚤：通“早”。　2 病疾多：《史记正义》：“病厌患多也，言人厌患疾病多甚也。”　3 病道：治病的手段、办法。　4 不论于理：不懂道理。　5 并：错乱。　6 羸(léi)：瘦弱。　7 重：极，甚。

扁鹊名闻天下。过邯郸，闻贵妇人，即为带下医；[1]过雒阳，闻周人爱老人，即为耳目痹医；[2]来入咸阳，闻秦人爱小儿，即为小儿医；随俗为变。秦太医令李醯自知伎不如扁鹊也，使人刺杀之。[3]至今天下言脉者，由扁鹊也。

扁鹊名闻天下。他经过邯郸，听说当地尊重妇女，就做妇科医生；经过雒阳，听说雒阳人敬爱老人，他就做治疗耳、目、痹病的医生；他来到咸阳，听说秦国人爱护小孩，就做小儿科医生；随着各地的风俗需要而改变自己的医治范围。秦国的太医令李醯，知道自己的医技不如扁鹊，就派人刺杀了他。直到现在，天下研究诊脉治法的人，都以扁鹊为祖师。

注释　1 贵：尊重。　带下：古代称妇科疾病。中医学认为带脉环绕人体腰部一周，犹如腰带。凡带脉以下，名曰“带下”。　2 雒阳：古地名，在今河南洛阳市东北。雒，魏晋始作“洛”。　痹(bì)：中医指风、寒、湿侵袭肌体导致肢节疼痛、麻木、屈伸不利的病症。　3 太医令：战国时秦置职官名，为君王侍医之长。　醯：音 xī。　伎：同“技”。

太仓公者，齐太仓长，临菑人也，姓淳于氏，名意。[1]少而喜医方术。高后八年，更受师同郡元里公乘阳庆。[2]庆年七十余，无子，使意尽去其故方，更悉以禁方予之，传黄帝、扁鹊之脉书，五色诊病[3]，知人死生，决嫌疑，定可治，及药论，甚精。受之三年，为人治病，决死生多验。然左右行游诸侯，不以家为家[4]，或不为人治病，病家多怨之者。

太仓公是齐国都城管理粮仓的长官，临菑人，复姓淳于，名意。他年轻时喜欢医术。高后八年，他再次向同郡元里的公乘阳庆学习医术。阳庆七十多岁，没有儿子，让淳于意把他以前的医方全都扔掉，再把自己的秘方全部交给他，并传授给他黄帝、扁鹊的脉书，以及观察面部不同颜色来诊病的方法，以此了解病人的生死，判断疑难病症，决定能否医治，并传给他关于药物的理论，十分精辟。学了三年后，他给人家治病，判断死生，很多都应验了。可是他往来于各诸侯国之间行医求学，不把家当家，有时不愿给人治病，因此许多病人都怨恨他。

注释　1 太仓长：即太仓令，官名，掌粮食廪藏之职。　临菑：都邑名，在今山东淄博市东北。　2 高后八年：即公元前180年。　元里：地名，不详。　公乘：《史记正义》："《百官表》云公乘，第八爵也。颜师古云：'言其得乘公之车也。'"　3 五色诊病：《史记正义》引《八十一难》云："五藏有色，皆见于面，亦当与寸口尺内相应也。"　4 以家为家：把家当作家。

文帝四年中，人上书言意，以刑罪当传西之长安。[1]意有五女，随而泣。意怒，骂曰："生子不生男，

文帝四年中，有人上书朝廷控告淳于意，根据罪行应该用传车向西押解到长安。淳于意有五个女儿，都跟随着哭泣。淳于意发怒，骂道："生孩子不生男的，在危急关头

缓急[2]无可使者！”于是少女缇萦[3]伤父之言，乃随父西，上书曰：“妾父为吏，齐中[4]称其廉平，今坐法当刑。妾切痛死者不可复生而刑者不可复续，虽欲改过自新，其道莫由[5]，终不可得。妾愿入身[6]为官婢，以赎父刑罪，使得改行自新也。”书闻，上悲其意，此岁中亦除肉刑[7]法。

没有可用的人！”于是小女儿缇萦伤感父亲的话，就跟随父亲西行到长安，上书朝廷说：“我父亲是官吏，齐国人民都称赞他的廉洁公正，如今犯法被判刑。我十分痛心死的人不能再生，而受刑致残的人不能再康复，即使想改过自新，那也没路可行，终究不能改过。我愿意自己被没入官府做奴婢，来赎我父亲的罪行，使他能够改过自新。”书递上去，文帝怜悯她，赦免了淳于意，这一年也废除了肉刑法。

注释　1 文帝四年：即公元前176年。　言：此指告发。　传(zhuàn)：驿车。此指用驿车押送。　2 缓急：偏义复词，此偏指“急”。　3 缇萦(tí yíng)：淳于意少女名。　4 齐中：齐国一带。　5 道莫由：没有能通过的道路。　6 入身：没入自身，即将自身交给别人役使。　7 肉刑：指黥、劓、刖等损伤身体之刑。

意家居，诏召问所为治病死生验者几何人，主名为谁。

淳于意住在家里，有诏书问他为人治病决断死生应验的有多少人，他们名叫什么。

诏问故太仓长臣意：“方伎[1]所长，及所能治病者？有其书无有？皆安[2]受学？受学几何岁？

诏书问前太仓长臣淳于意：“医术有什么专长，以及能治愈什么病？有没有医书？都在哪儿学的？学了几年？曾经治好的，是什么地方的人？得了什么病？医治用药后，病情

尝有所验，何县里人也？何病？医药已，其病之状皆何如？具悉[3]而对。”臣意对曰：

自意少时，喜医药，医药方试之多不验者。至高后八年，得见师临菑元里公乘阳庆。庆年七十余，意得见事之。谓意曰：“尽去而方书，非是也。庆有古先道遗传黄帝、扁鹊之脉书，五色诊病，知人生死，决嫌疑，定可治，及药论书，甚精。我家给富，心爱公，欲尽以我禁方书悉教公。”臣意即曰：“幸甚，非意之所敢望也。”臣意即避席再拜谒，受其脉书上下经、五色诊、奇咳术、揆度阴阳外变、药论、石神、接阴阳禁书，受读解验之，可一年所。[4]明岁即验之，有验，然尚未精也。要事[5]之三年所，即尝已为人治诊病，决死生，有验，精良。今

都怎么样？全部详细回答。”臣淳于意回答说：

我从年轻时起，喜欢医术药剂之方，试着用医术方剂给人看病，有很多没有效验。到高后八年，得以向临菑元里的公乘阳庆学习。阳庆七十多岁，我得以拜见侍奉他。他对我说：“扔掉全部你所学的医书，这些是不对的。我有古代先辈医家传下来的黄帝、扁鹊的脉书，以及观察面部颜色不同来诊病的方法，了解人的生与死，判断疑难病症，决定能否医治，还有药物理论的书，十分精妙。我家里富裕，心里喜爱您，想把我的秘方书全都教给您。”我马上说：“太幸运了，这不是我敢奢望的。”我立即离开座席再次拜谒，我学习了他的脉书、上经、下经、五色诊、奇咳术、揆度阴阳外变、药论、石神、接阴阳等秘书和医术，学习理解并试验，大约花了一年时间。第二年，我就应用，虽有效，但还未精通。我一共向他学习了三年左右，就尝试着为人治疗，诊断病情，判断生死，都有效验，已达到精良的程度。如今阳

庆已死十年所，臣意年尽三年，年三十九岁也。

庆已死了十年左右，我曾向他学习三年，我现在已经三十九岁了。

注释 1 方伎：此指医术。 2 安：谁。 3 具悉：全部详细。 4 避席：古人席地而坐，离席起立，以示敬意。 上下经：《黄帝内经素问》记载有《上经》《下经》。 奇咳(gāi)：古医听诊术。 揆度：推测，估量。 石神：用砭石治病的方法。 接阴阳：男女交合之术，房中术。 所：左右。 5 要：总计，一共。 事：此指拜师学习。

齐侍御史[1]成自言病头痛，臣意诊其脉，告曰："君之病恶，不可言也。"即出，独告成弟昌曰："此病疽也，内发于肠胃之间，后五日当臃肿，后八日呕脓死。[2]"成之病得之饮酒且内[3]。成即如期死。所以知成之病者，臣意切其脉，得肝气。肝气浊而静，此内关之病也。脉法曰："脉长而弦，不得代四时者，其病主在于肝。[4]和即经主病也，代则络脉有过。[5]"经主病和者，其病得之筋髓里。其代绝而

齐国名叫成的侍御史自己说有头痛病，我给他诊脉，告诉他说："你的病很严重，无法说清楚。"等我出来，独自告诉成的弟弟昌说："这是疽病，在肠胃里面发生，过五天后就会脓肿，过八天后就会吐脓血而死。"成的病是饮酒后行房事引起的。成果然如期而死。我之所以知道成的病情，是因为我切了他的脉，发现肝气有异。肝气重浊而平静，这是内里严重而外表不明显的疾病。脉象理论说："脉长而像弓弦一样挺直，不能随四季的变化而更替，这是决定病在肝脏。脉虽长而直硬却均匀的，是肝的经脉有病，出现了时疏时密躁动有力的代脉，就是肝的络脉有病。"肝的经脉有病而脉象均匀的，他的病得自于筋髓里。脉象时疏时

脉贲[6]者，病得之酒且内。所以知其后五日而臃肿，八日呕脓死者，切其脉时，少阳[7]初代。代者经病，病去过人[8]，人则去。络脉主病，当其时，少阳初关一分，故中热而脓未发也，及五分，则至少阳之界，及八日，则呕脓死，故上二分而脓发，至界而臃肿，尽泄而死。[9]热上则熏阳明，烂流络，流络动则脉结发，脉结发则烂解，故络交。[10]热气已上行，至头而动，故头痛。

密忽停止忽有力的，病得自于酒色过度而且行了房事。我之所以知道五日后会脓肿，八日后吐脓血而死，是因为我切他的脉时，发现少阳经络的脉位开始出现代脉。代脉的出现，说明少阳经脉得病后，进而发展到了少阳络脉。代脉是经脉生病，病势遍及全身，患者就有生命危险。络脉出现病症，正当这时，在左手关部一分处出现代脉，因此热积郁体中而脓血未出，到了关上五分处，就到了少阳经脉的边界，到八天后会吐脓血而死，所以到了关上二分处会产生脓血，到了少阳经脉的边界就会脓肿，其后疮破脓泄而死。当初内热就熏灼着阳明经脉，并灼伤络脉的分支，络脉病变就会经脉郁结发肿，经脉郁结发肿其后就会糜烂离解，所以络脉之间交互阻塞。热邪已经向上行进，以至头部受到侵扰，因此头痛。

注释　1 侍御史：监察文武官吏的官员。　2 疽(jū)：毒疮。　臃：同“痈”。　3 内：行房事。　4 脉长而弦：脉的搏动部位长于应有部位，且脉象如弦一样挺直。　代四时：随四季变化。　主：主宰，决定。　5 和：均匀。　络脉：经络和支脉。　6 代：代脉，一种时疏时密中有较长间歇的脉象。　绝：间歇。　脉贲：脉象贲涌十分有力。　7 少阳：经脉名。人手和足均有少阳经。　8 过人：经过人全身。　9 初关一分：左手关部一分。初关，少阳经脉切脉部位，在左手腕关节桡骨茎突处。　中热：身体内部发热。

10 阳明:即阳明经,经脉名,手、足皆有。 流络:支络。 动:病变。 发:发肿。

齐王中子诸婴儿小子病,召臣意诊切其脉,告曰:“气鬲病[1]。病使人烦懑,食不下,时呕沫。[2]病得之心忧,数忔[3]食饮。”臣意即为之作下气汤以饮之,一日气下,二日能食,三日即病愈。所以知小子之病者,诊其脉,心气也,浊躁[4]而经也,此络阳病也。脉法曰:“脉来数疾去难而不一者,病主[5]在心。”周身热,脉盛者,为重阳[6]。重阳者,逿心主[7]。故烦懑食不下,则络脉有过,络脉有过,则血上出,血上出者死。此悲心所生也,病得之忧也。

齐王二儿子的男孩生病,召我去切脉诊治,我告诉他说:“这是气膈病。这病使人烦闷,吃不下饭,经常呕吐涎沫。这种病产生于心情忧郁,常常厌食。”我立即给他开了下气汤饮服,服药一天,膈气下消,两天后能吃东西,三天就病好了。我之所以知道这男孩的病情,是因为我诊他的脉时,诊到心有病的脉气,脉象浊重急躁,这是络阳病。脉象理论说:“脉达于手时壮盛迅速,离开指下时艰涩而前后不一,病在心脏。”周身发热,脉气壮盛,称作重阳。阳热过重,就冲击心神。所以心中烦闷,吃不下东西,就会络脉有病,络脉有病就会血从上出,血从上出的人就会死亡。这是内心伤悲所引起的,发病缘于忧郁。

注释 1 鬲:通“膈”,胸膈。 2 懑(mèn):烦闷。 呕沫:呕吐沫液。 3 忔(yì):厌烦。 4 浊躁:血脉浑浊而躁动。 5 病主:病的根源。 6 重阳:阳热过盛。 7 逿(táng)心主:冲击心神。逿,摇荡,冲击。

齐郎中令循病，众医皆以为蹷入中[1]，而刺之。臣意诊之，曰："涌疝也，令人不得前后溲。[2]"循曰："不得前后溲三日矣。"臣意饮以火齐汤，一饮得前溲，再饮大溲，三饮而疾愈。[3]病得之内。所以知循病者，切其脉时，右口气急，脉无五藏气，右口[4]脉大而数。数者，中下热而涌，左为下[5]，右为上，皆无五藏应，故曰涌疝。中热，故溺[6]赤也。

齐国名叫循的郎中令生病，许多医生都认为是气逆进入胸腹，所以用针刺治疗。我诊治后，说："这是涌疝，这病使人不能大小便。"循说："不能大小便已经三天了。"我用火剂汤给他服用，服一剂就能小便，服第二剂大便就很畅通，服第三剂就病好了。他的病是由房事引起的。我之所以知道循患的病，是因为我在切他的脉时，他右手寸口的脉象急迫，脉象反映不出五脏患有疾病，右手寸口脉象壮盛而快。脉快是中焦、下焦热邪涌动，他的左手脉快是热邪往下流，右手脉快是热邪上涌，都没有五脏病气的反应，所以说是"涌疝"。中焦积热，所以尿是赤红色的。

注释　1 蹷入中：气逆上进入胸腹之中。蹷，一种脚病，冷气从脚下上升。　2 涌疝(shàn)：腹内疼痛大小便困难的疾病。　溲(sōu)：便溺。　3 饮(yìn)：让……喝。　火齐汤：即火剂汤，中医汤药名。　4 右口：《史记正义》引王叔和《脉经》云："右手寸口乃气口也。"　5 左为下：左手寸口脉象向下行。　6 溺(niào)：尿，小便。

齐中御府[1]长信病，臣意入诊其脉，告曰："热病气[2]也。然暑汗，脉少衰，不死。"曰："此病得之当

齐国名叫信的中御府长生病，我入室为他切脉，告诉他说："这是热病的脉气。可是暑热多汗，脉稍衰，不至于死亡。"又说："这个病是

浴流水而寒甚,已则热。”信曰:“唯[3],然!往冬时,为王使于楚,至莒县阳周水,而莒桥梁颇坏,信则擥车辕未欲渡也,马惊,即堕信身入水中,几死,吏即来救信,出之水中,衣尽濡,有间而身寒,已热如火,至今不可以见寒。[4]”臣意即为之液汤火齐[5]逐热,一饮汗尽,再饮热去,三饮病已。即使服药,出入二十日,身无病者。所以知信之病者,切其脉时,并阴。脉法曰“热病阴阳交者死”。切之不交,并阴。并阴者,脉顺清而愈,其热虽未尽,犹活也。肾气有时间浊,在太阴脉口而希,是水气也。[6]肾固主水,故以此知之。失治一时[7],即转为寒热。

得自于正在流水中洗浴时,感到非常寒冷,寒冷停止后就身体发热。”信说:“嗯,是的!去年冬天,我为齐王出使楚国,走到莒县阳周水边,看到莒桥坏得很严重,我就揽住车辕不想过河,马受惊,我全身就坠到河里,差一点儿淹死,官吏马上来救我,我从水中出来,衣服全湿,一会儿身上发冷,冷过之后全身发热如火,到现在不能受寒。”我立即为他开了液汤火剂退热,服一剂后就不再出汗了,服第二剂热就退去了,服了三剂病就好了。让他服药,大约二十天,他的身体就像没病的人一样。我之所以知道信的病情,是因为我切他的脉时,发现脉象属于并阴脉。脉象理论说“热病内外之邪相交会死”。我切他的脉时,没有发现错乱交杂的现象,但都是并阴脉。并阴脉,脉状顺畅清晰能治愈,热邪虽没有完全消除,仍能治好保住性命。我诊知他的肾气有时重浊,我在太阴寸口依稀能切到这种情形,那是水气。肾本是主管水液运行的,所以由此知道他的病情。如果一时失治,就会转变成寒热病。

注释 1 中御府:齐国官府名,职责不详。 2 热病气:热病的脉气。 3 唯:应答之声。 4 莒(jǔ)县:县名,在今山东莒县。 濡(rú):浸,湿。 有间:不久,很快。 5 液汤火齐:中药汤剂名。 6 太阴脉口:即“寸口”,诊脉处。 希:同“稀”。 7 失治一时:迟治一些时候。

齐王太后病,召臣意入诊脉,曰:“风瘅客脬[1],难于大小溲,溺赤。”臣意饮以火齐汤,一饮即前后溲,再饮病已,溺如故。病得之流汗出滫[2]。滫者,去衣而汗晞[3]也。所以知齐王太后病者,臣意诊其脉,切其太阴之口,湿然风气也。脉法曰“沈之而大坚,浮之而大紧者,病主在肾”[4]。肾切之而相反也,脉大而躁。大者,膀胱气也;躁者,中有热而溺赤。

齐太后生病,召我入宫去诊脉,我说:“是风热侵袭膀胱,大小便困难,尿色赤红的病。”我用火剂汤给她服下,服一剂就能大小便,服两剂病就好了,尿色和以前一样。这种病得自于身上大汗而出时宽衣而干。滫,就是脱掉衣服而汗被吹干而着凉。我之所以知道齐太后的病情,是因为我给她切脉时,发现太阴寸口湿润,这是受风的脉气。脉象理论说“脉象用力切时大而坚实有力,轻轻切脉时实而紧张急促,是肾脏有病”。但我在肾的部位切脉,情况相反,脉象粗大躁动。粗大的脉象是显示膀胱有病;躁动的脉象显示中焦有热,而尿色赤红。

注释 1 风瘅(dān)客脬(pāo):风热之症侵入膀胱。瘅,热症。客,客居,寄居。脬,膀胱。 2 滫(xún):去衣而汗干。 3 晞(xī):干,干燥。 4 沈:同“沉”,用力切脉。 大坚:《史记正义》引王叔和《脉经》云:“脉大而坚,病出于肾也。” 浮:轻轻切脉。 大紧:《史记正义》引《素问》云:“脉短实而数,有似切绳,名曰紧也。”

齐章武里曹山跗病，臣意诊其脉，曰："肺消瘅[1]也，加以寒热。"即告其人曰："死，不治。适其共[2]养，此不当医治。"法曰"后三日而当狂，妄起行，欲走；后五日死"。即如期死。山跗病得之盛怒而以接内。所以知山跗之病者，臣意切其脉，肺气热也。脉法曰"不平不鼓，形弊"[3]。此五藏高之远数以经病也，故切之时不平而代[4]。不平者，血不居其处；代者，时参击并至，乍[5]躁乍大也。此两络脉绝，故死不治。所以加寒热者，言其人尸夺[6]。尸夺者，形弊；形弊者，不当关[7]灸、镵石及饮毒药也。臣意未往诊时，齐太医先诊山跗病，灸其足少阳脉口，而饮之半夏丸[8]，病者即泄注，腹

齐国章武里的曹山跗生病，我给他诊脉，说："这是肺消瘅，伴有寒热症。"我立即告诉他说："这种病必死，无法医治。适当地进行调养，这不应该再治了。"理论上说："三天后会发狂，乱走乱跑；五天后就死。"后来他果然如期死去。山跗的病得自于大怒后行房事。我之所以知道山跗的病，是因我切他的脉，从脉象上发现他有肺气热。脉象理论说"脉来不平稳不鼓动的，身形羸弱"。这是五脏从上到下多次患病的结果，所以我切脉时，脉状不平稳而且有代脉的现象。脉不平稳的，是血气不能归藏于肝；代脉，经常杂乱并起，突然急躁，突然宏大。这是肺、肝两络脉断绝，所以说是死而不治的病。之所以伴有寒热症，是说他精神涣散躯体如尸。精神涣散躯体如尸的人，身体就羸弱；身体羸弱，不能用针灸的方法，也不能服性能猛烈的药。我还没去诊治的时候，齐国太医已先诊治他的病，在他的足少阳脉口施灸，而且让他服用半夏丸，病人马上下泄，腹中虚弱；又在他的少阴脉施灸，这样便重伤了他的肝筋阳气，像这样一再损伤病人的元气，因此说它是加上寒热

中虚；又灸其少阴脉，是坏肝刚绝深，如是重损病者气，以故加寒热。[9]所以后三日而当狂者，肝一络连属结绝乳下阳明[10]，故络绝，开阳明脉，阳明脉伤，即当狂走。后五日死者，肝与心相去[11]五分，故曰五日尽，尽即死矣。

症。之所以说他三天之后就会发狂，是因为肝的络脉横过乳下与阳明经相联结，所以络脉的横过使热邪侵入阳明经脉，阳明经脉受伤，人就会疯狂奔跑。过五天后就死，是因为肝心两脉相隔五分，肝脏的元气五天耗尽，元气耗尽人就死了。

注释　1 肺消瘅(dān)：一种口渴、尿黄的内热病症。瘅，病。　2 共：通“供”。　3 不平不鼓：脉搏时起时伏，搏动无力。　形弊：身形瘦弱。　4 代：代脉。《史记正义》引《素问》云：“血气易处曰不平，脉候动不定曰代。”　5 乍：突然。　6 尸夺：病重神脱形体如尸。　7 关：由，通过。　8 半夏丸：中药丸药名。半夏，中草药名。　9 肝刚：肝脏之阳气。　绝：横穿，横过。　10 乳下阳明：《史记正义》引《素问》云：“乳下阳明，胃络也。”　11 去：距，隔。

齐中尉[1]潘满如病少腹痛，臣意诊其脉，曰：“遗积瘕[2]也。”臣意即谓齐太仆臣饶、内史[3]臣繇曰：“中尉不复自止于内，则三十日死。”后二十余日，溲血死。病得之酒且内。所以知潘满如病者，臣意

齐国的中尉潘满如患小腹疼痛的病，我给他诊脉，说：“这是腹中的气体遗留，积聚成了瘕症。”我就对齐国太仆饶、内史繇说：“中尉如再不禁止自己行房事，就会三十天内死去。”过了二十多天，他就尿血而死。他的病得自于酗酒后行房事。我之所以知道潘满如的病，是因为我给他切脉，发现脉象深沉小弱，这些情形突然间汇合

切其脉深小弱,其卒然合合也,是脾气也。[4]右脉口气至紧小,见瘕气也。以次相乘[5],故三十日死。三阴俱抟[6]者,如法;不俱抟者,决在急期[7];一抟一代者,近[8]也。故其三阴抟,溲血如前止。

在一起,是脾有病的脉气。而且右手寸口脉脉象紧而小,显现了瘕病的症状。两气互相制约影响,所以三十天内会死。太阴、少阴、厥阴三阴脉一齐出现,符合三十天内死的规律;三阴脉不一齐出现,决断生死的时间会更短;交会的阴脉和代脉交替出现,死期还短一些。所以他的三阴脉同时出现,就像前面说的那样尿血而死。

注释 1 中尉:官名,诸侯国军事长官。 2 瘕(jiǎ):肚子里结块的病。 3 内史:官名,诸侯国掌民政。 4 脉深小弱:脉象沉,小而弱。 卒(cù)然:突然。卒,同"猝"。 5 相乘:相克。指五脏脾、肾、心、肺、肝之间的相互克制。 6 三阴:指少阴、厥阴、太阴。《史记正义》引《素问》云:"左脉口曰少阴,少阴之前名厥阴,右脉口曰太阴,此三阴之脉也。" 抟(tuán):结聚,集中。 7 急期:短期。 8 近:死期临近。

阳虚侯[1]相赵章病,召臣意。众医皆以为寒中[2]。臣意诊其脉,曰:"迵风[3]。"迵风者,饮食下嗌[4]而辄出不留。法曰"五日死"。而后十日乃死。病得之酒。所以知赵章之病者,臣意切其脉,脉来滑[5],是内风气也。饮食下嗌而辄出不

阳虚侯的国相赵章生病,叫我去。医生们都认为是寒气进入体内。我给他诊脉,说:"是迵风病。"患有迵风病,饮食咽下后,总是呕出或泻出来,不能被消化吸收。理论上说"五天就死"。但后来十天才死。他的病得自于饮酒。我之所以知道赵章的病,是因为我切他的脉,脉象圆滑,这是内风病的脉象。饮食下咽喉而总是呕出不留

留者，法五日死，皆为前分界法[6]。后十日乃死，所以过期者，其人嗜粥，故中藏实，中藏实[7]，故过期。师言曰“安谷者过期，不安谷者不及期”。[8]

的，医理说五天就死，这是前面说的分界法。后来十天才死，之所以过期，是因为病人酷爱喝粥，所以胃中充实，胃中充实，才会超过期限而死。我的老师说：“能容纳水谷的，超过期限才死；不能容纳水谷的，期限不到就会死。”

注释　1 阳虚侯：齐王刘肥之子刘将庐。　2 寒中：寒气侵入体内。　3 迵(dòng)风：风气入侵内脏。　4 嗌(yì)：咽喉。　5 滑：切脉时手指感到往来流利圆滑的脉象。　6 分界法：决定死期的方法。　7 中藏实：腹中有物充实。　8 师：老师。　安谷：胃中能容纳谷食。

济北王[1]病，召臣意诊其脉，曰：“风蹶胸满[2]。”即为药酒，尽三石[3]，病已。得之汗出伏地。所以知济北王病者，臣意切其脉时，风气也，心脉浊。病法“过入其阳，阳气尽而阴气入”。阴气入张[4]，则寒气上而热气下，故胸满。汗出伏地者，切其脉，气阴。阴气者，病必入中，出及瀺水[5]也。

济北王生病，叫我去给他诊脉，我说：“这是风蹶，胸部烦闷。”就为他调制药酒，喝了三石，病好了。他的病得自于出汗的时候，躺在地上。我之所以知道济北王的病，是因为我切他的脉时，切到风邪的脉，心脉重浊。依照病理“病邪进入人体肌表，体表的阳气就会耗散，而寒气会侵入”。阴气进入扩散，寒气内盛就往上逆，而阳气下流，所以胸闷。我知道他是出汗时躺在地上而得病，因为我切他的脉时，发现脉气有阴邪。脉气阴邪，必然是病已入里，用药酒治疗时，寒湿之气会随汗液排出。

注释 1 济北王:西汉齐王刘肥之子,名刘兴居。 2 风蹶:外界风、寒、湿气侵入体内,逆行于上所致的疾病。 满(mèn):通“懑”,烦闷。 3 石(dàn,旧读 shí):古重量单位,一石为一百二十斤。 4 张:扩张。 5 瀺(chán)水:手脚所出的汗液。

齐北宫司空命妇出於病,众医皆以为风入中,病主在肺,刺其足少阳脉。[1]臣意诊其脉,曰:“病气疝[2],客于膀胱,难于前后溲,而溺赤。病见寒气则遗溺[3],使人腹肿。”出於病得之欲溺不得,因以接内。所以知出於病者,切其脉大而实,其来难,是蹶阴[4]之动也。脉来难者,疝气之客于膀胱也。腹之所以肿者,言蹶阴之络结小腹也。蹶阴有过则脉结动,动则腹肿。臣意即灸其足蹶阴之脉,左右各一所[5],即不遗溺而溲清,小腹痛止。即更为火齐汤以饮之,三日而疝气散,即愈。

齐国北宫司空受封的名叫出於的夫人生病,众医生都认为是风气入体内,主要是肺有病,就针刺足少阳经脉。我诊她的脉,说:“这是疝气病,疝气影响膀胱,大小便困难,尿色赤红。这种病遇到寒气就会遗尿,使人小腹肿胀。”出於的病得自于想解小便又不能解,接着行房事。我之所以知道出於的病,是因为我给她切脉时,脉象大而有力,但脉来艰难,那是厥阴肝经有变动。脉来艰难,那是疝气影响膀胱。小腹之所以肿胀,是因为厥阴络脉结聚在小腹。厥阴脉有病,脉络结系处就会发生变化,这种变化就使得小腹肿胀。我就在她的足厥阴肝经施灸,左右各灸一穴,就不再遗尿而尿清,小腹疼痛停止。再用火汤给她服用,三天后,疝气消散,病就好了。

注释 1 北宫司空:齐王国官名,职责不详。 命妇:受封号的妇女。 出於:命妇名。 2 气疝:腹中胀痛的疾病。 3 遗溺:小便失禁。 4 蹶阴:亦作“厥阴”。中医经脉名称之一。 5 一所:指一处穴位。

故济北王阿母[1]自言足热而懑,臣意告曰:“热蹶[2]也。”则刺其足心各三所,案之无出血,病旋已。[3]病得之饮酒大醉。

以前济北王的奶妈自己说足心发热胸中郁闷,我告诉她说:“是热蹶病。”在她足心各刺三穴,出针时,按住穴孔,不让血流出,病很快就好了。她的病得自于喝酒大醉。

注释 1 阿母:乳母。 2 热蹶:中医病名。因受邪热,阻碍阳气流通,而使手足逆冷的病。 3 案:通“按”。 旋:旋即,立刻。

济北王召臣意诊脉诸女子侍者,至女子竖,竖[1]无病。臣意告永巷[2]长曰:“竖伤脾,不可劳,法当春呕血死。”臣意言王曰:“才人[3]女子竖何能?”王曰:“是好为方,多伎能,为所是案法新,往年市之民所,四百七十万,曹偶四人。[4]”王曰:“得毋有病乎?”臣意对曰:“竖病重,在死法中。”王召视之,其颜色不变,以为不然,不卖诸侯

济北王召我给他的侍女们诊脉,诊到名叫竖的女子时,她看上去没病。我告诉永巷长说:“竖伤了脾脏,不能劳累,依病理看,到了春天会吐血而死。”我问济北王:“才人女子竖有什么才能?”济北王说:“她喜好方技,有多种技能,能在旧方技中创出新意来,去年从民间买的,如她一样的四个人,共用四百七十万钱。”济北王说:“她是不是有病?”我回答说:“她病得很重,依病理会死去。”济北王召她来看,她的脸色没有变化,他认为我说得不对,就没有把她卖给其他诸侯。到春天,她捧着剑跟济北王去厕所,济北王离

所。至春，竖奉剑从王之厕，王去，竖后，王令人召之，即仆于厕，呕血死。[5]病得之流汗。流汗者，法病内重，毛发而色泽[6]，脉不衰，此亦内关之病也。

去，她仍留在后边，济北王派人去叫她，她已仆倒在厕所里，吐血而死。她的病得自于流汗。流汗的病人，依病理说是病重在内里，毛发、面色都润泽，脉象不衰弱，这也是内关一类的病。

注释 1 竖：济北王侍女名。 2 永巷：宫中长巷，一般为宫女所居。 3 才人：宫中女官名。 4 方：方术。 伎：同“技”。 为所是案法新：《史记索隐》：“谓于旧方技能生新意也。” 市：买。 民所：民间。 曹偶：同类。 5 奉：捧。 仆：倒下。 6 毛发而色泽：头发和面容润泽。

齐中大夫病龋齿，臣意灸其左大阳明脉，即为苦参汤，日嗽三升，出入五六日，病已。[1]得之风，及卧开口，食而不嗽。

菑川王美人怀子而不乳，来召臣意。[2]臣意往，饮以莨菪[3]药一撮，以酒饮之，旋乳。臣意复诊其脉，而脉躁。躁者有余病，即饮以消石一齐，出血，血如豆比五六枚。[4]

齐国的中大夫患龋齿病，我灸他的左手阳明经脉，立即为他开了苦参汤，每天含漱三升，前后五六天，病好了。他的病起于受风邪，以及睡卧时张开口，吃东西后不漱口。

菑川王的嫔妃怀孕难产，来叫我。我去后，以莨菪药末一撮，用酒送服，旋即就生下了。我再次诊她的脉，而脉躁动。脉躁动即还有其他的病，就让她饮消石一剂，结果阴道出血，流出约有五六枚像豆子一样大小的血块。

注释 1 龋(qǔ)齿:虫牙,蛀牙。 左大阳明脉:即左手阳明大肠经,其循行路线经牙齿。 苦参汤:中药汤剂名。据载苦参性味苦寒,可清热除湿,祛风杀虫。 嗽:通"漱"。 2 菑川王:似指齐悼惠王子刘贤。 美人:妃嫔名号。 不乳:不生。乳,生。 3 莨蓎(làng dàng):即莨菪,中草药名,可镇痉、止痛。 4 消石:矿物名,经过煎炼,可用于医药。 豆比:和豆大小一样。

齐丞相舍人奴从朝入宫,臣意见之食闺门外,望其色有病气。[1]臣意即告宦者平。平好为脉,学臣意所,臣意即示之舍人奴病,告之曰:"此伤脾气也,当至春鬲塞[2]不通,不能食饮,法至夏泄血死。"宦者平即往告相曰:"君之舍人奴有病,病重,死期有日。"相君曰:"卿何以知之?"曰:"君朝时入宫,君之舍人奴尽食闺门外,平与仓公立,即示平曰,病如是者死。"相即召舍人而谓之曰:"公奴有病不[3]?"舍人曰:"奴无病,身无痛者。"至春果病,至四月,泄血死。所以知奴

齐国丞相门客的奴仆跟随主人上朝进入王宫,我看到他在宫门外吃东西,望见他的脸色有病气。我马上告诉了名叫平的宦官。平喜欢诊脉,在我那里学习,我就将这个奴仆的病指给他看,告诉他说:"这是损伤脾脏的面色,到春天胸膈会阻塞不通,不能吃东西,依病理到夏天将泄血而死。"宦官平就去告诉丞相说:"您门客的奴仆有病,病得很重,离死期不远了。"丞相说:"你怎么知道?"他说:"您上朝入宫时,您门客的奴仆在宫门外吃个没完,我和太仓公站在那里,太仓公就指给我看说,患这种病是要死的。"丞相就把这个门客召来问他:"您的奴仆有病吗?"门客说:"我的奴仆没有病,身体没有什么疼痛。"到了春天他果然病了,到了四月,泄血而死。我之所以知

病者，脾气周乘五藏，伤部而交，故伤脾之色也，望之杀然黄，察之如死青之兹。[4]众医不知，以为大虫[5]，不知伤脾。所以至春死病者，胃气黄[6]，黄者土气也，土不胜木，故至春死。所以至夏死者，脉法曰“病重而脉顺清[7]者曰内关”。内关之病，人不知其所痛，心急然[8]无苦。若加以一病，死中春；一愈顺，及一时。[9]其所以四月死者，诊其人时愈顺。愈顺者，人尚肥也。奴之病得之流汗数出，炙于火[10]而以出见大风也。

道那个奴仆的病，是因为脾气会影响到五脏，脾受伤害就会在脸上某一部位显示相应的病色，伤脾之色，看上去脸色是黄的，仔细再看是青中透灰的死草色。许多医生不知这种情形，认为是体内有寄生虫，不知是伤害了脾。他之所以到春天病死，是因为脾胃病脸色发黄，黄色在五行属土，脾土不能胜肝木，因此到了肝木强盛的春天就会死去。之所以到夏天而死，依照病理“病情严重，而脉象正常是内关病”。内关病，病人不会感到疼痛，心情急躁又没有痛苦。如果再添加一种病，就会死在仲春二月；如果能心情愉快顺畅，能够拖延一季度。他之所以在四月死，是因为我诊他的脉时，发现他心情愉快顺畅。他心情愉快顺畅，人还算丰满肥腴。他的病缘于流汗太多，受火烤后又在外面受了风邪。

注释　1 舍人奴：门客的奴仆。　朝：上朝。　闺门：王宫小门。
2 鬲塞：胸隔阻塞。鬲，通“隔”，指胸隔。　3 不(fǒu)：否。　4 周乘：遍传。　伤部而交：伤脾的色部交错出现。色部，指五脏的病变反映在脸上的某些部位。　杀然黄：惨黄色。杀然，衰微的样子。　死青之兹：死草般的青色。兹，同“兹”，草木滋盛。　5 大虫：蛔虫。　6 胃气黄：脾胃病脸色发黄。　7 脉顺清：脉搏顺畅清利。　8 心急然：心情急躁。
9 中春：即仲春。　及一时：延长一季。　10 炙于火：被火烘烤。

菑川王病，召臣意诊脉，曰：“蹶上为重[1]，头痛身热，使人烦懑。”臣意即以寒水拊[2]其头，刺足阳明脉，左右各三所，病旋已。病得之沐发[3]未干而卧。诊如前，所以蹶，头热至肩。

菑川王生病，叫我去给他诊脉，我说：“这是蹶病，上部症状重，头痛身热，使人烦闷。”我就用冷水在他头上拍，针刺足阳明经脉，左、右各三次，病很快就好了。他的病缘于洗发后，头发未干而睡卧。诊断如前所述，之所以称为蹶，是因为郁热之气逆行于头至肩部。

注释　1 蹶上为重：郁热之气逆上积于头中。　2 拊(fǔ)：拍。　3 沐发：洗发。

齐王黄姬兄黄长卿家有酒召客，召臣意。诸客坐，未上食。臣意望见王后弟宋建，告曰：“君有病，往四五日，君要胁痛不可俯仰，又不得小溲。[1]不亟治，病即入濡肾。[2]及其未舍[3]五藏，急治之。病方今客肾濡，此所谓‘肾痹’[4]也。”宋建曰：“然。建故有要脊痛。往四五日，天雨，黄氏诸倩见建家京下方石，即弄之，建亦欲效之，效之不能

齐王黄姬的哥哥黄长卿家设酒席待客，叫我去。客人们坐着，还没有上菜。我望见王后的弟弟宋建，告诉他说：“您有病，四五天前，您的腰、胁疼痛，不能俯仰，还解不出小便。不赶紧医治，病就会浸入肾脏。趁着还没有停留五脏，赶快医治。现在病正侵入肾区，这就是所谓‘肾痹’。”宋建说：“正是这样。我过去有腰脊痛的毛病。四五天前，下雨，黄家的几个女婿看到我家建仓廪下基石，就去摆弄，我也想效仿他们，效仿却举不起来，就又放回原处。黄昏时，腰脊疼痛，无法小便，到现在还没

起，即复置之。[5]暮，要脊痛，不得溺，至今不愈。”建病得之好持重[6]。所以知建病者，臣意见其色，太阳色干[7]，肾部上及界要以下者枯四分所，故以往四五日知其发也。臣意即为柔汤使服之，十八日所而病愈。[8]

好。”宋建的病缘于喜好举持重物。我之所以知道宋建的病，是因为我观察他的脸色，太阳穴处的地方发干，显示肾部位以上到边缘显示腰围以下的四分处色泽枯干，因此我知道他四五日之前发病。我马上调制柔汤让他饮下，十八天左右病就好了。

注释　1 要："腰"之古字，下同。　胁：胸胁，胸的两侧。　2 亟(jí)：急。　濡：浸渍。　3 舍：停留，侵入。　4 肾痺：中医病名。因风寒湿气滞阻于肾而造成腰疼。　5 倩：女婿。　京：仓廪。　6 持重：拿重的东西。　7 太阳色干：太阳穴处色泽枯干。　8 柔汤：中药汤剂名。　所：左右。

济北王侍者韩女病要背痛，寒热，众医皆以为寒热[1]也。臣意诊脉，曰："内寒，月事[2]不下也。"即窜以药[3]，旋下，病已。病得之欲男子而不可得也。所以知韩女之病者，诊其脉时，切之，肾脉也，啬而不属[4]。啬而不属者，其来难，坚[5]，故曰月不下。肝脉弦，

济北王有位姓韩的侍女患有腰背疼痛病，恶寒、发热，许多医生都认为是寒热病。我给她诊脉，说："这是内寒，月经不通。"我就用药为她熏炙，很快她的月经就来了，病痊愈了。这病缘于想男子而没得到。我之所以知道韩女的病，是因为我给她诊脉时，切到肾脉，脉象艰涩而不连属。艰涩而不连属，所以月经来得艰难，脉形坚固，所以月经不通。肝脉浮而紧，按之不移，溢出于左

出左口,故曰欲男子不可得也。

手寸口,所以说是想男子而得不到。

注释 1 寒热:恶寒怕热的病症。 2 月事:月经。 3 窜以药:用药熏灸。 4 啬而不属:肾脉艰涩而不连属。 5 坚:坚挺,坚固。

临菑氾里女子薄吾病甚,众医皆以为寒热笃,当死,不治。[1]臣意诊其脉,曰:"蛲瘕[2]。"蛲瘕为病,腹大,上肤黄粗,循之戚戚然。[3]臣意饮以芫华[4]一撮,即出蛲可数升,病已,三十日如故。病蛲得之于寒湿,寒湿气宛笃不发,化为虫。[5]臣意所以知薄吾病者,切其脉,循其尺,其尺索刺粗[6],而毛美奉发,是虫气也。其色泽者,中藏无邪气及重病。

临菑氾里名叫薄吾的女人病得很重,许多医生都认为是寒热病,病重,会死,无法医治。我给她诊脉,说:"这是蛲瘕病。"得了蛲瘕病的人,肚子大,腹部皮肤黄而粗糙,用手触摸肚腹病人感到疼痛而害怕。我给她芫华一撮用水送服,她随即泄出约有几升的蛲虫,病也就好了,过了三十天,身体和从前一样。蛲瘕病得自寒湿气,寒湿气郁积深厚,不能发散,变化为虫。我之所以知道她的病,是因为我切她的脉时,顺着按尺部脉位,发现她尺部脉象紧而粗壮有力,且她的毛发枯焦,这是有虫的症状。她的脸色有光泽,是内脏没有邪气,这是病不重的原因。

注释 1 氾(fán)里:似为临菑城内一街巷名。 笃:病重。 2 蛲瘕:腹中蛲虫聚集之病。 3 循:触摸。 戚戚然:因疼痛而害怕的样子。 4 芫(yuán)华:落叶灌木,可供药用,治痈肿,并能杀虫。 5 宛笃:郁积深厚。 发:散发,化解。 6 尺索刺粗:尺部脉紧而粗壮有力。尺,尺部。

诊脉时左右手桡骨茎突处为“关”,关前为“寸”,关后为“尺”。

齐淳于司马[1]病,臣意切其脉,告曰:“当病迵风。迵风之状,饮食下嗌辄后之[2]。病得之饱食而疾走。”淳于司马曰:“我之王家食马肝[3],食饱甚,见酒来,即走去,驱疾至舍,即泄数十出。”臣意告曰:“为火齐[4]米汁饮之,七八日而当愈。”时医秦信在旁,臣意去,信谓左右阁都尉[5]曰:“意以淳于司马病为何?”曰:“以为迵风,可治。”信即笑曰:“是不知也。淳于司马病,法当后九日死。”即[6]后九日不死,其家复召臣意。臣意往问之,尽如意诊。臣即为一火齐米汁,使服之,七八日病已。所以知之者,诊其脉时,切之,尽如法。其病顺[7],故不死。

齐国姓淳于的司马生病,我给他诊脉,告诉他说:“应该是迵风病,迵风病的症状,是饮食下咽后就出来。这病得自于饱餐后就快跑。”淳于司马说:“我到君王家吃马肝,吃得很饱,看到送上酒来,就跑开了,后来又骑着快马回家,到家就下泄几十次。”我告诉他说:“把火剂汤用米汁送服,过七八天就会好。”当时医生秦信在旁边,我离去后,他对身边阁都尉说:“淳于意认为淳于司马得的是什么病?”都尉回答说:“认为是迵风病,能够治疗。”秦信就笑着说:“这是不了解病情。淳于司马的病,依病理在九天后就会死去。”但过了九天没有死,司马家又召请我。我去询问他,全如我所诊断的。我就为他调制火剂米汤,让他服用,七八天后病就好了。我之所以知道他的病,是因为我诊他的脉时,发现他的脉象与常规相符。他的病情和脉象相应,所以不会死。

注释 1 齐淳于司马:齐国的一个姓淳于的司马。淳于,复姓。司马,王国内领兵武职。 2 后之:将吃的东西拉出。 3 马肝:性毒,食后不饮酒,会伤害人。 4 火齐:火剂,中药剂名。 5 左右阁都尉:左右宫阁的禁卫长官。 6 即:但。 7 顺:和脉象一致。

齐中郎破石病,臣意诊其脉,告曰:"肺伤,不治,当后十日丁亥溲血死。"即后十一日,溲血而死。破石之病,得之堕马僵石[1]上。所以知破石之病者,切其脉,得肺阴气,其来散,数道至而不一也。[2]色又乘之[3]。所以知其堕马者,切之得番阴脉[4]。番阴脉入虚里,乘肺脉。肺脉散者,固色变也乘之。所以不中期死者,师言曰"病者安谷即过期,不安谷则不及期"。其人嗜黍,黍主肺[5],故过期。所以溲血者,诊脉法曰"病养喜阴处者顺死,养喜阳处者逆死"[6]。其人喜自静,不躁,又久安

齐国名叫破石的中郎生病,我给他诊脉,告诉他说:"肺脏受伤,无法医治,他会在十天后的丁亥日那天尿血而死。"就在十一天后,他尿血而死。破石的病,得自于他从马上摔下来跌在石头上。我之所以知道破石的病,是因为我切他的脉时,发现他的肺阴脉脉象来得浮散,好像从几条脉道而来,又不一致。再加面色心乘肺。我之所以知道他是从马上摔下来的,是因为我切到他的反阴脉。反阴脉进入胃之大络,然后侵袭肺脉。在肺的脉位出现了散脉,原来脸色也随之发生变化。他之所以与预料的死期不合,是因为老师说过"病人能容纳水谷的,超过期限才死,不能容纳水谷的,期限不到就会死。"这个人酷爱吃黄黍,黄黍补肺,所以他超过期限才死。之所以尿血,是因为诊脉的理论说"病人性喜安静的,血从下出而死,性喜活动的,血从上出而死"。这个人喜欢安静,不急躁,又长

坐，伏几[7]而寐，故血下泄。

久坐着不动，伏在小桌上睡觉，所以血从下部泄出。

注释 1 堕马僵石：从马上摔下来倒在石头上。僵，倒下。 2 肺阴气：有死亡症状的肺阴脉。 数道：多道脉气。 3 色又乘之：再加面色显示心乘肺。乘，相克，压。 4 番阴脉：即反阴脉，阳脉占据阴位。 5 黍主肺：黍有补养肺脏的作用。 6 养：调养。 阴：静。 阳：动。 7 几：几案。

齐王侍医遂病，自练五石[1]服之。臣意往过之，遂谓意曰："不肖有病，幸诊遂也。"[2]臣意即诊之，告曰："公病中热。论曰'中热不溲者，不可服五石'。石之为药精悍，公服之不得数溲，亟勿服。[3]色将发臃[4]。"遂曰："扁鹊曰'阴石[5]以治阴病，阳石以治阳病'。夫药石者有阴阳水火之齐，故中热，即为阴石柔齐治之；中寒，即为阳石刚齐治之。"臣意曰："公所论远矣。扁鹊虽言若是，然必审诊，起度量，立

齐王名叫遂的侍医生病，自己炼制五石散服用。我去拜访他，他对我说："我有病，希望你为我诊治。"我立即给他诊治，告诉他说："您得的是内脏有热邪的病。病理说'内脏有热邪，不能小便的，不能服用五石散'。石药药力猛烈，您服后小便次数减少，赶紧不要服用了。从你的脸色看来，要生毒疮。"遂说："从前扁鹊说过'阴石可以治阴虚有热的病，阳石可以治阳虚有寒的病'。药石的方剂都有阴阳寒热的分别，所以内脏有热的，就用阴石柔剂医治；内脏有寒的，就用阳石刚剂医治。"我说："您的谈论错了。扁鹊虽然说过这样的话，然而必须审慎诊断，确立标准，订立规矩，斟酌权衡，依据色脉表里、盛衰、顺逆的

规矩，称权衡，合色脉表里有余不足顺逆之法，参其人动静与息相应，乃可以论。[6]论曰‘阳疾处内，阴形应外者，不加悍药及镵石’。夫悍药入中，则邪气辟矣，而宛气愈深。[7]诊法曰‘二阴应外，一阳接内者，不可以刚药’。[8]刚药入则动阳，阴病益衰，阳病益箸，邪气流行，为重困于俞，忿发为疽。[9]”意告之后百余日，果为疽发乳上，入缺盆[10]，死。此谓论之大体也，必有经纪[11]。拙工有一不习，文理阴阳失矣。[12]

原则，参验病人的举动与呼吸是否谐调，才可以下结论。医药理论说‘体内有阳热病，体表反应阴冷症状的，不能用猛烈的药和砭石的方法医治’。因为强猛的药进入体内，邪气就会更加恣肆，而郁热就会蓄积更深。诊病理论说‘外寒多于内热的病，不能用猛烈的药’。因猛烈的药进入体内就会使阳气躁动，阴虚病症就会更严重，阳气更加显明，邪气到处流动行走，就会重重围困在腧穴，最后激发为毒疮。”一百多天后，他果然因毒疮生在乳上，蔓延到锁骨上窝后，就死了。这就是说理论只是大体情形，必须掌握其中的原则。平庸的医生有一处没学到，就会使得条理、阴阳出现差错。

注释　1 练五石:把五种矿石药放在一起炼制。其配方不尽相同，一说有丹砂、雄黄、白矾、曾青、慈石。练，同“炼”。　2 不肖:不才，自谦之词。　幸:表示希望。　3 精悍:药性猛。　亟:赶快。　4 臃:同“痈”，毒疮。　5 阴石:性寒的石药。　6 审:审慎。　起度量:确立标准。　合色脉:综合人的气色、经脉。　息:呼吸。　7 辟:彰明，恣肆。　宛:郁结。　8 二阴:二成少阴。　一阳:一成少阳。　9 箸:同“著”，显明。　俞:穴位名，亦作“腧”，在脊椎第十节下。　10 缺盆:穴位名，在锁骨上窝。　11 经纪:纲纪，原则。　12 拙工:庸医。　文理:此指条理。

齐王故为阳虚侯时，病甚，众医皆以为蹷。臣意诊脉，以为痺，根在右胁下，大如覆杯[1]，令人喘，逆气不能食。臣意即以火齐粥且饮，六日气下；即令更服丸药，出入六日，病已。病得之内。诊之时不能识其经解，大识其病所在。[2]

臣意尝诊安阳武都里成开方，开方自言以为不病，臣意谓之病苦沓风，三岁四支不能自用，使人喑，喑即死。[3]今闻其四支不能用，喑而未死也。病得之数饮酒以见大风气。所以知成开方病者，诊之，其脉法奇咳言曰“藏气相反者死”。切之，得肾反肺[4]，法曰“三岁死”也。

齐王以前为阳虚侯时，病得很严重，许多医生都认为是蹷病。我给他诊脉，认为是痺症，病根在右胁下，大如倒扣着的杯子，使人气喘，气上逆不能饮食。我就用火剂粥给他服用，六天后，他的逆气平降；就让他再服丸药，前后又六天，他的病好了。他的病得自于房事不节制。我为他诊治时，不知如何用经脉理论解释这种病，只是大略知道疾病的所在部位。

我曾经为安阳武都里的成开方诊病，他自称没有病，我说他将被沓风病所苦，三年后四肢不能自己支配，喑哑不能言语，一旦喑哑就会死去。现在听说他四肢已经不能用了，虽喑哑却还未死。他的病得自于多次喝酒之后受了剧烈的风邪。我之所以知道成开方的病，为他诊治，是因为他的脉象符合奇咳术的说法“脏气相反的会死”。我切他的脉，得到肾气反冲肺气的脉象，病理说“三年会死”。

注释　1 覆杯：倒置的酒杯。　2 经解：用经脉理论解释。　大识：大略了解。　3 安阳：汉县名，在今河南信阳市东北。　苦沓风：为沓风病所苦。沓风，风病名。　支：通“肢”。　喑(yīn)：哑，不能说话。　4 肾反肺：在肺部切到肾脉，肾脉和肺脉互相窜乱。

安陵[1]阪里公乘项处病，臣意诊脉，曰："牡疝[2]。"牡疝在鬲下，上连肺。病得之内。臣意谓之："慎毋为劳力事，为劳力事则必呕血死。"处后蹴踘，要蹷寒，汗出多，即呕血。[3]臣意复诊之，曰："当旦日日夕死。[4]"即死。病得之内。所以知项处病者，切其脉得番阳[5]。番阳入虚里，处旦日死。一番一络[6]者，牡疝也。

安陵阪里名叫项处的公乘生病，我给他诊脉，说："这是牡疝病。"牡疝是发生在胸膈下，上连肺脏的病。他的病得自于房事不节制。我对他说："千万不要做用力的事，做用力的事就一定会呕血而死。"项处后来去玩蹴踘，腰部受寒，汗出了很多，随即吐血。我再次为他诊脉后，说："会在第二天黄昏时死去。"到时他就死了。他的病是因房事而起。我之所以知道项处的病，是因为我切他的脉时得到反阳脉。反阳的脉气进入胃之大络，第二天就会死。一方面出现了反阳脉，一方面上连于肺，这就是牡疝。

臣意曰：他所诊期决死生及所治已病众多，久颇忘之，不能尽识，不敢以对。

臣淳于意说：其他能诊断出死生时间以及治好的病太多了，时间太长，我忘记了，不能全部记住，不敢奏对。

注释 1 安陵：汉县名，在今陕西咸阳市东北。 2 牡疝：疝气病使腹痛牵连到胸部，胸属阳，故为阳疝。牡，阳。 3 蹴踘(cù jū)：我国古代的一种足球运动，用以练武、娱乐，健身。 要蹷寒：腰部受寒。 4 旦日：第二天。 日夕：黄昏。 5 番阳：即反阳脉。 6 络：缠绕。

问臣意："所诊治病，病名多同而诊异，或死或

又问淳于意："你所诊治的病，许多病名相同，诊治的结果却不同，

不死，何也？”对曰：“病名多相类，不可知，故古圣人为之脉法，以起度量，立规矩，县权衡，案绳墨，调阴阳，别人之脉各名之，与天地相应，参合于人，故乃别百病以异之，有数者能异之，无数者同之。[1]然脉法不可胜验，诊疾人以度异之，乃可别同名，命[2]病主在所居。今臣意所诊者，皆有诊籍[3]。所以别之者，臣意所受师方适成[4]，师死，以故表籍所诊，期决死生，观所失所得者合脉法，以故至今知之。”

有的死了，有的没死，为什么呢？”淳于意回答说：“病名大多是相类似的，不能分辨，所以古代圣人创制了脉法，来确立诊断的标准，订立规矩，斟酌权衡，依照规则，测量人的阴阳情形，区别人的脉象，并分别给以命名，与自然界变化相应，参考人的情况，因此才可以区别各种疾病使它们病名各异，医术高明的人能区分它们，医术拙劣的人就会混淆它们。然而脉法不能全都应验，诊治病人要用度脉的方法区别，才能区别相同名称的疾病，说出病因在什么地方。如今我诊治的病人，都有诊治记录。我之所以这样区别疾病，是因为我跟随老师刚学成，老师就死了，因而记录诊治的情况，预期决断死生的时间，来验证失误、正确的情况是否符合脉法，因此到现在我清楚各种疾病的情况。”

注释 **1** 县权衡：符合一定的尺度和质量。县，悬挂。权，秤锤。衡，衡器。 案绳墨：依照标准、规则。案，通“按”，依照。绳墨，旧时木工划线取直的工具。 调阴阳：测度阴阳之盛衰。 有数者：有精妙医术的人。数，技艺。 **2** 命：说出。 **3** 诊籍：诊病之记录。 **4** 适成：刚刚完成。

问臣意曰：“所期病决死生，或不应期[1]，何故？”

又问淳于意说：“你预期决断病人死生的时间，有的没有应验，什么

对曰："此皆饮食喜怒不节，或不当饮药，或不当针灸，以故不中期死也。"

问臣意："意方能知病死生，论药用所宜，诸侯王大臣有尝问意者不？及文王[2]病时，不求意诊治，何故？"对曰："赵王、胶西王、济南王、吴王[3]皆使人来召臣意，臣意不敢往。文王病时，臣意家贫，欲为人治病，诚恐吏以除拘臣意也，故移名数左右，不修家生，出行游国中，问善为方数者事之久矣，见事数师，悉受其要事，尽其方书，意及解论之。[4]身居阳虚侯国，因事侯。侯入朝，臣意从之长安，以故得诊安陵项处等病也。"

原因呢？"淳于意回答说："这都是病人饮食、喜怒不加节制，或者因为不恰当地服药，或者因为不恰当地进行针灸，因此没有如期而死。"

又问淳于意："你能够正确了解病人的生死情况，论说药品所适应的病症，诸侯王、大臣有曾经向你请教的吗？到齐文王生病时，不找你去诊治，什么原因呢？"淳于意回答说："赵王、胶西王、济南王、吴王都派人来召我去，我不敢去。齐文王生病时，我家里贫困，想替人家治病，确实害怕官吏委任我为侍医而拘缚住我，所以我把户籍迁到亲戚邻居等人名下，不治理家事，到处行医游学，长期寻访医术精妙的人求教，拜见侍奉过许多老师，学到了他们的主要本领，也领会了他们医书的全部内容，并且进行分析评定。我住在阳虚侯的封国中，于是侍奉他。阳虚侯入朝，我跟随他到长安，因此能给安陵的项处等人诊治疾病。"

注释　1 应期：应验确定的期限。　2 文王：齐王国之文王，在文帝十五年卒。　3 赵王、胶西王、济南王、吴王：皆汉初分封诸侯王。
4 除：此指提拔为医官。　拘：约束。　移名数：迁移户籍。　家生：家产生计。　解论：解释和理论。

问臣意："知文王所以得病不起之状？"臣意对曰："不见文王病，然窃闻文王病喘，头痛，目不明。臣意心论之，以为非病也。以为肥而蓄精，身体不得摇，骨肉不相任，故喘，不当医治。[1]脉法曰'年二十脉气当趋，年三十当疾步，年四十当安坐，年五十当安卧，年六十已上气当大董'。[2]文王年未满二十，方脉气之趋也而徐之，不应天道四时[3]。后闻医灸之即笃，此论病之过[4]也。臣意论之，以为神气[5]争而邪气入，非年少所能复之也，以故死。所谓气者，当调饮食，择晏日，车步广志，以适筋骨肉血脉，以泻气。[6]故年二十，是谓'易貿'，法不当砭灸，砭灸至气逐。[7]"

又问淳于意："你知道齐文王生病不起的原因吗？"淳于意回答说："没有看到齐文王的病情，可是私下听说齐文王患气喘、头痛、视力差的病。我心里分析，认为这不是病。我认为是肥胖而蓄积了精气，身体得不到活动，骨肉互相不适应，所以气喘，不应当医治。脉法理论说'二十岁血脉正旺，应当多跑动，三十岁应当多快步走，四十岁应当安静地坐着，五十岁应当安静地睡卧，六十岁以上应当使元气深藏'。齐文王年纪不满二十，正当脉气旺盛的时候，却懒于走动，不顺应自然规律。后来听说医生用灸法治疗，病情马上加重，这是论断病情上的错误。据我分析，这是正气外争而邪气内入，不是年轻就能康复的，文王因此而死。所谓气，应该调和饮食，选择晴朗天气，或驾车，或步行，来开阔心胸，调和筋骨、肌肉、血脉，疏泻体内郁积的气。所以，二十岁时，是人们说的'气血质实'时期，按医理不应当用砭法灸法来治疗，砭灸之法会导致气血奔流。"

注释 1 蓄精:蓄积精气。 摇:活动。 任:承受。 2 趋:快跑。 疾步:快走。 大董:深藏。 3 天道四时:上天运行和四季变化。 4 过:过错。 5 神气:人体正气。 6 晏日:晴天。 车步:驾车、步行。 广志:开阔心胸。 泻气:排泄郁积之气。 7 易贸(mào):气血质实。贸,同"贸",一作"质",质实。 逐:驱散。

问臣意:"师庆安受之?闻于齐诸侯不?"对曰:"不知庆所师受。庆家富,善为医,不肯为人治病,当以此故不闻。庆又告臣意曰:'慎毋令我子孙知若[1]学我方也。'"

问臣意:"师庆何见于意而爱意,欲悉教意方?"对曰:"臣意不闻师庆为方善也。意所以知庆者,意少时好诸方事,臣意试其方,皆多验,精良。臣意闻菑川[2]唐里公孙光善为古传方,臣意即往谒之。得见事之,受方化阴阳及传语法[3],臣意悉受书之。臣意欲尽受他精方,公孙光曰:'吾方

又问淳于意:"你老师阳庆从哪里学的医术?齐国的诸侯是否知道他?"淳于意回答说:"不知道阳庆从哪儿学的。阳庆家里富有,擅长医术,不愿意为人治病,应当是这个原因才不为人所知。阳庆还告诫我说:'千万不要让我的子孙知道你学了我的医术。'"

又问淳于意:"你的老师阳庆是怎么看中并喜爱你的?怎么想把全部医术教给你?"淳于意回答说:"我本来没听说老师阳庆的医术精妙。我后来之所以知道阳庆,是因为我年轻时喜欢各家医术,我试用他们的医方,大多有效,而且精妙。我听说菑川唐里的公孙光擅长使用古代流传的医方,就去拜见他。我得以拜见侍奉他,从他那里学到调理阴阳的医方以及口头流传的医理,我全部接受记录下来。我想要学到他全部精妙的医术,公孙光说:'我的医方全部拿出来了,我对你不会有所吝惜。我的身

尽矣,不为爱[4]公所。吾身已衰,无所复事之。是吾年少所受妙方也,悉与公,毋以教人。’臣意曰:‘得见事侍公前,悉得禁方,幸甚。意死不敢妄传人。’居有间,公孙光闲处,臣意深论方,见言百世为之精也。[5]师光喜曰:‘公必为国工[6]。吾有所善者皆疏,同产处临菑,善为方,吾不若,其方甚奇,非世之所闻也。吾年中时,尝欲受其方,杨中倩[7]不肯,曰“若非其人也”。胥[8]与公往见之,当知公喜方也。其人亦老矣,其家给富[9]。’时者未往,会庆子男[10]殷来献马,因师光奏马王所,意以故得与殷善。光又属[11]意于殷曰:‘意好数,公必谨遇之,其人圣儒。[12]’即为书以意属阳庆,以故知庆。臣意事庆谨,以故爱意也。”

体已经衰老,你不必再侍奉我了。这是我年轻时所受的妙方,都给你,不要教给别人。’我说:‘能够拜见侍奉在您跟前,得到了您的全部秘方,我太幸运了。我到死也不敢胡乱传给别人。’过了些日子,公孙光闲居无事,我就和他深入分析医方,他认为我对历代医方的论说是精辟的。公孙光高兴地说:‘你一定会成为国医。我所擅长的医技都生疏了,我的同胞兄弟住在临菑,擅长医学,我不如他,他的医方很奇特,是世人没有听到过的。我中年时,曾经想接受他的医方,杨中倩不肯,说“你不是那个可以接受我医方的人”。必须我和你一起前往拜见他,他就会知道你喜爱医术了。他也老了,但家里富有。’当时还没去,恰逢阳庆的儿子阳殷来献马,他通过老师公孙光而把马进献给齐王,我因为这个缘故得以与阳殷熟悉。公孙光又把我托付给阳殷说:‘淳于意喜好医术,你一定要好好对待他,他是有儒者之德并倾慕圣人之道的人。’于是他就写信把我推荐给阳庆,因此我也就认识了阳庆。我侍奉阳庆很恭谨,他因此喜爱我。”

注释 1 若:你。 2 菑川:西汉分封王国名,都剧县,在今山东昌乐县南。 3 传语法:口头流传的医方。 4 爱:吝惜,保留。 5 有间:一个时期。 闲处:闲居无事。 精:精辟。 6 国工:国医。 7 杨中倩:即阳庆。古名医,公孙光之友。 8 胥:通"须",等待。 9 给(jǐ)富:丰足富裕。 10 子男:儿子。 11 属(zhǔ):嘱托。 12 数:方术,术数。 圣儒:慕圣人之道,有儒者之德。

问臣意曰:"吏民尝有事学意方,及毕尽得意方不?何县里人?"对曰:"临菑人宋邑。邑学,臣意教以五诊[1],岁余。济北王遣太医高期、王禹学,臣意教以经脉高下及奇络结[2],当论俞所居,及气当上下出入邪正逆顺,以宜镵石,定砭灸处,岁余。菑川王时遣太仓马长冯信正方,臣意教以案法逆顺,论药法,定五味及和齐汤法。[3]高永侯家丞[4]杜信,喜脉,来学,臣意教以上下经脉、五诊二岁余。临菑召里唐安来学,臣意教以五诊、上下经脉、

又问淳于意:"官民曾经有人向你学习医术,学到了你的全部医术吗?是什么地方的人?"淳于意回答说:"临菑人宋邑。邑来向我求学,我教他五诊法,一年多时间。济北王派太医高期、王禹来向我求学,我教他们经脉上下分布的部位和异常络脉结系之处,时常论说腧穴所处的方位,以及经络之气上下运行时的邪正顺逆的情况,以选定砭石,确定砭灸穴位,他们学了一年多。菑川王时常派太仓署中管理马匹的长官冯信向我请教医术,我教给他按摩中的顺、逆两种手法,论述用药的方法,鉴定药的性味,以及调和配制汤剂的方法。高永侯的管家杜信喜好诊脉,向我求学,我教他经脉上下分布的部位和五诊法两年多。临菑召里的唐安向我求学,我教他察看脸色诊病和上下经脉分布的部位、诊治奇咳的方

奇咳、四时应阴阳重，未成，除为齐王侍医。”

法、四季气候随阴阳变化而变化的道理，他没有学成，被任命为齐王的侍医。”

问臣意：“诊病决死生，能全无失乎？”臣意对曰：“意治病人，必先切其脉，乃治之。败逆者不可治[5]，其顺者乃治之。心不精脉[6]，所期死生视可治，时时失之，臣意不能全也。”

又问淳于意说：“你诊病决断死生，能够完全没有失误吗？”淳于意回答说：“我诊治病人，一定首先切他的脉，才进行治疗。脉象败逆的不可以医治，脉象顺畅的才可以医治。如果不精心切脉，所预期决断死生时间的病会看作可医治的病，往往会出现失误，我不能完全没有失误。”

注释 1 五诊：诊断五脏病症的脉法。 2 高下：指上下分布的位置。 奇络结：指异常络脉联结之处。 3 正方：求教医方。 和齐汤：调和配制汤剂。 4 家丞：王国、侯国官，西汉列侯食邑千户以上置。 5 败：指脉象衰败。 逆：指脉象与病情不相顺应。 6 精脉：精心切脉。

太史公曰：女无美恶，居宫见妒；士无贤不肖，入朝见疑。[1]故扁鹊以其伎见殃，仓公乃匿迹自隐而当刑。[2]缇萦通尺牍[3]，父得以后宁。故《老子》曰“美好者不祥之器[4]”，岂谓扁鹊等邪？若仓公者，可谓近之矣。

太史公说：女人无论美与丑，住在宫中就会被嫉妒；士人无论贤能与不贤能，进入朝廷就会遭人猜疑。所以扁鹊因为他的医术而遭殃，太仓公不露形迹隐居起来，还是被判刑。缇萦上书给皇上，她的父亲后半生才得以安宁。所以《老子》说：“美好的东西都是不祥之物。”难道是说扁鹊等人么？像太仓公这样的人，可以说与此很接近。

注释 1 “女无美恶”四句:此四句曾见于邹阳《狱中上梁王书》,原文为“故女无美恶,入宫见妒;士无贤不肖,入朝见嫉”。 无:无论。 见:被。 2 伎:同“技”。 当刑:处刑。 3 尺牍:书信,此指奏书。 4 美好者不祥之器:此句源于《老子》第三十一章,原文为“夫佳兵者不祥之器”。

史记卷一百六

吴王濞列传第四十六

原文

吴王濞者，高帝兄刘仲之子也。高帝已定天下七年[1]，立刘仲为代王。而匈奴攻代，刘仲不能坚守，弃国亡，间行[2]走雒阳，自归天子。天子为骨肉故，不忍致法，废以为郃阳[3]侯。高帝十一年秋，淮南王英布反，东并荆地，劫其国兵，西度淮，击楚，高帝自将往诛之。[4]刘仲子沛侯濞年二十，有气力，以骑将从破布军蕲西，会甀，布走。[5]荆王刘贾为布所杀，无后。上患吴、会稽轻悍，

译文

吴王刘濞，是高帝哥哥刘仲的儿子。高帝平定天下七年后，立刘仲为代王。后来匈奴攻打代国，刘仲没能坚守，抛弃封国逃跑，抄小路跑到雒阳，向天子自首。天子因为是骨肉至亲的缘故，不忍心用法律制裁他，就把他降为郃阳侯。高帝十一年秋天，淮南王英布反叛，向东吞并了荆地，夺取了那里侯国的军队，向西渡过了淮河，攻打楚国，高帝亲自率领军队前往讨伐。刘仲的儿子沛侯刘濞当时二十岁，健壮有力，以骑将的身份跟随高帝在蕲县西边打败了英布的军队，在甀乡会合，英布逃跑。荆王刘贾被英布杀害，没有后嗣。皇上担心吴地、会稽地方的人轻浮好斗，没有年富力强

无壮王以填之，诸子少，乃立濞于沛为吴王，王三郡五十三城。[6]已拜受印，高帝召濞相之，谓曰：“若状有反相。”心独悔，业已拜，因拊[7]其背，告曰：“汉后五十年东南有乱者，岂若邪？然天下同姓为一家也，慎[8]无反！”濞顿首曰：“不敢。”

的王来镇抚他们，自己的儿子都还小，就封刘濞在沛地做吴王，统治三个郡五十三个县。刘濞接受印信后，高帝召刘濞来并为他相面，对他说：“你有反叛之相。”这时高帝心里有点后悔，但已经任命了，于是拍着刘濞的背，告诫他说：“汉朝建立后五十年间东南方有叛乱的人，难道是你吗？可是天下同姓都是一家人，千万不要反叛！”刘濞叩头说：“不敢。”

注释　**1** 七年：汉高祖七年，即公元前200年。《史记志疑》案：“七年”乃“六年”之误。　**2** 间行：从小路走。　**3** 郃阳：县名，在今陕西合阳县东南。　**4** 高帝十一年：汉高祖十一年，即公元前196年。　英布：即黥布，汉初异姓诸侯王，后起兵叛乱被杀。　荆：楚。　**5** 蕲：汉县名，在今安徽宿州市南。　甀(zhuì)：乡名，在蕲县西南。　**6** 会稽：汉郡名，治所吴县，在今江苏苏州市。　轻悍：轻狂凶悍。　填：通“镇”，镇抚。　三郡：《汉书补注》宋祁曰：“故东阳郡、鄣郡、吴郡即刘贾旧封。”实有四郡，因为将会稽郡包括在吴郡之中，故只称三郡。　**7** 拊：抚，拍。　**8** 慎：千万。

会孝惠、高后时，天下初定，郡国诸侯各务自拊循其民。[1]吴有豫章郡铜山，濞则招致天下亡命者盗铸钱，煮海水为盐，以故

正值孝惠帝、高后时期，天下刚刚安定，郡国的诸侯各自忙于安抚他们的百姓。吴国有鄣郡的铜矿山，刘濞就招募天下亡命之徒私下铸钱，煮海水制盐，因为有这两项收入，所以即使不向吴国百姓收税，吴

无赋,国用富饶。[2]

国也非常富饶。

注释 1 孝惠:惠帝刘盈,前195—前188年在位。 高后:刘邦之皇后吕雉,后掌握政权十六年。 拊循:安抚。 2 豫章郡:"豫"字误,当为鄣郡,"章"为鄣字之省。鄣郡即丹阳郡,治所宛陵,在今安徽宣城市。 无赋:《史记集解》如淳曰:"铸钱煮盐,收其利以足国用,故无赋于民。"

孝文时,吴太子入见,得侍皇太子饮博。[1]吴太子师傅皆楚人,轻悍,又素骄,博,争道,不恭,皇太子引博局提吴太子,杀之。[2]于是遣其丧归葬。至吴,吴王愠[3]曰:"天下同宗,死长安即葬长安,何必来葬为!"复遣丧之长安葬。吴王由此稍失藩臣之礼,称病不朝。[4]京师知其以子故称病不朝,验问实不病,诸吴使来,辄系责治之。[5]吴王恐,为谋滋甚。及后使人为秋请[6],上复责问吴使者,使者对

孝文帝时期,吴王太子进京朝见,得以陪伴皇太子饮酒博戏。吴太子的老师都是楚地人,轻浮强悍,又平素骄横,博戏的时候,吴太子和皇太子为谁该走而争执起来,吴太子态度不恭敬,皇太子拿起博戏的台盘掷击吴太子,把吴太子打死了。于是朝廷只好让人把他的尸体运回吴国埋葬。到了吴国,吴王怨怒说:"天下同姓都是一家,死在长安就葬在长安,何必回来埋葬呢!"吴王又让人把吴太子的尸体运到长安埋葬。吴王从此逐渐抛弃了作为封国王侯的礼仪,推说有病不进京朝拜。朝廷知道他因为儿子的缘故托称有病不来朝见,查问清楚他确实没病,那些吴国使者一来,就拘禁责问而治罪。吴王害怕,策划谋反越发积极。后来吴王派人代行秋季朝见礼仪,皇上又责问吴王的使

曰:“王实不病,汉系治使者数辈[7],以故遂称病。且夫‘察见渊中鱼,不祥’[8]。今王始诈病,及觉,见责急,愈益闭,恐上诛之,计乃无聊[9]。唯上弃之而与更始。[10]”于是天子乃赦吴使者归之,而赐吴王几杖[11],老,不朝。吴得释其罪,谋亦益解。然其居国以铜盐故,百姓无赋。卒践更,辄与平贾。[12]岁时存问茂材,赏赐闾里。[13]佗郡国吏欲来捕亡人者,讼共禁弗予。[14]如此者四十余年,以故能使其众。

者,使者回答说:“吴王确实没有病,朝廷拘禁惩办了几批使者,因此他就托称有病。况且‘看到深潭中的鱼,这是不吉利’。吴王开始是假装有病,等到朝廷发觉,被追究得紧,就越想躲藏起来,害怕皇上诛杀他,称病的计谋出于无可奈何。希望皇上抛弃前嫌,而给他重新开始的机会。”于是天子就赦免吴王使者,让他们回去,并且赏赐给吴王几案和拐杖,说他年纪大了,不用来朝见。吴王得以解除了他的罪过,阴谋也逐渐放弃了。然而他所在的封国因为产铜产盐的缘故,老百姓不用缴纳赋税。士兵去服役,总是发给代役金。每逢时令和年节,他就去慰问有才能的人士,赏赐平民。别的郡国的官吏想来捉拿逃亡的罪犯,吴王就收容罪犯不交给他们。像这样过了四十多年,吴王因此能调遣他的人民。

注释　1 吴太子:吴王刘濞的太子,据《楚汉春秋》,名贤,字德明。　皇太子:文帝的太子,后来的景帝刘启。　饮博:饮酒博戏。博,此指下棋。2 争道:争棋路。　引:举。　博局:棋盘。　提(dǐ):掷击。　3 愠(yùn):怨恨,生气。　4 稍:逐渐。　藩臣:拱卫皇室之臣。　5 京师:京城。此指朝廷。　系:拘囚。　6 秋请:古代诸侯王到京城朝见皇帝,春曰朝,秋曰请。　7 辈:批。　8 察见渊中鱼,不祥:此句出于《韩非子·说林上》,原文为“知渊中之鱼者不祥”。意思是察知别人隐私是不吉利的事。

9 无聊:无可奈何。 10 弃之:抛弃前嫌。 更始:重新开始。 11 几杖:几案与手杖。 12 践更:古代的一种徭役。轮到服役的可以出钱雇人代替,受钱代人服役叫践更。 贾:通“价”。 13 岁时:时令和年节。 存问:慰问。 茂材:有优秀才能的人。 闾里:乡里平民。 14 佗:通“他”。 讼(róng):通“容”,收容,庇护。

晁错为太子家令,得幸太子,数从容言吴过可削。[1]数上书说孝文帝,文帝宽,不忍罚,以此吴日益横。及孝景帝即位,错为御史大夫,说上曰:“昔高帝初定天下,昆弟少,诸子弱,大封同姓,故王孽子悼惠王王齐七十余城,庶弟元王王楚四十余城,兄子濞王吴五十余城:封三庶孽,分天下半。[2]今吴王前有太子之郄[3],诈称病不朝,于古法当诛。文帝弗忍,因赐几杖,德至厚。当改过自新,乃益骄溢,即山铸钱,煮海水为盐,诱天下亡人,谋作乱。今削之亦反,不削之亦反。削之,其

晁错做太子家令,得到太子的赏识,多次怂恿太子说吴王有罪,应该削减他的封地。他多次上书劝说孝文帝,文帝宽厚,不忍心处罚吴王,因此吴王日益骄横。到孝景帝登位,晁错任御史大夫,劝说皇上说:“以前高帝刚平定天下,兄弟不多,儿子们年幼,大规模地分封同姓的人,所以才赐封庶子悼惠王做齐王,统治齐国七十多县,异母弟楚元王统治楚国四十多县,哥哥的儿子刘濞统治吴国五十多县:分封三个旁支亲属,就分去了天下的一半。如今吴王怀着吴太子被杀的嫌隙,假托有病不朝见,按照古代法律应当诛杀。文帝不忍心,就赐给他几案和拐杖,恩德十分深厚。他应该改过自新,结果他愈发骄横放肆,依据铜山铸造钱币,煮海水来造盐,接纳天下逃亡的人,谋图造反。现在是削减他封地也造反,不削减他封

反亟，祸小；不削，反迟，祸大。”三年冬，楚王朝，晁错因言楚王戊往年为薄太后服，私奸服舍，请诛之。[4]诏赦，罚削东海郡[5]。因削吴之豫章郡、会稽郡。[6]及前二年赵王有罪，削其河间郡。[7]胶西王卬[8]以卖爵有奸，削其六县。

地也造反。削减他的封地，他很快就造反，祸害小一些；不削减他的封地，他造反得晚，祸害就大了。”景帝三年冬天，楚王来朝见，晁错趁机说楚王刘戊去年为薄太后服丧时，在服丧的房子里偷偷淫乱，请求诛杀他。皇上下诏赦免楚王的死罪，削去楚国的东海郡作为处罚。并趁机削去了吴的豫章郡、会稽郡。前两年因为赵王有罪，削去了他的河间郡。胶西王刘卬因为卖爵犯罪，削去了他的六个县。

注释　1 晁错：汉大臣，曾任内史、御史大夫，主张削藩，吴楚七国之乱中被杀。　太子家令：管理东宫庶务的官员。　从容：怂恿。　2 昆弟：兄弟。　孽(niè)子：妃妾所生之子，亦称庶孽。　悼惠王：即刘肥，汉高祖刘邦的庶长子。　王：统治，领有。　庶弟：非正妻所生，同父异母弟。　元王：即刘交，刘邦之弟。　3 郄：同“郤”，“郤”通“隙”，嫌隙。　4 楚王戊：即刘戊，刘交之孙。　服：居丧。　服舍：居丧时住的屋舍。　5 东海郡：汉郡名，治所郯县，在今山东郯城西北。　6《史记志疑》：“《汉传》无此句是，盖下文言‘汉廷臣方议削吴’，又言‘削吴书至则吴起兵’，可知斯时固未削矣。”　7 赵王：即刘遂。　河间郡：郡名，治所乐城，在今河北献县东南。　8 胶西王卬：即刘卬，刘肥子。

汉廷臣方议削吴。吴王濞恐削地无已，因以此发谋，欲举事。[1]念诸侯无足与计谋者，闻胶西王勇，

汉朝大臣正在讨论削减吴王的封地。吴王刘濞害怕无休止地削减封地，便想趁机公开自己的图谋，要发兵叛乱。他考虑到诸侯中没有

好气，喜兵，诸齐皆惮畏，于是乃使中大夫应高誂胶西王。[2]无文书，口报曰："吴王不肖，有宿夕[3]之忧，不敢自外，使喻其欢心。"王曰："何以教之？"高曰："今者主上兴于奸，饰[4]于邪臣，好小善，听谗贼，擅变更律令，侵夺诸侯之地，征求滋多，诛罚良善，日以益甚。里语有之，'舐糠及米'。[5]吴与胶西，知名诸侯也，一时见察，恐不得安肆[6]矣。吴王身有内病，不能朝请二十余年，尝患见疑，无以自白，今胁肩累足，犹惧不见释。[7]窃闻大王以爵事有適[8]，所闻诸侯削地，罪不至此，此恐不得削地而已。"王曰："然，有之。子将奈何？"高曰："同恶相助，同好相留，同情相成，同欲相趋，同利相死。今吴王自以为与大王

能和他共商大计的人，听说胶西王勇猛，好逞血气之勇，喜欢用兵，齐地的诸侯都害怕他，于是就派中大夫应高去引诱胶西王。吴王没有写书信，只是让应高口头去传达说："吴王不才，有早晚就要来临的忧患，不敢把自己当作外人，派我来表明他的好意。"胶西王说："有什么赐教？"应高说："如今皇上提拔奸臣，被奸邪之臣蒙蔽，喜欢眼前小利，听信搬弄是非的坏人，擅自改变法令，侵夺诸侯的封地，征敛越来越多，诛杀惩罚良善的人，日益严重。俗话说：'吃完米糠就到吃米了。'吴国和胶西国，都是有名的诸侯，一旦被察觉，恐怕不得安生了。吴王身体有暗疾，不能去朝见已有二十多年了，他曾经担心被怀疑，无法表白自己，如今缩着肩膀不敢正立，还害怕不被宽恕。听说大王因为出卖爵位的事情受到处罚，听说诸侯被削减封地，罪过不应该有这样严重，这恐怕不只是削减封地就罢了。"胶西王说："对，有这样的事。您打算怎么办？"应高说："憎恶相同的互相帮助，爱好相同的互相体贴，情感相同的互相成

同忧，愿因时循理，弃躯以除患害于天下，亿[9]亦可乎？”王瞿然[10]骇曰：“寡人何敢如是？今主上虽急，固有死耳，安得不戴[11]？”高曰：“御史大夫晁错，荧惑天子，侵夺诸侯，蔽忠塞贤，朝廷疾怨，诸侯皆有倍畔之意，人事极矣。[12]彗星出，蝗虫数起，此万世一时，而愁劳[13]圣人之所以起也。故吴王欲内以晁错为讨，外随大王后车，彷徉天下，所乡者降，所指者下，天下莫敢不服。[14]大王诚幸而许之一言，则吴王率楚王略函谷关，守荥阳敖仓之粟，距汉兵。[15]治次舍，须大王。[16]大王有幸而临之，则天下可并，两主分割，不亦可乎？”王曰：“善。”高归报吴王，吴王犹恐其不与[17]，乃身自为使，使于胶西，面结之。

全，欲望相同的一起追求，利益相同的联合去赴死。如今吴王自认为和大王有共同的忧患，愿意顺应时势、遵循事理，牺牲自身来为天下除掉祸害，您认为可以吗？”胶西王吃惊地说：“我怎么敢这样？如今皇上虽然逼得急，我本来就有死罪啊，怎么能不拥护他？”应高说：“御史大夫晁错，迷惑天子，侵夺诸侯封地，蒙蔽忠良，堵塞贤能，大臣们都怨恨，诸侯都有背叛之心，他的所作所为已到了极点了。彗星出现，蝗灾不断发生，这是万代难逢的一个机会，而且忧愁劳苦的时代正是圣人产生的时候。所以吴王想对内以讨伐晁错为由，在外跟随大王车后，纵横驰骋天下，走向哪里哪里投降，指到哪里哪里攻克，天下没有敢不服从的。大王只要能答应我一句话，那么吴王就率领楚王攻取函谷关，守住荥阳敖仓的粮食，抗拒朝廷的军队。整顿军队行营，等候大王到来。大王真的能幸临那里，那么天下可以并吞，两个君主分割天下，不也可以吗？”胶西王说：“好。”应高回去报告吴王，吴王还担心他不参与谋反，就亲自出使到胶西，当面和他结盟。

注释 1 已:止。 举事:起事,发难。 2 胶西:封国名,都高密,在今山东高密市西南。汉宣帝时改为高密国。 诸齐:齐悼惠王刘肥死后,文帝把齐分封给刘肥的七个儿子,即齐王刘将闾、济北王刘志、济南王刘辟光、菑川王刘贤、胶西王刘卬、胶东王刘雄渠、城阳王刘章。 誂(tiǎo):逗引,诱惑。 3 宿夕:旦夕。比喻短时间内。 4 饰:蒙蔽。 5 里语:流行于民间的俚语、俗语。 䑛糠及米:狗舔吃食物,食欲不止,吃完了糠,就会吃米。《史记索隐》:"言䑛糠尽则至米,谓削土尽则至灭国也。" 6 安肆:安乐放纵。 7 朝请:在春秋两季朝拜。 胁肩累足:缩紧肩膀,小步走路,形容极为恐惧。 8 適:通"谪",谪罚。 9 亿:通"臆",预料。 10 瞿然:惊骇的样子。 11 戴:拥戴。 12 荧惑:惑乱,迷惑。 倍:通"背"。 畔:通"叛"。 13 愁劳:悲愁忧苦。 14 彷徉(páng yáng):周游。 乡:通"向"。 15 函谷关:关隘名,古函谷关在今河南灵宝市东北。新函谷关在今河南新安县东,元鼎三年(前114)移此。 荥阳:汉县名,在今河南荥阳市东北。 敖仓:秦始皇时在今荥阳市北敖山上修建的粮仓,西汉沿用为国家粮仓。 16 次舍:军队驻扎之处所。 须:等待。 17 不与:不参与。

胶西群臣或闻王谋,谏曰:"承[1]一帝,至乐也。今大王与吴西乡,弟令事成,两主分争,患乃始结。[2]诸侯之地不足为汉郡什二,而为畔逆以忧太后,非长策也。[3]"王弗听。遂发使约齐、菑川、胶东、

胶西国群臣中有人听说了胶西王的阴谋,规劝说:"拥戴一个皇帝,是最大的快乐。如今大王和吴王向西发兵,假使事情成功,两个君主又互相争权夺利,祸患就开始形成了。诸侯的土地不够朝廷各郡的十分之二,而背叛朝廷会让您母亲忧虑,这不是长远之计。"胶西王不听从。他又派使者邀约齐王、菑川王、胶东王、济南王、济北王,这些人都答应了,而且说"城阳景王当年有义气,

济南、济北，皆许诺，而曰“城阳景王有义，攻诸吕，勿与，事定分之耳”[4]。

攻打吕氏家族立大功，我们现在不要让他的儿子参加，等事成之后分给他一份土地就是了”。

注释 1 承：事奉。 2 西乡：西向，向西进兵。乡，通“向”。 弟令：假使。弟，通“第”。 3 什二：十分之二。 畔：通“叛”。 太后：《史记集解》引文颖云：“王之太后也。”也就是胶西王之母，刘肥之妻。 4 城阳景王：即城阳王刘章之子刘喜。 诸吕：吕后掌权后，封其几个侄子为王，把持朝政。

诸侯既新削罚，振[1]恐，多怨晁错。及削吴会稽、豫章郡书至，则吴王先起兵，胶西正月丙午诛汉吏二千石以下，胶东、菑川、济南、楚、赵亦然，遂发兵西。[2]齐王后悔，饮药自杀，畔约[3]。济北王城坏未完，其郎中令劫守[4]其王，不得发兵。胶西为渠率，胶东、菑川、济南共攻围临菑。[5]赵王遂亦反，阴使匈奴与连兵。

七国之发也，吴王悉[6]其士卒，下令国中曰：“寡人年六十二，身自将。少子年

诸侯都新近受到削减封地的处罚，个个震惊恐慌，都怨恨晁错。等到削减吴会稽郡、豫章郡的文书传到，吴王便首先起兵，胶西王在正月丙午这天杀死朝廷任命的二千石以下的官吏，胶东王、菑川王、济南王、楚王、赵王也这样做，于是向西进军。齐王后来后悔，服毒自杀，违背了盟约。济北王的城墙毁坏没有修好，他的郎中令劫持并看守着他，使他不能发兵。胶西王为首领，和胶东王、菑川王、济南王一同围攻临菑。赵王刘遂也反叛，暗中派使者到匈奴进行联络。

七国发动叛乱的时候，吴王调动了全部可以调动的人，向吴国下令说：“我六十二岁，亲自担任统

十四，亦为士卒先。诸年上与寡人比，下与少子等者，皆发。”发二十余万人。南使闽越、东越[7]，东越亦发兵从。

帅。小儿子十四岁，也在士卒前列。现在上至我这个年龄，下至我小儿子的年龄，凡是年龄在这中间的人都要出征。”征召了二十多万人。又向南出使闽越、东越，东越也派兵跟随吴王。

注释 1 振：通“震”。 2 丙午：二十三日。 二千石：此指郡太守一级的官吏。 3 畔约：背叛盟约。 4 劫守：劫持控制。 5 渠率：首领。 临菑：齐都。 6 悉：全部。 7 闽越：古代越人的一支，分布在今福建北部、浙江南部。 东越：古代越人的一支，分布在今浙江东南部、福建东部一带。

孝景帝三年正月甲子[1]，初起兵于广陵。西涉淮，因并楚兵。发使遗诸侯书曰：“吴王刘濞敬问胶西王、胶东王、菑川王、济南王、赵王、楚王、淮南王、衡山王、庐江王、故长沙王子[2]：幸教寡人！以汉有贼臣，无功天下，侵夺诸侯地，使吏劾系讯治，以僇辱之为故，不以诸侯人君礼遇刘氏骨肉，绝先帝功臣，进任奸宄，诖乱

孝景帝三年正月甲子日，吴王首先在广陵起兵。向西渡过淮水，于是与楚国军队合并。派使者给诸侯送信说：“吴王刘濞恭敬地问候胶西王、胶东王、菑川王、济南王、赵王、楚王、淮南王、衡山王、庐江王、原长沙王的儿子：请指教我！因为朝廷有奸臣，对天下没有功劳，侵夺诸侯封地，派官吏弹劾拘捕审讯惩治诸侯，以侮辱诸侯为能事，不用诸侯王君主的礼仪对待刘姓骨肉至亲，绝灭先帝的功臣，提拔任用贼臣，惑乱天下，想要危害国家。陛下多病，神志失常，不能查明情况。我想发兵诛杀奸臣，恭敬地听从各诸侯的指

天下，欲危社稷。[3]陛下多病志失[4]，不能省察。欲举兵诛之，谨闻教。敝国虽狭，地方三千里；人虽少，精兵可具五十万。寡人素事南越三十余年，其王君皆不辞[5]分其卒以随寡人，又可得三十余万。寡人虽不肖，愿以身从诸王。越直[6]长沙者，因王子定长沙以北，西走蜀、汉中。告越、楚王、淮南三王[7]，与寡人西面；齐诸王与赵王定河间、河内，或入临晋关，或与寡人会雒阳；[8]燕王、赵王固与胡王有约，燕王北定代、云中，抟胡众入萧关，走长安，匡正天子，以安高庙。[9]愿王勉之。楚元王子、淮南三王或不沐洗[10]十余年，怨入骨髓，欲一有所出之久矣，寡人未得诸王之意，未敢听。今诸王苟能存亡继绝，

教。我国虽然狭小，土地纵横三千里；人口虽然少，精锐的士兵有五十万。我与南越交好有三十多年，他们的君主都不推辞，愿意派兵来跟随我出战，这样又可以得到三十多万人。我虽然没有才能，希望亲自跟随各位侯王。南越正和长沙接界，他们可凭借长沙王的儿子平定长沙以北，然后向西进攻蜀、汉中。派人告诉东越王、楚王、淮南王三位，和我一同向西；齐地的各王和赵王平定河间、河内后，有的进入临晋关，有的和我在雒阳会合；燕王、赵王本来和匈奴有盟约，燕王向北平定代郡、云中郡，统率匈奴人进入萧关，直取长安，纠正天子的错误，来安定高祖庙。希望各位侯王努力。楚元王的儿子、淮南的三位国王有的已十多年无心洗浴了，怨恨深入骨髓，想要有所行动已很久了，我当时未能得到诸位的同意，没敢答应同他们起兵。如今诸位如果能保存并延续将要灭亡的国家，扶弱锄强，来安定刘氏宗室，这是国家的希望。我国虽然贫穷，但我节省衣食，积蓄金钱，修理兵器、甲胄，囤积粮食，夜以继日地工作，已经三十多年了。为了

振弱伐暴，以安刘氏，社稷之所愿也。敝国虽贫，寡人节衣食之用，积金钱，修兵革，聚谷食，夜以继日，三十余年矣。凡为此，愿诸王勉用之。能斩捕大将者，赐金五千斤，封万户[11]；列将[12]，三千斤，封五千户；裨将[13]，二千斤，封二千户；二千石，千斤，封千户；千石，五百斤，封五百户：皆为列侯。[14]其以军若城邑降者，卒万人，邑万户，如得大将；人户五千，如得列将；人户三千，如得裨将；人户千，如得二千石；其小吏皆以差次受爵金。佗封赐皆倍军法。[15]其有故爵邑者，更益勿因[16]。愿诸王明以令士大夫，弗敢欺也。寡人金钱在天下者往往而有，非必取于吴，诸王日夜用之弗能尽。有当赐者告寡人，寡人且往遗[17]之。敬以闻。"

这个目的，希望诸位努力利用这些条件。能够斩杀、俘获大将军的，赐给黄金五千斤，封邑一万户；斩杀、俘获将军的，赐给黄金三千斤，封邑五千户；斩杀、俘获副将的，赐给黄金二千斤，封邑二千户；斩杀、俘获二千石官员的，赐给黄金一千斤，封邑一千户；斩杀、俘获一千石官员的，赐给黄金五百斤，封邑五百户：都可以被封为列侯。那些带着军队或城邑来投降的，士兵有一万人，城邑有一万户人口，如同获得大将；士兵、城邑人数达到五千，如同获得将军；士兵、城邑人数达到三千，如同获得副将；士兵、城邑人数达到一千，如同获得二千石的官员；那些投降的小官吏都依据职位不同授予封爵赏金。其他的封赏都比汉朝的军法规定多一倍。那些原来有封爵城邑的人，增加爵位绝不因袭。希望诸位将这些话明白地告诉下属，我不敢欺骗他们。我的金钱在天下到处都有，他们不必到吴国来取，各位侯王日夜使用也不能用光。有应该赏赐的就告诉我，我就马上去送给他。我怀着敬意把这些告诉诸位。"

注释 1 正月甲子:汉景帝前元三年(154)正月甲申朔,无甲子日。据《孝景本纪》作"正月乙巳",即正月二十二日。 2 淮南王:刘安。 衡山王:刘勃。 庐江王:刘赐。 长沙王子:《史记集解》引如淳曰:"吴芮后四世无子,国除。庶子二人为列侯,不得嗣王,志将不满,故诱与之反也。" 3 僇(lù)辱:侮辱。 奸宄(guǐ):犯法作乱的人。 诖(guà):欺骗。 4 志失:神志失常。 5 辞:拒绝。 6 直:相接。 7 淮南三王:淮南厉王刘长去世以后,文帝把淮南国一分为三,即淮南、衡山、庐江。 8 河内:汉郡名,治所怀县,在今河南武陟县西南。 临晋关:关口名,一名蒲津关,在今陕西大荔县东,黄河西岸。 9 抟(zhuān):同"专",谓专统领胡兵也。 萧关:古关名,一名陇山关,在今宁夏固原市东南。 匡正:纠正。 高庙:宗庙。 10 不沐洗:据颜师古注,言心有所怀,志不在洗沐也。 11 万户:食邑万户。 12 列将:一般的将军。 13 裨将:副将、低级官吏。 14 千石:俸禄为一千石的官吏,一般指品级较高的官吏。 千斤、五百斤:在此泛指一般或低级官吏。 15 佗(tuō):别的,其他的。 倍军法:《史记集解》引服虔曰:"封赐倍汉之常法。" 16 更益勿因:改变并增加其爵邑,不仅仅是因袭。 17 遗(wèi):赠送。

七国反书闻天子,天子乃遣太尉条侯周亚夫将三十六将军,往击吴楚;[1]遣曲周侯郦寄[2]击赵;将军栾布[3]击齐;大将军窦婴[4]屯荥阳,监齐、赵兵。

七国反叛的文书传到景帝那里,景帝就派太尉条侯周亚夫统领三十六位将军,前去攻打吴、楚;派曲周侯郦寄攻打赵;将军栾布攻打齐;大将军窦婴驻扎在荥阳,监视齐、赵的军队。

注释 1 周亚夫:绛侯周勃之子,被封为条侯,官中尉(负责京城治安,兼领左右京辅兵卒,戍卫京城)。见《绛侯周勃世家》。 吴楚:即以吴王刘濞、楚王刘戊为首的七国叛兵。 2 郦寄：曲周侯郦商之子，父亡后袭封为侯。 3 栾布：将领名，曾任都尉、燕相、将军等，被封为俞侯。详见《季布栾布列传》。 4 窦婴：曾为大将军、丞相，被封为魏其侯，后因罪被杀。详见《魏其武安侯列传》。

吴、楚反书闻，兵未发，窦婴未行，言故吴相袁盎。[1]盎时家居，诏召入见。上方与晁错调兵笇[2]军食，上问袁盎曰："君尝为吴相，知吴臣田禄伯[3]为人乎？今吴、楚反，于公何如？"对曰："不足忧也，今破矣。"上曰："吴王即山铸钱，煮海水为盐，诱天下豪桀，白头举事。[4]若此，其计不百全，岂发乎？何以言其无能为也？"袁盎对曰："吴有铜盐利则有之，安得豪桀而诱之！诚令吴得豪桀，亦且辅王为义，不反矣。吴所诱皆无赖子弟、亡命、铸钱奸人，故相率以反。"晁错曰："袁盎策之善。"上问曰："计安出？"盎对曰："愿屏

吴、楚反叛的文书已经传到朝廷，军队还没行动，窦婴也没有出发，他向皇上推荐原吴国的丞相袁盎。袁盎当时在家闲居，皇上征召他入宫进见。皇上正和晁错筹划调拨军队、计算军粮，皇上问袁盎说："你曾经任吴国丞相，了解吴国大臣田禄伯的为人吗？如今吴、楚反叛，您认为该怎么办？"袁盎回答说："用不着担忧，很快就能打败他们了。"皇上说："吴王依靠铜矿来铸造钱币，煮海水来制盐，诱引天下的豪杰之士，他白发苍苍起来反叛。像这样，他的计谋若不是万无一失，难道会发动么？为何说他不会有什么作为呢？"袁盎回答说："吴国确实有铜、盐之利，但哪里能把真正的豪杰诱引去呢！就算吴王真的得到豪杰，他们也会辅佐吴王行正义，不会造反了。吴王所诱引的都是无赖子弟和逃亡、铸钱的坏人，所以他们相继造反。"晁

左右。”上屏人，独错在。盎曰：“臣所言，人臣不得知也。”乃屏错。错趋避东厢，恨甚。[5]上卒问盎，盎对曰：“吴楚相遗书，曰‘高帝王子弟各有分地，今贼臣鼂错擅適过[6]诸侯，削夺之地’。故以反为名，西[7]共诛鼂错，复故地而罢。方今计独斩鼂错，发使赦吴楚七国，复其故削地，则兵可无血刃而俱罢。”于是上嘿[8]然良久，曰：“顾诚何如，吾不爱一人以谢天下。[9]”盎曰：“臣愚，计无出此，愿上孰计[10]之。”乃拜盎为太常，吴王弟子德侯为宗正。[11]盎装治行。[12]后十余日，上使中尉召错，绐载行东市。[13]错衣朝衣斩东市。则遣袁盎奉宗庙，宗正辅亲戚，使告吴如盎策。至吴，吴楚兵

错说：“袁盎分析得很对。”皇上问道：“怎么应对呢？”袁盎回答说：“请屏退左右的人。”皇上屏退了左右的人，只有鼂错还在。袁盎说：“我所说的，作为人臣不能知道。”于是皇上屏退鼂错。鼂错快步退避东厢，十分怨恨。皇上最后问袁盎，袁盎回答说：“吴、楚互相送书信，说‘高帝封刘姓子弟为王，并且各有分封的土地，如今奸臣鼂错擅自惩罚诸侯，削夺诸侯的封地’。所以他们以反叛为名，想向西进兵诛杀鼂错，恢复原来的封地就罢兵。如今只有斩杀鼂错，派使者赦免吴、楚七国的罪过，恢复他们以前被削的封地，那么不用交战他们就全部罢兵。”皇上因此沉默了很久，说：“反省一下的确不如这样，我不会舍不得杀一个人来向天下表示歉意的。”袁盎说：“我愚蠢，想不出比这更好的计策，希望您好好考虑。”于是景帝任命袁盎为太常，吴王弟弟的儿子德侯为宗正。袁盎秘密准备行装。十多天后，皇上派中尉去召鼂错，骗他乘车巡行东市。鼂错身穿上朝的衣服被斩杀在东市。然后派袁盎以侍奉宗庙的身份，宗正以辅助亲戚的名义，依照袁盎的计策出使告知吴王。

已攻梁壁矣。[14]宗正以亲故，先入见，谕吴王使拜受诏。吴王闻袁盎来，亦知其欲说己，笑而应曰："我已为东帝，尚何谁拜？"不肯见盎而留之军中，欲劫使将。盎不肯，使人围守，且杀之，盎得夜出，步亡去，走梁军，遂归报。

到了吴国，吴、楚的军队已进攻梁国营垒了。宗正因为亲戚的关系，先进去见吴王，告诉吴王皇上的意思，让他下拜接受诏书。吴王听说袁盎到来，也知道他要劝说自己，笑着回答说："我已经做了东帝，还向谁下拜呢？"不肯接见袁盎，而把他扣留在军中，想胁迫他做将军。袁盎不愿意，吴王就派人包围监守着他，将要杀他，袁盎则趁夜逃出，步行逃走，跑入梁国部队，得以回朝廷报告。

注释　1 言：推荐。　袁盎：曾任中郎将、齐相、吴相，后被梁孝王刺杀。详见《袁盎晁错列传》。　2 筭：同"算"，计算。　3 田禄伯：人名，曾为吴臣，生平不详。　4 豪桀：即豪杰。桀，通"杰"。　白头：年老，刘濞反时年已六十二岁。　5 趋避：快步退避。　恨：怨恨。　6 適过：贬罚指责。適，通"谪"。　7 西：向西进军。　8 嘿：同"默"。　9 顾诚何如：反省一下的确不如这样。顾，反省。诚，的确。何如，胜过，不如。　爱：怜惜。　谢：道歉。　10 孰计：周密考虑。孰，同"熟"。　11 太常：官名，掌宗庙礼仪，九卿之首。　德侯：封爵名。《史记集解》引徐广曰："名通，其父名广。"德侯为吴王濞弟之子。　宗正：官名，掌皇族事务，九卿之一。　12 装：装饰，秘密。　治行：准备行装。　13 绐：欺骗。　东市：京城东市场。　14 梁：汉封国，都睢阳，在今河南商丘市南。　壁：营垒。

条侯将乘六乘传，会兵荥阳。[1]至雒阳，见剧

条侯率领军队，乘坐着六匹马拉的驿车，在荥阳会师。到了雒阳，见

孟[2],喜曰:“七国反,吾乘传至此,不自意全[3]。又以为诸侯已得剧孟,剧孟今无动。吾据荥阳,以东无足忧者。”至淮阳[4],问父绛侯故客邓都尉曰:“策安出?”客曰:“吴兵锐甚,难与争锋[5]。楚兵轻,不能久。方今为将军计,莫若引兵东北壁昌邑,以梁委吴,吴必尽锐攻之。[6]将军深沟高垒,使轻兵绝淮泗口,塞吴饷道。[7]彼吴梁相敝而粮食竭,乃以全强制其罢[8]极,破吴必矣。”条侯曰:“善。”从其策,遂坚壁昌邑南,轻兵绝吴饷道。

到剧孟,他高兴地说:“七国反叛,我乘坐驿车到这里,自己没想到能安全到达。还以为诸侯们已经得到了剧孟,没想到剧孟如今还在这里。我据守荥阳,荥阳以东不用担忧了。”到了淮阳,他询问他父亲绛侯原来的门客邓都尉说:“该怎么办呢?”门客说:“吴国军队十分凶猛,难以和他们争胜。楚国军队轻浮,不能持久。如今替将军考虑,不如带领军队向东北在昌邑筑下营垒,把梁国让给吴国,吴国一定用全部精锐力量攻打梁国。将军深挖沟高筑垒,派轻装的军队断绝淮水泗水交汇处,堵塞吴军的粮道。那时吴、梁互相削弱而粮食耗光,就用完备的强大的军队制服疲惫已极的军队,打败吴国是必然的了。”条侯说:“好。”条侯听从了他的计策,就坚守在昌邑南面,派轻装的军队断绝吴军粮道。

注释 1 将:率领军队。 六乘传:六匹马拉的驿车。 2 剧孟:雒阳人,喜拯人急难,为人所称道。见《游侠列传》。 3 不自意:自己没有料到。 全:安全到达。 4 淮阳:汉县名,在今河南淮阳县。 5 争锋:争胜。 6 壁:修筑营垒。 昌邑:汉县名,在今山东巨野县南。 委:抛,丢弃。 7 淮泗口:淮河、泗水的交汇处。 饷道:粮道。 8 罢:通“疲”。

吴王之初发也，吴臣田禄伯为大将军。田禄伯曰："兵屯聚而西，无佗[1]奇道，难以就功。臣愿得五万人，别循江淮而上，收淮南、长沙，入武关，与大王会，此亦一奇也。[2]"吴王太子谏曰："王以反为名，此兵难以借[3]人，借人亦且反王，柰何？且擅兵而别，多佗利害，未可知也[4]，徒自损耳。"吴王即不许田禄伯。

吴王刚发兵的时候，吴国臣子田禄伯任大将军。田禄伯说："军队聚集而向西，没有别的奇胜之道，难以取得成功。我愿意带领五万人，另外沿着长江、淮水而上湖，收集淮南、长沙军队，进入武关，和大王会合，这应是一条出人意料的计策。"吴王太子规劝说："父王以造反为名义，这种军队不要授予别人，授予别人，别人要反叛父王，怎么办？而且让他领着人马单独行动，会有很多别的问题，胜败不得而知，白白分散了自己的力量。"吴王就没答应田禄伯。

注释 1 佗(tuō)：别的，其他的。 2 长沙：异姓诸侯王国，都临湘，在今湖南长沙市。 武关：关名，关中地区之南关，在今陕西丹凤县东南，陕、鄂、豫交界处。 3 借：给予、授予。 4 未可知也：《史记集解》引苏林曰："禄伯傥将兵降汉，自为己利，于吴为生患也。"

吴少将[1]桓将军说王曰："吴多步兵，步兵利险；汉多车骑，车骑利平地。愿大王所过城邑不下，直弃去，疾西据雒阳武库，食敖仓粟，阻山河之险以令诸侯，虽毋

吴国一位青年将军桓将军劝谏吴王说："吴国有很多步兵，步兵适宜于险恶地形作战；汉军有很多战车骑兵，战车骑兵适宜于平地作战。希望大王在行军中不要去攻占所经过的城邑，直接放弃离开，迅速向西占据雒阳的兵器库，夺取敖仓的粮食，依靠山河的险要来号令诸侯，即使不进入关内，天

入关，天下固已定矣。即[2]大王徐行，留下城邑，汉军车骑至，驰入梁楚之郊，事败矣。”吴王问诸老将，老将曰：“此少年推锋[3]之计可耳，安知大虑乎！”于是王不用桓将军计。

下其实已经平定了。假如大王行进迟缓，滞留攻克城邑，汉军的战车骑兵到来，冲进梁国、楚国的郊野，事情就失败了。”吴王询问老将军们，老将军说：“这年轻人争先冲杀的计策还可以，他哪里知道深思远虑呢！”于是吴王没有采用桓将军的计策。

注释 1 少将：年轻的将军。 2 即：如果。 3 推锋：争先。

吴王专并将其兵，未度淮，诸宾客皆得为将、校尉、候[1]、司马，独周丘不得用。周丘者，下邳人，亡命吴，酤酒无行，吴王濞薄之，弗任。[2]周丘上谒，说王曰：“臣以无能，不得待罪行间[3]。臣非敢求有所将，愿得王一汉节[4]，必有以报王。”王乃予之。周丘得节，夜驰入下邳。下邳时闻吴反，皆城守。至传舍[5]，召令。令入户，使从者以罪斩令。遂召昆弟所善豪吏告曰：“吴反

吴王把所有的军队都集中在一起由自己统领，还没渡过淮水，那些宾客都得以任将军、校尉、候、司马等职务，只有周丘没有被任用。周丘是下邳人，逃亡到吴国，酗酒，品行不好，吴王刘濞看不起他，不任用他。周丘拜见吴王，劝吴王说：“我因为没有才能，没能在部队中任职。我不敢要求率领军队，希望大王给我一个汉朝的符节，我一定会报效大王。”吴王就给了他符节。周丘得到符节，连夜驱车进入下邳。下邳当时听说吴王造反，都坚守城池。周丘到了客舍，召来县令。县令走进门口，周丘就让随从假借罪名斩杀了县令。便召集他的兄弟们交好的

兵且至,至,屠下邳不过食顷。[6]今先下[7],家室必完,能者封侯矣。”出乃相告,下邳皆下。周丘一夜得三万人,使人报吴王,遂将其兵北略城邑。比至城阳,兵十余万,破城阳[8]中尉军。闻吴王败走,自度无与共成功,即引兵归下邳。未至,疽[9]发背死。

富豪官吏告诉他们说:“吴国反叛的军队快要来到,他们来了,屠杀尽下邳人不过吃一顿饭的工夫。如今先投降,家室一定能保全,有才能的人还可以封为侯。”这些人出去就互相转告,下邳人都投降了。周丘一个晚上得到三万人,派人报告吴王,于是率领他的军队向北攻取城邑。等到了城阳,军队已有十多万,打败了城阳中尉的军队。他听说吴王战败逃跑,自己估计没有一起成就功业的人了,就带领军队回下邳。还没到达,他就因后背生毒疮而死了。

注释 1 候:即军曲候。汉军部以下的编制单位称曲,曲设军候一人。2 下邳(pī):县名,在今江苏邳州市东南。 酤酒:本指买卖酒,此为酗酒。 无行:品行不好。 薄:看不起。 3 待罪行间:在军中任职。待罪,古代做官任职的谦称。行间,行伍中。 4 节:符节,作为凭证之信物。5 传舍:驿舍。 6 且:将。 食顷:一顿饭的工夫。 7 下:投降。8 城阳:汉县名,在今山东菏泽市东北。 9 疽:毒疮。

二月中,吴王兵既破,败走,于是天子制诏将军曰:“盖闻为善者,天报之以福;为非者,天报之以殃。高皇帝亲表功德,建立诸侯,幽王[1]、悼惠王绝

二月中旬,吴王的军队已经被打败,他失败逃走,于是天子颁下制书诏令将军们说:“听说做好事的人,上天会用福事来酬报他;做坏事的人,上天会用灾祸来报应他。高皇帝亲自表彰功德,封立诸侯,幽王、悼惠王的封爵因为没有后嗣而

无后，孝文皇帝哀怜加惠，王幽王子遂、悼惠王子卬等，令奉其先王宗庙，为汉藩国，德配天地，明并日月。吴王濞倍德反义，诱受天下亡命罪人，乱天下币，称病不朝二十余年，有司数请濞罪，孝文皇帝宽之，欲其改行为善。[2]今乃与楚王戊、赵王遂、胶西王卬、济南王辟光、菑川王贤、胶东王雄渠约从反，为逆无道，起兵以危宗庙，贼杀大臣及汉使者，迫劫万民，夭杀无罪，烧残民家，掘其丘冢，甚为暴虐。[3]今卬等又重逆无道，烧宗庙，卤御物，朕甚痛之。[4]朕素服避正殿，将军其劝士大夫击反虏。[5]击反虏者，深入多杀为功，斩首捕虏比三百石以上者皆杀之，无有所置[6]。敢有议诏及不如诏者，皆要斩。[7]”

断绝，孝文皇帝怜惜，给予恩惠，封立幽王的儿子刘遂、悼惠王的儿子刘卬等人为王，让他们奉祀他们先王的宗庙，作为朝廷的藩国，这种恩德和天地相配，圣明和日月并列。吴王刘濞背叛恩德违背道义，罗致天下逃亡的罪人，扰乱天下的币制，推托有病不来朝见有二十多年了，主管官员多次请求对刘濞治罪，孝文皇帝宽释了他，想让他自己改过自新。如今他却和楚王刘戊、赵王刘遂、胶西王刘卬、济南王刘辟光、菑川王刘贤、胶东王刘雄渠约定联合造反，做下罪大恶极的事，发兵来危害王室，残杀大臣和朝廷使者，逼迫、挟持百姓，摧残、杀害无辜的人，烧毁百姓房屋，挖掘他们的坟墓，十分暴虐。如今刘卬等人更加大逆不道，烧毁宗庙，掠夺祖庙的器物，我十分痛恨他们。我穿着白色衣服避开正殿，将军们要勉励士大夫们攻打反叛的敌人。攻打反叛敌人的，深入敌阵杀伤多人才有功劳，捉到了比三百石级别以上的反贼都斩首杀掉，不要释放。胆敢有议论诏书和不依诏书的，都腰斩处死。”

注释 1 幽王:即刘友,刘邦第六子。初封淮阳王,后改封赵王,死后谥为"幽王"。 2 倍:通"背"。 币:《史记集解》引如淳曰:"币,钱也。以私钱淆乱天下钱也。" 有司:有关官吏。 数(shuò):多次。 3 约从:即约纵,约定联合。从,通"纵"。 夭杀:摧残杀害。 丘冢:坟墓。 4 卤:通"掳",抢掠。 御物:包括在郡县的宗庙服器。 5 素服避正殿:身着白衣避开正殿。皇帝在非常时期以此表示戒惧不忘。 反虏:反叛之敌。 6 置:释免。 7 议诏:评议诏令。 如诏:按照诏命办事。 要:腰的本字。

初,吴王之度淮,与楚王遂西败棘壁[1],乘胜前,锐甚。梁孝王恐,遣六将军击吴,又败梁两将,士卒皆还走梁。梁数使使报条侯求救,条侯不许。又使使恶条侯于上,上使人告条侯救梁,复守便宜不行。[2]梁使韩安国及楚死事相弟张羽为将军,乃得颇败吴兵。[3]吴兵欲西,梁城守坚,不敢西,即走条侯军,会下邑[4]。欲战,条侯壁,不肯战。吴粮绝,卒饥,数挑战,遂夜奔条侯壁,惊东南。条侯使备

起初,吴王渡过淮水,和楚王就向西攻败棘壁,乘胜前进,锋芒甚劲。梁孝王害怕,派六位将军攻打吴军,吴军又打败了梁国的两位将军,士兵都逃回梁国。梁王多次派使者向条侯报告,请求救援,条侯不答应。又派使者到皇上面前攻击条侯,皇上派人告诉条侯让他救援梁国,条侯又坚守便宜行事的策略不去增援。梁王派韩安国和为国事牺牲的楚国丞相的弟弟张羽做将军,才得以在与吴楚作战中取得一些胜利。吴军想要向西,梁国坚守城池,使吴军不敢西进,就跑到条侯军队驻地,和条侯军队在下邑相遇。吴军想要交战,条侯坚守营垒,不肯出战。吴军粮食断绝,士兵饥饿,屡次挑战,趁夜晚奔袭条侯军营,骚扰东南阵

西北，果从西北入。吴大败，士卒多饥死，乃畔[5]散。于是吴王乃与其麾下壮士数千人夜亡去，度江走丹徒，保东越。[6]东越兵可万余人，乃使人收聚亡卒。汉使人以利啖东越，东越即绐吴王，吴王出劳军，即使人鏦杀吴王，盛其头，驰传以闻。[7]吴王子子华、子驹亡走闽越。吴王之弃其军亡也，军遂溃，往往稍降太尉、梁军。[8]楚王戊军败，自杀。

角。条侯派人防备西北方，果然吴军从西北方侵入。吴军大败，士兵大多饿死，余下的都叛逃溃散了。于是吴王就和他部下壮士几千人连夜逃走，渡过长江跑到丹徒，去投靠东越。东越军队大约有一万多人，就派人收集吴国的逃兵。汉朝派人用金钱收买东越，东越就骗吴王，趁吴王出去慰劳军队时，派人用矛戟刺杀吴王，装着他的头，乘驿车向皇上报知。吴王的儿子刘子华、刘子驹逃跑到闽越。吴王丢下他的部队逃走了，吴军随即溃散，各处相继投降了太尉、梁王的军队。楚王刘戊战败，自杀了。

注释　1 棘壁：邑名，在今河南永城市西北。　2 恶：说坏话。　便宜：因利乘便，见机行事。　3 韩安国：大臣名，初事梁孝王，曾率大军在马邑伏击匈奴。详见《韩长孺列传》。　死事：为国事而死。　张羽：《史记集解》徐广曰："楚相张尚谏王而死。"《史记正义》："羽，尚弟也。"　4 下邑：汉县名，在今安徽砀山县。　5 畔：通"叛"。　6 麾下：部下。　度：通"渡"。　丹徒：汉县名，在今江苏镇江市丹徒区。　7 啖(dàn)：利诱。　鏦(cōng)杀：用矛戟冲刺杀死。鏦，用矛戟冲刺。　驰传：驾驭驿车疾驰。　8 往往：处处。　稍：陆续。

三王[1]之围齐临菑也，三月不能下。汉兵至，胶西、胶东、菑川王各引兵归。胶西王乃袒跣，席稿，饮水，谢太后。[2]王太子德曰："汉兵远，臣观之已罢，可袭，愿收大王余兵击之，击之不胜，乃逃入海，未晚也。"王曰："吾士卒皆已坏，不可发用。"弗听。汉将弓高侯颓当[3]遗王书曰："奉诏诛不义，降者赦其罪，复故[4]；不降者灭之。王何处，须以从事。[5]"王肉袒叩头汉军壁，谒曰："臣卬奉法不谨，惊骇百姓，乃苦将军远道至于穷国，敢请菹醢[6]之罪。"弓高侯执金鼓[7]见之，曰："王苦军事，愿闻王发兵状。"王顿首膝行[8]对曰："今者，晁错天子用事臣，变更高皇帝法令，侵夺诸侯地。卬等以为不义，恐其

三个国王围攻齐国的临菑，三个月都没能攻下。汉军来到，胶西王、胶东王、菑川王都率军回去。胶西王于是光着膀子赤着脚，坐在草席上，只喝水不进食，向太后请罪。王太子刘德说："汉军远道而来，我看他们已经疲惫，可以袭击，希望收集大王的剩余军队攻打他们，如果打不赢，我们就逃到海上去，也不算晚呀。"胶西王说："我的士兵都已经败散，不可能再征调了。"不听他的话。汉朝的将军弓高侯颓当送给胶西王的信说："奉诏书来诛杀不义的人，投降的人就赦免他们的罪过，恢复原有的官爵；不投降的人就消灭他们。大王要如何处置，我等待答复以便采取行动。"胶西王到汉军营垒光着膀子叩头，请求说："我刘卬奉行法律不谨慎，惊扰了百姓，才使将军大老远地来到这穷国，请您把我剁成肉酱。"弓高侯手持金鼓来接见他，说："大王被战事所苦，我想听大王发兵的原因。"胶西王叩头跪着前行回答说："当时，晁错是天子当权的大臣，改变高皇帝的法令，侵夺诸侯的封地。我们认为这不合正义，害怕他败坏、扰乱天下，所以我们

败乱天下，七国发兵，且以诛错。今闻错已诛，卬等谨以罢兵归[9]。”将军曰：“王苟以错不善，何不以闻[10]？乃未有诏虎符，擅发兵击义国。[11]以此观之，意非欲诛错也。”乃出诏书为王读之。读之讫，曰：“王其自图。”王曰：“如卬等死有余罪。”遂自杀。太后、太子皆死。胶东、菑川、济南王皆死，国除，纳于汉。郦将军围赵，十月[12]而下之，赵王自杀。济北王以劫故，得不诛，徙王菑川。

七国发兵，想要诛杀晁错。如今听说晁错已被诛杀，我们愿意罢兵回去。”将军说：“大王如果认为晁错不好，为什么不报告皇上？你在没有诏书、虎符的情况下，擅自派兵攻打合乎道义的国家。由此看来，你们的意图不是想诛杀晁错。”于是拿出诏书给胶西王宣读。读完了，说：“大王自己考虑吧。”胶西王说：“像我们是死有余辜。”于是自杀。太后、王太子都死了。胶东王、菑川王、济南王也都死了，封国被削除，封地被收回朝廷。郦将军围攻赵国都城，经过十个月才攻克，赵王自杀。济北王因为被劫持而未能发兵造反，获得赦免，被改封为菑川王。

初，吴王首反，并将楚兵，连齐、赵。正月起兵，三月皆破，独赵后下。复置元王少子平陆侯礼为楚王，续元王后。徙汝南王非王吴故地，为江都王。

当初，吴王带头反叛，纠集率领楚军，联合齐、赵。正月间起兵，到三月份都被打败，只有赵国最后被攻破。景帝又立楚元王的小儿子平陆侯刘礼为楚王，以延续楚元王的世系。改封汝南王刘非统辖吳国的旧地，改称为江都王。

注释　1 三王：《史记志疑》：“齐围之解，汉击破之，非自引兵归也。围齐是四国，此缺济南。”　2 袒跣（xiǎn）：裸露上身光着脚。　席稿：坐在草席上。稿,用禾秆编的席子。 太后:指胶西王刘卬之母。 3 颓当:西汉将领,姓韩,韩王信之子,被封为弓高侯。 4 复故:恢复原有的。 5 须:等待。 从事:采取行动。 6 菹醢(zū hǎi):把人剁成肉酱。菹,肉酱。醢,肉酱。 7 金鼓:一种壮军威的古代乐器。 8 膝行:跪着行走,表示畏服。 9 罢兵归:撤兵而归。 10 闻:指上奏皇帝。 11 虎符:皇帝所给的信物,表示可掌兵权及调发军队。 义国:指齐国。 12 十月:《楚元王世家》作“七月”:“遂既王赵二十六年……吴楚反,赵王遂与合谋起兵……汉使曲周侯郦寄击之。赵王遂还,城守邯郸,相距七月。”《史记志疑》以为乃“三月”之误。

太史公曰:吴王之王,由父省[1]也。能薄赋敛,使其众,以擅[2]山海利。逆乱之萌,自其子兴。争技[3]发难,卒亡其本;亲越谋宗,竟以夷陨[4]。晁错为国远虑,祸反近身。袁盎权说[5],初宠后辱。故古者诸侯地不过百里,山海不以封。“毋亲夷狄,以疏其属”[6],盖谓吴邪?“毋为权首,反受其咎”[7],岂盎、错邪?

太史公说:“吴王之所以能被封为王,是因为他父亲被贬而夺去王爵的缘故。吴王能够减轻赋税,得到人民的拥戴,而且还独有铜矿海盐的有利条件。叛乱的源头,是从他儿子被打死开始的。由一盘棋的争执导致起兵反叛,最终国亡身死;亲近越人来图谋宗室,最后自己灭亡。晁错为国家长远考虑,灾祸反而降临自身。袁盎善于权变、游说,起初受宠,最后受辱。所以古代诸侯的封地不超过方圆百里,高山大海不用来分封。“不要亲近外族,来疏远自己的宗亲”,大概是说吴王吧?“不要带头出谋划策,弄不好自己反而会受到惩罚”,难道是说袁盎、晁错吗?

注释 1 省:降,减。吴王之父仲从代王贬封郃阳侯。 2 擅:专断,独有。 3 争技:争弈棋之技。 4 夷陨:毁灭。 5 权说:随机应变的权宜之说。 6 毋亲夷狄,以疏其属:此二句引自《逸周书》。夷狄,泛指周边部族。 7 毋为权首,反受其咎:此二句亦出自《逸周书》。权首,权谋之首。咎,灾祸。

史记卷一百七

魏其武安侯列传第四十七

原文

魏其侯窦婴者，孝文后从兄子也。[1]父世观津人。[2]喜宾客。孝文时，婴为吴相，病免。孝景初即位，为詹事[3]。

梁孝王者，孝景弟也，其母窦太后[4]爱之。梁孝王朝，因昆弟燕饮[5]。是时上未立太子，酒酣，从容[6]言曰："千秋之后传梁王。"太后欢。窦婴引卮酒[7]进上，曰："天下者，高祖天下，父子相传，此汉之约也，上何以得擅传梁王！"太后由此憎窦婴。窦婴亦

译文

魏其侯窦婴，是孝文帝窦皇后堂兄的儿子。他的父辈世世代代都是观津人。窦婴喜欢结交宾客。孝文帝时，窦婴做吴王的国相，因为有病被免职。孝景帝刚登位时，窦婴任詹事。

梁孝王是孝景帝的弟弟，他母亲窦太后喜欢他。梁孝王入京朝见，以亲兄弟的身份一起宴饮。这时皇上还没有立太子，喝酒喝得正高兴，悠闲地说："我去世后把皇位传给梁王。"太后很高兴。窦婴拿起一杯酒献给皇上，说："天下，是高祖的天下，父子相传，这是汉朝的规定，皇上怎么能擅自传位给梁王呢！"太后从此憎恨窦婴。窦婴也轻视其官位，就托病辞职。太后开除了窦婴

薄[8]其官,因病免。太后除窦婴门籍[9],不得入朝请。

出入宫门的牒籍,不让他进宫朝见皇帝。

注释 1 孝文后:指窦太后。 从兄:同祖伯叔之子年长于己者。即堂兄。 2 世:世代。 观津:县名,在今河北武邑县东。 3 詹事:官名,掌皇后、太子家事,秩二千石。 4 窦太后:名窦猗房,生长公主刘嫖、汉景帝、梁孝王。 5 燕饮:宴饮,家宴。 6 从容:悠闲舒缓,不慌不忙。 7 卮(zhī)酒:杯酒。卮,古代盛酒的器皿。 8 薄:轻视。 9 门籍:进出宫门的牒籍。

孝景三年,吴楚反,上察宗室诸窦毋如窦婴贤,乃召婴。[1]婴入见,固辞谢病不足任。太后亦惭。于是上曰:"天下方有急,王孙[2]宁可以让邪?"乃拜婴为大将军,赐金千斤。婴乃言袁盎、栾布诸名将贤士在家者进之。所赐金,陈之廊庑下,军吏过,辄令财取为用,金无入家者。[3]窦婴守荥阳[4],监齐、赵兵。七国兵已尽破,封婴为魏其侯。诸游士宾客争归魏其侯。孝景时每朝议大事,

孝景帝三年,吴、楚等七国反叛,皇上观察宗室和外家窦氏子弟中没有比窦婴贤能的,就召见窦婴。窦婴进宫拜见,坚决推辞,托称有病无法胜任。太后也感到惭愧。于是皇上说:"天下正有急难,你难道可以推脱吗?"就任命窦婴做大将军,赐给他黄金一千斤。窦婴于是把袁盎、栾布等闲居在家的名将贤士推荐给景帝。把赏赐的黄金,摆放在堂前的廊屋下,小军官经过,就让他们酌量拿去用,他自己不拿一点黄金回家。窦婴驻守在荥阳,监督讨伐齐、赵的军队。七国军队全部被打败后,景帝封窦婴做魏其侯。许多游士、食客都争着投奔魏其侯。孝景帝时每逢朝廷上议论大事,众

条侯、魏其侯，诸列侯莫敢与亢礼。[5]

列侯没有谁敢和条侯、魏其侯分庭抗礼。

注释 1 孝景三年：即公元前154年。 诸窦：指窦姓等外戚。 2 王孙：《史记集解》引《汉书》曰："窦婴字王孙。" 3 廊庑：堂前的廊屋。 财取：即裁取，酌情取用。 4 荥阳：汉县名，在今河南荥阳市东北。 5 条侯：周亚夫。 列侯：各被封侯爵的大臣。 亢礼：即抗礼，谓以对等的礼节相待。亢，通"抗"，匹敌，相当。

孝景四年，立栗太子[1]，使魏其侯为太子傅。孝景七年，栗太子废，魏其数争不能得[2]。魏其谢病，屏居蓝田南山之下数月，诸宾客辩士说之，莫能来。[3]梁人高遂[4]乃说魏其曰："能富贵将军者，上也；能亲将军者，太后也。今将军傅太子，太子废而不能争；争不能得，又弗能死。自引谢病，拥赵女[5]，屏闲处而不朝。相提而论，是自明扬主上之过。[6]有如两宫螫将军，则妻子毋类矣。[7]"魏其侯然之，乃遂起，朝请如故。

孝景帝四年，立了栗太子，让魏其侯任太子太傅。孝景帝七年，栗太子被废，魏其侯多次力争也无济于事。魏其侯推辞有病，隐退住在蓝田南山下好几个月，许多宾客辩士去劝说他，没有人能让他回来。梁地人高遂于是劝魏其侯说："能够使将军富贵的，是皇上；能够亲信将军的，是太后。如今将军作为太子的老师，太子被废却不能力争；力争没有效果，又不能以身殉职。自己称有病引退，搂着赵地美女，隐退闲居而不肯入朝。把您做什么和不做什么相比较，您是在表明自己无过而宣扬皇上有错。假如皇上和太后都要整治将军，那您的妻子、孩子也会一个不留了。"魏其侯认为他说得对，于是就出山，

桃侯[8]免相，窦太后数言魏其侯。孝景帝曰："太后岂以为臣有爱，不相魏其？魏其者，沾沾自喜耳，多易[9]。难以为相持重[10]。"遂不用，用建陵侯卫绾为丞相。

照旧参加朝见。

桃侯被免除丞相职位后，窦太后多次向皇上提到魏其侯。孝景帝说："太后难道认为我舍不得，而不让魏其侯任丞相吗？魏其侯这个人，洋洋自得，办事轻率。他难以担当丞相之重任。"于是不任用窦婴，而任用建陵侯卫绾做丞相。

注释 1 栗太子：即汉景帝长子刘荣，栗姬所生，后废之，故书母姓。 2 不能得：没有效果，无济于事。 3 屏：隐退。 蓝田：汉县名，在今陕西蓝田县西。 4 高遂：梁地人，窦婴之宾客。 5 赵女：美女。古人以为"燕、赵多佳人"，故常用"燕姬""赵女"代指美女。 6 自明：表明自己。 扬：宣扬。 7 两宫：即东宫和西宫。东宫代指太后，西宫代指皇上。 螫(zhē，又读 shì)：毒虫刺人，以喻毒害，整治。 毋类：没有继承人，即被灭族。 8 桃侯：指景帝丞相刘舍，袭父爵为桃侯。 9 易：简慢，轻率。 10 持重：担当重任。

武安侯田蚡者，孝景后同母弟也，生长陵。[1]魏其已为大将军后，方盛，蚡为诸郎，未贵，往来侍酒魏其，跪起如子姓。[2]及孝景晚节[3]，蚡益贵幸，为太中大夫。蚡辩有口，学《槃盂》诸书，王太后贤之。[4]孝景

武安侯田蚡是孝景帝皇后同母异父的弟弟，出生在长陵。魏其侯当了大将军，正当显赫的时候，田蚡担任郎官，不显贵，常常往来于窦婴家陪从宴饮，行为举止完全像个晚辈。到孝景帝晚年，田蚡越来越显贵得宠，任太中大夫。田蚡能言善辩，学过《槃盂》等书籍，王太后认为他贤能。孝景帝逝世，当天太子

崩，即日太子立，称制[5]，所镇抚多有田蚡宾客计策。蚡、弟田胜，皆以太后弟，孝景后三年[6]封：蚡为武安侯，胜为周阳侯。

继位，王太后摄政，所采取的镇压、安抚措施有很多是由田蚡的宾客出谋策划的。田蚡和弟弟田胜，都因为是王太后的弟弟，在孝景帝后元三年分别受封：田蚡被封为武安侯，田胜被封为周阳侯。

注释　1 孝景后：即汉景帝皇后王娡。王娡，其母臧儿，其父王仲。王仲死后，臧儿改嫁田氏，生田蚡、田胜。王娡原为景帝美人，后因其子刘彻被立为太子，才被封为皇后。所以田蚡为王太后之同母异父弟。　长陵：汉县名，在今陕西咸阳市东北。　2 诸郎：泛指郎官。　跪起：跪下和起立。古代卑幼对尊长表示敬意的一种礼仪。此处代指行为举止。　子姓：子孙。　3 晚节：晚年。　4 辩有口：善辩论有口才。　《槃盂》：《史记集解》引应劭曰："黄帝史孔甲所作铭也。凡二十六篇，书槃盂中，所为法戒。诸书，诸子文书也。"引孟康曰："孔甲《槃盂》二十六篇，杂家书，兼儒、墨、名、法。"　王太后：此在孝景时，《汉书》作"王皇后"，是。　5 称制：太后代替皇帝行使权力。　6 孝景后三年：即汉景帝后元三年，公元前141年。

武安侯新欲用事为相，卑下宾客，进名士家居者贵之，欲以倾魏其诸将相。[1]建元元年[2]，丞相绾病免，上议置丞相、太尉。籍福[3]说武安侯曰："魏其贵久矣，天下士素归之。今将军初兴，未如魏

武安侯田蚡新当权就想要当丞相，对宾客谦恭有礼，向皇帝推荐闲居在家的知名人士，使他们显贵，想用这种办法来打压魏其侯等元老将相。建元元年，丞相卫绾因病被免职，皇上考虑要另外任命丞相、太尉。籍福劝田蚡说："魏其侯显贵已经很长时间了，天下士人平素都归附他。如今将军您刚兴旺，比不上魏其侯，假

其，即上以将军为丞相，必让魏其。魏其为丞相，将军必为太尉。太尉、丞相尊等耳，又有让贤名。”武安侯乃微言太后风上，于是乃以魏其侯为丞相，武安侯为太尉。[4]籍福贺魏其侯，因吊[5]曰：“君侯[6]资性喜善疾恶，方今善人誉君侯，故至丞相；然君侯且疾恶，恶人众，亦且毁君侯。君侯能兼容，则幸久；不能，今以毁去矣。[7]”魏其不听。

如皇上任命您当丞相，您一定要让给魏其侯。魏其侯任丞相，您一定会当太尉。太尉、丞相的尊贵是相等的，您还有让贤的好名声。”武安侯于是委婉地告诉王太后，让她暗示皇上，因此皇上就任命魏其侯为丞相，武安侯为太尉。籍福去向魏其侯祝贺，顺便劝谏说：“您天性喜欢好人，憎恶坏人，如今好人颂扬您，所以您当上了丞相；可是您又憎恨坏人，坏人那么多，也将会毁谤您。您能够同时容纳好人坏人，那么您的丞相就可以长期做下去；如果不能，马上会遭到人家的毁谤而丢官。”魏其侯不听从。

注释　1 用事为相：执政当相。用事，执政，当权。　卑下：谦卑地对待。　进：推荐。　名士家居者：居家之名士。　贵之：让他们显贵。　倾：倾夺，压倒。　2 建元元年：即公元前140年。　3 籍福：一说为田蚡之宾客；一说为奔走于权门之食客。　4 微言：委婉进言。　风：通“讽”，暗示。　5 吊：本义为吊唁、安慰，此有警告、劝诫之意。　6 君侯：古称列侯为君侯，秦汉以后多以列侯为丞相，故以此称丞相。后对尊贵者亦敬称之。　7 今：马上，立刻。　毁：毁谤。　去：去职，丢官。

魏其、武安俱好儒术，推毂赵绾为御史大夫，王臧为郎中令。[1]迎鲁申公，欲

魏其侯、武安侯都喜欢儒家学说，他们推荐赵绾任御史大夫，王臧任郎中令。还把鲁国的申公

设明堂，令列侯就国，除关，以礼为服制，以兴太平。[2] 举適诸窦宗室毋节行者，除其属籍。[3] 时诸外家为列侯，列侯多尚公主，皆不欲就国，以故毁日至窦太后。[4] 太后好黄老之言，而魏其、武安、赵绾、王臧等务隆推儒术，贬道家言，是以窦太后滋不说魏其等。[5] 及建元二年，御史大夫赵绾请无奏事东宫。[6] 窦太后大怒，乃罢逐赵绾、王臧等，而免丞相、太尉，以柏至侯许昌为丞相，武彊侯庄青翟为御史大夫。[7] 魏其、武安由此以侯家居。

武安侯虽不任职，以王太后故，亲幸，数言事，多效，天下吏士趋势利者，皆去魏其归武安。武安日益横。建元六年，

迎来，打算设置明堂，命令列侯们回到自己的封地去，拆除各诸侯国与朝廷领地之间的关禁，按照古礼来制定各种服饰器用制度，以表明现在是太平盛世。他们还让人检举窦氏子弟和皇家宗室中品行恶劣的人，开除他们的族籍。当时许多外家子弟都被封为列侯，列侯们很多都娶公主为妻，都不想回自己的封国，因此毁谤魏其侯等人的话每天都传到窦太后耳中。窦太后喜好黄老学说，而魏其侯、武安侯、赵绾、王臧等人竭力推崇儒家学说，贬斥道家言论，所以窦太后更加不喜欢魏其侯等人。到了建元二年，御史大夫赵绾奏请不要把政事禀奏东宫的窦太后。窦太后十分生气，就罢免并驱逐赵绾、王臧等人，而免除了丞相、太尉的职务，任命柏至侯许昌为丞相，武彊侯庄青翟为御史大夫。魏其侯、武安侯从此以侯爵的身份在家闲居。

武安侯虽然不担任官职，但因为王太后的缘故，仍旧得到亲幸，屡次向皇上进言，提议多被采纳，天下趋炎附势的官吏和士人，都离开魏其侯而归附武安侯。武安侯一天比一天骄横。建元六年，窦太后去世，丞相许昌、御史大夫庄青翟因为没有办好丧事获罪，

窦太后崩，丞相昌、御史大夫青翟坐丧事不办，免。[8]以武安侯蚡为丞相，以大司农韩安国为御史大夫。天下士郡诸侯愈益附武安。

被免官。武帝任命武安侯田蚡为丞相，任命大司农韩安国为御史大夫。天下的士人、郡县和诸侯王国的官吏都更加趋附武安侯。

注释 1 推毂(gǔ):本指推车，此为推荐人才。 赵绾:当时之名儒。 王臧:当时之名儒。以上二人皆为申培的学生。 2 鲁申公:即申培，鲁地人，当时之大儒，以治《诗经》见称。见《儒林列传》。 明堂:古代帝王宣明政教的地方。 就国:返回自己的封国。 除关:废除关禁。 以礼:按照古代(周代)的礼仪。 为服制:制订服饰器用制度。 3 举適:揭举处罚。適，通“谪”，处罚。 属籍:家族之名册。 4 外家:外戚，皇帝的母族、妻族。 尚:匹配。此处指娶公主为妻。 5 隆推:竭力推崇提倡。 滋:更加。 说:通“悦”。 6 建元二年:即公元前139年。 无奏事东宫:不向皇太后奏事。东宫，指皇太后。 7 许昌:人名，继承了其祖父许温的侯爵柏至侯。 庄青翟:人名，继承了其祖父庄不识的侯爵武强侯。 8 坐:因……获罪。 丧事不办:丧事没有办好。

武安者，貌侵，生贵甚。[1]又以为诸侯王多长，上初即位，富于春秋，蚡以肺腑为京师相，非痛折节以礼诎之，天下不肃。[2]当是时，丞相入奏事，坐语移日[3]，所言皆听。荐人或起家[4]至二千石，权

武安侯相貌丑陋，身材矮小，从生下来就很尊贵。他又认为各诸侯王大多年纪大，皇上刚刚登位，年纪很轻，自己靠皇亲国戚的关系当了朝廷的丞相，不狠狠地压制他们的威风，用礼法来使他们屈服，天下就不会恭敬。那时，丞相入朝向皇上奏事，

移主上。上乃曰:“君除吏已尽未?[5]吾亦欲除吏。”尝请考工地益宅[6],上怒曰:“君何不遂取武库[7]!”是后乃退。尝召客饮,坐其兄盖侯南乡,自坐东乡,以为汉相尊,不可以兄故私桡。[8]武安由此滋骄,治宅甲诸第[9]。田园极膏腴,而市买郡县器物相属于道。[10]前堂罗钟鼓,立曲旃;[11]后房妇女以百数。诸侯奉金玉狗马玩好,不可胜数。[12]

魏其失窦太后,益疏不用,无势,诸客稍稍自引而怠傲,唯灌将军[13]独不失故。魏其日默默[14]不得志,而独厚遇灌将军。

坐在那里谈论很长时间,他所说的话皇上都听从。他所推荐的人有的从闲居一下子被提升到二千石级官员,他的权力大过皇上。皇上于是说:“你封官封完了没有?我也想委任官吏了。”他曾经请求把考工官署的土地划给他扩建住宅,皇上生气地说:“你为什么不干脆把武器库也拿去!”从这以后他才稍稍收敛。有一次他请客人宴饮,让他的哥哥盖侯朝南坐,自己面朝东坐,认为汉朝的丞相尊贵,不可以因为他是哥哥而私下降低自己身份。武安侯从此更加骄横,修建的住宅好过一切贵族的府第。田地庄园都很肥沃,而派出到各郡县去采购器具物产的人员络绎不绝。他的前厅摆设着钟鼓,竖着曲柄旌幡;后房的美女数以百计。各地诸侯奉送的金玉、狗马和玩物,多得数不清。

魏其侯失去窦太后这个靠山后,更加被疏远而不受重用,没有权势,那些宾客渐渐离去,对他越来越轻慢,只有灌将军一人不改变原来的态度。魏其侯每天闷闷不乐,只特别礼遇灌将军。

注释 1 貌侵:相貌丑陋矮小。侵,同“寝”,丑陋。 生贵甚:生下来就十分尊贵。田蚡出生前王娡就已得宠。 2 富于春秋:年岁小,年轻。

富,多,来日方长。 肺腑:同“肺附”。比喻帝王的亲属或亲戚。 京师相:朝廷丞相。京师,此指国家、朝廷。 痛:狠狠地。 折节:压制。此指打掉其架子和威风。 诎:屈服。 肃:恭敬。 **3** 移日:日影移位,表示时间长。 **4** 起家:起于家居,指无职。 **5** 除:任命。 尽未:完了没有。未,用在句末表示疑问。 **6** 考工地:少府考工室的地盘。 益宅:扩建私宅。 **7** 武库:朝廷储存武器的仓库。 **8** 乡:通“向”。 私桡(náo):私自降低身份和尊严。桡,削弱。 **9** 甲诸第:在所有的院落中为最好的。甲,第一。第,门第,院落。 **10** 膏腴:肥沃。 市买:购买。 属(zhǔ):连接。 **11** 罗:罗列,排列。 曲旃:用整幅帛制成的曲柄旌幡,按制为帝王使用。 **12** 奉:献。 狗马:游猎之物。 玩好:赏玩嗜好的物品。 **13** 灌将军:即下文所云“灌夫”。 **14** 默默:郁闷不得意的样子。

灌将军夫者,颍阴[1]人也。夫父张孟,尝为颍阴侯婴舍人,得幸,因进之,至二千石,故蒙灌氏姓为灌孟。[2]吴楚反时,颍阴侯灌何为将军,属太尉,请灌孟为校尉。[3]夫以千人与父俱。灌孟年老,颍阴侯强请之,郁郁不得意,故战常陷坚[4],遂死吴军中。军法,父子俱从军,有死事,得与丧[5]归。灌夫不肯随丧归,奋曰:“愿取吴王若[6]

灌夫将军是颍阴人。他的父亲叫张孟,曾经做过颍阴侯灌婴的家臣,受到宠信,灌婴便推荐他,以至当上了二千石级官员,所以就冒用了灌家的姓叫灌孟。吴、楚反叛时,颍阴侯灌何任将军,隶属于太尉周亚夫,他向太尉推荐灌孟做校尉。灌夫带着一千人和他父亲一同出征。灌孟年纪太大,颍阴侯硬要请他出战,他闷闷不乐,所以作战时总是有意冲击敌人的坚固阵地,终于战死在吴军中。按照军法,父子都参军的,有一人战死,另一人得回乡操办丧事。灌夫不肯跟随灵柩回去,他悲愤激昂地说:“我一定要斩下吴

将军头，以报父之仇。”于是灌夫被[7]甲持戟，募军中壮士所善愿从者数十人。及出壁门，莫敢前。独二人及从奴十数骑驰入吴军，至吴将麾下，所杀伤数十人。不得前，复驰还，走入汉壁，皆亡其奴，独与一骑归。夫身中大创十余，适有万金良药，故得无死。[8]夫创少瘳[9]，又复请将军曰：“吾益知吴壁中曲折[10]，请复往。”将军壮义之，恐亡夫，乃言太尉，太尉乃固[11]止之。吴已破，灌夫以此名闻天下。

王或吴国将军的头颅，为我父亲报仇。”于是灌夫身披铠甲，手持战戟，召集了军中平素同他要好并愿意跟随他的勇士几十人。等到走出营门，没有人敢前进。只有两人和发配在他部下服军役的十几名奴隶骑兵冲入吴军中，冲到吴军的将旗下，杀死杀伤几十人。不能再向前，又飞马跑回，跑进汉军营中，跟随他的奴隶都死了，只和一名骑兵回来。灌夫身受重伤十几处，正好有名贵的好药，所以没有死去。灌夫的伤势稍好些，又向将军灌何请求说：“我现在更加了解吴军营地中的虚实情况，请让我再次前往。”灌何认为他勇敢有义气，害怕灌夫战死，就向太尉报告，太尉于是坚决阻止他。等到吴军被打败后，灌夫因此天下闻名了。

注释　1 颍阴：汉县名，在今河南许昌市。　2 颍阴侯婴：即灌婴，汉初将领，因功封为颍阴侯。　蒙：冒用。　3 灌何：灌婴之子。　校尉：次于将军的武官。　4 陷坚：攻打敌人最坚锐的部队或最顽固的阵地。5 与(yù)丧：操持丧事。与，参与。　6 若：或者。　7 被：通“披”。　8 创：伤。　万金良药：贵重的好药。　9 瘳(chōu)：痊愈。　10 曲折：情况虚实。11 固：坚决。

颍阴侯言之上,上以夫为中郎将。数月,坐法去[1]。后家居长安,长安中诸公莫弗称之。孝景时,至代相。孝景崩,今上初即位,以为淮阳天下交,劲兵处,故徙夫为淮阳太守。[2]建元元年,入为太仆[3]。二年,夫与长乐卫尉窦甫饮,轻重不得,夫醉,搏甫。[4]甫,窦太后昆弟也。上恐太后诛夫,徙为燕相。数岁,坐法去官,家居长安。

颍阴侯向皇上称赞灌夫的行为,皇上任命灌夫做中郎将。几个月后,他因为犯法被免职。后来他住在长安,长安城中的贵族们没有不称道他的。孝景帝时,他做到了代国国相。孝景帝去世,当今皇上刚登位,认为淮阳是天下的交会之处,必须有强大的军队驻扎,所以调灌夫任淮阳太守。建元元年,灌夫入京任太仆。建元二年,灌夫和长乐宫的卫尉窦甫一起饮酒,饮酒时争论是非,意见不一,灌夫醉了,打了窦甫。窦甫是窦太后的兄弟。皇上害怕太后要杀灌夫,就调他任燕国国相。几年后,他因为犯法被免官,在长安家中闲居。

注释 1 坐法去:因犯法而去官。 2 今上:指当今皇上汉武帝。 淮阳:汉郡名,治所陈县,在今河南淮阳县。 交:交会之处。 劲兵处:重兵驻守之地。 3 太仆:官名,掌天子车马,传达王命。 4 长乐卫尉:长乐宫禁卫部队长官。长乐,长乐宫,汉代主要宫殿之一,汉高祖时在秦兴乐宫的基础上改建而成。 窦甫:窦太后弟。 轻重不得:争论是非,意见不一。 搏:殴打。

灌夫为人刚直,使酒[1],不好面谀。贵戚诸有势在己之右,不欲加礼,必陵之;[2]诸

灌夫为人刚强直爽,因酒使性,不喜欢当面奉承人家。对那些地位比自己高的有权势的皇亲国戚,不但不格外敬重,反而

士在己之左，愈贫贱，尤益敬，与钧[3]。稠人广众，荐宠下辈。士亦以此多[4]之。

要凌辱他们；对那些地位比自己低的士人，越是贫困低贱的，就越是尊敬他们，和他们平起平坐。他在大庭广众之中，推荐夸奖年轻人。因此士人都称颂他。

夫不喜文学，好任侠，已然诺。[5]诸所与交通，无非豪桀大猾。[6]家累数千万，食客日数十百人。[7]陂池田园，宗族宾客为权利，横于颍川。[8]颍川儿乃歌之曰："颍水[9]清，灌氏宁；颍水浊，灌氏族。"

灌夫不喜好文章经学，喜欢行侠仗义，自己答应的事一定办到。他所结交往来的人，无非是豪杰大奸。家里积聚了几千万金，每天招待的食客有几十上百人。他家多池塘田地，他的宗族宾客都仰仗他的权势，在颍川一带横行霸道。颍川的儿童就唱歌说："颍水清，灌氏宁；颍水浊，灌氏族。"

注释　1 使酒：因酒使性。　2 右：汉代以右为上、为尊；以左为下、为卑。　加礼：施之以礼。　陵：凌驾，冒犯。　3 钧：通"均"，平等。　4 多：推重，称赞。　5 文学：文章经学。　任侠：打抱不平。　已然诺：兑现已经答应之事。　6 诸所：各地。　交通：交结往来之人。　无非：没有不是。　大猾：异常奸狡之人。　7 累：累积的财产。　食客：寄食于富贵之家并为之服务的门客。　8 陂(bēi)池：池塘。　颍川：汉郡名，治所阳翟，在今河南禹州市。颍阴属此郡。　9 颍水：河名，发源于今河南登封市境，流向东南汇入淮河。此河贯穿当时的颍川郡。

灌夫家居虽富，然失势，卿相侍中[1]宾客益衰。及魏其侯失势，亦欲

灌夫家里虽然富有，可是由于他在政治上失势，所以过去那些和他往来的卿相、侍中一类有身份的人越来

倚灌夫引绳批根生平慕之后弃之者。[2]灌夫亦倚魏其而通列侯宗室为名高[3]。两人相为引重，其游如父子然。[4]相得欢甚，无厌，恨相知晚也。

越少。到魏其侯失势的时候，他也想依靠灌夫去教训那些平素仰慕趋附自己后来又背弃自己的宾客。灌夫也要倚重魏其侯去交结列侯宗室来抬高自己的声望。两人互相倚仗，交往密切得像父子一样。彼此十分投机，没有一点隔阂，只恨相识得太晚了。

注释 1 侍中：西汉时为加官，加此官即可入侍禁中，侍奉皇帝。2 引绳批根：意为打击、排斥。引绳，引墨绳纠曲。批根，用斧子砍削根节。　生平：平素，一向。3 为名高：为了抬高声价。4 引重：拉引依靠。　游：交往。

灌夫有服，过丞相。[1]丞相从容曰："吾欲与仲孺[2]过魏其侯，会仲孺有服。"灌夫曰："将军乃肯幸临况魏其侯，夫安敢以服为解！[3]请语魏其侯帐具，将军旦日蚤临。[4]"武安许诺。灌夫具语魏其侯如所谓武安侯。[5]魏其与其夫人益市牛酒，夜洒扫，早帐具至旦。[6]平明[7]，令门下候伺。至日中，丞相不来。

有一次，灌夫丧服在身，去拜访丞相田蚡。丞相从容地说："我想和你去访问魏其侯，恰巧碰上你有丧服在身。"灌夫说："将军竟然肯赏脸光顾魏其侯家，我怎么敢因为有丧服而推辞呢？请让我告诉魏其侯，让他备好筵席，将军明天早点光临。"武安侯答应了。灌夫详细地转告魏其侯武安侯所说的要来拜访的事。魏其侯和夫人就买了很多酒肉，连夜将室内外打扫干净，很早就安排陈设筵席，一直忙到天亮。天刚亮，就派人到大门口去等候接待。到了中午，丞相武安侯还没来。魏

魏其谓灌夫曰："丞相岂忘之哉？"灌夫不怿[8]，曰："夫以服请，宜往。"乃驾，自往迎丞相。丞相特前戏许灌夫，殊无意往。[9]及夫至门，丞相尚卧。于是夫入见，曰："将军昨日幸许过魏其，魏其夫妻治具，自旦至今，未敢尝食。[10]"武安鄂[11]谢曰："吾昨日醉，忽[12]忘与仲孺言。"乃驾往，又徐行，灌夫愈益怒。及饮酒酣，夫起舞属丞相，丞相不起，夫从坐上语侵之。[13]魏其乃扶灌夫去，谢丞相。丞相卒饮至夜，极欢而去。

其侯对灌夫说："丞相难道忘记这事了吗？"灌夫不高兴，说："我昨天丧服在身邀请了他，他不该不来，我再去看看。"就驾了车子，自己去迎接丞相。丞相昨天只是开玩笑答应了灌夫，绝无前往的意思。等到灌夫到了丞相家门口，丞相还在睡觉。于是灌夫进去拜见，说："将军昨天赏脸答应访问魏其侯，魏其侯夫妇准备东西，从一清早到现在，还不敢吃点什么。"武安侯吃惊地道歉说："我昨天喝醉了，疏忽而忘记了和你讲的话。"于是驾车前去，在路上又慢慢地走，灌夫越发生气。在宴席上饮酒正高兴时，灌夫起身跳舞，并邀请丞相也跳，丞相不肯起身，灌夫在座位上用话语讽刺他。魏其侯于是把灌夫扶出去，向丞相道歉。丞相最后喝酒到深夜，尽兴离去。

注释 1 有服：有丧服在身，表示正在服丧期间，时灌夫为其姐服丧。 过：拜访。 2 仲孺：即灌夫，字仲孺。 3 临：光临。 况：通"贶"，恩赐，赏脸。 解：解释。此引申为推辞。 4 帐具：设置备办酒宴。 旦日：第二天一早。 5 具语：详细地告诉。 如所谓武安侯：如同武安侯田蚡所说的那样。 6 益市：隆重地加倍购买。 牛酒：牛肉和酒菜，古代用作馈赠、犒劳、祭祀的物品。 洒扫：打扫卫生。 7 平明：天刚亮。 8 怿：喜悦，高兴。 9 特：只，仅仅。 戏：开玩笑。 许：答应。 殊无：

绝无。 10 治具:置买备办。 旦:"旦日"之省文。 今:现在。
11 鄂:通"愕",惊愕。 12 忽:疏忽。 13 属:邀请。 坐:同"座",座位。 侵:讽刺,挖苦。

丞相尝使籍福请[1]魏其城南田。魏其大望[2]曰:"老仆虽弃,将军虽贵,宁可以势夺乎!"不许。灌夫闻,怒,骂籍福。籍福恶两人有郄,乃谩[3]自好谢丞相曰:"魏其老且死,易忍,且[4]待之。"已而武安闻魏其、灌夫实怒[5]不予田,亦怒曰:"魏其子尝杀人,蚡活之。蚡事魏其无所不可,何爱数顷田?且灌夫何与[6]也?吾不敢复求田[7]!"武安由此大怨灌夫、魏其。

丞相曾派籍福向魏其侯请求要城南的一块田地。魏其侯极其埋怨地说:"我老仆虽然被弃去不用,将军虽然尊贵,难道可以仗势侵夺吗?"不答应。灌夫听说了,很生气,大骂籍福。籍福不愿意窦婴和田蚡两人有隔阂,于是自编好话欺骗丞相说:"魏其侯老得快要死了,您忍耐些时候,等他死了再说。"不久武安侯听说魏其侯、灌夫其实是愤怒而不把田给他,也发怒说:"魏其侯的儿子曾经杀了人,我救了他的命。我对待魏其侯什么事都肯干,他为什么吝惜这几顷田呢?况且灌夫为什么参与进来呢?我偏要和他要这块田!"武安侯因此十分怨恨灌夫、魏其侯。

注释 1 请:要求,索取。 2 望:埋怨,责备。 3 谩(mán):欺骗。
4 且:将。 5 实怒:实际上十分恼怒。 6 何与:为什么参与。
7 不敢复求田:此句话是反语,即偏要去请田。

元光四年春，丞相言灌夫家在颍川，横甚，民苦之。[1]请案。上曰："此丞相事，何请。"灌夫亦持丞相阴事，为奸利，受淮南王金与语言。[2]宾客居间[3]，遂止，俱解。

元光四年春天，丞相向皇上揭发灌夫家人在颍川横行霸道，百姓受苦。请求查办。皇上说："这是丞相的事，何必请示我。"灌夫也掌握了丞相的一些把柄，如非法谋取私利，接受淮南王的贿赂以及说了不该说的话等等。他们的宾客从中调解，他们才停止了相互攻击，双方暂时和解。

注释　1 元光四年：当作"元光二年"，即公元前133年。　横：横行。　2 持：掌握。　淮南王：即刘邦庶孙刘安，田蚡曾私誉淮南王当太子，王厚遗田蚡金。见下文，亦详见《淮南衡山列传》。　3 居间：从中调解。

夏，丞相取燕王女为夫人，有太后诏，召列侯宗室皆往贺。[1]魏其侯过灌夫，欲与俱。夫谢曰："夫数以酒失得过丞相，丞相今者又与夫有郄。"魏其曰："事已解。"强与俱。饮酒酣，武安起为寿，坐皆避席伏。[2]已魏其侯为寿，独故人避席耳，余半膝席[3]。灌夫不悦。起行酒，至武安，武安膝席曰："不能满觞。"[4]夫怒，

这年夏天，丞相娶燕王刘嘉的女儿做夫人，有王太后的诏令，叫列侯宗室都去祝贺。魏其侯去探访灌夫，想和他一起去。灌夫推辞说："我曾多次因酒失言得罪丞相，丞相如今又和我有隔阂。"魏其侯说："事情已经和解了。"就强迫他一起去了。大家饮酒正高兴，武安侯起身敬酒祝福，客人都离开席位伏在地上。过了一会儿魏其侯敬酒，只有一些老朋友离开席位罢了，其余一半的客人只是稍微欠身，跪在席上。灌夫不高兴。他起身敬酒，敬到武安侯时，武安侯欠身跪着说："不能喝满杯。"灌夫发怒，

因嘻笑曰："将军贵人也，属[5]之！"时武安不肯。行酒次至临汝侯，临汝侯方与程不识耳语，又不避席。[6]夫无所发怒，乃骂临汝侯曰："生平毁程不识不直一钱，今日长者为寿，乃效女儿呫嗫耳语！[7]"武安谓灌夫曰："程、李俱东西宫卫尉，今众辱程将军，仲孺独不为李将军地乎？[8]"灌夫曰："今日斩头陷匈[9]，何知程、李乎！"坐乃起更衣，稍稍去。[10]魏其侯去，麾[11]灌夫出。武安遂怒曰："此吾骄灌夫罪。"乃令骑留灌夫。灌夫欲出不得。籍福起为谢，案灌夫项令谢。[12]夫愈怒，不肯谢。武安乃麾骑缚夫置传舍，召长史曰："今日召宗室，有诏。"[13]劾灌夫骂坐不敬，系居室。[14]遂按其前事，遣吏分曹逐捕诸灌氏

于是嘲笑说："将军是贵人，请干了这一杯！"当时武安侯不肯喝。灌夫依次敬酒，轮到临汝侯，临汝侯正和程不识说悄悄话，又不离开席位。灌夫一肚子火无处发泄，就骂临汝侯说："你平日把程不识诋毁得一钱不值，今天长者来向你敬酒，你竟然学女孩子咬着耳朵说悄悄话！"武安侯对灌夫说："程、李两位都是东西宫的卫尉，今天当众羞辱程将军，你难道不给李将军留点面子么？"灌夫说："今天我准备杀头穿胸，哪里知道什么程、李呢！"客人于是都借口起来上厕所，渐渐都离开了。魏其侯要离去，用手指示灌夫也出去。武安侯就发怒说："这都是我平日太放任灌夫以致他今天这么放肆。"就下令武士扣留灌夫。灌夫想走而走不掉。籍福起来替灌夫谢罪，并且按住灌夫脖子让他谢罪。灌夫更加生气，不肯谢罪。武安侯于是指使武士把灌夫捆起来放在客馆里，召来长史说："今天召请宗室，是奉太后的诏令。"于是他上书弹劾灌夫在席上骂人，犯大不敬罪，并把灌夫囚禁在居室。接着武安侯就查究他以前的罪行，派人分头追捕灌

支属，皆得弃市罪。[15] 魏其侯大愧，为资使宾客请，莫能解。武安吏皆为耳目，诸灌氏皆亡匿，夫系，遂不得告言武安阴事。

氏的各支宗族，把他们全都判处了死罪。魏其侯十分惭愧，出钱派宾客去求情，没能得到宽释。武安侯的属吏们都充当他的耳目，灌夫那些未被抓的党羽们都逃亡躲藏起来，又因灌夫被拘禁，因此没法揭发武安侯的罪行。

注释 1 取：通"娶"。 燕王：指燕康王刘嘉。 2 为寿：敬酒祝福。 坐：座。此指满座宾客。 避席：离开座位。 3 膝席：直身长跪席上。 4 行酒：依次巡行敬酒。 觞(shāng)：酒杯。 5 属(zhǔ)：斟酒相劝，注入。这里有饮尽、喝掉之意。 6 临汝侯：即灌婴之孙，名贤。 程不识：将军，时为长乐宫卫尉。其事附见《李将军列传》。 7 直：通"值"。 呫嗫(chè niè)：附耳小语，嘀咕。 8 李：李将军，即李广，西汉名将。事详《李将军列传》。 地：余地，面子。 9 匈：同"胸"。 10 更衣：上厕所的委婉说法。 稍稍：渐渐。 11 麾：通"挥"。 12 案：通"按"。 项：脖子。 13 传(zhuàn)舍：古代供宾客和往来人员休止住宿的场所。 长史：官名，丞相、太尉等皆置，为所在官署掾属之长。 14 不敬：汉代罪名之一，不尊诏命。 系：囚禁。 居室：拘囚犯罪官员的场所。 15 分曹：分批，分班。 弃市：杀头示众。

魏其锐身[1]为救灌夫。夫人谏魏其曰："灌将军得罪丞相，与太后家忤[2]，宁可救邪？"魏其侯曰："侯自我得之，自我捐之，无所恨。[3] 且终不令灌仲孺独死，婴独

魏其侯为了救灌夫挺身而出。他的夫人劝他说："灌将军得罪了丞相，冒犯了太后家，难道可以救么？"魏其侯说："侯爵是由我挣得的，由我丢失它，没有什么遗憾。况且我始终不能让灌夫一个人去死，而我独自存活。"于是就瞒着他

生。”乃匿[4]其家，窃出上书。立召入，具言灌夫醉饱事，不足诛。[5]上然之，赐魏其食，曰：“东朝[6]廷辩之。”

魏其之东朝，盛推灌夫之善，言其醉饱得过，乃丞相以他事诬罪之。武安又盛毁灌夫所为横恣，罪逆不道[7]。魏其度不可柰何[8]，因言丞相短。武安曰：“天下幸而安乐无事，蚡得为肺腑，所好音乐狗马田宅。蚡所爱倡优巧匠之属，不如魏其、灌夫日夜招聚天下豪桀壮士与论议，腹诽而心谤，不仰视天而俯画地，辟倪两宫间，幸天下有变，而欲有大功。[9]臣乃不知魏其等所为。”于是上问朝臣：“两人孰是？”御史大夫韩安国[10]曰：“魏其言灌夫父死事，

的家人，偷偷上书给武帝。武帝立即召他进宫，他把灌夫喝醉了酒的事情全部告诉武帝，认为灌夫的行为不至于判死罪。皇上认为很对，留他在宫中吃饭，说：“到东宫太后那里去辩白这事。”

魏其侯到了东宫，极力称赞灌夫的优点，说他酒醉犯了错误，可是丞相就用别的事来诬陷他有罪。武安侯也极力诋毁灌夫所作所为骄横放肆，犯有大逆不道罪。魏其侯考虑到没有别的办法，就揭发丞相的过失。武安侯说：“幸好天下安乐无事，我能够成为皇上的心腹，我所喜好的是音乐、狗马、田地、房舍。我喜欢的歌舞艺人能工巧匠之流，不像魏其侯、灌夫那样日夜招集天下豪杰壮士一起议论，对朝廷心怀不满，不是仰观天文，就是俯察地理，窥测于东、西两宫之间，希望天下发生变动，而想建立大功业。我真不明白魏其侯等人的所作所为。”于是皇上问大臣们说：“两人谁对？”御史大夫韩安国说：“魏其侯说灌夫的父亲为国而死，灌夫手持战戟冲进生死难测的吴军中，身受几十处伤，名声在全军数第一，这是天下的壮士，如果没有大的罪过，只

身荷戟驰入不测之吴军，身被数十创，名冠三军，此天下壮士，非有大恶，争杯酒，不足引他过以诛也。[11]魏其言是也。丞相亦言灌夫通奸猾，侵细民，家累巨万，横恣颍川，凌轹宗室，侵犯骨肉，此所谓‘枝大于本，胫大于股，不折必披’，丞相言亦是。[12]唯明主裁之。”主爵都尉汲黯是魏其[13]。内史郑当时是魏其，后不敢坚对。[14]余皆莫敢对。上怒内史曰：“公平生数言魏其、武安长短，今日廷论，局趣效辕下驹，吾并斩若属矣。[15]”即罢起入，上食[16]太后。太后亦已使人候伺，具以告太后。太后怒，不食，曰：“今我在也，而人皆藉吾弟，令我百岁后，皆鱼肉之矣。[17]且帝宁能为石人[18]邪！此特帝在，即录录[19]，设百

是因为喝醉发生争执，是不该援引别的过错来处死他。这么来看魏其侯说得对。丞相也说灌夫勾结豪强恶霸，欺压百姓，家里积敛成千上万的财产，在颍川专横放肆，凌辱侵犯宗室亲族，这是所谓‘树枝比树干还大，小腿比大腿还粗，不折断就一定会裂开’，这么来看丞相说得也对。希望英明的主上裁断这事。”主爵都尉汲黯认为魏其侯对。内史郑当时认为魏其侯对，可是后来又不敢坚持自己的意见。其他的人都不敢回答。皇上怒骂内史说：“你平时多次谈论魏其侯、武安侯的好坏，今天在朝廷上议论，却拘谨地像驾在车辕下的马驹，我要把你们这些人一并杀掉。”就罢朝起身进入宫内，去侍候太后用膳。太后也派人在朝廷上窥探消息，探信的人已经把情况全都告诉了太后。太后生气，不吃饭，说：“如今我还活着，有人都敢作践我的弟弟，如果我死了，他们就会像宰割鱼肉那样欺凌他了。况且皇帝难道能像石头人一样无动于衷吗？现在幸亏皇帝还活着，大臣就唯唯诺诺，假令皇帝过世以后，这些人还有可以相信的吗？”皇上谢罪说：“都

岁后,是属宁有可信者乎?”上谢曰:“俱宗室外家,故廷辩之。不然,此一狱吏所决耳。”是时郎中令石建为上分别言两人事。

是宗室和外家亲戚,所以才让他俩在朝廷上辩论。不然的话,这只要一个法官就能裁决了。”这时,郎中令石建把魏其侯、武安侯两人的事分别向武帝奏说。

注释 1 锐身:锐意奋身,挺身而出。 2 忤(wǔ):抵触,对着干。 3 捐:抛弃。 恨:遗憾。 4 匿:隐瞒,背着。 5 醉饱:喝醉酒。 足:值得。 6 东朝:即东宫。 7 罪逆不道:犯了大逆不道的罪。 8 不可柰何:没有别的办法。 9 倡优:歌舞杂技艺人。 辟倪(pì nì):同“睥睨”,斜视窥探。 欲有大功:《史记集解》引张晏曰:“幸为反者,当得为大将立功也。”瓒曰:“天下有变谓天子崩,因变难之际得立大功。” 10 韩安国:将领、大臣名,字长孺。详见《韩长孺列传》。 11 荷:扛、持。 被:遭遇。 12 细民:小民,百姓。 凌轹(lì):欺压。轹,本义为车轮碾轧。 本:树干。 胫:小腿。 股:大腿。 披:撕裂。 13 主爵都尉:官名,掌封爵之事。 汲黯:大臣名,好直谏廷争。详见《汲郑列传》。 是:赞成,肯定。 14 内史:官名,掌治京师。 郑当时:大臣名,以正直敢言而名。详见《汲郑列传》。 坚对:坚持自己的意见。 15 局趣(cù):同“局促”,受拘束,有顾虑。 辕下驹:套在车辕下的小马。 若属:你们。 16 食(sì):让……吃。 17 藉(jí):践踏,凌辱。 令:假如。 百岁后:指死后。 18 石人:无感情、无动于衷之人。 19 录录:同“碌碌”,无所作为,随声附和。

武安已罢朝,出止车门[1]。召韩御史大夫载,怒曰:“与长孺共一老秃翁,

武安侯退朝后,走出宫门。召韩安国和他一同坐车,生气地说:“我和你共同对付一个老秃翁,你为

何为首鼠两端？[2]”韩御史良久谓丞相曰：“君何不自喜[3]？夫魏其毁君，君当免冠解印绶归，曰‘臣以肺腑幸得待罪，固非其任，魏其言皆是’。如此，上必多君有让，不废君。魏其必内愧，杜门齰舌自杀。[4]今人毁君，君亦毁人，譬如贾竖女子争言，何其无大体也！[5]”武安谢罪曰：“争时急，不知出此。”

什么这样迟疑不决呢？”韩安国过了好一会儿才对丞相说：“您为什么不好好想想？魏其侯攻击您，您应当脱下官帽解下印绶回家去，说‘我以皇戚的身份，有幸当上丞相，本来是不胜任的，魏其侯的话都对’。像这样做，皇上一定赞赏您有谦让的美德，不会免去您的相位。魏其侯一定会内心惭愧，关上门咬断舌头自杀。如今人家诋毁您，您也诋毁人家，就像商人、女人吵嘴一样，为什么那样不识大体呢！”武安侯谢罪说：“争辩的时候太性急了，不知道应该这样做。”

注释　1 止车门：宫禁之外门，官吏入宫，自此下车步行。　2 共：共同对付。　老秃翁：退职无势的老人，此指魏其侯窦婴。　首鼠两端：瞻前顾后，迟疑不决。　3 何不自喜：为什么不好好想想？　4 杜门：闭门。　齰(zé)：用齿咬。　5 贾(gǔ)竖：对商人的贱称。　无大体：不识大局。

于是上使御史簿责魏其所言灌夫颇不雠，欺谩。[1]劾系都司空[2]。孝景时，魏其常受遗诏，曰“事有不便，以便宜论上”。及系，灌夫罪至族，事日急，

于是皇上派御史依据文书所列罪状来诘责审理魏其侯的话，发现有很多与事实不符的地方，御史认为他是欺骗皇上。魏其侯被弹劾，拘禁在都司空的狱中。孝景帝时，魏其侯曾接受过景帝临死时的遗命，说“有什么你觉得不利的事情，你可以直接向皇上启奏”。等到他自己被拘禁，灌夫的罪将要被灭族，事情

诸公莫敢复明言于上。魏其乃使昆弟子上书言之，幸得复召见。书奏上，而案尚书大行无遗诏。[3] 诏书独藏魏其家，家丞[4] 封。乃劾魏其矫[5] 先帝诏，罪当弃市。五年[6] 十月，悉论灌夫及家属。魏其良久乃闻，闻即恚，病痱，不食欲死。[7] 或闻上无意杀魏其，魏其复食，治病，议定不死矣。乃有蜚语为恶言闻上，故以十二月晦论弃市渭城。[8]

一天比一天危急时，大臣们没有人敢再向皇上说明这事。魏其侯于是让自己的侄子上书说明自己曾受过先帝的遗诏，希望能够再被召见。奏书送上，武帝派人查对尚书处档案，没有发现先帝的这份遗诏。诏书只藏在魏其侯家里，由他的管家盖印封存。于是武安侯等人又弹劾魏其侯假托先帝遗诏，罪该斩首示众。元光五年十月，灌夫和他的家属全都被处决。魏其侯过了很久才听说，听到就十分愤怒，患了中风病，不吃饭，只想死。有人听说皇上没有杀魏其侯的意思，魏其侯又开始吃饭，开始治病，果然传出消息说是朝廷议定不杀他了。但接着又有流言蜚语制造许多诽谤魏其侯的话，让皇上听到了，所以在当年十二月的最后一天，魏其侯在渭城被处死了。

注释 1 御史：官名，属御史大夫管辖，负责监察百官。 雠：核实。 2 都司空：主管外戚和皇族事务的宗正之属官，负责皇帝包办的案件。 3 尚书：官名，职掌档案文书。此指档案文书。 大行：死去的皇帝。此指景帝。 4 家丞：侯国的管家头目。 5 矫：假托。 6 五年：当作“三年”。《史记志疑》：“窦婴、灌夫、田蚡之死皆在元光三年。夫以十月族，婴以十二月弃市，蚡以三月卒，决无可疑……《史》《汉》《侯表》称蚡为侯十年薨，当元光三年，故其子恬以元光四年嗣侯，斯为确证。” 7 恚(huì)：愤怒。 痱(féi)：中风。 8 蜚语：流言，谣言。 晦：月末之日。 渭城:秦时之咸阳城,在今陕西咸阳市东北。

其春,武安侯病,专呼服[1]谢罪。使巫视鬼者[2]视之,见魏其、灌夫共守,欲杀之。竟[3]死。子恬嗣。元朔三年,武安侯坐衣襜褕入宫,不敬。[4]

这年春天,武安侯患病,嘴里总是呼喊服罪谢罪的话。让能看见鬼的巫师去看他的病,巫师说看见魏其侯、灌夫一同守着武安侯,要杀死他。武安侯竟然就这样死了。他的儿子田恬继承了爵位。元朔三年,武安侯田恬因穿便服进宫,犯了不敬的罪,被废去了爵位。

注释 1 专呼服:不断地呼喊服罪。 2 巫视鬼者:即视鬼之巫。 3 竟:终于,竟然。 4 元朔三年:公元前 126 年。 襜褕(chān yú):一种直裾单衣的便服。 不敬:此下缺“国除”二字。《史记集解》引徐广曰:“《表》云坐衣不敬,国除。”

淮南王安谋反觉,治。王前朝,武安侯为太尉,时迎王至霸上[1],谓王曰:“上未有太子,大王最贤,高祖孙,即宫车晏驾,[2]非大王立当谁哉!”淮南王大喜,厚遗金财物。上自魏其时不直[3]武安,特为太后故耳。及闻淮南王金事,上曰:

淮南王刘安谋反的事被发觉后,皇上要求追查这件事。查出淮南王前次来朝见,武安侯任太尉,当时到霸上去迎接淮南王,对淮南王说:“皇上还没有太子,大王最贤明,是高祖的孙子,如果皇上驾崩,不是您继位还会是谁呢!”淮南王十分高兴,送给武安侯许多金银财物。皇上从魏其侯的事件发生时就认为武安侯是不对的,只是碍于太后的缘故罢了。等到听说淮南王送武安侯财物的事,皇上说:“假如

"使武安侯在者,族矣。[4]"

武安侯还活着,一定要将他灭族。"

注释 1 霸上:亦作"灞上",地名,在今陕西西安市东,因位于灞水之旁而名。 2 宫车:此喻指皇帝。 晏驾:本指车驾晚出,后用以讳言皇帝去世。 3 不直:不以……为对。直,正确。 4 使:假如。 族:灭族。

太史公曰:魏其、武安皆以外戚重,灌夫用一时决策[1]而名显。魏其之举以吴楚,武安之贵在日月之际[2]。然魏其诚不知时变,灌夫无术而不逊,两人相翼,乃成祸乱。[3]武安负贵而好权,杯酒责望[4],陷彼两贤。呜呼哀哉!迁怒及人,命亦不延。[5]众庶[6]不载,竟被恶言。呜呼哀哉!祸所从来[7]矣!

太史公说:魏其侯、武安侯都凭外戚身份被重用,灌夫因为一时下定决心冲杀吴军而声名显赫。魏其侯的显贵是凭着讨伐吴楚叛乱,武安侯的显贵是靠着皇上刚登位而太后掌权的时机。可是魏其侯实在是不懂得时势的变化,灌夫没有谋略而不知谦逊,两人互相庇护,于是酿成了灾祸。武安侯依仗显贵而喜欢玩弄权术,因为一杯酒而指责抱怨,陷害了那两位贤人。真可悲啊!武安侯迁怒于别人,性命也不长久。百姓不拥护他,他最后又被加上勾结叛逆的罪名。真可悲啊!灾祸的产生都是有缘由的!

注释 1 一时决策:指灌夫因一时冲动而表现的果敢行为。 2 日月之际:指汉武帝初即位,王太后临朝之际。 3 诚:的确。 逊:谦逊。 翼:扶持袒护。 4 责望:指责抱怨。 5 迁怒:把怨恨转移到他人身上。 延:延续,长久。 6 众庶:百姓。 7 所从来:指产生的根源。

史记卷一百八

韩长孺列传第四十八

原文

御史大夫韩安国者，梁成安人也，后徙睢阳。[1]尝受韩子、杂家说于驺田生所。[2]事梁孝王，为中大夫[3]。吴楚反时，孝王使安国及张羽为将，捍吴兵于东界。[4]张羽力战，安国持重[5]，以故吴不能过梁。吴楚已破，安国、张羽名由此显。

译文

御史大夫韩安国，是梁国成安县人，后来迁到睢阳。他曾经在驺县田先生那里学习过韩非子以及杂家的学说。侍奉梁孝王，担任中大夫。吴、楚七国反叛的时候，梁孝王派韩安国和张羽任将军，在东部的边界上抵御吴军。张羽奋力作战，韩安国防守稳固，因此吴军没能通过梁国。吴、楚七国被打败后，韩安国、张羽也就出名了。

注释 1 成安：汉县名，在今河南民权县东北。 睢阳：汉县名，在今河南商丘市南。 2 驺：汉县名，在今山东邹城市东南。 田生：人名，生平不详。 3 中大夫：官名，侍从皇帝左右，掌议论，属郎中令。
4 张羽：人名，梁孝王手下之将领，生平不详。 捍(hàn)：抵御。 5 持重：指稳固防守。

梁孝王，景帝母弟，窦太后爱之，令得自请置相、二千石，出入游戏，僭于天子。[1]天子闻之，心弗善也。太后知帝不善，乃怒梁使者，弗见，案责王所为。韩安国为梁使，见大长公主[2]而泣曰："何梁王为人子之孝，为人臣之忠，而太后曾弗省也？夫前日吴、楚、齐、赵七国反时，自关以东皆合从西乡，惟梁最亲，为艰难。[3]梁王念太后、帝在中，而诸侯扰乱，一言泣数行下，跪送臣等六人将兵击却吴楚，吴楚以故兵不敢西，而卒破亡，梁王之力也。[4]今太后以小节苛礼责望梁王。梁王父兄皆帝王，所见者大，故出称跸，入言警，车旗皆帝所赐也，即欲以侘鄙县，驱驰国中，以夸诸侯，令天下尽知太后、帝爱之也。[5]今梁

梁孝王是景帝的同母弟弟，窦太后喜欢他，允许他能独自设置国相和二千石官员，他进出京城和游猎时的排场，可以和天子相比。天子听说了，心里不高兴。窦太后知道景帝不高兴，就迁怒于梁国的使者，不接见他们，并派人去查究并责备梁王的所作所为。韩安国担任梁国使者，进见大长公主，哭着说："为什么梁王作为人子这么孝顺，作为人臣这么忠心，而太后竟然觉察不到呢？前些时候吴、楚、齐、赵等七国反叛时，函谷关以东的诸侯都联合起来向西进军，只有梁国最忠于朝廷，而成为处境最艰难之地。梁王想到太后、皇帝在关中，而诸侯扰乱，一谈起这事就泪水一行行流下，跪着送我等六人带领军队击退吴、楚军队，吴、楚军队因此不敢向西进发，而终于失败灭亡，这是梁王的力量啊。现在太后因为琐细的礼节而责怪抱怨梁王。梁王的父亲、哥哥都是帝王，所见的场面很大，所以出行时开路清道，进入时要警戒，车子、旗帜都是帝王赏赐的，他就是想以此在偏僻的小县炫耀，在国中让车马奔驰，

使来,辄案责之。梁王恐,日夜涕泣思慕[6],不知所为。何梁王之为子孝、为臣忠,而太后弗恤也?”大长公主具以告太后,太后喜曰:“为言之帝。”言之,帝心乃解[7],而免冠谢太后曰:“兄弟不能相教,乃为太后遗[8]忧。”悉见梁使,厚赐之。其后梁王益亲欢。太后、长公主更赐安国可直[9]千余金。名由此显,结于汉。

来向诸侯显耀,让天下人都知道太后、皇帝喜欢他。如今梁国使者来到,就查问责备他们。梁王害怕,日夜流泪思念,不知做什么好。为什么梁王作为人子这么孝顺,作为人臣这么忠心,而太后却一点也不怜惜呢?”大长公主把这些话都告诉了太后,太后高兴地说:“我要替他向皇帝解释。”太后向皇帝说了这些话,皇帝心结解开了,而且脱下帽子向太后谢罪说:“我没把弟弟管教好,竟让太后忧虑了。”于是皇帝接见了梁国所有使者,赐给他们丰厚的礼物。从那以后梁孝王更受宠爱。太后、长公主进而赏赐韩安国价值一千余金的财物。韩安国的名声从此开始显扬,和汉廷关系密切。

注释 1 相:诸侯国相。 二千石:相当于郡太守一级的官员。 游戏:游乐宴舞。 僭:僭越,超越本分。 2 大长公主:即景帝姐,名嫖。 3 关:函谷关。 合从:合纵。 乡:通“向”。 4 中:《史记正义》:“谓关中也。又云京师在天下之中。” 却:打退。 5 跸:禁止行人。 警:戒严。警跸,即清道戒严。 侘(chà):同“诧”,夸耀。 鄙:边远,偏僻。 6 思慕:思虑怀念。 7 解:消除疑虑。 8 遗:增加。 9 直:价值。

其后安国坐法抵罪,蒙[1]狱吏田甲辱安国。安国曰:“死灰独

此后,韩安国因为犯法被判罪,蒙县的狱官田甲羞辱韩安国。韩安国说:“死灰难道不会再燃烧吗?”田甲说:“再燃烧

不复然[2]乎？”田甲曰：“然即溺[3]之。”居无何，梁内史缺，汉使使者拜安国为梁内史，起徒中为二千石。[4]田甲亡走。安国曰：“甲不就官，我灭而[5]宗。”甲因肉袒谢。安国笑曰：“可溺矣！公等足[6]与治乎？”卒善遇之。

梁内史之缺也，孝王新得齐人公孙诡，说之，欲请以为内史。窦太后闻，乃诏王以安国为内史。

就撒泡尿浇灭它。”没过多久，梁国内史的职位空缺，朝廷派使者任命韩安国做梁国的内史，从囚徒中起任为二千石官员。田甲逃跑了。韩安国说：“田甲若不回来就任，我就灭掉你的家族。”田甲于是光着上身来谢罪。韩安国笑着说：“你可以撒尿了！你们这些人值得我处置吗？”最终善待他。

梁国内史职位空缺的时候，梁孝王刚得到齐地人公孙诡，喜欢他，想请求任命他做内史。窦太后听说了，就诏令梁孝王任命韩安国做内史。

注释 1 蒙：汉县名，在今河南商丘市东北。 2 然：“燃”之本字。 3 溺：用尿浇灭。 4 无何：不久。 徒：囚徒。 5 而：你。 6 足：值得。

公孙诡、羊胜说孝王求为帝太子及益地事，恐汉大臣不听，乃阴使人刺汉用事谋臣。[1]及杀故吴相袁盎，景帝遂闻诡、胜等计画[2]，乃遣使捕诡、胜，必得。汉使十辈至梁，相以下举国大

公孙诡、羊胜劝说梁孝王向景帝请求做皇位继承人和增加封地的事情，他们担心朝廷大臣不听从，就暗中派人刺杀朝廷中掌权的谋臣。等到刺杀了原吴国国相袁盎，景帝就听说了是公孙诡、羊胜等人的计谋，于是派使者捉拿公孙诡、羊胜，命令必须捉到。十

索，月余不得。[3]内史安国闻诡、胜匿孝王所，安国入见王而泣曰："主辱臣死。大王无良臣，故事纷纷至此。今诡、胜不得，请辞赐死。"王曰："何至此？"安国泣数行下，曰："大王自度于皇帝，孰与太上皇之与高皇帝及皇帝之与临江王亲？[4]"孝王曰："弗如也。"安国曰："夫太上、临江亲父子之间，然而高帝曰'提三尺剑取天下者朕也'，故太上皇终不得制事，居于栎阳。[5]临江王，适[6]长太子也，以一言过，废王临江；用宫垣事[7]，卒自杀中尉府。何者？治天下终不以私乱公。语曰：'虽有亲父，安知其不为虎？虽有亲兄，安知其不为狼？'今大王列在诸侯，悦一邪臣浮说，犯上禁，桡[8]明法。天子以太后故，

几批汉朝使者来到梁国，对梁国国相以下的人进行大搜查，一个多月都没有捉到。内史韩安国听说公孙诡、羊胜藏在梁孝王那里，韩安国进宫拜见梁孝王，哭着说："主上受辱，臣下该死。大王没有贤良的臣下，所以事情纷乱到这个地步。如今公孙诡、羊胜捉不到，我请求辞别，赐我自杀。"梁孝王说："怎么会到这地步？"韩安国泪水一行行流下，说："大王自己想想，您和皇帝的关系，比太上皇和高帝以及皇帝和临江王，哪一个更亲密呢？"梁孝王说："我比不上他们。"韩安国说："太上皇和高帝、皇帝和临江王是父子的关系，可是高帝说'拿着三尺宝剑夺得天下的是我啊'，所以太上皇始终不能决定政事，只能住在栎阳。临江王是嫡长太子，因为一句话的过失，被废黜降为临江王；又因为建宫室时侵占了祖庙墙内的空地，最终在中尉府中自杀了。为什么呢？治理天下终究不能凭借私情来扰乱公事。谚语说：'即使是亲生父亲，怎么知道他不会变为老虎？即使是亲哥哥，怎么知道他不会变为狼？'如今大王位列于诸侯，喜欢一个奸臣

不忍致法于王。太后日夜涕泣，幸大王自改，而大王终不觉寤。[9]有如太后宫车即晏驾，大王尚谁攀乎？”语未卒，孝王泣数行下，谢安国曰：“吾今出诡、胜。”诡、胜自杀。汉使还报，梁事皆得释，安国之力也。于是景帝、太后益重安国。

孝王卒，共王[10]即位，安国坐法失官，居家。

的虚妄言论，触犯了皇上的禁令，阻挠了圣明的法律。天子因为太后的缘故，不忍心将大王法办。太后日夜哭泣，希望大王自己改正，可是大王始终不觉悟。假如太后一旦去世，大王还能攀附谁呢？”话没说完，梁孝王痛哭流涕，向韩安国感谢说：“我现在就交出公孙诡、羊胜。”公孙诡、羊胜自杀了。汉朝使臣回去报告，梁国的事情都得以解决，这都赖于韩安国的努力。于是景帝、太后越发看重韩安国。

梁孝王去世，梁共王登位，韩安国因为犯法被免官，在家闲居。

注释　1 为帝太子：立为太子。　益地：增扩封地。　刺：行刺。　用事：掌权。　2 计画：计策谋划。　3 辈：批。　索：搜索。　4 太上皇：刘邦之父刘太公。　高皇帝：即汉高祖刘邦。　临江王：汉景帝长子刘荣。　5 制事：处理军政大事。　栎(yuè)阳：汉县名，在今陕西西安市临潼区东北武屯镇古城。　6 適：通“嫡”。　7 用：因。　宫垣事：指刘荣建宫室时侵占了祖庙墙内的空地。　8 桡(náo)：阻挠，扰乱。　9 幸：表示希望。　寤：通“悟”，醒悟。　10 共王：梁孝王长子刘买。

建元中，武安侯田蚡为汉太尉，亲贵用事，安国以五百金物遗蚡。蚡言安国太后，天子亦素闻其

武帝建元年间，武安侯田蚡任朝廷太尉，亲近权贵而握有大权，韩安国拿价值五百金的东西送给田蚡。田蚡在太后面前称赞韩安国，

贤,即召以为北地都尉,迁为大司农。[1]闽越、东越相攻,安国及大行[2]王恢将兵。未至越,越杀其王降,汉兵亦罢。建元六年[3],武安侯为丞相,安国为御史大夫。

天子也一向听说他贤能,就征召他任北地郡都尉,后提升他做大司农。闽越、东越不断攻打汉廷,韩安国和大行令王恢领兵去讨伐。军队还没到越地,越人就杀了他们的大王来投降,汉朝的军队也就撤回了。建元六年,武安侯田蚡任丞相,韩安国任御史大夫。

注释 1 北地:汉郡名,治所马岭,在今甘肃庆阳市西北。 都尉:官名,统兵武职。 大司农:官名,管理租税钱谷盐铁及国家财政的收支。《史记志疑》案:当作"大农令"。 2 大行:即大行令,官名,掌外交宾客之礼。 3 建元六年:即公元前135年。

匈奴来请和亲,天子下议。大行王恢,燕人也,数为边吏,习知胡事。议曰:"汉与匈奴和亲,率不过数岁即复倍约。[1]不如勿许,兴兵击之。"安国曰:"千里而战,兵不获利。今匈奴负戎马之足,怀禽兽之心,迁徙鸟举,难得而制也。[2]得其地不足以为广,有其众不足以为强。自上古不属为人[3]。汉数

匈奴派人来请求和亲,天子将这事下交大臣们讨论。大行令王恢是燕地人,多次担任边疆官吏,熟悉匈奴的情况。他建议说:"汉朝和匈奴和亲,一般不超过几年,匈奴就又背弃盟约。不如不答应他们,发动军队攻打他们。"韩安国说:"到千里以外去作战,军队不会得到好处。如今匈奴依恃兵马的充足,怀有禽兽般的野心,像鸟一样迁徙移动,难以制服。得到他们的土地不能算是广大,拥有他们的民众不能算是强大。他们从上古以来就不内属天子。汉

千里争利，则人马罢，虏以全制其敝。[4]且强弩之极，矢不能穿鲁缟[5]；冲风之末，力不能漂鸿毛。[6]非初不劲，末力衰也。击之不便，不如和亲。”群臣议者多附安国，于是上许和亲。

朝军队经过几千里去作战，则会人困马乏，敌人就会用全力攻击我们的弱点。况且强弩射出后到射程最远处，箭穿不透鲁缟；强风的末尾，其力量不能使鸿毛飘起来。不是起初不够强劲，而是最后力量衰退了。攻打他们没有好处，不如同他们和亲。”大臣们大多同意韩安国的建议，于是皇上答应和亲。

注释 1 率：大概。 倍：通“背”。 2 负戎马之足：依仗戎马的充足。 鸟举：像鸟一样全部飞移。 3 不属为人：不内属为天子之民。 4 罢：通“疲”。 虏：敌人，指匈奴。 以全制其敝：以全胜之势攻击汉军的薄弱环节。 5 鲁缟(gǎo)：鲁地出产的一种白色生绢，以轻薄为名。 6 冲风：向上直吹之强风。 鸿：雁。

其明年，则元光元年，雁门马邑豪聂翁壹因大行王恢言上曰：“匈奴初和亲，亲信边，可诱以利。”[1]阴使聂翁壹为间[2]，亡入匈奴，谓单于曰：“吾能斩马邑令丞吏[3]，以城降，财物可尽得。”单于爱信之，以为然，许聂翁壹。聂翁壹乃还，诈斩死罪

第二年，即元光元年，雁门郡马邑县的豪绅聂翁壹通过大行令王恢向皇上建议说：“匈奴刚与我们和亲，他们相信边疆无事，我们可以趁这个机会用好处引他们上钩。”于是王恢就暗中派聂翁壹作为间谍，让他进入匈奴，对单于说：“我能够斩杀马邑县的县令、县丞等官吏，拿城池投降，那里的财物可以全部得到。”单于很高兴，信以为真，答应了聂翁壹。聂翁壹回来后，作伪斩杀死囚

囚,县[4]其头马邑城,示单于使者为信。曰:“马邑长吏已死,可急来。”于是单于穿塞将十余万骑,入武州塞[5]。

犯,悬挂他们的头在马邑的城墙上,来向单于使者表明自己的话可信。他对使者说:“马邑的长官已经死了,可以迅速入城。”于是单于率领十多万骑兵通过边塞,进入武州要塞。

注释 **1** 元光元年:即公元前134年。 雁门:汉郡名,治所善无,在今山西右玉县南。 马邑:汉县名,在今山西朔州市。 豪:地方豪绅。 **2** 间:间谍。 **3** 令丞吏:县令及所属官吏。 **4** 县:同“悬”。 **5** 武州塞:要塞名,在今山西左云县至大同市西一带。

当是时,汉伏兵车骑材官[1]三十余万,匿马邑旁谷中。卫尉李广为骁骑将军,太仆公孙贺为轻车将军,大行王恢为将屯将军,太中大夫李息为材官将军。[2]御史大夫韩安国为护军将军,诸将皆属护军。约单于入马邑而汉兵纵发[3]。王恢、李息、李广别从代主击其辎重[4]。于是单于入汉长城武州塞。未至马邑百余里,行掠卤,

这时,汉朝埋伏的军队有战车、骑兵、步兵三十多万,藏匿在马邑城旁边的山谷中。卫尉李广任骁骑将军,太仆公孙贺任轻车将军,大行令王恢任将屯将军,太中大夫李息任材官将军。御史大夫韩安国任护军将军,各位将军都归属于护军将军指挥。互相约定单于进入马邑城,汉朝军队就全线出击。王恢、李息、李广另外从代郡主攻匈奴的军用物资。这时匈奴单于进入汉朝长城的武州要塞。距离马邑城还有一百多里,准备抢夺劫掠,只看见牲畜放养在野外,看不到一个人。单于觉得奇怪,就攻打烽火台,捉到武州尉

徒见畜牧于野,不见一人。[5]单于怪之,攻烽燧,得武州尉史。[6]欲刺问尉史。尉史曰:"汉兵数十万伏马邑下。"单于顾[7]谓左右曰:"几[8]为汉所卖!"乃引兵还。出塞,曰:"吾得尉史,乃天也。"命尉史为"天王"。塞下传言单于已引去。汉兵追至塞,度弗及,即罢。王恢等兵三万,闻单于不与汉合,度往击辎重,必与单于精兵战,汉兵势必败,则以便宜罢兵,皆无功。

史。想要斥责审问尉史。尉史说:"汉朝军队有几十万埋伏在马邑城下。"单于回头对左右的人说:"几乎被汉朝欺骗了!"于是他带兵回去。单于出了关塞,说:"我获得尉史,这是天意。"任命尉史为"天王"。塞下传来消息说单于已经带兵离去。汉朝军队追赶到塞下,估计不能追上,就罢了兵。王恢等人的军队三万人,听说单于没有和汉军交锋,他估计自己领兵去攻打匈奴的军用物资,一定会和单于的精兵交战,汉军在这种形势下一定会失败,就自行决定罢兵,汉军都无功而返。

注释 1 材官:秦汉时设置的一种地方预备兵兵种。 2 李广:著名将领,详见《李将军列传》。 公孙贺:大臣名,曾随卫青出征,官至丞相。 李息:大臣名,后为大行。附见《卫将军骠骑列传》。 3 纵发:全线出击。 4 辎重:军用物资。 5 卤:通"掳"。 畜牧:畜养的牲畜。 6 烽燧:烽火台。 尉史:汉朝边郡置障塞尉,百里一人,属吏有尉史二人,掌儌巡候部。 7 顾:回头。 8 几:几乎。

天子怒王恢不出击单于辎重,擅引兵罢也。恢曰:"始约虏入马邑城,兵与单于接,而臣击其辎重,

天子对王恢不出击单于的军用物资而擅自带兵撤回很生气。王恢说:"起初诱约匈奴进入马邑城,汉军和单于交锋,而我攻打他们的军用物资,可以获得利益。如今单

可得利。今单于闻，不至而还，臣以三万人众不敌，禔[1]取辱耳。臣固知还而斩，然得完[2]陛下士三万人。”于是下恢廷尉[3]。廷尉当恢逗桡，当斩。[4]恢私行千金丞相蚡。蚡不敢言上，而言于太后曰：“王恢首造马邑事，今不成而诛恢，是为匈奴报仇也。”上朝太后，太后以丞相言告上。上曰：“首为马邑事者，恢也，故发天下兵数十万，从其言，为此。且纵单于不可得，恢所部击其辎重，犹颇可得，以慰士大夫心。今不诛恢，无以谢天下。”于是恢闻之，乃自杀。

于听说了消息，没有进入而撤回，我率领三万人不能和他相匹敌，只是自取耻辱罢了。我本来就知道回来会被斩首，但是这能够保全陛下的三万士兵。”于是天子把王恢交给廷尉处理。廷尉判他为逗桡罪，应当处死。王恢暗中送给丞相田蚡一千斤黄金。田蚡不敢对皇上说，而对太后说：“王恢最先倡议马邑诱敌之计，如今没成功而诛杀王恢，这是替匈奴报仇。”皇上朝见太后时，太后把丞相的话告诉皇上。皇上说：“最先倡议马邑诱敌之计的人，是王恢，所以发动天下几十万军队，听从他的话，做了这件事。况且纵使抓不到单于，王恢的军队攻打匈奴的军用物资，也还很可能有收获，来安慰士人官吏的心。如今不诛杀王恢，无法向天下人谢罪。”当时王恢听说这事，就自杀了。

注释　1 禔(zhī)：通“只(祇)”。　2 完：保全。　3 廷尉：官名，主管司法刑狱。　4 当：判决。　逗桡：逗留败事。

安国为人多大略，智足以当世取合，而出于忠厚

韩安国为人有大谋略，智谋足够迎合时势，他这样做都出于忠厚

焉。[1]贪嗜于财。所推举皆廉士贤于己者也。于梁举壶遂、臧固、郅他，皆天下名士，士亦以此称慕之，唯天子以为国器。[2]安国为御史大夫四岁余，丞相田蚡死，安国行丞相事，奉引堕车，蹇。[3]天子议置相，欲用安国，使使视之，蹇甚，乃更以平棘侯薛泽[4]为丞相。安国病免数月，蹇愈，上复以安国为中尉[5]。岁余，徙为卫尉。

之心。他贪求嗜好财物。他所推荐的都是比他自己贤能的廉洁之士。在梁国举荐了壶遂、臧固、郅他，都是天下有名的士人，士人因此称赞、仰慕他，天子认为他是治国的人才。韩安国任御史大夫四年多，丞相田蚡去世，韩安国代理丞相的职务，有一次他为天子引路时，跌下了车，跛了脚。天子商议任命丞相，想要任用韩安国，派使者去探望他，发现他脚跛得厉害，就改任平棘侯薛泽做丞相。韩安国因为有病免职几个月后，跛脚伤愈，皇上又任命韩安国做中尉。一年多后，调他做卫尉。

注释　**1** 大略：计谋韬略。　取合：迎合。　出：出自。　**2** 壶遂、臧固、郅他：三人皆当时名士。　国器：可以治国的人才。　**3** 行：代理。　奉引：为皇帝导引车驾。　蹇（jiǎn）：跛足。　**4** 薛泽：汉大臣名，曾被封为平棘侯。　**5** 中尉：官名，掌京城治安，兼主北军。

车骑将军卫青击匈奴，出上谷，破胡茏城。[1]将军李广为匈奴所得，复失之；公孙敖[2]大亡卒：皆当斩，赎为庶人。明年，匈奴大入边，杀辽西[3]太守，

车骑将军卫青攻打匈奴，从上谷出发，在茏城打败匈奴。将军李广被匈奴俘虏，后又逃脱了；公孙敖的士兵伤亡很大：他们俩都应当被处死，后来赎罪成为平民。第二年，匈奴大举入侵边境，杀害了辽西太守，等到进入雁门，杀害掳掠几千

及入雁门,所杀略数千人。车骑将军卫青击之,出雁门。卫尉安国为材官将军,屯于渔阳[4]。安国捕生虏,言匈奴远去。即上书言方田作时,请且罢军屯。[5]罢军屯月余,匈奴大入上谷、渔阳。安国壁乃有七百余人,出与战,不胜,复入壁。匈奴虏略千余人及畜产而去。天子闻之,怒,使使责让安国。徙安国益东,屯右北平[6]。是时匈奴虏言当入东方。

人。车骑将军卫青攻打匈奴,从雁门出塞。卫尉韩安国任材官将军,驻扎在渔阳。韩安国活捉到匈奴人,俘虏说匈奴已经远远离去。韩安国就上书说现在正是耕作时节,请求暂时把渔阳的大批驻军撤掉。驻军撤走一个多月,匈奴大举入侵上谷、渔阳。韩安国的军营中才有七百多人,出去和匈奴交战,没有获胜,又进入营垒中。匈奴抢劫一千多人以及他们的牲畜财产离去。天子听说了,很气愤,派使者斥责韩安国。调韩安国去更东边的地方,驻守右北平。这时匈奴的俘虏供说匈奴要入侵东边。

注释 1 卫青:汉名将,汉武帝卫皇后弟。详见《卫将军骠骑列传》。 上谷:汉郡名,治所沮阳,在今河北怀来县东南。 茏(lóng)城:《史记索隐》:“音龙。”又作龙城、龙庭,匈奴地名,在今蒙古国鄂尔浑河西侧的和硕柴达木湖附近。 2 公孙敖:将领名,附见《卫将军骠骑列传》。 3 辽西:郡名,治所阳乐,在今辽宁锦州市西北。 4 渔阳:郡名,治所渔阳,在今北京市密云区西南。 5 方:正当。 田作:农忙耕作时节。 6 右北平:汉郡名,治所平刚,在今内蒙古宁城县西南。

安国始为御史大夫及护军，后稍斥疏，下迁；[1]而新幸壮将军卫青等有功，益贵。[2]安国既疏远，默默[3]也；将屯又为匈奴所欺，失亡多，甚自愧。幸得罢归，乃益东徙屯，意忽忽[4]不乐。数月，病欧[5]血死。安国以元朔二年[6]中卒。

韩安国最初任御史大夫和护军将军，后来逐渐被排斥疏远，贬官降职；而新得宠的青年将军卫青等人有功劳，越发尊贵。韩安国被疏远后，很不得意；领兵驻守又被匈奴人侵凌，损失很大，自觉很惭愧。希望能够被罢免回京，不料被调到更远的东边，心里郁郁不乐。几个月后，病发吐血而死。韩安国在元朔二年去世。

注释 1 护军：即护军将军。 下迁：降职。 2 幸：被皇帝宠幸。 壮：年轻。 3 默默：不得意的样子。 4 忽忽：失意的样子。 5 欧：同"呕"。 6 元朔二年：即公元前127年。

太史公曰：余与壶遂定律历，观韩长孺之义，壶遂之深中隐厚。[1]世之言梁多长者，不虚哉！壶遂官至詹事，天子方倚以为汉相，会遂卒。[2]不然，壶遂之内廉行修，斯鞠躬君子也。[3]

太史公说：我和壶遂制订律历，看到韩长孺深明大义，壶遂为人深沉忠厚。世人说梁国有很多忠厚长者，这话是不假啊！壶遂做官做到詹事，天子正要依靠他做汉廷丞相，偏偏壶遂去世了。不然的话，壶遂廉洁正派、谦虚谨慎，真是一位谦恭尽职的君子啊。

注释 1 律历：即汉武帝时新修的太初历。 深中隐厚：深沉而廉正忠厚。 2 詹事：官名，掌管太后、王后或太子宫庶务。 倚：依靠。 会：适逢。 3 行修：品行高洁有修养。 斯：此。 鞠躬：谦恭尽职。

史记卷一百九

李将军列传第四十九

原文

李将军广者，陇西成纪人也。[1]其先曰李信，秦时为将，逐得燕太子丹者也。[2]故槐里[3]，徙成纪。广家世世受射[4]。孝文帝十四年，匈奴大入萧关，而广以良家子从军击胡，用善骑射，杀首虏多，为汉中郎。[5]广从弟李蔡亦为郎，皆为武骑常侍，秩八百石。[6]尝从行，有所冲陷折关及格[7]猛兽，而文帝曰："惜乎，子不遇时！如令子当高帝时，万户侯[8]岂足道哉！"

译文

李广将军是陇西郡成纪县人。他的先祖叫李信，在秦朝的时候任将军，就是追击活捉燕国太子丹的那位将军。他家以前在槐里，后来迁居成纪。李广家世代传习箭术。孝文帝十四年，匈奴大举入侵萧关，李广以良家子弟的身份随军出击匈奴，因为善于骑马射箭，他斩杀了很多敌人，被任命为中郎。李广的堂弟李蔡，也任郎官，他们都任武骑常侍，俸禄为八百石。李广曾跟随皇帝出行，碰上过冲锋陷阵、抵御敌人以及搏杀猛兽的事，而文帝说："可惜啊，你生不逢时！假使你生在高帝时候，封个万户侯还在话下吗？"

注释 1 陇西:汉郡名,治所狄道,在今甘肃临洮县。 成纪:汉县名,属天水郡,在今甘肃静宁县成纪古城。 2 李信:战国末秦国将领,曾同秦将王翦一同灭燕。 燕太子丹:战国末燕王喜太子,曾质于秦,后派荆轲刺秦王,事败后秦攻燕,为燕王喜斩首,奉献秦国。 3 槐里:汉县名,在今陕西兴平市东南。 4 受射:传习射箭的方法。 5 孝文帝十四年:即公元前166年。 萧关:关塞名,在今宁夏回族自治区固原市东南。 良家子:指家世清白自给车马入伍的平民子弟。 中郎:官名,亦称"郎",为皇帝的侍从武官。 6 从弟:堂弟。 武骑常侍:郎官的加衔。 7 格:格斗,搏击。 8 万户侯:拥有万户封邑的侯爵。

及孝景初立,广为陇西都尉,徙为骑郎将。[1]吴楚军时,广为骁骑都尉,从太尉亚夫击吴楚军,取旗,显功名昌邑下。[2]以梁王授广将军印,还,赏不行。徙为上谷太守,匈奴日以合战。典属国公孙昆邪[3]为上泣曰:"李广才气,天下无双,自负其能,数与虏敌战,恐亡之。"于是乃徙为上郡[4]太守。后广转为边郡太守,徙上郡[5]。尝为陇西、北地、雁门、代郡、云中太守,皆以力战为名。[6]

等到孝景帝刚即位,李广任陇西都尉,后调任骑郎将。吴、楚起兵叛乱的时候,李广任骁骑都尉,跟随太尉周亚夫攻打吴、楚军队,夺得敌旗,在昌邑大显威名。因为梁王私自授予李广将军印绶,回朝后他没有得到封赏。调任他做上谷太守,匈奴每天都来和他交战。典属国公孙昆邪对皇上哭着说:"李广的才气,天下无双,他倚仗自己有才能,多次和匈奴作战,我担心我们会损失了这位名将。"于是景帝就调他任上郡太守。后来李广转任边境各郡太守,又调任上郡太守。他曾经任陇西、北地、雁门、代郡、云中太守,都因奋力作战而闻名。

注释 1 都尉:官名,即郡尉,辅佐郡守并掌管全郡之军事。 骑郎将:郎官分户、车、骑三种,主管骑郎的长官名叫骑郎将。 2 骁骑都尉:官名,统帅骁骑之将领。骁骑,即今之轻骑兵。 昌邑:汉县名,在今山东巨野县南。 3 典属国:官名,掌管归附周边民族事务。 公孙昆邪(hún yé):大臣名,复姓公孙,名昆邪。 4 上郡:汉郡名,治所肤施,在今陕西榆林市南。 5 徙上郡:《史记志疑》:"此三字当在下文'匈奴大入上郡'句之上,传写错耳。" 6 北地:汉郡名,治所马岭,在今甘肃庆阳市西北。 雁门:汉郡名,治所善无,在今山西右玉县南。 代郡:汉郡名,治所代县,在今河北蔚县东北。 云中:汉郡名,治所云中,在今内蒙古托克托县东北古城西南。

匈奴大入上郡,天子使中贵人从广勒习兵击匈奴。[1] 中贵人将骑数十纵[2],见匈奴三人,与战。三人还射,伤中贵人,杀其骑且尽。中贵人走[3]广。广曰:"是必射雕者[4]也。"广乃遂从百骑往驰三人。三人亡马步行,行数十里。广令其骑张左右翼,而广身自射彼三人者,杀其二人,生得一人,果匈奴射雕者也。已缚之上马,望匈奴有数千骑,见

匈奴大举入侵上郡,天子派一名宦官跟随李广统领训练部队,抗击匈奴。这位宦官率领几十名骑兵纵马奔跑,发现三个匈奴人,和他们交战。三个匈奴人回身射箭,射伤了宦官,几乎杀光了他的骑兵。宦官跑回李广那里。李广说:"这一定是匈奴射雕的人。"李广于是就带领百名骑兵去追赶那三人。那三人没有马,徒步行走,走了几十里。李广命令他的骑兵左右分开包抄,而李广亲自射杀那三人,射死了两个,活捉一人,果然是匈奴中射雕的人。他们把那人捆好上马后,望见有几千名匈奴骑兵,这些骑兵也发现了李广,以为他们是诱敌的骑兵,都吃了一惊,跑上山去摆

广，以为诱骑，皆惊，上山陈[5]。广之百骑皆大恐，欲驰还走。广曰："吾去[6]大军数十里，今如此以百骑走，匈奴追射我立尽。今我留，匈奴必以我为大军之诱，必不敢击我。"广令诸骑曰："前！"前未到匈奴陈二里所，止，令曰："皆下马解鞍！"其骑曰："虏多且近，即有急，奈何？"广曰："彼虏以我为走，今皆解鞍以示不走，用坚其意。"于是胡骑遂不敢击。有白马将出护其兵，李广上马，与十余骑奔射杀胡白马将，而复还至其骑中，解鞍，令士皆纵马卧。是时会暮，胡兵终怪之，不敢击。夜半时，胡兵亦以为汉有伏军于旁欲夜取之，胡皆引兵而去。平旦[7]，李广乃归其大军。大军不知广所之[8]，故弗从。

开阵势。李广的百名骑兵都十分惊恐，想纵马往回跑。李广说："我们距离大部队几十里远，现在这样百名骑兵逃跑，匈奴人追上来一阵乱箭就把我们杀光了。如今我们停留不走，匈奴一定认为我们是为大军诱敌的，一定不敢攻打我们。"李广命令骑兵们说："前进！"一直前进到了离匈奴阵地还有二里远的地方，停下来，下令说："都下马解下马鞍！"骑兵们说："敌人那么多，又离得近，假如有危急，怎么办？"李广说："那些敌人认为我们会逃跑，如今都解下马鞍来表明不逃跑，来坚定他们以为我们是诱饵的想法。"于是匈奴骑兵果然不敢进攻。有一位骑白马的匈奴将领出阵来监护他的士兵，李广上马，和十多名骑兵驰马去射杀了那位将领，而后又回到他的骑兵阵中，解下马鞍，命令士兵们都放开马躺下。这时适逢黄昏，匈奴军队始终觉得奇怪，不敢进攻。到了半夜，匈奴军队仍然认为汉朝有伏兵在旁边要趁夜偷袭他们，因而匈奴将领都带领军队离去。清晨，李广才回到他的大军营中。大军不知道李广到哪里去了，所以无法去接应。

注释 1 中贵人：受皇帝宠信且有地位的宦官。 勒习兵：统领训练部队。 2 纵：《史记集解》引徐广曰："放纵驰骋。" 3 走：败逃。 4 射雕者：《史记集解》引文颖曰："雕，鸟也，故使善射者射也。"雕，似鹰之猛禽。 5 陈："阵"之古字，排阵。 6 去：距离。 7 平旦：清晨。 8 广所之：李广到的地方。

居久之，孝景崩，武帝立，左右以为广名将也，于是广以上郡太守为未央卫尉，而程不识亦为长乐卫尉。[1]程不识故与李广俱以边太守将军屯。及出击胡，而广行无部伍行陈，就善水草屯，舍止，人人自便，不击刀斗以自卫，莫府省约文书籍事，然亦远斥候，未尝遇害。[2]程不识正[3]部曲行伍营陈，击刀斗，士吏治军簿至明，军不得休息，然亦未尝遇害。不识曰："李广军极简易，然虏卒犯之，无以禁也；[4]而其士卒亦佚[5]乐，咸乐为之死。我军虽烦扰[6]，然虏亦不得犯我。"是时汉边郡李广、程

过了很长时间，孝景帝去世，武帝即位，左右近臣认为李广是有名的将领，于是李广从上郡太守调入朝廷当了未央宫的卫尉，而程不识也做长乐宫的卫尉。程不识以前和李广都以边郡太守的身份率领军队屯守驻防。等到出兵攻打匈奴时，李广行军没有队列和阵势，靠近水草丰富的地方驻扎，筑营停宿，人人自由行动，晚上也不用打更巡逻来自卫，军中办事的文书簿册一切从简，但他会在远处布置哨兵，所以从来没有遇到过危险。程不识对队伍的编制、行军队列、驻营阵势等要求很严格，夜晚打更，军吏整理文书簿册直忙到天亮，军队得不到休息，可是他也从未遇到过危险。程不识说："李广治军最简单，可是敌人突然侵犯他们，他就无法阻挡了；而他的士兵也安逸快乐，都乐于为他去死。我的军队虽然军务纷扰杂乱，可是敌人也无法侵

不识皆为名将，然匈奴畏李广之略，士卒亦多乐从李广而苦程不识。程不识孝景时以数直谏为太中大夫。[7]为人廉，谨于文法[8]。

犯我。”当时汉朝边郡的李广、程不识都是名将，可是匈奴害怕李广的谋略，士兵也大多喜欢跟随李广而以跟随程不识为苦。程不识在孝景帝时因为多次直言进谏而做了太中大夫，他为人廉洁，谨守条文法令。

注释 1 未央卫尉：官名，掌管未央宫的警卫。未央宫，亦称西宫，皇帝所居。《史记志疑》：“上文言广为上郡太守后乃转陇西、北地、雁门、代郡、云中，《公卿表》于元光元年书陇西太守李广为卫尉，则此言上郡非也。” 长乐：即长乐宫，亦称东宫，太后所居。 2 部伍：即部曲行伍，古时军队的编制单位。 行陈：行军阵势。 舍止：驻扎休息。 刀斗：即“刁斗”，军用铜锅，白天用以煮饭，夜间以此敲击巡逻。 莫府：即“幕府”，此指将军手下的幕僚机构。 省约：简略。 籍：考勤或记载功过的簿册。 远斥候：远远地布置侦察兵。斥候，侦察兵。 3 正：约束，要求。 4 简易：松懈，随便。 卒：同“猝”，突然。 无以禁：没有办法阻止。 5 佚：通“逸”，安逸。 6 烦扰：纷扰杂乱。 7 数(shuò)：屡次，多次。 太中大夫：官名，郎中令属官，掌朝议。 8 文法：条文法令。

后汉以马邑城诱单于，使大军伏马邑旁谷，而广为骁骑将军，领属护军将军。[1]是时单于觉之，去，汉军皆无功。其后四岁，广以卫尉为将军[2]，出雁门击匈奴。匈奴兵多，破败

后来，汉朝用马邑城引诱单于，派大军埋伏在马邑附近的山谷中，而李广任骁骑将军，归属护军将军统领。当时单于发觉这个计谋，离去，汉军都没有功劳。之后四年，李广由卫尉的身份临时充任将军，从雁门出发攻打匈奴。匈奴士兵多，打败了李广的军队，活捉了李广。单于一直

广军，生得广。单于素闻广贤，令曰："得李广必生致之。"胡骑得广，广时伤病，置广两马间，络[3]而盛卧广。行十余里，广详死，睨其旁有一胡儿骑善马，广暂腾而上胡儿马，因推堕儿，取其弓，鞭马南驰数十里，复得其余军，因引而入塞。[4]匈奴捕者骑数百追之，广行取胡儿弓，射杀追骑，以故得脱。于是至汉，汉下广吏[5]。吏当广所失亡多，为虏所生得，当[6]斩，赎为庶人。

听说李广有才能，命令说："捉到李广一定要活着送来。"匈奴骑兵捉到李广，李广当时有伤病，他们就把李广安置在两匹马中间，编好网兜，把李广装在里边躺着。走了十多里，李广假装死去，斜眼看到他旁边有一名匈奴少年骑着一匹好马，李广突然跃起而跳上那少年的马，趁机把少年推下去，夺了他的弓，策马向南奔跑了几十里，又遇到了他的剩余部队，于是带领他们进入关塞。匈奴出动几百名骑兵来追赶他，李广边走边拿那匈奴少年的弓射杀追来的骑兵，因此得以逃脱。李广回到了汉朝，朝廷把李广交给法司处理。法司判定李广损失士卒太多，又被敌人活捉，应被处死，后来他出钱赎罪，成为平民。

注释　1 领属：隶属。　护军将军：即韩安国。　2 以卫尉为将军：以卫尉的身份临时充任将军。　3 络：用绳编成网。　4 详：通"佯"，假装。　睨(nì)：斜视。　暂：突然。　腾：跳起，跃起。　5 下广吏：把李广交有关官吏处置。　6 当：判决。

顷之，家居数岁。广家与故颍阴侯孙屏野居蓝田南山中射猎。[1]尝夜从一骑出，从人田间饮。

转眼之间，李广在家闲居了几年。李广家和已故颍阴侯灌婴的孙子灌强一起隐居在蓝田南山中，他们常常在那里打猎。李广曾经有一

还至霸陵亭，霸陵[2]尉醉，呵止广。广骑曰："故李将军。"尉曰："今将军尚不得夜行，何乃故也！[3]"止广宿亭下。居无何，匈奴入杀辽西太守，败韩将军，后韩将军徙右北平。[4]于是天子乃召拜广为右北平太守。广即请霸陵尉与俱，至军而斩之。

晚带着一名骑马的随从外出，和别人在田间饮酒。回来时经过霸陵亭，霸陵尉喝醉了，呵斥李广，不让他通过。李广的随从说："这是前任李将军。"亭尉说："现任将军尚且不能夜晚通行，何况是前任呢！"阻拦李广，让他停宿在霸陵亭下。不久，匈奴入侵杀害辽西太守，打败了韩安国将军，后来韩将军调到右北平。于是天子就征召李广任命他为右北平太守。李广就请求派霸陵尉和他一起去赴任，一到军中，李广就杀了他。

广居右北平，匈奴闻之，号曰"汉之飞将军"，避之，数岁不敢入右北平。

李广驻守右北平，匈奴听说了，称他为"汉朝的飞将军"，躲避他，好几年不敢入侵右北平。

广出猎，见草中石，以为虎而射之，中石没镞[5]，视之，石也。因复更射之，终不能复入石矣。广所居郡闻有虎，尝自射之。及居右北平，射虎，虎腾伤广，广亦竟射杀之。

李广出去打猎，看见草丛中有块石头，以为是老虎，就向它射箭，射中了石头，箭头都射了进去，一看是石头。于是又再射，终归不能再射进石头了。李广听说他所驻守的郡有老虎，他曾经亲自去射。到了他驻守右北平时，又去射虎，老虎跳起伤了李广，李广最终也射死了老虎。

注释　1 颍阴侯孙：即灌婴之孙，名强。　屏野：断绝往来，隐居山野。　蓝田：汉县名，在今陕西蓝田县西。　2 霸陵：汉文帝之陵墓，在今陕西西安市东北，后设为县。　3 今：现任。　何乃故：何况你是过去的。

4 韩将军:即韩安国。 右北平:汉郡名,治所平刚,在今内蒙古宁城西南。
5 没镞(zú):箭头射入石中。

广廉,得赏赐辄分其麾下,饮食与士共之。[1]终广之身[2],为二千石四十余年,家无余财,终不言家产事。广为人长,猿臂,其善射亦天性也,虽其子孙他人学者,莫能及广。[3]广讷口少言,与人居则画地为军陈,射阔狭以饮。[4]专以射为戏,竟死[5]。广之将兵,乏绝之处,见水,士卒不尽饮,广不近水,士卒不尽食,广不尝食。宽缓[6]不苛,士以此爱乐为用。其射,见敌急,非在数十步之内,度[7]不中不发,发即应弦而倒。用此,其将兵数困辱,其射猛兽亦为所伤云。

李广为人廉洁,得到了赏赐就分给他的部下,饮食和士兵们在一起。李广一生,做二千石俸禄的官做了四十多年,家里没有多余的财产,始终也不谈论家产方面的事情。李广身材高大,两臂如猿,善于射箭也是天赋,即使是他的子孙或别人向他学习,也没有人能比得上他。李广口齿迟钝,很少说话,和别人聚在一起,就在地上指画排兵布阵,然后来射箭,根据射中密集或宽疏的行列来定罚谁饮酒。他以射箭为游戏,一直到死。李广带兵,遇到缺粮断水的地方,发现有水,士兵没有饮遍,他就不靠近水边,士兵还没有都吃上饭,他就一点都不吃。他对士兵宽厚和缓而不苛刻,士兵因此乐于为他效劳。他射箭,看见敌人逼近,不到几十步以内,估计射不中就不射,只要发射,敌人立即随弓弦的声音而倒下。因此,他带领军队多次被困受辱,他射杀猛兽时也时而被它们所伤。

注释 1 辄:总是。 麾下:部下。 2 终广之身:李广终身。 3 长:高大。 猿臂:似猿之臂长而灵活。 4 讷(nè)口少言:说话迟钝,不善言谈。　军陈：军阵。　射阔狭以饮：《史记集解》如淳曰："射戏求疏密，持酒以饮不胜者。"　5 竟死：一直到死。　6 宽缓：宽厚和缓。　7 度(duó)：估计。

居顷之，石建[1]卒，于是上召广代建为郎中令。元朔六年，广复为后将军，从大将军军出定襄，击匈奴。[2]诸将多中首虏率，以功为侯者，而广军无功。[3]后二岁，广以郎中令将四千骑出右北平，博望侯张骞将万骑与广俱，异道。[4]行可数百里，匈奴左贤王将四万骑围广，广军士皆恐，广乃使其子敢往驰之。[5]敢独与数十骑驰，直贯胡骑，出其左右而还，告广曰："胡虏易与[6]耳。"军士乃安。广为圜陈外向，胡急击之，矢下如雨。[7]汉兵死者过半，汉矢且尽。广乃令士持满毋发，而广身自以大黄射其裨

过了不久，石建去世，皇上于是召来李广代替石建任郎中令。元朔六年，李广又任后将军，跟随大将军卫青的军队从定襄出发，攻打匈奴。将领们大多都因斩杀敌人首级符合规定数目有功被封为侯，而李广军队没有功劳。过了两年，李广以郎中令的身份带领四千名骑兵从右北平出塞，博望侯张骞带领一万名骑兵和李广一同出征，分行两路。走了大约几百里，匈奴左贤王率领四万名骑兵包围李广，李广的士兵都很恐慌，李广就派他的儿子李敢向匈奴军队冲击。李敢独自和几十名骑兵飞奔过去，直插匈奴的骑兵中，又从他们的左右两翼突击返回，报告李广说："匈奴很容易对付。"士兵们才安心。李广布下圆形阵势，面向外。匈奴猛攻，箭如雨下。汉朝士兵死了一半多，弓箭也快要用光了。李广就命令士兵拉满弓，不要发射，而李广亲自用大黄弩弓射击匈奴的副将，射杀了好几人，匈奴军队才渐渐涣散。适逢黄昏，军吏士兵都面无人色，

将，杀数人，胡虏益解。[8]会日暮，吏士皆无人色，而广意气自如[9]，益治军。军中自是服其勇也。明日，复力战，而博望侯军亦至，匈奴军乃解去。汉军罢[10]，弗能追。是时广军几没，罢归。汉法，博望侯留迟后期，当死，赎为庶人。[11]广军功自如[12]，无赏。

可是李广却神态自若，把军队又整顿了一遍。军中从此都佩服他的勇敢。第二天，他们又奋力作战，而博望侯张骞的军队也赶到，匈奴军队见势就解围离去了。汉军非常疲劳，不能追击。当时李广的军队几乎全军覆没，就收兵回来。根据汉朝法律，博望侯张骞行军迟缓，延误期限，应当处死，后来出钱赎罪成为平民。李广功过相抵，没有奖赏。

注释　1 石建：万石君石奋之子，曾为郎中令。　2 元朔六年：即公元前123年。　定襄：郡名，治所成乐，在今内蒙古和林格尔西北土城子。　3 中：符合。　首虏率：根据斩杀敌人首级和获得俘虏的数量而规定的加官封爵的标准。　4 张骞：汉大臣名，曾两次出使西域，被封为博望侯。详见《大宛列传》。　异道：从不同的道路出发。　5 可：约。　左贤王：匈奴官名，与右贤王共同协助单于处理国事。单于与左、右贤王分部驻扎，各居中、东、西部。　6 易与：容易对付。　7 圜陈：圆阵。　外向：面向外。　8 大黄：弩弓名，用兽角做成，因体大色黄而名。　裨将：副将。　益：逐渐。　解：涣散，离散。　9 自如：如常，自若。　10 罢：通"疲"。　11 留迟：滞留迟缓。　后：误。　12 自如：功过相当。

初，广之从弟李蔡与广俱事孝文帝。景帝时，蔡积功劳至二千石。孝

起初，李广的堂弟李蔡和他一同侍奉孝文帝。景帝时，李蔡积累功劳做到了二千石级的官员。孝武帝

武帝时，至代相[1]。以元朔五年为轻车将军，从大将军击右贤王，有功中率，封为乐安侯。[2]元狩二年中，代公孙弘为丞相。[3]蔡为人在下中，名声出广下甚远，然广不得爵邑，官不过九卿，而蔡为列侯，位至三公。[4]诸广之军吏及士卒或取封侯。广尝与望气王朔燕语[5]，曰："自汉击匈奴而广未尝不在其中，而诸部校尉以下，才能不及中人[6]，然以击胡军功取侯者数十人，而广不为后人，然无尺寸之功以得封邑者，何也？岂吾相[7]不当侯邪？且固命也？"朔曰："将军自念，岂尝有所恨[8]乎？"广曰："吾尝为陇西守，羌[9]尝反，吾诱而降，降者八百余人，吾诈而同日杀之。至今大恨独此耳。"朔曰："祸莫大于杀已降，此乃将

时期，又做到代国的国相。李蔡在元朔五年任轻车将军，跟随大将军卫青攻打匈奴右贤王，斩敌够数有功，被封为乐安侯。元狩二年间，他取代公孙弘任丞相。李蔡的为人，只能算个下中等，名声和李广相差很远，可是李广得不到封爵和封地，做官也不超过九卿，而李蔡被封为列侯，官位达到三公。李广的军官和士兵中有人也获得了封侯。李广曾经和星象家王朔私下闲谈，说："自从汉朝攻打匈奴以来，我没有一次不参加，可是各部队校尉以下的军官，才能比不上中等人，却因为攻打匈奴有军功而被封侯的有几十人，而我不比别人差，但是没有一点功劳来获取封地，为什么呢？难道我面相不该封侯吗？还是这本来就是命呢？"王朔说："将军自己想一下，难道曾经有遗恨的事吗？"李广说："我曾经做陇西太守，羌人有一次造反，我引诱他们来投降，投降的有八百多人，我欺骗了他们而在同一天把他们都杀了。直到今天我最悔恨的只有这件事了。"王朔说："灾祸，没有比杀害已经投降的人更大的了，这是将

军所以不得侯者也。”

军不能被封侯的原因。”

注释 1 代相:代国之相。代,曾为汉初同姓封国之一,后置为郡。 2 元朔五年:即公元前124年。 大将军:指卫青。 3 元狩二年:即公元前121年。 公孙弘:汉大臣名,熟习文法吏事,曾任御史大夫、丞相,被封为平津侯。详见《平津侯主父列传》。 4 下中:古时论人分九品,上、中、下三类里又有上、中、下之分。下中为第八等。 九卿:西汉时指太常、郎中令、卫尉、太仆、廷尉、少府、鸿胪、宗正、大司农等。 三公:指丞相、御史大夫、太尉。 5 望气:职业名,以候测天文星象来占卜吉凶。 燕语:闲谈。 6 中人:中等人。 7 相:面相,相貌。 8 恨:遗憾,悔恨。 9 羌:当时居住在甘肃、青海一带的部族。

后二岁,大将军、骠骑将军[1]大出击匈奴,广数自请行。天子以为老,弗许;良久乃许之,以为前将军。是岁,元狩四年[2]也。

广既从大将军青击匈奴,既出塞,青捕虏知单于所居,乃自以精兵走[3]之,而令广并于右将军军,出东道。东道少回远,[4]而大军行水草少,其势不屯行。广自请曰:“臣部为前将军,今大将军乃徙令臣出东道,且臣结

又过了两年,大将军卫青、骠骑将军霍去病大规模出兵攻打匈奴,李广多次请求随行。天子认为他年老,没有答应;过了很久才答应他,让他任前将军。这一年,是元狩四年。

李广跟随大将军卫青攻打匈奴,出了边塞后,卫青从捕获的俘虏口中得知单于的住处,于是自己率领精兵前往,而命令李广和右将军的部队合并,从东路出发。东路稍有些迂回绕远,而且大军在水草缺少的地方行进,这种形势无法驻扎只能前行。李广请求说:“我的职务是前将军,

发而与匈奴战,今乃一得当单于,臣愿居前,先死单于。[5]”大将军青亦阴受上诫,以为李广老,数奇,毋令当单于,恐不得所欲。[6]而是时公孙敖新失侯,[7]为中将军从大将军,大将军亦欲使敖与俱当单于,故徙前将军广。广时知之,固自辞于大将军。大将军不听,令长史封书与广之莫府,曰:“急诣部,如书。”[8]广不谢大将军而起行,意甚愠怒而就部,引兵与右将军食其[9]合军出东道。军亡导,或失道,后大将军。大将军与单于接战,单于遁走,弗能得而还。南绝幕,遇前将军、右将军。[10]广已见大将军,还入军。大将军使长史持糒醪遗广,因问广、食其失道状,青欲

如今大将军却改令我从东路出征,况且我从年轻时就一直和匈奴交战,到今天才有一次机会能够遇上单于,我希望做前锋,先和单于决一死战。”大将军卫青也私下里接受过皇上的告诫,认为李广年老,命运不好,不要让他和单于对敌,否则恐怕不能实现我们的愿望。这时公孙敖刚失去侯爵,担任中将军,跟随大将军,大将军也想派公孙敖和自己一起与单于对敌,所以调开前将军李广。李广当时知道这事,但还是一再向大将军请求。大将军没有听从,命令长史写文书送到李广的驻地,说:“赶快前往右将军的部队,照文书办。”李广不向大将军告辞就出发了,心里十分恼怒地前往军部,带领士兵和右将军赵食其会合,从东路出征。军队没有向导,半道上迷了路,落在大将军后面。大将军和单于交战,单于逃跑,没有捉到而回来。大将军向南横渡沙漠,遇上前将军、右将军。李广谒见大将军后,回到部队中。大将军派长史拿着干饭和浊酒送给李广,顺便询问李广、赵食其迷路的情况,说是自己要上书向天子报告部队的详情。李广没有回答,大将军卫青派长史迅速责令李广到大将军

上书报天子军曲折。[11]广未对,大将军使长史急责广之幕府对簿[12]。广曰:"诸校尉无罪,乃我自失道。吾今自上簿至莫府。"广谓其麾下曰:"广结发与匈奴大小七十余战,今幸从大将军出接单于兵,而大将军又徙广部行回远,而又迷失道,岂非天哉!且广年六十余矣,终不能复对刀笔之吏[13]。"遂引刀自刭。广军士大夫一军皆哭。百姓闻之,知与不知,无老壮皆为垂涕。而右将军独下吏,当死,赎为庶人。

卫青的幕府去受审对质。李广说:"校尉们没有罪,是我自己迷了路。我现在要亲自去大将军的幕府受审对质。"李广对他的部下说:"李广我年轻时和匈奴作战大小有七十多次,如今有幸跟随大将军出发和单于交战,可是大将军又调我的部队去走迂回绕远的路,并且又迷了路,难道不是天意吗?况且我六十多岁了,终究不能再受那些刀笔吏的侮辱了。"于是就拔刀自杀。李广部队的将士都为此痛哭。百姓们听说了,认识和不认识李广的,无论老少都为李广落泪。右将军赵食其被交给法司查办,被判死刑,后来他出钱赎罪成为平民。

注释 1 骠骑将军:指霍去病。 2 元狩四年:即公元前119年。 3 走:奔向。 4 少:稍微。 回远:迂回绕远。 5 结发:即束发。 一得:得到一个机会。 6 阴:暗中。 数奇(jī):命运不好。数,天命,命运。奇,单数,占卜以奇为不吉。 7 公孙敖:汉将领,与卫青为友,曾封合骑侯,后因罪失去侯爵。 新:刚刚。 8 莫府:即"幕府",此指大将军卫青之行军府。 诣:往,到。 部:指右将军部。 9 食其(yì jī):即赵食其,时为右将军。 10 绝:越过,横穿。 幕:通"漠",大漠。 11 糒(bèi):干饭。 醪(láo):浊酒。 曲折:详细情况。 12 对簿:对质,受审。 13 刀笔之吏:管理文书的官吏。

广子三人，曰当户、椒、敢，为郎。天子与韩嫣戏，嫣少不逊，当户击嫣，嫣走。[1]于是天子以为勇。当户早死，拜椒为代郡太守，皆先广死。当户有遗腹子[2]名陵。广死军时，敢从骠骑将军。广死明年，李蔡以丞相坐侵孝景园堧地，当下吏治，蔡亦自杀，不对狱，国除。[3]李敢以校尉从骠骑将军击胡左贤王，力战，夺左贤王鼓旗，斩首多，赐爵关内侯，食邑二百户，代广为郎中令。顷之，怨大将军青之恨其父，乃击伤大将军，大将军匿讳之。[4]居无何，敢从上雍，至甘泉宫猎。[5]骠骑将军去病与青有亲[6]，射杀敢。去病时方贵幸，上讳云鹿触杀之。居岁余，去病死。而敢有女为太子中人[7]，爱

李广有三个儿子，叫当户、椒、敢，都做郎官。天子和韩嫣有一次玩游戏，韩嫣行为有点不谦恭，李当户去打韩嫣，韩嫣跑开了。于是天子认为李当户很勇敢。李当户早死，任命李椒做代郡太守，两人都在李广之前死。李当户有个遗腹子叫李陵。李广在部队中去世时，李敢正跟随骠骑将军霍去病。李广死后的第二年，李蔡以丞相身份因侵占孝景帝陵园前大道两旁的空地而犯罪，应当交给法司判处，李蔡也自杀了，不愿受审对质，他的封国被废除。李敢以校尉的身份跟随骠骑将军霍去病攻打匈奴左贤王，奋力作战，夺得左贤王的战鼓和军旗，斩杀了很多敌人，被赐给关内侯的封爵，封给食邑二百户，接替李广担任郎中令。不久，李敢怨恨大将军卫青使他父亲含恨而死，就打伤了大将军，大将军把这事隐瞒了起来。不久，李敢跟随皇上去雍县，到甘泉宫打猎。骠骑将军霍去病和卫青有亲戚关系，霍去病就借机射死了李敢。霍去病当时正显贵受宠，皇上就隐瞒真相，说李敢被鹿撞死了。一年多后，霍去病去世。李敢有个女儿是太子的侍妾，

幸。敢男禹有宠于太子，然好利，李氏陵迟[8]衰微矣。

受到宠爱，李敢的儿子李禹也受到太子的宠爱，但他贪图财利，李家逐渐衰落了。

注释 1 韩嫣：武帝宠臣。 逊：谦恭。 2 遗腹子：父亲死前还未出世的孩子。 3 孝景园：汉景帝陵园。 堧(ruán)地：陵墓大道旁的空地。 对狱：接受审讯。 国除：封爵被除。 4 怨：怨恨，责怪。 恨其父：使其父饮恨自杀。 匿讳：隐瞒而讳言。 5 雍：汉县名，在今陕西凤翔县南，其地距甘泉宫较远。 甘泉宫：行宫名，为汉武帝游猎之所，在今陕西淳化县西北甘泉山上。 6 有亲：有亲属关系。卫青与霍去病为甥舅。 7 中人：没有封号的宫女。 8 陵迟：衰落。

李陵既壮，选为建章监[1]，监诸骑。善射，爱士卒。天子以为李氏世将，而使将八百骑。尝深入匈奴二千余里，过居延[2]视地形，无所见虏而还。拜为骑都尉，将丹阳楚人五千人，教射酒泉、张掖以屯卫胡。[3]

李陵到了壮年以后，被选任为建章宫的监督官，监管那些骑兵。他善于射箭，爱护士兵。天子认为李家世代为将，就派他率领八百名骑兵。李陵曾经深入匈奴境内二千多里，穿过居延观察地形，没有看到敌军的影踪而平安返回。他被任命为骑都尉，率领丹阳的楚兵五千人，在酒泉、张掖教习射箭，来驻守边关防御匈奴。

注释 1 建章监：建章宫的护卫长官，属郎中令。建章，即建章宫，汉武帝时建，位于未央宫西。 2 居延：汉县名，其东北面有居延泽，在今内蒙古额济纳旗东南。 3 丹阳：汉郡名，治所宛陵，在今安徽宣城市。　酒泉：汉郡名，治所禄福，在今甘肃酒泉市。　张掖：汉郡名，治所觻得，在今甘肃张掖市西北。

数岁，天汉二年秋，贰师将军李广利将三万骑击匈奴右贤王于祁连、天山，而使陵将其射士步兵五千人出居延北可千余里，欲以分匈奴兵，毋令专走贰师也。[1]陵既至期还，而单于以兵八万围击陵军。陵军五千人，兵矢既尽，士死者过半，而所杀伤匈奴亦万余人。且引且战，连斗八日，还未到居延百余里，匈奴遮狭绝道[2]，陵食乏而救兵不到，虏急击招降陵。陵曰："无面目报陛下。"遂降匈奴。其兵尽没，余亡散得归汉者四百余人。

几年后，天汉二年秋天，贰师将军李广利率领三万名骑兵在祁连、天山攻打匈奴右贤王，而派李陵率领他的射手、步兵五千人，从居延向北到了大约一千多里的地方，想因此分散匈奴的兵力，不让他们集中兵力追击贰师将军。李陵到了预定期限后要回兵，可是单于用八万大军围攻李陵的军队。李陵只有五千人，箭都射光了，士兵损失过半，但他们杀伤杀死的匈奴人也有一万多。他们边退边战，连战了八天，往回走到距离居延还有一百多里，匈奴兵拦堵住狭窄的山谷，截断通路，李陵军队缺少粮食，而救兵不来，敌人加紧攻打，并劝诱李陵投降。李陵说："我没有脸面回去报告陛下了。"于是投降了匈奴。他的军队全军覆没，其余逃散回到汉朝的有四百多人。

单于既得陵，素闻其家声，及战又壮，乃以其女妻陵[3]而贵之。汉闻，族

单于得到李陵后，他平素就对李家的名声有所耳闻，也知道李陵打仗时很勇猛，就把自己的女儿嫁给他，对他很尊崇。汉朝听说了，就

陵母妻子。自是之后，李氏名败，而陇西之士居门下者[4]皆用为耻焉。

杀了李陵母亲、妻儿全家。从那以后，李家名声败落，陇西的人士曾做过李家宾客的，都以此为辱。

注释 1 天汉二年：即公元前99年。 李广利：西汉将领，因其曾伐大宛，到贰师城取汗血马而名贰师将军，为汉武帝宠妃李夫人之兄。 专走：只奔向。 2 遮狭绝道：阻在险狭之处断绝了返回的通道。 3 妻陵：为李陵娶妻。 4 居门下者：李氏一门之宾客。

太史公曰：《传》曰"其身正，不令而行；其身不正，虽令不从"[1]。其李将军之谓也？余睹李将军悛悛如鄙人，[2]口不能道辞。及死之日，天下知与不知，皆为尽哀。彼其忠实心诚信于士大夫也。谚曰"桃李不言，下自成蹊[3]"。此言虽小，可以谕大也。

太史公说：《论语》说："在上位的人本身行为端正，即便不下命令，人们也会遵守奉行；自身行为不端正，即便下了命令，人们也不会遵守奉行。"大概说的是李将军吧？我看到李将军谦恭谨慎得像个乡下人，不善于说话。到他死的那天，天下认识和不认识他的，都为他哀悼。他那忠实的品格确实感动了士大夫啊。谚语说"桃树李树不会说话，可是树下仍会被人踩出一条小路"。这话虽然说的是小事，却可以用来说明大道理呀。

注释 1 "《传》曰"四句：此文引自《论语·子路》篇。 2 悛悛(xún)：亦作"恂恂"，谦恭谨慎貌。 鄙人：粗人，乡下人。 3 蹊：小路。

史记卷一百十

匈奴列传第五十

原文

匈奴，其先祖夏后氏之苗裔也，曰淳维。[1]唐虞以上有山戎、猃狁、荤粥[2]，居于北蛮，随畜牧而转移。其畜之所多则马、牛、羊，其奇畜则橐驼、驴、骡、驮騠、騊駼、驒騱。[3]逐水草迁徙，毋城郭常处耕田之业，然亦各有分地。[4]毋文书，以言语为约束。儿能骑羊，引弓射鸟鼠；少[5]长则射狐兔：用为食。士力能毌[6]弓，尽为甲骑。其俗，宽[7]则随畜，因射猎禽兽为生业，急则人习战攻以

译文

匈奴的祖先是夏后氏的后代，名叫淳维。唐尧、虞舜以前有山戎、猃狁、荤粥，居住在北边蛮荒之地，随放牧而迁徙。他们的牲畜多是马、牛、羊，他们的奇特牲畜则是骆驼、驴、骡、驮騠、騊駼、驒騱。追逐着水草而迁移，没有城镇常居之地和农耕生产，但是也各自有分占的牧地。没有文字和书籍，用言语来相互约束。小孩能够骑羊，拉弓射鸟、鼠；稍大一点就能射狐狸、兔子：用来作食物。男子都有力量拉开弓，全都是披甲的骑兵。他们的风俗，平时随意游牧，以射猎禽兽作为职业，形势紧急时，则人人习武作战来进行侵袭征伐，这是他们的天性。他们的长兵器是弓和箭，短兵器是刀和

侵伐，其天性也。其长兵则弓矢，短兵则刀铤。[8]利则进，不利则退，不羞遁走。[9]苟利所在，不知礼义。自君王以下，咸食畜肉，衣其皮革，被旃裘。[10]壮者食肥美，老者食其余。贵壮健，贱老弱。父死，妻其后母；兄弟死，皆取[11]其妻妻之。其俗有名不讳，而无姓字[12]。

铁柄小矛。形势有利就进攻，不利就退却，不以逃跑为羞耻。如果有利可图，就不知道什么是礼义。从君王以下，都吃牲畜的肉，穿牲畜的皮革，披着带毛的皮袄。健壮的人吃肥美的食物，老年人吃剩下的。尊重健壮的人，轻视年老体弱的人。父亲去世，儿子就娶后母为妻；兄弟去世，活着的兄弟就娶已故兄弟的妻子为妻。他们的风俗是有名却不避讳，没有姓和字。

注释　1 夏后：夏代君王。　苗裔：后代子孙。　淳维：《史记集解》引《汉书音义》曰："匈奴始祖名。"《史记索隐》引张晏曰："淳维以殷时奔北边。"　2 山戎、猃狁（xiǎn yǔn）、荤粥（xūn yù）：此皆秦以前匈奴名。《史记集解》引晋灼云："尧时曰荤粥，周曰猃狁，秦曰匈奴。"　3 橐驼（tuó）：骆驼。　骡（luó）：公驴与母马杂交而生。　駃騠（jué tí）：公马与母驴杂交而生的驴骡。　騊駼（táo tú）：一种色青其状如马之兽。　驒騱（tuó xī）：一种野马。　4 毋：没有。　常处：固定的住所。　耕田之业：农耕生产。　分地：分占的牧地。　5 少：稍微。　6 毌（wān）：通"弯"，使弯曲。　7 宽：宽松，没有战争的时候。　8 兵：武器。　铤（chán）：铁把小矛。　9 羞：以……为耻。　遁：逃。　10 被：通"披"。　旃（zhān）裘：用兽毛兽皮制成的衣服。　11 取：通"娶"。　12 姓字：姓氏和表字。

夏道衰，而公刘失其稷官，变于西戎，邑于豳。[1]其

夏朝国运衰落，公刘失去了他的稷官职位，在西戎实行变革，

后三百有余岁，戎狄攻大王亶父，亶父亡走岐下，而豳人悉从亶父而邑焉，作周。[2]其后百有余岁，周西伯昌伐畎夷氏。[3]后十有余年，武王伐纣而营雒邑，复居于酆、鄗，放逐戎夷泾、洛之北，以时入贡，命曰“荒服”。[4]其后二百有余年，周道衰，而穆王[5]伐犬戎，得四白狼、四白鹿以归。自是之后，荒服不至。于是周遂作《甫刑》之辟。[6]

就在豳地建立都邑居住下来。三百多年后，戎狄族攻打周太王亶父，亶父逃跑到岐山下，而豳地人都跟随亶父在这里营造城邑，建立周国。一百多年后，周西伯姬昌讨伐畎夷氏。十多年后，周武王讨伐商纣王，而营建雒邑，又回到酆京、镐京居住，把戎夷驱逐到泾水、洛水以北，让他们按时向周进贡，叫作“荒服”。又过了二百多年，周朝政治衰落，周穆王讨伐犬戎，得到四条白狼、四只白鹿而回。从那以后，荒服的戎夷之人不再来进贡。于是周王朝就制定了《甫刑》的法令。

注释 **1** 公刘：古代周部族之祖先，相传为后稷之曾孙。 稷官：掌农之官，相传周祖先世代为此官。 邑：建立都邑。 豳(bīn)：也作“邠”，古地名，在今陕西彬州市东北。 **2** 戎狄：当时西部、北部部族之统称。 大(tài)王亶父(dǎn fǔ)：即周文王之祖父古公亶父。大王，即太王。 岐：山名，在今陕西岐山县东北。 作：兴建，创立。 **3** 西伯昌：即周文王姬昌，受商封为西伯。 畎(quǎn)夷氏：即犬戎，活动在当时洛水上游一带的部族。 **4** 营雒邑：在雒营建都邑。雒，邑名，在今河南洛阳市。 酆：后亦作“丰”，周文王建都于此，在今西安市西南，丰水西岸。 鄗(hào)：周武王灭商后建都于此，在今西安市西南，丰水东岸。 泾、洛：即今泾水、洛水。 荒服：荒远而臣服之意。古五服之一，人们把王畿以外的地方，每隔五百里分为一区，分别为甸服、侯服、绥服、要服、荒服，荒服为最远之地。 5 穆王：即周穆王姬满，西周第五代君主。 6《甫刑》：即《尚书·吕刑》篇。周穆王命吕侯据夏禹赎刑之法而制定的刑法，吕侯后来为甫侯，故“吕刑”又称“甫刑”。 辟：法令。

穆王之后二百有余年，周幽王用宠姬褒姒之故，与申侯有郤。[1]申侯怒而与犬戎共攻杀周幽王于骊山之下，遂取周之焦获，而居于泾渭之间，侵暴中国。[2]秦襄公救周，于是周平王去酆、鄗而东徙雒邑。[3]当是之时，秦襄公伐戎至岐，始列为诸侯。是后六十有五年，而山戎越燕而伐齐，齐釐公[4]与战于齐郊。其后四十四年，而山戎伐燕。燕告急于齐，齐桓公北伐山戎，山戎走。

周穆王以后的二百多年，周幽王因为宠姬褒姒的缘故，和申侯有了仇怨。申侯气愤，和犬戎一同攻打周朝并将周幽王杀死在骊山脚下，犬戎就取得了周朝的焦获之地，居住在泾水、渭水一带，侵犯暴掠中原地区。秦襄公援救周王，于是周平王离开酆京、镐京，而向东迁徙到雒邑。那时，秦襄公攻打犬戎一直打到岐山，被周天子封为诸侯。又过了六十五年，山戎越过燕国而攻打齐国，齐釐公和山戎在齐国都城外作战。又过了四十四年，山戎攻打燕国。燕国向齐国告急，齐桓公向北攻打山戎，山戎逃跑。

注释 1 周幽王：名姬宫涅，公元前781—前771年在位。 褒姒(sì)：褒国美女，后为幽王宠妃。 申侯：西周末年西申（又名申、申戎）国君，周幽王王后申氏之父，后周幽王宠褒姒而废申氏。 郤(xì)：通“隙”，嫌隙，裂痕。 2 骊山：山名，即今骊山，在西安市临潼区东南。 焦获：即焦获泽，在今陕西泾阳县西北。 中国：中原。 3 秦襄公：春秋秦国国君，公元前777—前766年在位。 周平王：即姬宜臼，公元前770—前720

年在位。 **4** 齐釐(xī)公:春秋时齐国国君,公元前730—前698年在位。

其后二十有余年,而戎狄至雒邑,伐周襄王,襄王奔于郑之氾邑。[1]初,周襄王欲伐郑,故娶戎狄女为后,与戎狄兵共伐郑。已而黜狄后,狄后怨,而襄王后母曰惠后,有子子带,欲立之,于是惠后与狄后、子带为内应,开戎狄,戎狄以故得入,破逐周襄王,而立子带为天子。[2]于是戎狄或居于陆浑[3],东至于卫,侵盗暴虐中国。中国疾之,故诗人歌之曰"戎狄是应"[4]"薄伐猃狁,至于大原"[5]"出舆彭彭,城彼朔方"[6]。周襄王既居外四年,乃使使告急于晋。晋文公初立,欲修霸业,乃兴师伐逐戎翟,诛子带,迎内周襄王,居于雒邑。[7]

又过了二十多年,戎狄来到雒邑,攻打周襄王,周襄王逃奔到郑国的氾邑。起初,周襄王要攻打郑国,所以娶了戎狄的姑娘做王后,和戎狄军队一同讨伐郑国。不久,周襄王废黜了狄王后,狄王后怨恨,襄王后母叫惠后,有个儿子叫子带,她想立子带为王,于是惠后和狄后、子带作为内应,为戎狄开城门,戎狄因此能够入城,打败并赶走周襄王,而立子带为天子。于是戎狄有些人居住在陆浑,东部到达了卫国,侵犯残害中原人民。中原人痛恨他们,所以诗人作诗说:"打击戎狄""讨伐猃狁到达大原""出动众多车马,在北方筑城"。周襄王在外居住了四年,就派使者向晋国告急。晋文公刚即位,想要建立霸业,就发动军队讨伐并赶走戎狄,杀死子带,迎回周襄王,居住在雒邑。

注释 **1** 周襄王:即姬郑,春秋时周朝天子,公元前651—前619年在位。 氾邑:邑名,在今河南襄城县。 2 黜:废除。 后母:襄王亦惠后所生,非后母。 惠后……为内应:惠后此前已卒,不当为内应。 开:打开城门。 3 陆浑:即陆浑戎,古戎人的一支。东迁后,因居阴地(今河南卢氏东北),又称“阴戎”。原住瓜州(今陕西秦岭西端及陇山一带),后迁至伊川(在今河南伊河流域)。此处代指陆浑戎所居之地。 4 戎狄是应:此句出自《诗经·鲁颂·閟宫》,原文“应”为“膺”,打击。 5 薄伐猃狁,至于大原:此二句引自《诗经·小雅·彤弓之什·六月》。薄,句首发语词。大原,地区名,在今甘肃镇原县西北一带。 6 出舆彭彭,城彼朔方:此二句引文出自《诗经·小雅·鹿鸣之什·出车》,原诗为“出车彭彭,旂旐央央,天子命我,城彼朔方”。彭彭,车马众多貌。朔方,《史记集解》引《毛诗传》曰:“朔方,北方。” 7 晋文公:即重耳,公元前636—前628年在位。 戎翟:当时活动于秦、晋北方一带的部族。 内:同“纳”,接纳。

当是之时,秦、晋为强国。晋文公攘戎翟,居于河西圁、洛之间,号曰赤翟、白翟。[1]秦穆公得由余,西戎八国服于秦,故自陇以西有绵诸、绲戎、翟、豲之戎,岐、梁山、泾、漆之北有义渠、大荔、乌氏、朐衍之戎。[2]而晋北有林胡、楼烦之戎,燕北有东胡、山戎。[3]各分散居溪谷,自有君长,往往而聚者百有余戎,然莫能相一。

这时,秦国、晋国是强国。晋文公赶跑了戎狄,戎狄居住在河西的圁水、洛水一带,称为赤狄、白狄。秦穆公得到由余的帮助,西戎八个国家都向秦国臣服,所以从陇地往西有绵诸、绲戎、狄、豲等戎族,岐山、梁山、泾水、漆水以北有义渠、大荔、乌氏、朐衍等戎族。而晋国北边有林胡、楼烦等戎族,燕国北边有东胡、山戎。各自分散居住在溪谷里,各自都有君长,各地区的戎族部落加起来有一百多个,但都不相统属。

注释 1 攘:排除。 河西:地区名,指今陕西东部黄河以西地区。《汉书》作“西河”。 圁(yín):即固水,今名秃尾河,在陕西北部,黄河一支流。 洛:洛水。 2 秦穆公:即秦缪公,秦国君王,公元前659—前621年在位。 由余:春秋时秦国大夫,先世为晋人,流亡入戎,后受穆公礼遇而辅佐秦,秦遂霸西戎。 陇:指陇山,在今陕西宝鸡市西北。 绵诸、绲(gǔn)戎、翟(dí)、貆(huán,又读yuán)之戎:以上皆秦时西部部族名。绵诸,活动在今甘肃天水市东部一带。绲戎,一说即犬戎,活动在今甘肃陇西县以北地区。翟,活动在今甘肃临洮县一带。貆,又作“獂”,活动在今甘肃陇西县东南。 梁山:山名,在今陕西韩城市西部。 漆:古水名。《汉书·地理志》载,在漆县西,漆县即在今陕西彬州市。 义渠、大荔、乌氏、朐(qú)衍:以上皆为活动在今陕西、宁夏地区的部族名。义渠,在今甘肃庆阳市东南。大荔,在今陕西大荔县东部一带。乌氏,在今宁夏六盘山以东地区。朐衍,在今宁夏盐池县一带。 3 林胡:亦作“林人”,活动于今内蒙古和陕西交界一带的部族。 楼烦:部族名,活动于今内蒙古中部和山西交界一带。 东胡:活动于今内蒙古西辽河上游一带的部族。

自是之后百有余年,晋悼公使魏绛和戎翟,戎翟朝晋。[1]后百有余年,赵襄子逾句注而破并代以临胡貉。[2]其后既与韩、魏共灭智伯,分晋地而有之,则赵有代、句注之北,魏有河西、上郡,以与戎界边。[3]其后义渠之戎筑城郭以自守,而秦稍

此后一百多年,晋悼公派魏绛和戎狄讲和,戎狄到晋国朝见。又过了一百多年,赵襄子越过句注山,打败而且吞并了代地,逼近胡人和貉人居住区。后来,赵襄子和韩康子、魏桓子一同消灭了智伯,瓜分了晋国并占有了它的土地,结果赵占有代地、句注山以北的地方,魏占有河西、上郡,因而和戎人接界。后来,义渠的戎人修筑城池来守卫自己,而秦国逐渐蚕食他们,到了秦惠王时,就攻取了义渠的

蚕食，至于惠王[4]，遂拔义渠二十五城。惠王击魏，魏尽入西河[5]及上郡于秦。秦昭王时，义渠戎王与宣太后乱，有二子。[6]宣太后诈而杀义渠戎王于甘泉，遂起兵伐残义渠。于是秦有陇西、北地、上郡，筑长城以拒胡。[7]而赵武灵王[8]亦变俗胡服，习骑射，北破林胡、楼烦；筑长城，自代并阴山下，至高阙为塞，而置云中、雁门、代郡。[9]其后燕有贤将秦开[10]，为质于胡，胡甚信之。归而袭破走东胡，东胡却[11]千余里。与荆轲刺秦王秦舞阳者，开之孙也。燕亦筑长城，自造阳至襄平，置上谷、渔阳、右北平、辽西、辽东郡以拒胡。[12]当是之时，冠带战国七，而三国边于匈奴。[13]其后赵将李牧[14]时，匈奴不敢入赵边。

二十五座城池。秦惠王攻打魏国，魏国把西河和上郡全部献给了秦国。秦昭王时期，义渠戎人之王和宣太后淫乱，生下了两个儿子。宣太后骗义渠戎王到甘泉宫后杀死了他，于是派兵讨伐并消灭了义渠。于是秦国占据陇西、北地、上郡，修筑长城来抵御匈奴。而赵武灵王也改变风俗，穿匈奴人的衣服，练习骑马、射箭，向北打败了林胡、楼烦；还修筑长城，从代地沿着阴山修下去，直到高阙，建起关塞，并设置云中、雁门、代郡三郡。后来，燕国有位贤能的将领秦开，在匈奴那里做人质，匈奴人十分信赖他。他回来后，袭击并打败、赶走了东胡，东胡后退一千多里。和荆轲一起刺杀秦王的秦舞阳，就是秦开的孙子。燕国也修筑长城，从造阳一直到襄平，并设置上谷、渔阳、右北平、辽西、辽东郡来抵御匈奴。在这个时候，华夏的大国有七个，而其中三个国家与匈奴接邻。后来李牧任赵国将军时，匈奴不敢进入赵国的边地。

注释　1 晋悼公：春秋时晋国国君，公元前572—前558年在位。　魏绛：

即魏庄子,魏国大夫。 **2** 赵襄子:原春秋时晋国大臣,后为战国时赵国的奠基者,公元前475—前425年在位。 句(gōu)注:山名,在今山西代县西。 代:地名,在今河北蔚县一带。 临:面对。 胡貉(mò):泛指北方一带的部族。胡,古代指西方和北方的部族。貉,亦作“貊”,古代指东北方的部族。 **3** 智伯:亦作“知伯”,即智襄子,又称荀瑶,春秋末晋六卿之一。 河西:指黄河以西的西河地区。 上郡:地在今陕西延安、榆林一带。秦后设置为郡。 **4** 惠王:即秦惠王,又名惠文王,战国时秦国国君,公元前337—前311年在位。 **5** 西河:战国魏地,在今陕西东南部黄河西岸地区,后置郡。 **6** 秦昭王:战国时秦国国君,公元前306—前251年在位。 宣太后:楚国人,秦昭王母。 乱:淫乱。 **7** 陇西:郡名,治所狄道,在今甘肃临洮县。 北地:郡名,治所郁郅,在今甘肃庆阳市。 **8** 赵武灵王:战国时赵国君王,公元前325—前299年在位。 **9** 並(bàng):通“傍”,依傍,沿着。 阴山:山名,即今阴山中部一带的大青山。 高阙:关塞名,在今内蒙古杭锦后旗北。 云中:郡名,在今内蒙古呼和浩特市西南地区。 雁门:郡名,在今山西北部。 代郡:郡名,在今山西东北部及河北西北部地区。 **10** 秦开:战国时燕国将领,初为人质于东胡,归国后率军击败东胡,扩地千余里。 **11** 却:后退。 **12** 造阳:邑名,在今河北怀来县官厅水库南侧。 襄平:邑名,在今辽宁辽阳市。 上谷:郡名,在今河北怀来、宣化一带。 渔阳:郡名,在今北京怀柔南北一带。 右北平:郡名,在今河北承德、唐山一带。 辽西:郡名,辖今辽宁锦州至山海关一带。 辽东:郡名,在今辽宁沈阳至丹东一带。 **13** 冠带:戴帽束带,此为文明发展的标志。 三国:指秦、赵、燕。 **14** 李牧:战国时赵国名将,曾多次击败胡人,大败秦军,封为武安君,详见《廉颇蔺相如列传》。

后秦灭六国，而始皇帝使蒙恬将十万之众北击胡，悉收河南地。[1]因河为塞，筑四十四县城临河，徙適戍以充之。[2]而通直道，自九原至云阳，因边山险壍溪谷可缮者治之，起临洮至辽东万余里。[3]又度河据阳山、北假中。[4]

后来秦国灭亡了六国，秦始皇派蒙恬率领十万人向北攻打匈奴，收复了河南一带的全部土地。以黄河为边塞，在黄河沿岸修筑了四十四座县城，迁徙因犯罪被罚守边疆的人到那里。又修造直通大路，从九原一直到云阳，在山岭、险要的沟壕、溪谷等可以修缮的地方建造长城，从临洮起直到辽东，有一万多里。又渡过黄河，占据了阳山、北假一带。

注释　1 蒙恬：秦朝著名将领，秦统一前曾大败齐国，统一后击败匈奴，后赵高矫诏逼令其自杀。详见《蒙恬列传》。　十万：《秦始皇本纪》《蒙恬列传》皆云"三十万"。　河南：此指内蒙古鄂尔多斯一带。　2 城临河：紧靠着黄河筑城。　適戍：因犯罪而被罚戍边之人。適，通"谪"。　3 直道：秦时所修道名，因直通而名。　九原：县名，在今内蒙古包头市西，其地后设立为郡。　云阳：县名，在今陕西淳化县西北。　壍(qiàn)：同"堑"，隔断交通的沟。　临洮：县名，在今甘肃岷县。　4 度：渡过。　阳山：山名，今阴山山脉西部一段，现叫"狼山"。　北假：地区名，指今内蒙古巴盟临河至乌拉特前旗一带夹山带河地区。

当是之时，东胡强而月氏[1]盛。匈奴单于[2]曰头曼，头曼不胜秦，北徙。十余年而蒙恬死，诸侯畔[3]秦，中国扰乱，诸秦所徙適戍边者皆

这时，东胡和月氏都很强盛。匈奴单于叫头曼，头曼打不过秦朝，向北迁移。十多年后蒙恬去世，诸侯背叛了秦朝，中原形势混乱，那些秦朝调派去谪守边境的人都又离去，于是匈奴摆脱了困

复去，于是匈奴得宽，复稍度河南，与中国界于故塞。

境，又逐渐渡过黄河向南，在原先的边塞上和中原交界。

注释　1 月氏(yuè zhī)：古部族名，开始分布于今甘肃和青海交界处，后迫于匈奴的攻击，西迁至今新疆伊犁河流域及其迤西一带。西迁的月氏人建大月氏国，少数没有西迁的人入南山(今祁连山)，与羌人杂居，称小月氏。　2 单(chán)于：匈奴君长之称号。　3 畔：通“叛”。

单于有太子名冒顿[1]。后有所爱阏氏[2]，生少子，而单于欲废冒顿而立少子，乃使冒顿质于月氏。冒顿既质[3]于月氏，而头曼急击月氏。月氏欲杀冒顿，冒顿盗其善马，骑之亡归。头曼以为壮，令将万骑。冒顿乃作为鸣镝，习勒其骑射，令曰：“鸣镝所射而不悉射者，斩之。”[4]行猎鸟兽，有不射鸣镝所射者，辄斩之。已而冒顿以鸣镝自射其善马，左右或不敢射者，冒顿立斩不射善马者。居顷之，复以鸣镝自射其爱妻，左右或

头曼单于有太子名叫冒顿。后来他所喜爱的阏氏，生了个小儿子，他就想废弃冒顿而立小儿子为太子，于是派冒顿到月氏做人质。冒顿到月氏做人质后，头曼单于就加紧进攻月氏。月氏人想杀死冒顿，冒顿偷取了他们的好马，骑着逃回来了。头曼认为他勇猛，就命令他率领一万名骑兵。冒顿于是制造了响箭，统领部下练习骑马、射箭，发布命令说：“响箭所射到的地方，有不跟着大家全力去射的人，处死。”他领着部下出去打猎，有人不射向响箭所射的地方，立马就被斩杀了。后来，冒顿用响箭亲自射向他的宝马，手下的亲信有的不敢射，冒顿立即处死了不向宝马射箭的人。不久，冒顿又用响箭亲自射向宠爱的妻子，手下有人十分害怕，不敢射，冒顿又处

颇恐，不敢射，冒顿又复斩之。居顷之，冒顿出猎，以鸣镝射单于善马，左右皆射之。于是冒顿知其左右皆可用。从其父单于头曼猎，以鸣镝射头曼，其左右亦皆随鸣镝而射杀单于头曼，遂尽诛其后母与弟及大臣不听从者。冒顿自立为单于。

死了他们。不久，冒顿出去打猎，用响箭射向单于的骏马，手下的人都跟着射。于是冒顿知道他的部下都能够听从指挥了。他跟随父亲单于头曼去打猎，就用响箭射向头曼，他手下的人也都跟着响箭而射杀了头曼单于，于是趁机将他的后母和弟弟以及那些不服从的大臣全部杀死。冒顿自立为单于。

注释 1 冒顿(mò dú)：匈奴杰出之单于，于公元前一、二世纪之际统一北方广大地区。 2 阏氏(yān zhī)：汉时匈奴王后之称号。 3 质：指当人质。 4 作为：制造。 鸣镝：射击后能发出带响声的箭。 勒：统率，统领。

冒顿既立，是时东胡强盛，闻冒顿杀父自立，乃使使谓冒顿，欲得头曼时有千里马。冒顿问群臣，群臣皆曰："千里马，匈奴宝马也，勿与。"冒顿曰："柰何与人邻国而爱一马乎？"遂与之千里马。居顷之，东胡以为冒顿畏之，乃使使谓冒顿，欲得单于

冒顿做了单于后，这时东胡强大，听说冒顿杀死了其父自立，就派使者对冒顿说，想得到头曼时的千里马。冒顿征求大臣们的意见，大臣们都说："千里马是匈奴的宝马，不要给。"冒顿说："怎么可以和别人做邻国而吝惜一匹马呢？"于是把千里马送给了东胡。不久，东胡认为冒顿畏惧自己，就派使者对冒顿说，想得到单于的一个阏氏。冒顿又征求身边的人的意见，身边的

一阏氏。冒顿复问左右，左右皆怒曰："东胡无道，乃求阏氏！请击之。"冒顿曰："柰何与人邻国爱一女子乎？"遂取所爱阏氏予东胡。东胡王愈益骄，西侵。与匈奴间，中有弃地，莫居，千余里，各居其边为瓯脱[1]。东胡使使谓冒顿曰："匈奴所与我界瓯脱外弃地，匈奴非能至也，吾欲有之。"冒顿问群臣，群臣或曰："此弃地，予之亦可，勿予亦可。"于是冒顿大怒曰："地者，国之本也，柰何予之！"诸言予之者，皆斩之。冒顿上马，令国中有后者斩，遂东袭击东胡。东胡初轻冒顿，不为备。及冒顿以兵至，击，大破灭东胡王，而虏其民人及畜产。既归，西击走月氏，南并楼烦、白羊河南王。[2]悉复收秦所使蒙恬所夺匈奴地者，与汉关故河南塞，

人都生气地说："东胡没有道义，竟然求取阏氏！请求进攻他们。"冒顿说："怎么可以和别人做邻国而吝惜一个女人呢？"就将所喜欢的阏氏送给了东胡。东胡王越发骄横，向西侵犯。东胡和匈奴之间，有一片荒弃的土地，没有人居住，有一千多里，双方都在这空地的两边修起哨所。东胡派使者对冒顿说："匈奴和东胡交界处的土地，匈奴无法到那里，我想占有它。"冒顿征求大臣们的意见，大臣们有的说："这是空地，给他们也可以，不给他们也可以。"于是冒顿大怒说："土地，是国家的根本，怎么可以给他们呢！"那些说给土地的人，都被处死了。冒顿跨上马，下令在战场上有后退的人就处死他，于是向东袭击东胡。东胡起初轻视冒顿，不加防备。等到冒顿率领军队前来，开始进攻，大败东胡，消灭了东胡王，抢走了他的百姓、牲畜和财产。回来以后，匈奴又向西攻打并赶走了月氏，向南兼并了楼烦、白羊河南王。又全部收复了秦朝派蒙恬所夺走的匈奴的土地，和汉朝以

至朝那、肤施，遂侵燕、代。[3] 是时汉兵与项羽相距，中国罢于兵革，以故冒顿得自强，控弦之士三十余万。[4]

原来的河南塞作为边界，直到朝那、肤施两地，并继续侵犯燕地和代郡。这时汉军正和项羽相对垒，中原地区疲于交战，因此冒顿能够趁机强大起来，能拉弓射箭的士兵有三十多万。

注释 1 瓯脱：荒地，不毛之地。《史记集解》引韦昭曰："界上屯守处。" 2 楼烦、白羊河南王：楼烦王、白羊王均居河南（今鄂尔多斯地区）。白羊，匈奴之一支。 3 朝那：县名，在今宁夏固原市东南。 肤施：县名，在今陕西榆林市东南。 4 距：通"拒"，抗拒。 罢：通"疲"。 控弦：拉弓射箭。

自淳维以至头曼千有余岁，时大时小，别散分离，尚矣，其世传不可得而次云。[1] 然至冒顿而匈奴最强大，尽服从北夷，而南与中国为敌国，其世传国官号乃可得而记云。

从淳维一直到头曼有一千多年，匈奴势力时大时小，时散时合，由于年代久远，他们的世系无法按次序排列出来。可是到冒顿时，匈奴最强大，并使北方的外族全部臣服了，向南和汉朝相敌对，因此他们的世系、国家的官位名号就能够被记录下来。

置左右贤王，左右谷蠡王，左右大将，左右大都尉，左右大当户，左右骨都侯。[2] 匈奴谓贤曰"屠耆"，故常以太子为左屠耆王。自如左右贤王以下至当户，大者万骑，

匈奴设置有左、右贤王，左、右谷蠡王，左、右大将，左、右大都尉，左、右大当户，左、右骨都侯。匈奴人把贤能称作"屠耆"，所以常任命太子为左屠耆王。从左、右贤王以下到当户，官职大的拥有万名骑兵，小的拥有几千名

小者数千,凡二十四长,立号曰“万骑”。诸大臣皆世官。呼衍氏、兰氏,其后有须卜氏,此三姓其贵种也。[3]诸左方王将居东方,直上谷以往者,东接秽貉[4]、朝鲜;右方王将居西方,直上郡以西,接月氏、氐[5]、羌;而单于之庭直代、云中:各有分地,逐水草移徙。[6]而左右贤王、左右谷蠡王最为大国,左右骨都侯辅政。诸二十四长亦各自置千长、百长、什长、裨小王、相封、都尉、当户、且渠之属。[7]

骑兵,共有二十四位长官,立称号为“万骑”。大臣们都是世袭的官员。呼衍氏、兰氏,后来还有须卜氏,这三姓是最尊贵的家族。那些左方的王和将居住在东边,从上谷郡以东,东边和秽貉、朝鲜接壤;右方的王和将居住在西边,从上郡往西,和月氏、氐、羌接壤;而单于的王庭正对着代郡、云中郡:这些大大小小的王各有分占的领地,追随着水草而迁移。左右贤王、左右谷蠡王的领地是最大的,左右骨都侯辅助单于处理政事。二十四长官也各自设置千长、百长、什长、裨小王、相封、都尉、当户、且渠等属官。

注释 1 尚:久远。 次:编次。 2 谷蠡(lù lí)王:匈奴官号名,地位在贤王下,多由单于子弟担任。 当户:匈奴官号名。 骨都侯:匈奴官号名,由异姓大臣担任。 3 呼衍氏:匈奴贵族的一支,常与单于婚姻。后为“呼延”。 兰氏:亦匈奴贵族之一支。 须卜氏:匈奴贵族之一支,世代主管司法,亦常与单于婚姻。 4 秽貉:古代部族名,活动在今辽宁和朝鲜北部。 5 氐:古代部族名,活动在今河西走廊一带。 6 庭:单于的王庭,在今蒙古人民共和国乌兰巴托附近。 直:正对着。 7 相封:陈直《史记新证》按:“相封当即相邦,即匈奴之相国也……《经典释文》邦一作封,为汉人避高祖讳而改……《汉书·匈奴传》,班固于相下独删去邦字,亦因避汉讳也。” 且(jū)渠:匈奴官号名,后为姓。

岁正月，诸长小会单于庭，祠。[1] 五月，大会茏城[2]，祭其先、天地、鬼神。秋，马肥，大会蹛林，课校人畜计。[3] 其法：拔刃尺者死[4]，坐盗者没入其家；有罪，小者轧[5]，大者死。狱久者不过十日，一国之囚不过数人。而单于朝出营，拜日之始生，夕拜月。其坐，长左而北乡。[6] 日上戊己。[7] 其送死，有棺椁金银衣裘，而无封树丧服；[8] 近幸臣妾从死者，多至数千百人。[9] 举事而候[10] 星月，月盛壮则攻战，月亏则退兵。其攻战，斩首虏赐一卮酒，而所得卤获因以予之，得人以为奴婢。[11] 故其战，人人自为趣利，善为诱兵以冒敌。[12] 故其见敌则逐利，如鸟之集；其困败，则瓦解云散矣。战而扶舆死者[13]，尽得死者

每年正月，各位官长在单于王庭进行小聚会，祭祀。五月，在茏城进行大聚会，祭祀祖先、天地、鬼神。秋天，马匹肥壮，在蹛林有大的集会，考核和计算人口和牲畜的数目。匈奴的法律是：有意伤人并将刀剑拔离鞘一尺的人要被处死，犯偷盗罪的人没收其家产；有罪的，轻的判轧碎关节的刑罚，大的判处死刑。坐牢时间最长的不超过十天，全国的囚犯不超过几个人。单于早上走出营地，祭拜太阳的初升，傍晚祭拜月亮。他们坐席规矩，年长的坐左边，而且面朝北方。对于日子，他们重视戊日、己日。他们安葬死者，有棺椁、金银、衣裘，没有坟墓和丧服制度；单于死后，他所亲近的大臣、侍妾殉葬的，多达几十乃至上百人。打仗的时候要观测星月，月满圆就发动攻战，月亏缺就退兵。他们攻战，斩杀敌人或俘虏敌人的，都要赐给一杯酒，谁得到的战利品，就把这些东西送给谁，得到的人就当作奴隶。所以他们作战，人人都为自己寻求利益，善于埋伏诱敌而发起袭击。所以他们看见敌人就去追逐利益，像鸟飞集在一起；他们遭到

家财。

后北服浑庾、屈射、丁零、鬲昆、薪犁之国。[14] 于是匈奴贵人大臣皆服，以冒顿单于为贤。

危难失败，就土崩瓦解了。战时把死者运载回来的人，就能得到死者的全部家产。

后来，匈奴向北征服了浑庾、屈射、丁零、鬲昆、薪犁等国家。于是匈奴的贵族、大臣都敬服冒顿，认为冒顿单于贤能。

注释 1 岁：每年。 祠：春祭。 2 茏城：即龙城。一说龙城在今蒙古鄂尔浑河上游右岸。 3 蹛(dài)林：匈奴秋祭之地。一说为绕林而祭。 课校：考核计算。 4 拔刃尺者死：一说指有意杀人，凡拔刀出鞘一尺，或拿着小凶器杀人的均处以死刑。一说造成别人伤口满尺者处以死罪。 5 轧(yà)：碾；滚压。 6 长左：尊长在左。 乡：通"向"。 7 上：通"尚"，崇尚。 戊己：戊日和己日。 8 封：堆土筑坟。 树：坟上或坟旁植树。 9 从死：殉葬。 数千百人：《史记正义》："《汉书》作'数十百人'。颜师古云：'或数十人，或百人。'" 10 候：观察。 11 卮(zhī)：古代盛酒的器皿。 卤获：战利品。卤，通"掳"。 12 趣(qū)：通"趋"，趋向。 冒敌：使敌人冒进。 13 扶舆死者：将死者的尸体运回安葬。舆，此指载运。 14 浑庾(yǔ)、屈射(yì)、丁零、鬲(gé)昆、薪犁：《史记正义》："已上五国在匈奴北。"丁零，亦作"丁令"。鬲昆，亦作"坚昆"。

是时汉初定中国，徙韩王信于代，都马邑。[1] 匈奴大攻围马邑，韩王信降匈奴。匈奴得信，因引兵南逾句注，攻太原[2]，至晋阳下。高帝自将

当时汉朝刚平定中原，调派韩王信到代地，建都马邑。匈奴大举围攻马邑，韩王信投降了匈奴。匈奴得到了韩王信，于是带兵向南越过句注山，进攻太原，来到晋阳城下。高帝亲自率

兵往击之。[3]会冬大寒雨雪，卒之堕指者十二三，于是冒顿详败走，诱汉兵。[4]汉兵逐击冒顿，冒顿匿其精兵，见其羸弱，于是汉悉兵，多步兵，三十二万，北逐之。[5]高帝先至平城，步兵未尽到，冒顿纵精兵四十万骑围高帝于白登，七日，汉兵中外不得相救饷。[6]匈奴骑，其西方尽白马，东方尽青駹马，北方尽乌骊马，南方尽骍马。[7]高帝乃使使间[8]厚遗阏氏，阏氏乃谓冒顿曰："两主不相困。今得汉地，而单于终非能居之也。且汉王亦有神，单于察之。"冒顿与韩王信之将王黄、赵利期[9]，而黄、利兵又不来，疑其与汉有谋，亦取阏氏之言，乃解围之一角。于是高帝令士皆持满傅矢外乡，从解角直出，竟与大军合，而冒顿遂

领军队前去攻打匈奴。适逢冬天十分寒冷，又降雨雪，士兵冻掉手指的有十分之二三，于是冒顿假装失败逃跑，引诱汉军。汉军追击冒顿，冒顿把他的精兵隐藏起来，只显示出自己的老弱残兵，于是汉军全部出动，大多是步兵，共有三十二万人，向北追击。高帝先到了平城，步兵还没有全部赶到，冒顿指挥他的精锐四十万骑兵把高帝包围在白登山，七天之中，汉军得不到粮草供给。匈奴的骑兵，西方全是白马，东方全是青马，北方全是黑马，南方全是红马。高帝于是派使者暗地里送给匈奴阏氏很丰厚的礼物，阏氏就对冒顿说："两个君主不应相互围困。如今即使得到汉朝的土地，而您最终也不能居住在那里。况且汉王也有神灵保佑，单于明察。"冒顿和韩王信的部将王黄、赵利约定时间会师，可是王黄、赵利的军队又没有来，他怀疑他们和汉朝有阴谋，同时也采纳了阏氏的主张，就解除了包围圈的一角。于是高帝命令士兵都拉满弓，箭头朝向外边，从解开的一角直冲出去，终于和大军会合，而冒顿就带兵离

引兵而去。[10]汉亦引兵而罢,使刘敬[11]结和亲之约。

去了。汉朝也带兵回来罢战,派刘敬去和匈奴缔结和亲的盟约。

注释 1 韩王信:名韩信,原韩襄王的后代,西汉大臣,后降匈奴。详见《韩信卢绾列传》。 马邑:汉县名,在今山西朔县。 2 太原:郡名,治所晋阳,在今山西太原市西南。 3 事在刘邦七年(公元前 200 年)冬十月。 4 堕:冻掉。 十二三:十分之二三。 详:通“佯”。 5 见:同“现”,显现。 羸(léi):瘦弱。 悉兵:军队全部出动。 6 平城:汉县名,在今山西大同市东北。 白登:汉邑名,在平城之东北。 7 青駹(máng)马:青色马。駹,青色马。 乌骊马:黑马。 骍(xīng)马:赤色马。 8 间:暗中,伺机。 9 期:约期。 10 傅矢:搭上了箭。傅,通“附”。 乡:通“向”。 11 刘敬:本名娄敬,西汉谋臣,后因建议刘邦西都关中有功,赐姓刘氏,详见《刘敬叔孙通列传》。

是后韩王信为匈奴将,及赵利、王黄等数倍[1]约,侵盗代、云中。居无几何,陈豨[2]反,又与韩信合谋击代。汉使樊哙往击之,复拔代、雁门、云中郡县,不出塞。[3]是时匈奴以汉将众往降,故冒顿常往来侵盗代地。于是汉患之,高帝乃使刘敬奉宗室女公主为单于阏氏,岁奉匈奴絮缯酒米食物各有

这以后,韩王信成为匈奴将军,和赵利、王黄等人多次违背盟约,侵袭掠夺代郡、云中郡。过了不久,陈豨反叛,又和韩信一同谋划进攻代郡。汉朝派樊哙前去攻打他们,重新拔取了代、雁门、云中等郡县,没有越界出边塞。这时匈奴因为汉朝很多将领去投降,所以冒顿经常来侵犯掠夺代地。于是汉朝担忧这事,高帝就派刘敬进献皇族女儿给匈奴做单于阏氏,每年奉送给匈奴一定数

数，约为昆弟以和亲，冒顿乃少止。[4]后燕王卢绾[5]反，率其党数千人降匈奴，往来苦上谷以东。

量的粗丝绵、丝织品、酒、米、食物，相互约定为兄弟，实行和亲，冒顿才暂时停止侵扰。后来燕王卢绾反叛，带领他的同党几千人投降了匈奴，往来侵扰上谷以东一带。

高祖崩，孝惠、吕太后时，汉初定，故匈奴以骄。冒顿乃为书遗高后，妄言。高后欲击之，诸将曰："以高帝贤武，然尚困于平城。"[6]于是高后乃止，复与匈奴和亲。

高祖去世，孝惠帝、吕太后时期，汉朝刚刚安定，所以匈奴显得骄横。冒顿竟然写信给高后，胡说八道。高后要攻打匈奴，将领们说："凭着高帝的贤能勇武，尚且被围困在平城。"于是高后才作罢，又和匈奴和亲。

注释　1 倍：通"背"。　2 陈豨(xī)：汉初将领、大臣，后反，与韩王信合攻汉。详见《韩信卢绾列传》。　3 樊哙：西汉初将领，随刘邦起义，平息过臧荼、陈豨、韩王信、英布等叛乱，曾任左丞相，封舞阳侯。详见《樊郦滕灌列传》。　雁门：汉郡名，治所善无，在今山西右玉县南。　4 奉：进献。　絮缯：丝帛之类的总称。　5 卢绾：汉初将领、大臣，后反降匈奴。详见《韩信卢绾列传》。　6 据《季布传》及《汉书·匈奴传》，谏吕后者为季布。

至孝文帝初立，复修和亲之事。其三年五月，匈奴右贤王入居河南地，侵盗上郡葆塞蛮夷，杀略人民。[1]于是孝文帝诏丞相灌婴发车

孝文帝刚继位，重新推行和亲的事。孝文帝三年五月，匈奴右贤王住进河南地，侵袭掳掠上郡居守边塞的蛮夷，杀害当地百姓。于是孝文帝下诏命令丞相灌婴派八万五千战车和骑兵，到高

骑八万五千，诣高奴[2]，击右贤王。右贤王走出塞。文帝幸太原。是时济北王[3]反，文帝归，罢丞相击胡之兵。

奴县攻打右贤王。右贤王逃跑出了边塞。文帝驾临太原。当时济北王反叛，文帝回朝，撤回了丞相派去进攻匈奴的军队。

注释 1 三年：即汉文帝三年，公元前177年。 葆塞蛮夷：居守边塞的部族。葆，通“堡”。 2 高奴：汉县名，在今陕西延安市东北。 3 济北王：刘肥之子刘兴居。

其明年，单于遗汉书曰：“天所立匈奴大单于敬问皇帝无恙。前时皇帝言和亲事，称书意，合欢。[1]汉边吏侵侮右贤王，右贤王不请，听后义卢侯难氏等计，与汉吏相距，绝二主之约，离兄弟之亲。[2]皇帝让书再至，发使以书报，不来，汉使不至，汉以其故不和，邻国不附。今以小吏之败约故，罚右贤王，使之西求月氏击之。以天之福，吏卒良，马强力，以夷灭[3]月氏，尽斩

第二年，单于送信给汉朝说：“上天所立的匈奴大单于恭敬地问候皇帝平安无事。以前皇帝说到和亲的事，和所送来的书信意思相同，双方都很高兴。汉朝边境的官吏侵袭、侮辱右贤王，右贤王没有向单于请示，听信后义卢侯难氏等人的计谋，和汉朝官吏相对抗，破坏双方君主的盟约，离间兄弟关系。皇帝责备的信两次送来，我们派出使者送信回复，使者没能回来，汉朝使者又不到，汉朝因为这个缘故不与我们和解，我们的邻国也不归附。如今因为小官吏破坏盟约的缘故，我们责罚右贤王，派他向西寻求月氏并攻击它。凭借上天福佑，官吏、士兵优秀，马匹强壮，因而消灭了月氏，斩杀了全部反抗的人，降服了它。平定了楼兰、乌孙、呼揭和附近二十六个国

杀降下之。定楼兰、乌孙、呼揭及其旁二十六国，皆以为匈奴。[4]诸引弓之民，并为一家。北州已定，愿寝兵休士卒养马，除前事，复故约，以安边民，以应始古，使少者得成其长，老者安其处，世世平乐。未得皇帝之志也，故使郎中系雩浅奉书请，献橐他一匹，骑马二匹，驾二驷。[5]皇帝即不欲匈奴近塞，则且诏吏民远舍[6]。使者至，即遣之。"以六月中来至薪望之地[7]。书至，汉议击与和亲孰[8]便。公卿皆曰："单于新破月氏，乘胜，不可击。且得匈奴地，泽卤[9]，非可居也。和亲甚便。"汉许之。

家，它们都成为匈奴的属国。所有弯弓射箭的人，都合并为一家。北方已经平定，希望停止战争，休养士兵，喂养马匹，消除以前的战争，恢复过去的盟约，来安定边疆的人民，来延续自古以来的友好关系，使少年能够成长起来，使老人能平安地生活，世世代代和平快乐。我还不知道皇帝的意思，所以派郎中系雩浅呈送书信向您请示，送上骆驼一匹，可骑乘的马两匹，可驾车的马八匹。皇帝如果不希望匈奴靠近边塞，那我就将诏令官吏百姓远离那里居住。使者到达后，请马上送他回来。"匈奴使者在六月中旬来到薪望这个地方。书信送到，汉朝商议攻打与和亲哪个有利。公卿大臣都说："单于刚打败月氏，正在胜利的势头上，不能进攻他们。况且得到匈奴的土地，都是盐碱地，不能居住。和亲是最有利的。"汉朝就答应了匈奴的请求。

注释　1 书意：信中之旨意。　合欢：双方高兴。　2 难氏(zhī)：《史记索隐》："匈奴将名也。"后义卢侯为其封爵。　距：抗拒。　3 夷灭：平定，消灭。　4 楼兰：西域国名，后改称为鄯善，故址在今新疆罗布泊西。　乌孙：西域国名，原居甘肃西北，后为匈奴所迫西迁。　呼揭：西域国名，活动在今新疆阿尔泰山一带。　5 系雩(yú)浅：匈奴大臣名，时为郎中。　橐他:即橐驼,骆驼。 驾二驷:两套驾车马八匹。 6 远舍:远离边境而居。 7 薪望之地:《史记索隐》:“望薪之地。服虔云:‘汉界上塞下地名,今匈奴使至于此也。’” 8 孰:谁,哪一个。 9 泽卤:低洼盐碱地。

孝文皇帝前六年[1],汉遗匈奴书曰:“皇帝敬问匈奴大单于无恙。使郎中系雩浅遗朕书曰:‘右贤王不请,听后义卢侯难氏等计,绝二主之约,离兄弟之亲,汉以故不和,邻国不附。今以小吏败约故,罚右贤王使西击月氏,尽定之。愿寝兵休士卒养马,除前事,复故约,以安边民,使少者得成其长,老者安其处,世世平乐。’朕甚嘉之,此古圣主之意也。汉与匈奴约为兄弟,所以遗单于甚厚。倍约离兄弟之亲者,常在匈奴。[2]然右贤王事已在赦前,单于勿深诛。单于若称书意,明告诸吏,使无负约,有信,敬如单于书。使者言单于

孝文帝前元六年,汉朝送信给匈奴说:“皇帝恭敬地问候匈奴大单于平安无事。派郎中系雩浅送给我的信中说:‘右贤王没有向单于请示,听信后义卢侯难氏等人的计谋,破坏双方君主的盟约,离间兄弟关系,汉朝因为这个缘故不与我们和解,我们的邻国也不归附。如今因为小官吏而毁坏盟约的缘故,责罚右贤王让他向西进攻月氏,将那里全部平定。希望停止战争,休养士兵,喂养马匹,消除以前的战事,恢复过去的盟约,来安定边境的人民,使少年能够成长起来,使老人能够平安地生活,世世代代和平快乐。’我十分赞同,这是古代圣明君主的意见。汉朝和匈奴结为兄弟,所以送给单于十分丰厚的礼物。违背盟约、离间兄弟亲情的人,常常是匈奴所为。可是右贤王的事已经在大赦以前,单于不要深责他。单于如同意我书信的意见,就明确地告知各位官吏,使他们不要违背盟约,要守信用,

自将伐国有功，甚苦兵事。服绣夹绮衣、绣袷长襦、锦袷袍各一，比余一，黄金饰具带一，黄金胥纰一，绣十匹，锦三十匹，赤绨、绿缯各四十匹，使中大夫意、谒者令肩遗单于。[3]”

后顷之，冒顿死，子稽粥[4]立，号曰老上单于。

诚如单于信中之意。使者说单于亲自带兵讨伐别国有功劳，却十分为战争苦恼。现在有皇帝穿戴的绣袷绮衣、绣袷长襦、锦袷袍各一件，比余一个，黄金装饰的宽衣带一件，黄金带钩一件，绣花绸十匹，锦缎三十匹，赤绨和绿缯各四十匹，派中大夫意、谒者令肩送给单于。”

此后不久，冒顿去世，他的儿子稽粥继位，号称老上单于。

注释 1 孝文皇帝前六年：即公元前174年。 2 倍约：背弃盟约。 离：离间。 3 服：皇帝所穿之衣。 绣夹(jiá)绮衣：绮里绣面的丝织夹衣。 长襦：长袄。 比余：或作“梳比”。用金精制之梳。 带：腰带。 胥纰(pí)：衣带钩。 赤绨(tí)：红色且厚而光滑的丝织品。 缯(zēng)：丝织品的总称。 意、肩：汉初二位大臣名，生平不详。 谒者令：负责司仪、出使等事务的谒者之首领。 4 稽粥(jī yù)：老上单于名。

老上稽粥单于初立，孝文皇帝复遣宗室女公主为单于阏氏，使宦者燕人中行说傅公主。[1]说不欲行，汉强使之。说曰：“必我行也[2]，为汉患者。”中行说既至，因降单于，单于甚亲幸之。

老上稽粥单于刚刚继位，孝文皇帝又送皇族的公主给单于做阏氏，派宦官燕国人中行说去辅佐公主。中行说不想前去，汉朝强迫他去。中行说说：“一定要我去，我将会成为汉朝的祸患。”中行说到了匈奴后，就投降了单于，单于十分宠信他。

最初，匈奴喜欢汉朝的丝绸食

初，匈奴好汉缯絮食物，中行说曰："匈奴人众不能当汉之一郡，然所以强者，以衣食异，无仰[3]于汉也。今单于变俗，好汉物，汉物不过什二，则匈奴尽归于汉矣。其得汉缯絮，以驰草棘中，衣袴皆裂敝，[4]以示不如旃裘之完善也；得汉食物，皆去之，以示不如湩酪[5]之便美也。"于是说教单于左右疏记，以计课其人众畜物。[6]

汉遗单于书，牍以尺一寸[7]，辞曰"皇帝敬问匈奴大单于无恙"，所遗物及言语云云。中行说令单于遗汉书以尺二寸牍，及印封皆令广大长，倨傲其辞曰"天地所生日月所置匈奴大单于敬问汉皇帝无恙"，所以遗物言语亦云云。[8]

物，中行说说："匈奴人数比不上汉朝的一个郡，可是能强大的原因，是衣食和汉人不同，不用依靠汉朝。如今单于改变习俗，喜欢汉朝的东西，汉朝给的物产不超过总数的十分之二，那么匈奴就将全部归属于汉朝了。于是他们穿上汉朝的丝绸做成的衣服，在草棘丛中骑马奔跑，衣裤都破裂损坏，以此表明汉朝衣裤比不上旃衣皮袄的坚固完善；他们得到汉朝的食物后，把它们都扔掉，以此表明汉朝食物比不上乳酪和奶制品的方便美味。"于是中行说教单于身边的人以分条记录的方法，来计算、核查匈奴人口、牲畜和财产。

汉朝送信给单于，写在一尺一寸的木牍上，信的开头说"皇帝恭敬地问候匈奴大单于平安无事"，以及写有所送的物品和主要内容等等。中行说让单于送给汉朝的信用一尺二寸的木牍，并且印章和封泥的尺寸都加宽加大加长，傲慢不恭地开头道"天地所生、日月所置的匈奴大单于恭敬地问候汉朝皇帝平安无事"，以及所送的物品和主要内容等等。

注释 1 中行说(yuè):汉初宦官,原燕地人,复姓中行,名说。 傅:辅佐。 2 必我行:一定让我去。 3 仰:依赖。 4 袴(kù):原作"袴",今"袴"为"裤"的异体字。古时"袴"指套裤,以别于有裤裆的"裤"。 敝:坏。 5 湩酪(dòng lào):奶酪。湩,乳汁。 6 疏记:分条记载。疏,分条记录或陈述。 课:核查。 7 牍以尺一寸:用一尺一寸长的木牍信简。 8 印:官印,印章。 封:封泥。 倨傲:傲慢不恭。

汉使或言曰:"匈奴俗贱老。"中行说穷[1]汉使曰:"而汉俗屯戍从军当发者,其老亲岂有不自脱温厚肥美以赍送饮食行戍乎?[2]"汉使曰:"然。"中行说曰:"匈奴明以战攻为事,其老弱不能斗,故以其肥美饮食壮健者,盖以自为守卫,如此父子各得久相保,何以言匈奴轻老也?"汉使曰:"匈奴父子乃同穹庐[3]而卧。父死,妻其后母;兄弟死,尽取其妻妻之。无冠带之饰,阙庭[4]之礼。"中行说曰:"匈奴之俗,人食畜肉,饮其汁,衣其皮;

汉朝使者中有的说:"匈奴的风俗轻视老人。"中行说诘难汉朝使者说:"你们汉朝风俗,凡是派去屯守边疆的人将要出发,他们年老的父母难道有不让出自己暖和的衣服和丰美的食物,来送给出行的人吃穿的吗?"汉朝使者说:"是。"中行说说:"匈奴人经常要打仗,那些年老体弱的人不能战斗,所以把丰美的食物让给健壮的人,这是用来保卫自己,这样做,父亲儿子才能长久地互相保护,怎么能说匈奴轻视老人呢?"汉朝使者说:"匈奴的父亲儿子竟然同睡在一个毡帐中。父亲死了,儿子可以娶他后母为妻;兄弟死了,活着的兄弟可以娶已故兄弟的妻子为妻。不戴帽子,不系腰带,没有君臣上下之礼。"中行说说:"匈奴的风俗,人们吃牲畜的肉,饮它们的乳汁,穿它们的皮;牲畜吃草饮水,随季节而迁移地方。所以在危

畜食草饮水，随时转移。故其急则人习骑射，宽则人乐无事，其约束轻，易行也。君臣简易，一国之政犹一身也。父子兄弟死，取其妻妻之，恶种姓[5]之失也。故匈奴虽乱，必立宗种。今中国虽详[6]不取其父兄之妻，亲属益疏则相杀，至乃易姓，皆从此类。且礼义之敝，上下交怨望，而室屋之极，生力必屈。[7]夫力耕桑以求衣食，筑城郭以自备，故其民急则不习战功，缓则罢[8]于作业。嗟土室之人，顾无多辞令，喋喋而占占，冠固何当？[9]”

急的时候，人们就练习骑马、射箭，在和平的时候，人们就相安无事，他们受到的约束很少，简便易行。君臣的关系简单，一个国家的政治，就像一个人的身体一样。父亲、兄弟死了，活着的人娶死者的妻子为妻，是不愿意宗族灭绝。所以匈奴虽然伦常混乱，但一定要立宗嗣。如今中国的伦常虽然表面上不娶他们父兄的妻子为妻，但亲属关系越发疏远，而且相互杀害，甚至改变姓氏，这都是讲伦常的结果。况且礼义的弊端，就是使君臣之间相互怨恨，为追求宫室的高大华美，必然耗尽民力。努力耕田种桑，来求取衣服食物，修筑城池来保卫自己，所以百姓在紧急时不去练习战斗，安定时又疲于耕作劳动。唉！住在土石房子里的汉人，还是不要多说了，喋喋不休，沾沾自喜，穿戴整齐又有什么好处呢？”

注释　1 穷：诘难。　2 脱：让出。　赍（jī）：送物给人。　3 穹（qióng）庐：北方游牧民族用的毡帐。　4 阙庭：朝廷。　5 种姓：种族。　6 详：通“佯”，假装。　7 怨望：仇恨抱怨。　室屋之极：无限制追求宫室建造的华美。　生力：精神力气。　8 罢：通“疲”。　9 土室之人：住在土石屋里的人，此指中原人。　顾：乃，还是。　喋喋：说话没完没了。　占占：同“沾沾”，沾沾自喜。　冠固何当：冠带整齐能当什么。

自是之后，汉使欲辩论者，中行说辄曰："汉使无多言，顾汉所输匈奴缯絮米糵，令其量中，必善美而已矣，何以为言乎？[1]且所给[2]备善则已；不备，苦恶，则候秋孰，以骑驰蹂而稼穑耳。[3]"日夜教单于候利害处。[4]

此后，汉朝使者想要继续辩论，中行说就说："汉朝使者不要多讲了，想想汉朝运送给匈奴的丝绸米糵，使其数量充足，并且一定要质量好就行，何必要说话呢？而且供给匈奴的东西齐全美好就罢了；如果不齐全，又粗劣，那么等到秋天庄稼成熟，匈奴就骑马去践踏你们的庄稼。"中行说经常教导单于暗中观察汉朝的边境哪里可攻，哪里不可攻。

注释 1 糵(niè)：酿酒的曲。 量中：数量充足。 善美：质量好。 2 给(jǐ)：供给。 3 苦恶：质粗劣。 孰：同"熟"。 而：你，你们。 稼穑：耕种和收获。 4 候：侦察。 利害处：有利进攻的时机地点。

汉孝文皇帝十四年，匈奴单于十四万骑入朝那、萧关，杀北地都尉卬，虏人民畜产甚多，遂至彭阳。[1]使奇兵入烧回中宫，候骑至雍甘泉。[2]于是文帝以中尉周舍、郎中令张武为将军，发车千乘，骑十万，军[3]长安旁以备胡寇。而拜昌侯卢卿为上郡将军，甯侯魏遬为北地将军，隆虑侯周灶为陇西将军，东阳侯张相如为大

汉孝文帝十四年，匈奴单于带领十四万骑兵进入朝那、萧关，杀死了北地都尉孙卬，掠走了很多百姓和牲畜，到达了彭阳。匈奴派突击队攻入并烧毁了回中宫，他们的侦察兵到达了雍地的甘泉宫。于是文帝任命中尉周舍、郎中令张武为将军，出动战车千辆，骑兵十万，驻扎在长安城附近来防备匈奴侵犯。又任命昌侯卢卿做上郡将军，甯侯魏遬做北地将军，隆虑侯周

将军，成侯董赤为前将军，大发车骑往击胡。[4]单于留塞内月余乃去，汉逐出塞即还，不能有所杀。匈奴日已骄，岁入边，杀略人民畜产甚多，云中、辽东最甚，至代郡万余人。汉患之，乃使使遗匈奴书。单于亦使当户报谢，复言和亲事。

灶做陇西将军，东阳侯张相如做大将军，成侯董赤做前将军，征调大量战车、骑兵去攻打匈奴。单于留在塞内一个多月才离去，汉朝军队追击出了边塞即返，没有斩杀什么敌军。匈奴日益骄傲，每年都侵入边境，杀掠很多百姓和牲畜，其中云中、辽东两郡受害最严重，连同代郡，共有一万多人被杀害或掳走。文帝对此很忧虑，于是派使者送信给匈奴。单于也派当户送回信答谢，双方又讨论和亲之事。

注释 1 汉孝文皇帝十四年：即公元前 166 年。 卬：人名，姓孙，其子单，后封为缾侯。 彭阳：汉县名，在今甘肃镇原县东南。 2 奇兵：奇袭之兵。 回中宫：《史记索隐》引服虔云："在北地，武帝作宫。"宫址在今陕西陇县西北。 候骑：侦察奇兵。 雍：汉县名，在今陕西凤翔县南。 甘泉：宫名，在今陕西淳化县西北甘泉山上。 3 军：驻扎军队。 4 赤(hè)：《史记正义》："音赫。" 发：征发。

孝文帝后二年[1]，使使遗匈奴书曰："皇帝敬问匈奴大单于无恙。使当户、且居雕渠难、郎中韩辽遗朕马二匹，已至，敬受。[2]先帝制[3]：长城以北引弓之国，受命单

孝文帝后元二年，派使者送信给匈奴说："皇帝恭敬地问候匈奴大单于平安无事。派当户、且居雕渠难、郎中韩辽送给我的两匹马，已经收到，我恭敬地接受了。先帝的规定：长城以北的地方是拉弓射箭的国家，服从单于统治；长城以内是戴帽子束衣带的人家，我受命治理。要让百姓耕种、织布、

于;长城以内冠带之室,朕亦制之。使万民耕织射猎衣食,父子无离,臣主相安,俱无暴逆。今闻渫恶民贪降其进取之利,倍义绝约,忘万民之命,离两主之欢,然其事已在前矣。[4]书曰:'二国已和亲,两主欢说,寝兵休卒养马,世世昌乐,闟然更始。[5]'朕甚嘉之。圣人者日新,改作更始,使老者得息,幼者得长,各保其首领而终其天年。[6]朕与单于俱由此道,顺天恤民,世世相传,施之无穷,天下莫不咸便。汉与匈奴邻敌之国,匈奴处北地,寒,杀气早降,故诏吏遗单于秫蘖金帛丝絮佗物岁有数。[7]今天下大安,万民熙熙[8],朕与单于为之父母。朕追念前事,薄物细故[9],谋臣计失,皆不足以离兄弟之欢。朕闻天不颇覆,地不偏载,朕与单于

射猎来获取衣食,父子不分离,大臣君主相安无事,没有暴虐和叛逆的事情。如今我听说邪恶的刁民贪图攻战掠夺的利益,背信弃义,违反盟约,忘却百姓的性命,离间两位君主的友谊,但这些都是以前的事情了。您的信说:'两国已经和亲,两位君主欢悦,停止战争来休养士兵、喂养马匹,世世代代昌盛安乐,安定的日子重新开始。'我十分赞同。圣人天天在使自己的道德言行进步,改正不足而重新开始,使老人得到安养,使年幼的人得到成长,人人都能保全性命而安享天年。我和单于都遵循这个道理,顺应天意,体恤人民,世代相传,永远实施,让天下无不感到方便。汉朝和匈奴是势均力敌的邻国,匈奴地处北方,寒冷、肃杀之气来临得早,所以我命令官吏每年都送给单于一定数量的秫蘖、金帛、丝絮和其他物品。如今天下十分安定,百姓和乐,我和单于都是他们的父母。我回想到以前的事情,都是微末小事,是谋臣考虑失当,都不值得来离间兄弟情谊。我听说上天不会只覆盖一方,大地不会

皆捐往细故，俱蹈大道，堕坏前恶，以图长久，使两国之民若一家子。[10]元元万民，下及鱼鳖，上及飞鸟，跂行喙息蠕动之类，莫不就安利而辟危殆。[11]故来者不止，天之道也。俱去前事：朕释逃虏民，单于无言章尼等[12]。朕闻古之帝王，约分明而无食言[13]。单于留志，天下大安，和亲之后，汉过不先。[14]单于其察之。"

只承载一处，我和单于都抛弃以前的小误会，都遵循大道理，消除以前的不快，来图谋长远的利益，使两国的人民像一家人一样。善良的百姓，下至水中的鱼鳖，上至空中的飞鸟，地上爬行、喘息、蠕动的各种动物，无不趋向安全有利的地方而躲避危险。所以前来归附的，都不阻止，这是天经地义的事。都抛开以前的恩怨：我释免逃往匈奴的汉人的罪责，单于也不要责问逃往汉朝的章尼等人。我听说古代的帝王，誓约分明而决不食言。单于请留心观察，待天下安宁，和亲以后，汉朝绝不会先失约。望单于明察。"

注释 1 孝文帝后二年：后元二年，即公元前162年。 2 且居：《史记索隐》："《汉书》作'且渠'，匈奴官号。" 雕渠难：匈奴人名。 3 制：规定，体制。 4 渫（xiè）恶：邪恶不正。 倍：通"背"。 5 闟（xī）然：安定貌。 更始：重新开始。 6 首领：此指身体性命。 天年：自然的寿命。 7 杀气：寒气。 秫（shú）：黏高粱。 佗（tuō）：他。 8 熙熙：和乐貌。 9 细故：小的误会。 10 颇覆：偏至一侧，只覆盖住一部分。颇，偏。 捐：抛弃。 堕坏：消除。使两国之民若一家子：中华本将"子"字归入下句，不取。 11 元元：善良。 跂行：虫爬行，引申为用足行走者。此泛指走兽。 喙息：用嘴呼吸。此泛指飞禽。 辟：通"避"。 12 单于无言章尼等：章尼，匈奴逃民人名。《史记索隐》："文帝云我今日并释放彼国逃亡虏，遣之归本国，汝单于无得更以言词诉于章尼等，责其逃也。"

13 食言:说话不算数,失信。 **14** 留志:留心,注意。 汉过不先:谓汉不先负约。

单于既约和亲,于是制诏御史[1]曰:"匈奴大单于遗朕书,言和亲已定,亡人不足以益众广地,匈奴无入塞,汉无出塞,犯今约者杀之,可以久亲,后无咎[2],俱便。朕已许之。其布告天下,使明知之。"

单于和汉朝约定和亲后,汉文帝就下制书诏令御史说:"匈奴大单于送信给我,说已经确定和亲,逃亡的人不足以增加人众和扩大土地,匈奴不入侵塞内,汉朝不出塞外,违犯现今条约的就处死,这样就可以长久地保持亲近友好,今后不再有祸患,双方都有利。我已经答应了。请向天下发布告示,使人们都知道这件事。"

注释 **1** 御史:官名,其分工多种,主要负责监察百官,掌管符玺、治书、收受文书、记录国事等职务。 **2** 咎:灾祸。

后四岁[1],老上稽粥单于死,子军臣立为单于。既立,孝文皇帝复与匈奴和亲。而中行说复事[2]之。

军臣单于立四岁[3],匈奴复绝和亲,大入上郡、云中各三万骑,所杀略甚众而去。于是汉使三将军军屯北地,代屯句注,赵屯飞狐口,缘边亦各坚守以备

汉文帝后元四年,老上稽粥单于去世,他儿子军臣继位做了单于。军臣即位后,孝文皇帝又和匈奴和亲。而中行说仍旧侍奉军臣单于。

军臣单于继位四年以后,匈奴又断绝和亲,大举入侵上郡、云中郡,分别派出了三万名骑兵,杀掠了许多百姓和掳夺财物而离去。于是文帝派张武等三位将军带兵驻扎在北地,在原代国地驻军于句注,在原赵国地驻军于飞狐口,沿着边境,也

胡寇。[4]又置三将军，军长安西细柳、渭北棘门、霸上以备胡。[5]胡骑入代句注边，烽火通于甘泉、长安。数月，汉兵至边，匈奴亦去远塞，汉兵亦罢。后岁余，孝文帝崩，孝景帝[6]立，而赵王遂乃阴使人于匈奴。吴楚反，欲与赵合谋入边。汉围破赵，匈奴亦止。自是之后，孝景帝复与匈奴和亲，通关市，给遗匈奴，遣公主，如故约。[7]终孝景时，时小入盗边，无大寇。

各派兵坚守，来防备匈奴入侵。还安排周亚夫等三位将军，带兵驻扎在长安西边的细柳、渭河北岸的棘门、霸上，来防备匈奴。匈奴骑兵侵入代国句注的边界，报警的烽火一直通到甘泉和长安。几个月后，汉朝军队到了边境，匈奴也远远地离开边塞，汉军也撤兵了。一年多后，孝文帝驾崩，孝景帝继位，而赵王刘遂暗中派人到匈奴联系。吴、楚等七国反叛，匈奴想和赵国一起图谋入侵边界。汉朝军队围攻打败了赵国，匈奴也作罢了。从这以后，孝景帝又和匈奴和亲，开通边境贸易，送给匈奴礼物，送公主嫁给单于，如同以前的盟约。直到孝景帝去世，匈奴时常有小规模的入侵，没有大规模的入侵。

注释　1 后四岁：《史记志疑》："当是'后三岁'，为文帝后五年。"　2 事：侍奉。　3 立四岁：《史记志疑》："文帝改元止七年，匈奴入上郡、云中在后六年冬，《文纪》及《名臣表》甚明……此'四岁'二字当依《汉·传》作'岁余'。"　4 军屯：率军驻防。　代屯句注：在原代地驻防于句注山一带。　赵屯飞狐口：在原赵地驻防于飞狐口一带。飞狐口在今河北蔚县东南恒山峡谷口之北口。　缘边：沿边。据《孝文本纪》载：当时汉文帝"以中大夫令勉为车骑将军，军飞狐；故楚相苏意为将军，军句注；将军张武屯北地"。　5 细柳：地名，在今西安市西。　棘门：地名，在渭水北。　霸上：地名，因在灞水之上而名，在今西安市东。　6 孝景帝：即西汉景帝刘启，于公元前157—前141年在位。 **7** 关市：边境关口贸易集市。 给遗(wèi)：供给赠送。

今帝即位，明和亲约束，厚遇，通关市，饶给之。匈奴自单于以下皆亲汉，往来长城下。

汉使马邑下人聂翁壹奸兰出物与匈奴交，详为卖马邑城以诱单于。[1]单于信之，而贪马邑财物，乃以十万骑入武州[2]塞。汉伏兵三十余万马邑旁，御史大夫韩安国为护军，护四将军以伏单于。[3]单于既入汉塞，未至马邑百余里，见畜布野而无人牧者，怪之，乃攻亭。是时雁门尉史行徼，见寇，葆此亭，知汉兵谋。[4]单于得，欲杀之，尉史乃告单于汉兵所居。单于大惊曰："吾固疑之。"乃引兵还。出曰："吾得尉史，天也，天使若言。"

当今皇帝登位，申明有关和亲的规定，优待匈奴，开通边境贸易，送给他们大批财物。匈奴从单于以下都亲近汉朝，往来于长城脚下。

汉朝派马邑属下的聂翁壹故意违犯禁令，私运货物和匈奴交易，佯称出卖马邑城来引诱单于。单于相信了他，而且贪图马邑的财物，就率领十万骑兵，进入武州塞。汉朝埋伏三十多万军队在马邑城附近，御史大夫韩安国任护军将军，统率四位将军来伏击单于。单于进入汉朝关塞后，离马邑城还有一百多里，看到牲畜遍野而没有人放牧，觉得奇怪，就攻打汉朝的哨亭。当时雁门尉史正在巡察边界，看到敌军，就保护这个哨亭，他知道汉军的计划。单于捉住他，要杀他，尉史就告诉单于汉朝军队埋伏的地点。单于大吃一惊说："我本来就怀疑这事。"于是带兵返回。出了边塞说："我得到尉史，这是天意，是上天让你向我报告。"就封尉史做"天王"。汉军约定单于进入马邑城，就发动总攻，但

以尉史为“天王”。汉兵约单于入马邑而纵[5]，单于不至，以故汉兵无所得。汉将军王恢部出代击胡辎重，闻单于还，兵多，不敢出。汉以恢本造[6]兵谋而不进，斩恢。自是之后，匈奴绝和亲，攻当路[7]塞，往往入盗于汉边，不可胜数。然匈奴贪，尚乐关市，嗜汉财物，汉亦尚关市不绝以中[8]之。

单于没有来，因此汉军一无所获。汉朝将军王恢的部队受命走出代郡去攻打匈奴的辎重，听说单于回兵了，匈奴士兵多，不敢出击。汉朝认为王恢是最初策划这次计谋的人，却不敢进攻，就处死了王恢。从这以后，匈奴断绝了与汉朝的和亲关系，攻击交通要道的关塞，还常常入侵汉朝的边境，次数多得无法计算。然而匈奴贪婪，还是喜欢和汉朝互通关市，特别喜爱汉朝的财物，汉朝也依旧开放边境贸易来迎合他们。

注释　1 奸(gān)兰:《史记集解》云:“奸音干。干兰，犯禁私出物也。”奸，干，冒犯。兰，通“栏”，关禁。　详:通“佯”。　2 武州:汉县名，在今山西左云县。　3 韩安国:大臣名，详见《韩长孺列传》。　护:节制统率。　四将军:指骁骑将军李广，轻车将军公孙贺，将屯将军王恢，材官将军李息。　4 尉史:军中武官。　行徼(jiào):巡行边界。　葆:通“保”。　5 纵:纵兵击之。　6 本造:最初策划。　7 当路:交通要冲。　8 中:符合，迎合。

自马邑军后五年之秋，汉使四将军各万骑击胡关市下。[1]将军卫青出上谷，至茏城，得胡首虏七百人。公

从马邑军事行动后的第五年秋天，汉朝派四位将军分别率领万名骑兵在关市附近攻打匈奴。卫青将军从上谷出塞，直至茏城，斩获匈奴七百人。公孙贺从云

孙贺出云中，无所得。公孙敖出代郡，为胡所败七千余人。李广出雁门，为胡所败，而匈奴生得广，广后得亡归。汉囚敖、广，敖、广赎为庶人。其冬，匈奴数入盗边，渔阳尤甚。[2]汉使将军韩安国屯渔阳备胡。其明年秋，匈奴二万骑入汉，杀辽西太守，略二千余人。胡又入败渔阳太守军千余人，围汉将军安国，安国时千余骑亦且尽，会燕[3]救至，匈奴乃去。匈奴又入雁门，杀略千余人。于是汉使将军卫青将三万骑出雁门，李息出代郡，击胡，得首虏数千人。其明年，卫青复出云中以西至陇西，击胡之楼烦、白羊王于河南，得胡首虏数千，牛羊百余万。于是汉遂取河南地，筑朔方[4]，复缮故秦时蒙恬所为塞，因河为固。汉亦弃上

中出塞，一无所获。公孙敖从代郡出塞，被匈奴打败，损失七千多人。李广从雁门出塞，被匈奴打败，匈奴活捉李广，后来李广逃跑回来。汉朝拘禁了公孙敖、李广，公孙敖、李广出钱赎罪，成为平民。那年冬天，匈奴多次入侵边境，渔阳受害最严重。汉朝派将军韩安国驻守渔阳来防御匈奴。第二年秋天，匈奴二万名骑兵入侵汉朝，杀死辽西太守，掳走二千多人。匈奴又入侵打败渔阳太守一千多人的军队，围困住汉朝将军韩安国，韩安国当时所率一千多名骑兵也快要死光了，适逢燕国的救兵赶到，匈奴人才离去。匈奴又入侵雁门，杀掠千余人。于是汉朝派将军卫青率领三万名骑兵从雁门出塞，李息从代郡出塞，攻打匈奴，他们斩获匈奴几千人。第二年，卫青又出塞到云中以西，直到陇西，在河南攻打匈奴属下的楼烦、白羊王，斩获几千人，获得牛、羊一百多万头。于是汉朝就占有河南一带，修筑朔方城，又修复以前秦朝时蒙恬所建造的关塞，凭借黄河来固守。汉朝也放弃了上谷郡一些和匈奴交界孤悬的偏

谷之什辟县造阳地以予胡。[5]是岁，汉之元朔二年[6]也。

僻县份如造阳一带给了匈奴。这年，是汉朝的元朔二年。

注释 1 马邑军后五年：指元光六年，即公元前129年。 秋：《史记志疑》案：当作“春”，《武纪》可据。 2 冬：《史记志疑》案：然《武纪》是秋。 渔阳：郡名，治所渔阳，在今北京市密云区西南。 3 燕：燕王刘定国。 4 朔方：郡名，治所朔方，在今内蒙古伊盟杭锦旗北。 5 什辟(dǒu pì)县：突进到敌方孤立而偏僻之县。《汉书》作“斗辟”。《史记志疑》引刘辰翁曰：“什即‘斗’字之误。” 造阳地：地区名，今张家口市北部一带。 6 元朔二年：即公元前127年。

其后冬，匈奴军臣单于死。军臣单于弟左谷蠡王伊稚斜自立为单于，攻破军臣单于太子於单[1]。於单亡降汉，汉封於单为涉安侯，数月而死。

伊稚斜单于既立，其夏，匈奴数万骑入杀代郡太守恭友，略千余人。其秋，匈奴又入雁门，杀略千余人。其明年，匈奴又复入代郡、定襄[2]、上郡，各三万骑，杀略数千人。匈奴右贤王怨汉夺之河南地而筑朔方，数

这年冬天，匈奴军臣单于去世。军臣单于的弟弟左谷蠡王伊稚斜自立为单于，打败了军臣单于的太子於单。於单逃跑来投降汉朝，汉朝封於单为涉安侯，几个月后他就去世了。

伊稚斜单于继位，那年夏天，匈奴几万名骑兵入侵并杀害了代郡太守恭友，掳走一千多人。那年秋天，匈奴又入侵雁门，杀掠一千多人。第二年，匈奴又再入侵代郡、定襄、上郡，分别有三万名骑兵，杀掠几千人。匈奴右贤王怨恨汉朝夺走了河南土地而修筑朔方城，多次侵扰，到边境抢掠，直到入侵至河南，侵犯朔方郡，杀掠吏民甚多。

为寇，盗边，及入河南，侵扰朔方，杀略吏民甚众。

其明年春，汉以卫青为大将军，将六将军，十余万人，出朔方、高阙击胡。[3] 右贤王以为汉兵不能至，饮酒醉，汉兵出塞六七百里，夜围右贤王。右贤王大惊，脱身逃走，诸精骑往往[4] 随后去。汉得右贤王众男女万五千人，裨[5] 小王十余人。其秋，匈奴万骑入杀代郡都尉朱英，略千余人。

次年春天，汉朝任命卫青为大将军，率领六位将军，统率十多万军马，从朔方、高阙出塞攻打匈奴。右贤王认为汉军不可能来到，喝醉了酒，汉军出塞六七百里后，连夜包围了右贤王。右贤王十分惊恐，脱身逃跑，那些精锐骑兵也都跟着离去。汉朝俘获右贤王的部众男女一万五千人，裨小王十多人。那年秋天，匈奴一万名骑兵入侵并杀死了代郡都尉朱英，掳走了一千多人。

注释 1 於单(wū dān)：军臣单于太子名。 2 定襄：汉郡名，治所成乐，在今内蒙古和林格尔西北土城子。 3 明年春：指元朔五年春，即公元前 124 年春。 大将军：据《名臣表》，乃“车骑将军”之误。 4 往往：到处，大多数。 5 裨(pí)：副。

其明年[1] 春，汉复遣大将军卫青将六将军，兵十余万骑，乃再出定襄数百里击匈奴，得首虏前后凡万九千余级，而汉亦亡两将军，军三千余骑。右将军建得以身脱，而前将

第二年春天，汉朝又派大将军卫青率领六位将军，统率十多万骑兵，再次从定襄出塞几百里去攻打匈奴，前后斩获匈奴共一万九千多人，而汉朝也损失两位将军和三千多名骑兵。右将军苏建只身逃脱，而前将军翕侯赵信出师不利，投降了匈奴。赵信是原来匈奴的小王，

军翕侯赵信兵不利,降匈奴。[2]赵信者,故胡小王,降汉,汉封为翕侯,以前将军与右将军并军分行,独遇单于兵,故尽没。单于既得翕侯,以为自次王[3],用其姊妻之,与谋汉。信教单于益北绝幕,以诱罢汉兵,徼极而取之,无近塞。[4]单于从其计。

其明年,胡骑万人入上谷,杀数百人。

投降了汉朝,汉朝封他做翕侯,因为前将军和右将军的军队合并而与大部队分开出发,他统领的军队遇上了单于的军队,全军覆没。单于得到翕侯后,把他封为地位仅次于自己的王,并把姐姐嫁给他为妻,和他商量对付汉朝。赵信教单于假装向北迁移,越过沙漠,来引诱汉军,使他们疲惫,等他们疲劳至极时消灭他们,不用靠近汉朝的边塞。单于听从了他的计谋。

第二年,匈奴骑兵一万人入侵上谷,杀死了几百人。

注释 1 明年:即元朔六年。 2 建:即苏建,名臣苏武之父。 赵信:将军名,附见《卫将军骠骑列传》。 3 自次王:匈奴封赵信的王号。《史记正义》:"自次者,尊重次于单于。" 4 益北:更加向北。 绝幕:穿越过大漠。幕,通"漠"。 罢:通"疲"。 徼极:《史记索隐》按:"徼,要也。谓要其疲极而取之。"

其明年春,汉使骠骑将军去病将万骑出陇西,过焉支山千余里,击匈奴,得胡首虏骑万八千余级,破得休屠王祭天金人。[1]其夏,骠骑将军复与合骑侯[2]数万骑出陇西、北地

次年春天,汉朝派骠骑将军霍去病率领一万名骑兵从陇西出塞,越过焉支山一千多里,攻击匈奴,斩获匈奴一万八千多人,打败休屠王并获得了他的祭天金人。那年夏天,骠骑将军霍去病又联合合骑侯几万

二千里，击匈奴。过居延，攻祁连山，得胡首虏三万余人，裨小王以下七十余人。[3] 是时匈奴亦来入代郡、雁门，杀略数百人。汉使博望侯[4] 及李将军广出右北平，击匈奴左贤王。左贤王围李将军，卒可四千人，且尽，杀虏亦过当[5]。会博望侯军救至，李将军得脱。汉失亡数千人，合骑侯后骠骑将军期，及与博望侯皆当死，赎为庶人。

其秋，单于怒浑邪王、休屠王居西方为汉所杀虏数万人，欲召诛之。浑邪王与休屠王恐，谋降汉，汉使骠骑将军往迎之。浑邪王杀休屠王，并将其众降汉。凡四万余人，号十万。于是汉已得浑邪王，则陇西、北地、河西益少胡寇，徙关东贫民处所夺匈奴河

名骑兵从陇西、北地出塞二千里，攻打匈奴。越过居延水，攻击祁连山，斩获匈奴三万多人，其中裨小王以下官员七十多人。这时匈奴也来入侵代郡、雁门，杀掠几百人。汉朝派博望侯张骞和李广将军从右北平出塞，攻打匈奴左贤王。左贤王包围了李广将军，李广的军队大约四千人，几乎全军覆没，所杀匈奴敌人的数目也超过了自己军队的损失。适逢博望侯张骞的军队赶来救援，李将军得以解围。汉军损失几千人，合骑侯因未能按照霍去病规定的时间到达，和博望侯张骞都被判处死刑，后来他们都出钱赎罪，成为平民。

那年秋天，单于对浑邪王、休屠王居住在西边而被汉朝杀掠几万人的事感到愤怒，想要征召他们前来准备杀掉。浑邪王和休屠王害怕，商量投降汉朝，汉朝派骠骑将军前去迎接他们。浑邪王杀死休屠王，合并他的部众投降了汉朝。总共有四万多人，号称十万。汉朝在浑邪王投降后，陇西、北地、河西遭受匈奴侵扰就越来越少了，将关东的贫苦人家，迁调到从匈奴那里夺来的

南、新秦中以实之，而减北地以西戍卒半。[6]其明年，匈奴入右北平、定襄各数万骑，杀略千余人而去。

河南、新秦中地区，以充实那里，并且将北地以西的戍卒减少了一半。第二年，匈奴分别有几万名骑兵入侵右北平、定襄，杀掠一千多人而去。

注释 1 明年：指元狩二年，即公元前121年。 去病：即霍去病，汉武帝时著名将领，官至骠骑将军。详见《卫将军骠骑列传》。 焉支山：山名，一名删丹山、燕支山、胭脂山。在今甘肃山丹县东南。 骑万八千余级：张文虎《史记札记》卷五："'骑万'二字疑衍。"《史记志疑》："《骠骑传》及《汉书·武纪》《匈奴传》皆作'八千余级'，则此'万'字衍。《霍去病传》云'八千九百六十级'。" 2 合骑侯：即公孙敖。 3 居延：水名，依丁谦说，为今甘肃境内山丹河。 祁连山：山名，亦名天山、白山，为今祁连山中部一段，在今甘肃、青海两省边界。 4 博望侯：即张骞，第一次出使西域后被封为博望侯。详见《大宛列传》。 5 过当：超过死去的人数。 6 关东：函谷关以东。 新秦中：地区名。即所谓"河南地"，在今内蒙古杭锦旗西北，黄河以南以东地区。

其明年春，汉谋曰"翕侯信为单于计，居幕北，以为汉兵不能至"。[1]乃粟马，发十万骑，负私从马凡十四万匹，粮重不与焉。[2]令大将军青、骠骑将军去病中分军，大将军出定襄，骠骑将军出

次年春天，汉朝大臣商量说："翕侯赵信为单于出谋划策，居住到大漠以北，认为汉军不能到达。"于是用粟喂养马匹，发动十万名骑兵，加上自愿携带军需品参军的骑兵，共有十四万人，运输粮食和辎重的车马不算在内。命令大将军卫青、骠骑将军霍去病平分军队，大将军从定襄出塞，骠骑将军从代郡出塞，都约定越

代，咸约绝幕击匈奴。单于闻之，远其辎重，以精兵待于幕北。与汉大将军接战一日，会暮，大风起，汉兵纵左右翼围单于。单于自度战不能如汉兵，单于遂独身与壮骑数百溃汉围西北遁走。汉兵夜追不得。行斩捕匈奴首虏万九千级，北至阗颜山赵信城而还。[3]

过大漠攻打匈奴。单于听说了，把辎重运到远处，率领精兵在大漠北边等候。匈奴同大将军卫青交战一天，适逢傍晚，刮起大风，汉军分开左右两翼包围单于。单于推测打不过汉朝军队，就独自和精壮的几百名骑兵击溃汉军的包围圈，从西北方逃跑了。汉军连夜追赶，也没有追上了。他们继续追赶敌军斩获匈奴一万九千人，到达北边的阗颜山赵信城才退回来。

注释 1 其明年：指元狩四年，即公元前119年。 幕：通“漠”。下同。 2 粟马：以粟养马。 私负从马：《史记正义》：“谓负担衣粮，私募从者，凡十四万匹。” 粮重：粮食辎重。 不与：没有计算在内。 3 阗(tián)颜山：山名，即今蒙古境内杭爱山。 赵信城：在阗颜山间。

单于之遁走，其兵往往与汉兵相乱而随单于。单于久不与其大众相得，其右谷蠡王以为单于死，乃自立为单于。真单于复得其众，而右谷蠡王乃去其单于号，复为右谷蠡王。

汉骠骑将军之出代二千余里，与左贤王接战，汉

单于逃跑的时候，他的军队常常和汉军混战在一起，并跟随单于而逃。单于很久没有和他的大部队相会合了，他的右谷蠡王认为单于已死，就自立为单于。真单于又找到了他的部众，右谷蠡王就放弃了自己的单于王号，仍为右谷蠡王。

汉朝骠骑将军从代郡出塞二千多里，和左贤王交战，汉军斩获匈奴共七万多人，左贤王和将领

兵得胡首虏凡七万余级，左贤王将皆遁走。骠骑封于狼居胥山，禅姑衍，临翰海而还。[1]

是后匈奴远遁，而幕南无王庭。汉度河自朔方以西至令居[2]，往往通渠置田，官吏卒五六万人，稍蚕食，地接匈奴以北。

们都逃跑了。骠骑将军在狼居胥山祭天，在姑衍山祭地，直到翰海才回师。

这以后，匈奴远远地逃开，大漠以南没有了匈奴的王庭。汉朝军队渡过黄河，从朔方向西到了令居，常常在那里修通沟渠，开垦田地，设置的官员和士兵有五六万人，并逐渐向北扩展，使汉朝的疆域延伸到了匈奴旧地以北的地方。

注释　**1** 封：祭天。　狼居胥山：山名，即今蒙古首都乌兰巴托东之肯特山脉。　禅(shàn)：祭地。　姑衍：山名，在今乌兰巴托东，狼居胥山西。　翰海：大漠之别名，在今蒙古境内。　**2** 令居：汉县名，在今甘肃永登西北。

初，汉两将军大出围单于，所杀虏八九万，而汉士卒物故[1]亦数万，汉马死者十余万。匈奴虽病[2]，远去，而汉亦马少，无以复往。匈奴用赵信之计，遣使于汉，好辞请和亲。天子下其议，或言和亲，或言遂臣之[3]。丞相长史[4]任敞曰："匈奴新破，困，宜可使为外臣，朝

当初，汉朝两位将军大举出兵围攻单于，杀掠敌人八九万人，而汉朝士兵死去的也有几万人，汉朝马匹死掉了十多万。匈奴虽然疲惫不堪，远远地离去，而汉朝也因为马匹减少，无法再前去攻打。匈奴采纳赵信的计策，派使者到汉朝，好言好语请求和亲。天子把这事交给大臣们商议，有的赞成和亲，有的主张趁机让匈奴臣服。丞相长史任敞说："匈奴刚被打败，处境困窘，应该让他们做外臣，每年春秋两季在边境朝拜皇

请于边。”汉使任敞于单于。单于闻敞计，大怒，留之不遣。先是汉亦有所降匈奴使者，单于亦辄留汉使相当。汉方复收士马，会骠骑将军去病死，于是汉久不北击胡。

上。”汉朝派任敞出使匈奴，去见单于。单于听说了任敞的计划，十分气愤，就扣留了任敞，不送他回去。在这之前，汉朝也招降过匈奴使者，单于也就扣留汉朝使者相抵偿。汉朝正在重新收集士兵、马匹，适逢骠骑将军霍去病去世，于是汉朝很长时间没有向北攻打匈奴。

注释 1 物故：谓死。 2 病：疲惫不堪。 3 臣之：使之臣服。 4 丞相长史：官名，丞相的高级幕僚，管理相府诸曹事务。

数岁，伊稚斜单于立十三年死，子乌维立为单于。是岁，汉元鼎三年[1]也。乌维单于立，而汉天子始出巡郡县。其后汉方南诛两越，不击匈奴，匈奴亦不侵入边。[2]

乌维单于立三年，汉已灭南越，遣故太仆贺将万五千骑出九原二千余里，至浮苴井而还，不见匈奴一人。[3]汉又遣故从骠侯赵破奴万余骑出令居数千里，至匈河水[4]而还，亦不见匈奴一人。

几年后，伊稚斜单于继位十三年去世，他儿子乌维继位做单于。这一年，是汉元鼎三年。乌维单于继位，汉天子开始出去巡视郡县。其后汉朝正向南诛灭南越和东越，没有进攻匈奴，匈奴也不入侵边境。

乌维单于继位三年，汉朝已经灭亡了南越，就派前太仆公孙贺率领一万五千名骑兵从九原出塞二千多里，到浮苴井才回来，没有看到一个匈奴人。汉朝又派前从骠侯赵破奴率领一万多名骑兵从令居出塞几千里，直到匈河水而回，也没有看到一个匈奴人。

注释 1 元鼎三年：即公元前114年。 2《史记志疑》案：《武纪》元鼎五年，西羌众十万人反，与匈奴通使，攻固安（胡三省曰：当作“安故”），围枹罕。匈奴入五原杀太守，正在是时，何言不侵入边乎？ 3 贺：指公孙贺。 九原：汉县名，在今内蒙古五原县。贺出九原，在元鼎六年。 浮苴井：匈奴地名，据丁谦说，在杭爱山北。 4 匈河水：一说即匈奴河，发源于蒙古杭爱山脉的内陆河。

是时天子巡边，至朔方，勒兵十八万骑以见武节，而使郭吉风告单于。[1]郭吉既至匈奴，匈奴主客[2]问所使，郭吉礼卑言好，曰：“吾见单于而口言[3]。”单于见吉，吉曰：“南越王头已悬于汉北阙。今单于即[4]能前与汉战，天子自将兵待边；单于即不能，即南面[5]而臣于汉。何徒远走，亡匿于幕北寒苦无水草之地，毋为也。”语卒，而单于大怒，立斩主客见者，而留郭吉不归，迁之北海[6]上。而单于终不肯为寇于汉边，休养息士马，习射猎，数使使于汉，好辞甘言求请和亲。

这时天子巡视边境，到了朔方郡，统领十八万骑兵来显示军威，派郭吉委婉地告诉单于。郭吉到了匈奴后，匈奴主客询问他出使的任务，郭吉谦卑地行礼，话语友善，说：“我见到单于再亲口对他讲。”单于接见了郭吉，郭吉说：“南越王的人头已经悬挂在汉朝京城未央宫的正门上。如今假如单于敢和汉朝交战，天子亲自率领兵马在边境等候；假如单于不敢，就应当向汉朝称臣。何必迁移逃跑，躲藏在大漠北边又冷又苦又缺少水草的地方，不要这样。”话刚说完，单于就大怒，立刻斩杀了引见郭吉的那位主客，而扣留郭吉，不让他回去，把他遣送到北海那里。单于始终不肯到汉朝边境侵扰，而是休养士兵和马匹，练习射箭打猎，多次派使者到汉朝，好言好语请求和亲。

注释 1 天子巡边至朔方:事在元封元年,即公元前110年。 勒兵:统率军队。 见:显现。 武节:军威。 风告:婉言劝告。风,通“讽”。2 主客:匈奴外交官。 3 口言:亲口说。 4 即:如果。 5 南面:面向南。6 北海:今贝加尔湖。

汉使王乌等窥[1]匈奴。匈奴法,汉使非去节而以墨黥其面者不得入穹庐。[2]王乌,北地人,习胡俗,去其节,黥面,得入穹庐。单于爱之,详许甘言,为遣其太子入汉为质,以求和亲。[3]

汉朝派王乌等人去侦察匈奴。匈奴的法律规定,汉朝使者不放下符节而只用墨黥面,就不能够进入毡帐。王乌是北地人,熟悉匈奴的习俗,就放下符节,用墨黥面,得以进入毡帐。单于喜欢他,假装用好话许诺,说要派遣他的太子进入汉朝为人质,来请求和亲。

注释 1 窥:侦察。 2 节:符节,使者用以凭证的信物。 黥:用刀刻画面额,并涂上墨汁。 3 详:通“佯”。 为:将。

汉使杨信于匈奴。是时汉东拔秽貉、朝鲜以为郡,而西置酒泉郡以鬲绝胡与羌通之路。[1]汉又西通月氏、大夏,又以公主妻乌孙王,以分匈奴西方之援国。[2]又北益广田至胘靁为塞,而匈奴终不敢以为言。[3]是岁,翕侯信死,

汉朝派杨信出使匈奴。这时汉朝在东边攻取了秽貉、朝鲜而设置了郡,在西边设置了酒泉郡来隔绝匈奴和羌的交往道路。汉朝又向西沟通了月氏、大夏,还把公主嫁给乌孙王做妻子,来离间匈奴在西方的援国。汉朝又向北更加扩大田地直到胘靁,作为边塞,而匈奴始终不敢说什么。这年,翕侯赵信去世,汉朝掌权的大臣认为匈奴已经衰弱,可

汉用事者以匈奴为已弱，可臣从也。[4]杨信为人刚直屈强[5]，素非贵臣，单于不亲。单于欲召入，不肯去节，单于乃坐穹庐外见杨信。杨信既见单于，说曰："即欲和亲，以单于太子为质于汉。"单于曰："非故约。故约，汉常遣翁主，给缯絮食物有品[6]，以和亲，而匈奴亦不扰边。今乃欲反古，令吾太子为质，无几[7]矣。"匈奴俗，见汉使非中贵人，其儒先[8]，以为欲说，折其辩；其少年，以为欲刺，折其气。[9]每汉使入匈奴，匈奴辄报偿。汉留匈奴使，匈奴亦留汉使，必得当乃肯止。

以让他们臣服了。杨信为人刚直倔强，一向不是汉朝显贵的大臣，单于不亲近他。单于要召他进入毡帐里，但他不肯放下符节，单于就坐在毡帐外面接见了杨信。杨信见过单于后，劝说道："如果匈奴想和亲，就将单于太子送到汉朝做人质。"单于说："这不是以往的盟约。以往的盟约，汉朝常常派公主来匈奴，供给不同数量的丝绸和食物，来结和亲，而匈奴也不去侵扰边境。如今竟然要违反旧约，让我的太子做人质，那和亲没有希望了。"匈奴的风俗，看到汉朝使者不是皇宫中受宠的宦官，而是儒生，认为是要来游说的，便设法驳倒他的辩词；如果是青年人，认为他是要来斥责匈奴，便设法摧毁他的气势。每次汉朝使者进入匈奴，匈奴总要给予报偿。如果汉朝扣留了匈奴使者，匈奴也扣留汉朝使者，一定要对等才肯罢休。

注释　1 是时：指元封三年，即公元前108年。　秽貉：古国名，领有今朝鲜北部。　郡：指西汉新设置的真番、临屯、乐浪、玄菟四郡。　酒泉：郡名，治所禄福，在今甘肃酒泉市。　鬲：通"隔"。　2 大夏：西域国名，地在今阿富汗东北部。　乌孙：西域国名。最初在祁连、敦煌间。汉武帝初年西迁至今伊犁河和伊塞克湖一带，都赤谷城，故址在今伊塞克湖东南。 3 益:更加。 广:扩大。 眩靁:西域地名,《史记集解》引《汉书音义》以为在乌孙北。靁,“雷”的本字。 4 用事者:执政者。 臣从:使其臣服随从。 5 屈强:同“倔强”。 6 有品:有不同的种类品级。 7 无几(jì):没有希望。几,通“冀”,期望,希望。 8 儒先:儒生。 9 少年:年轻人。 刺:斥责。

杨信既归,汉使王乌,而单于复謟以甘言,欲多得汉财物,绐谓王乌曰:“吾欲入汉见天子,面相约为兄弟。”[1]王乌归报汉,汉为单于筑邸[2]于长安。匈奴曰:“非得汉贵人使,吾不与诚语。”匈奴使其贵人至汉,病,汉予药,欲愈之,不幸而死。而汉使路充国佩二千石印绶[3]往使,因送其丧,厚葬直数千金,曰“此汉贵人也”。单于以为汉杀吾贵使者,乃留路充国不归。诸所言者,单于特[4]空绐王乌,殊无意入汉及遣太子来质。于是匈奴数使奇兵侵犯边。汉乃拜郭昌为拔胡将军,及浞野侯[5]屯朔方以东,备胡。

杨信回到汉朝后,汉朝派王乌出使匈奴,而单于又用好话謟媚他,想多得到汉朝的财物,便欺骗王乌说:“我想进入汉朝朝见天子,当面缔约结为兄弟。”王乌回来报告汉朝,汉朝为单于在长安修筑了官邸。匈奴说:“汉朝不派尊贵的人出使,我不同他讲实话。”匈奴派地位尊贵的人到汉朝,患了病,汉朝送给他药,想治好他,可是他不幸死了。汉朝使者路充国佩带二千石的印信出使匈奴,顺便护送他的灵柩,丰厚的葬礼花费了几千斤黄金,说:“这是汉朝的贵人。”单于认为汉朝杀害了我的尊贵使者,就扣留路充国,不让他回去。单于所说的那些话,只是凭空欺骗王乌,他根本没有入朝拜见皇帝和送太子来做人质的意思。于是匈奴多次派突击队侵犯边境。汉朝就任命郭昌为拔胡将军,和浞野侯

路充国留匈奴三岁，单于死。

驻守朔方以东，防御匈奴。路充国被匈奴扣留了三年，单于去世。

注释 1 讇：同“谄”，谄媚。 绐(dài)：欺骗。 2 邸：住所。 3 印绶：此指官印。 4 特：只，仅仅是。 5 浞野侯：即赵破奴。

乌维单于立十岁而死，子乌师庐立为单于。年少，号为儿单于。是岁元封六年[1]也。自此之后，单于益西北，左方兵直云中，右方直酒泉、燉煌郡。[2]

儿单于立，汉使两使者，一吊单于，一吊右贤王，欲以乖其国。[3]使者入匈奴，匈奴悉将致[4]单于。单于怒而尽留汉使。汉使留匈奴者前后十余辈，而匈奴使来，汉亦辄留相当。[5]

是岁，汉使贰师将军广利西伐大宛，而令因杅将军敖筑受降城。[6]其冬，匈奴大雨雪，畜多饥寒死。儿单于年少，好杀伐，国人多不安。左大都尉欲杀单于，使

乌维单于继位十年后死去，他的儿子乌师庐继位做了单于。乌师庐年纪小，号称儿单于。这年是汉朝元封六年。从这以后，单于越发向西北迁移，左边的军队正对着云中郡，右边的军队正对着酒泉郡、燉煌郡。

儿单于继位后，汉朝派来两位使者，一位吊唁单于，一位吊唁右贤王，想据此来离间他们的君臣关系，使国家混乱。使者进入匈奴，匈奴人把他们都送到单于那里。单于生气，把汉朝使者全都扣留了。汉朝使者被匈奴扣留的前后有十多批，而匈奴使者来，汉朝也总是扣留对等数量的匈奴使者。

这年，汉朝派贰师将军李广利向西征伐大宛，而命令因杅将军公孙敖修筑受降城。这年冬天，匈奴下大雪，牲畜大多受饥寒而死。儿单于年纪小，喜欢战争，国人大

人间[7]告汉曰："我欲杀单于降汉，汉远；即兵来迎我[8]，我即发。"初，汉闻此言，故筑受降城。犹以为远。

多感到不安。左大都尉想杀死单于，派人暗中报告汉朝说："我想杀了单于而投降汉朝，汉朝离得远；如果派兵来接应我，我就行动。"当初，汉朝听了这话，所以修筑受降城。但左大都尉还是觉得汉朝接应的人太远。

注释 1 元封六年：即公元前105年。 2 直：通"值"，当，对。 燉煌：亦作"敦煌"，汉郡名，治所敦煌，在今甘肃敦煌市西。 3 吊：吊唁。 乖：离间。 4 致：送。 5 辈：批。 辄：总是。 6 是岁：指太初元年，即公元前104年。 广利：即李广利，后封为贰师将军。 大宛(yuān)：西域国名，都贵山城，都城故址在今塔吉克斯坦的苦盏。 敖：即公孙敖，曾被封为因杅(yú)将军。 受降城：西汉为接受匈奴投降而新置之城，在今内蒙古乌拉特中旗东阴下北。 7 间：秘密地，暗中。 8 兵来迎我：《汉书》作"来兵近我"。《史记志疑》引刘辰翁曰："'近'字是，盖班氏改之。"

其明年春，汉使浞野侯破奴将二万余骑出朔方西北二千余里，期至浚稽山[1]而还。浞野侯既至期而还，左大都尉欲发而觉，单于诛之，发左方兵击浞野。浞野侯行捕首虏得数千人。还，未至受降城四百里，匈奴兵八万骑围之。浞野侯夜自出求水，匈奴间捕生得浞野

第二年春天，汉朝派浞野侯赵破奴率领二万多骑兵从朔方出塞向西北二千多里，约定到浚稽山才回师。浞野侯按时到达那里后才回来，左大都尉想行动而被发觉，单于诛杀了他，发动左边的军队攻打浞野侯。浞野侯边走边捕杀匈奴几千人。回来时，距离受降城还有四百里，匈奴军队八万骑兵包围了他。浞野侯夜晚亲自出来寻水，匈奴暗地里活捉了浞

侯，因急击其军。军中郭纵为护，维王为渠[2]，相与谋曰："及诸校尉畏亡将军而诛之，莫相劝归。"军遂没于匈奴。匈奴儿单于大喜，遂遣奇兵攻受降城。不能下，乃寇入边而去。其明年，单于欲自攻受降城，未至，病死。

儿单于立三岁而死。子年少，匈奴乃立其季父乌维单于弟右贤王呴犁湖为单于。是岁太初三年[3]也。

野侯，趁机加紧攻击他的军队。汉军中的郭纵担任护军，维王担任匈奴降兵的头领，他们相互商量说："不如趁诸位校尉畏惧失掉将军而会遭诛杀，劝说他们不要回归汉朝。"汉军于是投降匈奴。匈奴儿单于十分高兴，就派突击队攻打受降城。没能攻下，于是入侵边塞然后离去。第二年，单于要亲自攻打受降城，还没到那里，就病死了。

儿单于继位三年后死去。他的儿子年纪小，匈奴就立他叔父乌维单于的弟弟右贤王呴犁湖当单于。这年是汉朝太初三年。

注释 1 浚稽山：山名，约在今蒙古国戈壁阿尔泰山脉中段。 2 渠：帅。即匈奴投降士兵的首领。 3 太初三年：即公元前102年。

呴犁湖单于立，汉使光禄徐自为出五原塞数百里，远者千余里，筑城鄣列亭至庐朐，而使游击将军韩说、长平侯卫伉屯其旁，使强弩都尉路博德筑居延泽上。[1]

其秋，匈奴大入定

呴犁湖单于继位后，汉朝派光禄勋徐自为走出五原塞，近的几百里，远的一千多里，修筑小城堡、哨所，直到庐朐，又派游击将军韩说、长平侯卫伉驻守在这附近，派强弩都尉路博德在居延泽修筑城堡。

那年秋天，匈奴大举入侵定襄、云中，杀掠几千人，打败了几位二千石的官员而离去，路上还破坏了光禄勋徐

襄、云中，杀略数千人，败数二千石而去，行破坏光禄[2]所筑城列亭鄣。又使右贤王入酒泉、张掖，略数千人。会任文[3]击救，尽复失所得而去。是岁，贰师将军破大宛，斩其王而还。匈奴欲遮[4]之，不能至。其冬，欲攻受降城，会单于病死。

自为所修建的小城堡、哨所。又派右贤王入侵酒泉、张掖，掳走了几千人。适逢汉朝将军任文攻击救援，匈奴抛下所劫获的一切东西逃走了。这年，贰师将军李广利大败大宛，斩杀了大宛王而回来。匈奴要阻截李广利，没能赶到。这年冬天，匈奴要攻打受降城，适逢单于病死。

呴犁湖单于立一岁死。匈奴乃立其弟左大都尉且鞮侯为单于。

呴犁湖单于继位一年后死去。匈奴就立他的弟弟左大都尉且鞮侯做单于。

汉既诛大宛，威震外国。天子意欲遂困胡，乃下诏曰："高皇帝遗朕平城之忧，高后时单于书绝悖逆。昔齐襄公复九世之仇，《春秋》大之。[5]"是岁太初四年[6]也。

汉朝诛杀了大宛王后，威震国外。天子心想趁机围困匈奴，于是颁下诏命说："高皇帝留给我平城被围的仇恨，高后时单于的来信极为大逆不道。以前齐襄公报了九世以前的仇恨，《春秋》对他大加称赞。"这年是汉朝太初四年。

注释　**1** 徐自为：大臣名，光禄（当作"光禄勋"）为其官职，生平不详。　五原塞：《史记正义》："即五原郡榆林塞也。"在今内蒙古包头市西北。　鄣：边地城堡。　亭：候望所。　庐朐：《史记集解》："匈奴地名，又山名。"丁谦以为在阳山北麓。　居延泽：泽名，在今内蒙古额济纳旗东。汉代居延城在泽西。路博德所筑遮虏障在泽西、居延城西北。　**2** 光禄：

指徐自为。 3 任文:汉将名。 4 遮:阻截。 5 齐襄公:春秋时齐国国君,于公元前 697—前 686 年在位。 大:赞赏。 6 太初四年:即公元前 101 年。

且鞮侯单于既立,尽归汉使之不降者。路充国等得归。单于初立,恐汉袭之,乃自谓“我儿子,安敢望汉天子!汉天子,我丈人行[1]也”。汉遣中郎将苏武厚币赂遗单于。[2]单于益骄,礼甚倨[3],非汉所望也。其明年,浞野侯破奴得亡归汉。

其明年,汉使贰师将军广利以三万骑出酒泉,击右贤王于天山[4],得胡首虏万余级而还。匈奴大围贰师将军,几不脱。汉兵物故什六七。汉复使因杅将军敖出西河,与强弩都尉会涿涂山,毋所得。[5]又使骑都尉李陵将步骑五千人,出居延北千余里,与单于会,合战,陵所杀伤万余

且鞮侯单于继位后,送还了全部不肯投降的汉朝使者。路充国等人得以回到汉朝。单于刚继位,害怕汉朝袭击,就自己称:“我是小孩子,怎么敢和汉朝天子相比呢!汉朝天子,是我的长辈。”汉朝派中郎将苏武送给单于十分丰厚的礼物。单于更加骄傲,礼节非常傲慢,汉朝大失所望。第二年,浞野侯赵破奴逃回了汉朝。

第二年,汉朝派贰师将军李广利率领三万骑兵从酒泉出塞,在天山攻打右贤王,杀掠匈奴一万多人而回师。匈奴大举包围贰师将军,使他几乎不能逃脱。汉军死亡了十分之六七。汉朝又派因杅将军公孙敖从西河出塞,和强弩都尉在涿涂山会合,没有什么收获。又派骑都尉李陵率领步兵、骑兵五千人,从居延出塞北行一千多里,和单于相会,双方交战,李陵的军队杀死杀伤一万多敌军,武器和粮食用尽,想摆脱困境而回师,匈奴包围了李陵的

人,兵及食尽,欲解归,匈奴围陵,陵降匈奴,其兵遂没,得还者四百人。单于乃贵陵,以其女妻之。

军队,李陵投降了匈奴,他的军队几乎全军覆没,只有四百人回到汉朝。单于很看重李陵,将自己的女儿嫁给他做妻子。

注释 1 丈人行(háng):犹言老辈、长辈。行,行辈。 2 苏武:西汉大臣,曾出使匈奴被扣,十九年持节不失。详见《汉书·李广苏建传》。 厚币:丰厚的礼物。 赂遗(wèi):赠送。 3 倨:高傲怠慢。 4 天山:山名,指南祁连山,在今甘肃、青海交界处。 5 西河:汉郡名,治所平定,在今内蒙古准格尔旗西南。 涿涂山:亦作涿邪山,山名,在浚稽山西。

后二岁,复使贰师将军将六万骑,步兵十万,出朔方。强弩都尉路博德将万余人,与贰师会。游击将军[1]说将步骑三万人,出五原。因杅将军敖将万骑、步兵三万人,出雁门。匈奴闻,悉远其累重于余吾水北,而单于以十万骑待水南,与贰师将军接战。[2]贰师乃解而引归,与单于连战十余日。贰师闻其家以巫蛊[3]族灭,因并众降匈奴,得来

又过了两年,汉朝又派贰师将军率领六万骑兵,十万步兵,从朔方出塞。强弩都尉路博德率领一万多人,和贰师将军会合。游击将军韩说率领步兵、骑兵三万人,从五原出塞。因杅将军公孙敖率领一万骑兵、三万步兵,从雁门出塞。匈奴听说了,把他们的家眷财产全部运到余吾水以北,而单于率领十万骑兵等待在余吾水的南面,和贰师将军交战。贰师将军失利后率军往回走,和单于接连交战了十多天。贰师将军听说他的家属因为巫蛊罪被灭族,就和军队一起投降了匈奴,他的军士最终回到汉朝的不到千分之一二。游击将军韩说一无所获。因

还千人一两人耳。游击说无所得。因杅敖与左贤王战，不利，引归。是岁汉兵之出击匈奴者不得言功多少，功不得御[4]。有诏捕太医令随但[5]，言贰师将军家室族灭，使广利得降匈奴。

杅将军公孙敖和左贤王交战，形势不利，就带兵回来。这年汉朝军队出塞攻打匈奴的，都不准谈论功劳多少，因为总体上是得不偿失。皇帝下令逮捕太医令随但，因为是他传出贰师将军家人被灭族的事，致使李广利投降了匈奴。

注释 1 游击将军：即韩说。 2 累重：指家眷财物。 余吾水：河名，即今蒙古乌兰巴托西的土拉河。 3 巫蛊：亦称巫蛊之祸，汉武帝时，女巫教宫人埋木偶以诅咒人。适逢帝病，江充谓帝祟在巫蛊，与太子刘据有嫌隙的江充诬称在太子宫搜得木偶甚多，太子畏惧，起兵捕杀江充，后失败自杀。 4 御：相抵。 5 随但：人名，时为太医令，透露了武帝族灭李广利之事。

太史公曰：孔氏著《春秋》，隐、桓之间则章，至定、哀之际则微，为其切当世之文而罔褒，忌讳之辞也。[1]世俗之言匈奴者，患其徼一时之权，而务謟纳其说，以便偏指，不参彼己；[2]将率席中国广大，气奋，人主因以决策，是以建

太史公说：孔子著《春秋》，对鲁隐公、鲁桓公时期的事情记载详尽，对鲁定公、鲁哀公时期的事情就记述得很隐晦，因为时代太靠近，不能如实褒贬，有许多忌讳的缘故。人们谈论匈奴战争时使人忧虑之处就在于他们想侥幸获得一时的权势，以謟媚之语使人听其说词，发表片面意见，不审察敌我的实际情况；而汉朝的将帅们仗着中国土地广大，意气奋发，天子据此来制定对策，所以取得的胜利不大。尧虽然贤明，但靠

功不深。[3]尧虽贤，兴事业不成，得禹而九州宁。且欲兴圣统[4]，唯在择任将相哉！唯在择任将相哉！

自己来建立功业是不能成功的，得到禹后全国才获得安宁。想要发扬光大圣主的传统，只在于选择任用将相啊！只在于选择任用将相啊！

注释　**1** 隐、桓：春秋时鲁国君主隐公（公元前722—前712年在位）、桓公（公元前711—前694年在位）。　章：显明。　定、哀：春秋时鲁国君主定公（公元前509—前495年在位）、哀公（公元前494—前468年在位）。　微：隐晦。　切：切近。　**2** 患：忧虑，厌恶。　徼(jiǎo)：侥幸获取。　说(shuō，旧读shuì)：说词。　偏指：片面的意见。指，通“旨”。　参：考察，分析。　彼己：汉朝和匈奴双方的情况和关系。　**3** 将率：将帅。　席：依仗。　气奋：意气奋发。　**4** 圣统：天统，太平盛世。

史记卷一百一十一

卫将军骠骑列传第五十一

原文

大将军卫青者，平阳[1]人也。其父郑季，为吏，给事平阳侯家，与侯妾卫媪通，生青。[2]青同母兄卫长子，而姊卫子夫自平阳公主[3]家得幸天子，故冒姓为卫氏。字仲卿。长子更字长君。长君母号为卫媪。媪长女卫孺，次女少儿，次女即子夫。后子夫男弟步、广皆冒卫氏。

译文

大将军卫青是平阳县人。他父亲叫郑季，当小官吏，在平阳侯曹时家中供职，和平阳侯的小妾卫媪私通，生下了卫青。卫青的同母哥哥叫卫长子，他姐姐卫子夫在平阳公主家中得到天子的宠幸，所以冒充姓卫。卫青字仲卿。卫长子改字长君。卫长君的母亲叫卫媪。卫媪的大女儿叫卫孺，二女儿叫少儿，小女儿就是子夫。后来卫子夫的弟弟步、广都冒充姓卫。

注释　1 平阳：汉县名，属河东郡，在今山西临汾市西南。　2 给事：供职。　平阳侯：时即曹参之曾孙曹时，嗣封为平阳侯。　通：私通。　3 平阳公主：《史记集解》引徐广曰："曹参曾孙平阳夷侯时尚武帝姊平阳公主，生子襄。"

青为侯家人，少时归其父，其父使牧羊。先母之子皆奴畜之，不以为兄弟数。[1]青尝从入至甘泉居室，有一钳徒相青曰："贵人也，官至封侯。"[2]青笑曰："人奴之生，得毋笞骂即足矣，安得封侯事乎！[3]"

卫青是平阳侯家的仆人，小时候回到他父亲那里，他父亲让他牧羊。父亲前妻的儿子都把他当作奴仆对待，不把他看作兄弟。卫青曾经跟人进入甘泉宫的居室，有一个钳徒给卫青相面说："你是贵人，将来会被封侯。"卫青笑着说："我这个做奴仆的，能够不受打骂就满足了，怎么能有封侯的事呢！"

注释　**1** 先母：郑季的原配夫人，卫青之大妈。　奴畜（xù）之：像对待奴仆一样来养育卫青。畜，畜养。　**2** 居室：囚禁犯法官员及其家属的场所。　钳徒：受钳刑之犯人。钳，以铁圈系颈。　**3** 得毋：能不。　笞（chī）：用竹板、荆条打。

青壮，为侯家骑，从平阳主。建元二年[1]春，青姊子夫得入宫幸上。皇后，堂邑大长公主[2]女也，无子，妒。大长公主闻卫子夫幸，有身，妒之，乃使人捕青。青时给事建章[3]，未知名。大长公主执囚青，欲杀之。其友骑郎公孙敖与壮士往篡取之，以故得不死。[4]上闻，乃召青为建

卫青长大后，做了平阳侯家的骑兵，跟随平阳公主。武帝建元二年春天，卫青姐姐卫子夫进入皇宫，受到皇上宠幸。皇后是堂邑大长公主刘嫖的女儿，没有儿子，生性嫉妒。大长公主听说卫子夫受皇上宠幸，有了身孕，嫉妒她，就派人去逮捕卫青。卫青当时在建章宫供职，还没出名。大长公主捉拿拘禁了卫青，要杀死他。他的朋友骑郎公孙敖带着几个壮士前去把他抢了出来，他因此得以不死。皇上听说了，

章监，侍中[5]，及同母昆弟贵，赏赐数日间累千金。孺为太仆公孙贺妻。[6]少儿故与陈掌[7]通，上召贵掌。公孙敖由此益贵。子夫为夫人。青为大中大夫[8]。

就召见卫青，任命他做建章监，在内廷侍奉皇上，连同他同母的兄弟们都开始显贵，得到的赏赐几天之间就累积有千金。卫孺做了太仆公孙贺的妻子。卫少儿以前和陈掌私通，皇上就召见陈掌，使他显贵。公孙敖因此也越发显贵。卫子夫被封为夫人，卫青任大中大夫。

注释 **1** 建元二年：即公元前139年。 **2** 堂邑大长公主：即汉文帝长女、汉景帝姐、武帝姑母刘嫖，汉时称皇帝的姑母为大长公主。因其下嫁给堂邑侯陈婴之孙陈午，故称堂邑大长公主。 **3** 建章：建章宫。 **4** 骑郎：官名。郎中骑乘者，属骑将，平时居宫中更直宿卫，皇帝出行则充车骑侍从。 公孙敖：人名，本传后有其附传。 篡：强行夺取。 **5** 侍中：西汉为加官名。加此官就可入侍禁中，侍奉皇帝。 **6** 太仆：官名，掌皇帝车马，九卿之一。 公孙贺：人名，本传后有其附传。 **7** 陈掌：陈平曾孙。通：《史记志疑》：“《陈丞相世家》云‘掌以卫氏亲贵戚’。《汉书·霍去病传》云‘卫皇后尊少儿，更为詹事陈掌妻’，则非私通矣，《史》似误。” **8** 大中大夫：即太中大夫，官名，掌议论，属郎中令(光禄勋)。

元光五年，青为车骑将军，击匈奴，出上谷；[1]太仆公孙贺为轻车将军，出云中[2]；大中大夫公孙敖为骑将军，出代郡[3]；卫尉李广为骁骑将军，出雁门：[4]军各万

元光五年，卫青任车骑将军，攻打匈奴，从上谷出塞；太仆公孙贺任轻车将军，从云中出塞；大中大夫公孙敖任骑将军，从代郡出塞；卫尉李广任骁骑将军，从雁门出塞：每支军队各有一万骑兵。卫青到达茏城，斩杀了几百名敌人。

骑。青至茏城[5],斩首虏数百。骑将军敖亡七千骑;卫尉李广为虏所得,得脱归:皆当斩,赎为庶人。贺亦无功。[6]

骑将军公孙敖损失了七千骑兵;卫尉李广被匈奴捉住,后来逃脱回来:他们两人都应当被处以死刑,后来出钱赎罪,成为平民。公孙贺也没有功劳。

注释 1 元光五年:当作"元光六年",为公元前129年。 上谷:汉郡名,治所沮阳,在今河北怀来县东南。 2 云中:汉郡名,治所云中,在今内蒙古托克托东北古城。 3 代郡:汉郡名,郡治代县,在今河北蔚县东北。 4 卫尉:官名,掌屯兵护卫宫门,九卿之一。 李广:西汉名将。详见《李将军列传》。 雁门:郡名,治所善无,在今山西右玉县南。
5 茏城:一作"龙城",在今蒙古国鄂尔浑河西侧的和硕柴达木湖附近。
6《汉书评林》引凌约言曰:"此出唯青有功,例得封侯,故班史补入'唯青赐爵关内侯'句。"

元朔元年春,卫夫人有男,立为皇后。[1]其秋,青为车骑将军,出雁门,三万骑击匈奴,斩首虏数千人。明年,匈奴入杀辽西太守,虏略渔阳二千余人,败韩将军军。[2]汉令将军李息击之,出代;令车骑将军青出云中以西至高阙。[3]遂略河南地,至于陇西,捕首虏数千,畜数十万,走白

元朔元年春天,卫夫人因生了个男孩,被立为皇后。那年秋天,卫青任车骑将军,从雁门出塞,带领三万骑兵攻打匈奴,杀死几千名敌人。第二年,匈奴入侵杀死了辽西太守,掳走了渔阳郡二千多人,打败了韩安国将军的军队。汉朝命令将军李息攻打匈奴,从代郡出塞;命令车骑将军卫青从云中出塞,向西直到高阙。于是汉军占领了河南一带,到达了陇西,捕获几千敌人,几十万头牲畜,赶跑了白羊王、楼

羊、楼烦王。[4]遂以河南地为朔方[5]郡。以三千八百户封青为长平侯。青校尉苏建[6]有功，以千一百户封建为平陵侯。使建筑朔方城。青校尉张次公[7]有功，封为岸头侯。天子曰："匈奴逆天理，乱人伦，暴长虐老，以盗窃为务，行诈诸蛮夷，造谋藉兵，数为边害，故兴师遣将，以征厥罪。[8]《诗》不云乎，'薄伐猃狁，至于太原'[9]'出车彭彭，城彼朔方'[10]。今车骑将军青度西河至高阙，获首虏二千三百级，车辎畜产毕收为卤，已封为列侯，遂西定河南地，按榆溪旧塞，绝梓领，梁北河，讨蒲泥，破符离，斩轻锐之卒，捕伏听者三千七十一级，执讯获丑，驱马牛羊百有余万，全甲兵而还，益封青三千户。[11]"其明年，匈奴入杀代郡太守友[12]，入略雁门千余

烦王。汉朝就将河南一带设为朔方郡。以三千八百户的封邑封卫青为长平侯。卫青的校尉苏建有功劳，朝廷以一千一百户的封邑封苏建为平陵侯。派苏建修筑朔方城。卫青的校尉张次公有功劳，被封为岸头侯。天子说："匈奴违背天理，悖乱人伦，摧残长辈，欺凌老人，专门进行盗窃，在各个蛮夷国之间行骗，策划阴谋，依恃武力，多次侵犯边境，所以朝廷发动军队，调遣将领，来讨伐其罪行。《诗经》不是说，'征讨猃狁，直到太原''出动众多战车，去修筑朔方城'。如今车骑将军卫青渡过西边的黄河，直到高阙，斩杀敌军二千三百人，缴获他们全部的战车、辎重和牲畜财产，已被封为列侯，于是又往西平定了河南一带，巡行榆溪的旧关塞，越过梓领，架设北河的桥梁，讨伐蒲泥，攻破符离，斩杀敌人轻捷精锐的士兵，捕获敌人侦察兵三千零七十一人，他们押回了俘虏，赶回一百零几万只马、牛和羊，保全军队而返回，加封卫青三千户。"第二年，匈奴入侵杀死了代郡太守共友，又

人。其明年，匈奴大入代、定襄[13]、上郡，杀略汉数千人。

入侵并掳走了雁门郡一千多人。第二年，匈奴大举入侵代郡、定襄、上郡，杀掠了几千汉人。

注释 **1** 元朔元年：即公元前128年。 男：指刘据，史称卫太子、戾太子。 **2** 明年：《史记志疑》以为，因传写讹倒，自“青为车骑将军”到此“明年”二十三字，当在下文“出代”句下。 辽西：汉郡名，治所阳乐，在今辽宁锦州市西北。 虏：掳掠，掠夺。 渔阳：汉郡名，治所渔阳，在今北京市密云区西南。 韩将军：韩安国，详见《韩长孺列传》。 **3** 李息：本篇后有附传。 高阙：关塞名，在今内蒙古杭锦后旗东北黄河北岸。 **4** 陇西：汉郡名，治所狄道，在今甘肃临洮县。 白羊、楼烦王：匈奴二王号，居河南地。 **5** 朔方：汉郡名，治所朔方，在今内蒙古杭锦旗北。 **6** 苏建：本篇后有附传。 **7** 张次公：本篇后有附传。 **8** 造谋：策划阴谋。 藉兵：依仗兵力。 厥：其。 **9** 薄伐猃狁，至于太原：此二句出自《诗经·小雅·六月》。猃狁，即猃狁。 **10** 出车彭彭，城彼朔方：此二句出自《诗经·小雅·出车》，原文为：“出车彭彭，旂旐央央。天子命我，城彼朔方。” **11** 度：通“渡”，翻越。 卤：通“掳”。 按榆溪旧塞：《史记集解》引如淳曰：“案，行也。榆溪，旧塞名。” 梓领：即“梓岭”，山名，在河套地区。 梁：建桥梁。 北河：流经内蒙古境内西东走向的那段黄河。 蒲泥：匈奴王号。 符离：塞名，在高阙以西。 伏听者：犹今之密探。 执讯获丑：《史记正义》：“讯，问也。丑，众。言执其生口问之，知虏处，获得众类也。” 三千户：《汉书》作“三千八百户”，异。 **12** 友：《史记集解》引徐广曰：“友者，太守名也。姓共也。” **13** 定襄：汉郡名，治所成乐，在今内蒙古和林格尔西北土城子。

其明年，元朔之五年[1]春，汉令车骑将军青将三万骑，出高阙；卫尉苏建为游击将军，左内史李沮为强弩将军，太仆公孙贺为骑将军，代相李蔡为轻车将军，皆领属车骑将军，俱出朔方；[2]大行李息、岸头侯张次公为将军，出右北平[3]：咸击匈奴。匈奴右贤王[4]当卫青等兵，以为汉兵不能至此，饮醉。汉兵夜至，围右贤王，右贤王惊，夜逃，独与其爱妾一人壮骑数百驰，溃围北去。汉轻骑校尉郭成等逐数百里，不及，得右贤裨王[5]十余人，众男女万五千余人，畜数千百万，于是引兵而还。至塞，天子使使者持大将军印，即军中拜车骑将军青为大将军，诸将皆以兵属大将军，大将军立号[6]而归。天子曰："大将军青躬率戎士，师大捷，

第二年，即元朔五年春天，汉朝命令车骑将军卫青率领三万骑兵，从高阙出塞；命令卫尉苏建任游击将军，左内史李沮任强弩将军，太仆公孙贺任骑将军，代国国相李蔡任轻车将军，都归属于车骑将军统领，全部从朔方出塞；命令大行李息、岸头侯张次公任将军，从右北平出塞：全都去攻打匈奴。匈奴右贤王抵御卫青等人的军队，他认为汉军到不了这里，便喝醉了。汉军夜晚到达，包围了右贤王，右贤王惊慌，连夜逃跑，只带着他的爱妾一人、几百名精壮骑兵冲锋，突破包围向北离去。汉朝轻骑校尉郭成等人追赶了几百里，没能赶上，捉到右贤王的小王十多人，匈奴男女一万五千多人，牲畜几千百万头，于是率领军队回去。到了关塞，天子派使者拿着大将军的官印，就在军中任命车骑将军卫青为大将军，各将军带领自己的军队归大将军指挥，大将军统一了军中的号令后班师回朝。天子说："大将军卫青亲自率领战士作战，军队获得大胜，捉到匈奴小王十多人，加封卫青六千户。"又封卫青的儿

获匈奴王十有余人，益封青六千户[7]。”而封青子伉为宜春侯，青子不疑为阴安侯，青子登为发干侯。青固[8]谢曰：“臣幸得待罪行间[9]，赖陛下神灵，军大捷，皆诸校尉力战之功也。陛下幸已益封臣青。臣青子在襁褓中，未有勤劳，上幸列地封为三侯，非臣待罪行间所以劝士力战之意也。[10]伉等三人何敢受封！”天子曰：“我非忘诸校尉功也，今固且图之。[11]”乃诏御史曰：“护军都尉公孙敖三从大将军击匈奴，常护军，傅校[12]获王，以千五百户封敖为合骑侯。都尉韩说从大将军出窳浑，至匈奴右贤王庭，为麾下搏战获王，以千三百户封说为龙頟侯。[13]骑将军公孙贺从大将军获王，以千三百户封贺为南窌[14]侯。轻车将军李蔡再从大将军获王，以千六百户封蔡为乐安

子卫伉为宜春侯，封卫青的儿子卫不疑为阴安侯，封卫青的儿子卫登为发干侯。卫青再三辞谢说：“我有幸在军队中供职，仰仗陛下的神灵，军队取得大胜，全是各位将军、校尉奋力作战的功劳。陛下已经加封了我。我的儿子们年纪还很小，没有功劳，皇上要封他们三人为侯，这不是我在军队中供职、勉励士兵奋力作战的本意。卫伉等三人怎么敢接受封赏！”天子说：“我不是忘记了各位校尉的功劳，如今正要考虑封赏他们。”于是下诏令给御史说：“护军都尉公孙敖三次跟随大将军攻打匈奴，经常护卫各军，率领军队捕获了匈奴小王，拿一千五百户的封邑封公孙敖为合骑侯。都尉韩说跟随大将军从窳浑出塞，直至匈奴右贤王的王庭，在大将军指挥下搏杀奋战，捉到匈奴小王，拿一千三百户的封邑封韩说为龙頟侯。骑将军公孙贺跟随大将军俘虏匈奴小王，拿一千三百户的封邑封公孙贺为南窌侯。轻车将军李蔡两次跟随大将军俘获匈奴小王，拿一千六百户的封

侯。校尉李朔，校尉赵不虞，校尉公孙戎奴，各三从大将军获王，以千三百户封朔为涉轵侯，以千三百户封不虞为随成侯，以千三百户封戎奴为从平侯。将军李沮、李息及校尉豆[15]如意有功，赐爵关内侯，食邑各三百户。”其秋，匈奴入代，杀都尉朱英。

邑封李蔡为乐安侯。校尉李朔、校尉赵不虞、校尉公孙戎奴，每人都三次跟随大将军俘获匈奴小王，拿一千三百户的封邑封李朔为涉轵侯，拿一千三百户的封邑封赵不虞为随成侯，拿一千三百户的封邑封公孙戎奴为从平侯。将军李沮、李息和校尉豆如意有功劳，赐给他们关内侯的爵位，每人食邑三百户。”那年秋天，匈奴入侵代地，杀死了都尉朱英。

注释　1 元朔之五年：即公元前124年。　2 左内史：官名，掌治京师，分置左、右，后左内史更名为左冯翊。　李沮、李蔡：本篇后均有附传。　领属：隶属。　3 右北平：汉郡名，治所平刚，在今内蒙古宁城县西南。　4 右贤王：匈奴王号。　5 裨王：小王。　6 立号：《史记索隐》：“谓立大将军之号令而归。”　7 六千户：《汉书》作“八千七百户”，异。　8 固：谓再三。　9 待罪：古代当官供职之谦辞。　行间：行伍之间。　10 襁褓：泛指背负小儿所用的物品。襁，络负布幅。褓，裹覆之被。　勤劳：辛苦和功劳。　劝：鼓励。　11 固：本来，原本。　且：将。　图：考虑。　12 傅(fù)校：率领军队。傅，率领。校，古代五百人为一校。　13 窳(yǔ)浑：汉县名，在今内蒙古杭锦后旗西南。　頟：音é。　14 窌：《史记集解》引徐广曰：“窌宜作‘奅’，音匹孝反。”　15 豆：或作“窦”。

其明年春，大将军青出定襄，合骑侯敖为中将军，太仆贺为左将军，翕侯

第二年春天，大将军卫青从定襄出塞，合骑侯公孙敖任中将军，太仆公孙贺任左将军，翕侯赵信任

赵信[1]为前将军，卫尉苏建为右将军，郎中令李广为后将军，左内史李沮为强弩将军，咸属大将军，斩首数千级而还。月余，悉复出定襄击匈奴，斩首虏万余人。右将军建、前将军信并军三千余骑，独逢单于兵，与战一日余，汉兵且[2]尽。前将军故胡人，降为翕侯，见急，匈奴诱之，遂将其余骑可[3]八百，奔降单于。右将军苏建尽亡其军，独以身得亡去，自归大将军。大将军问其罪正闳、长史安、议郎周霸等：[4]"建当云何？"霸曰："自大将军出，未尝斩裨将。今建弃军，可斩以明将军之威。"闳、安曰："不然。兵法'小敌之坚，大敌之禽也'[5]。今建以数千当[6]单于数万，力战一日余，士尽，不敢

前将军，卫尉苏建任右将军，郎中令李广任后将军，右内史李沮任强弩将军，全都归大将军统率，斩杀了几千敌人而回师。一个多月后，全军又从定襄出塞攻打匈奴，斩杀敌军一万多人。右将军苏建、前将军赵信的军队合并为三千多骑兵，遇上了单于的军队，交战一天多，汉军将要死光了。前将军赵信以前是匈奴人，投降汉朝被封为翕侯，看到形势危急，匈奴又诱降他，于是率领剩余的大约八百名骑兵，跑去投降了单于。右将军苏建的军队全军覆没，他独自一人逃出，回到大将军那里。大将军卫青向军正闳、长史安、议郎周霸等人征询："苏建该怎么处理？"周霸说："自从大将军出征，不曾杀过副将。如今苏建抛弃军队，可以杀他来显示将军的威严。"闳、安都说："不对。兵法上说'小部队再顽强抵抗，也会被大部队所擒获'。如今苏建拿几千人抵挡单于的几万人，奋力作战一天多，士兵死光，不敢有叛逆的想法，自己回来。自己回来而斩杀他，这是表示今后士兵如果遭逢失败不要想着回来。不应当处死他。"大将军说："我有幸凭借皇帝亲戚的身份在军中效力，不

有二心，自归。自归而斩之，是示后无反意也。不当斩。”大将军曰：“青幸得以肺腑[7]待罪行间，不患无威，而霸说我以明威，甚失臣意。且使臣职虽当斩将，以臣之尊宠而不敢自擅专诛于境外，而具归天子，天子自裁之，于是以见为人臣不敢专权，不亦可乎？”军吏皆曰“善”。遂囚建诣行在所。[8]入塞罢兵。

担心没有威严，可周霸劝我要显示威严，这不合我的心意。而且我的职权虽然允许斩将，但是我不愿恃宠擅自在境外诛杀，我还是把详细的情况报告天子，由天子自己裁定，据此来表明做臣子的不敢专权，不也可以吗？”军官们都说：“好！”于是把苏建拘禁起来，送往皇帝巡行的地方。卫青带兵进入关塞，停止出兵。

注释　1 赵信：本篇后有其附传。　2 且：将。　3 可：大约。　4 正：即军正，军中执法官。　长史：官名。《史记正义》：“律，都军官长史一人也。”　议郎：高级郎官。掌顾问应对，属郎中令（光禄勋）。　5 小敌之坚，大敌之禽：此语引自《孙子兵法·作战》，意谓小的部队虽顽强抵抗，最终也会被大的敌人所征服。禽，通“擒”。　6 当：抵挡。　7 肺腑：谓亲戚心腹。　8 诣：前往，到……去。　行在所：天子巡行所在之所。

是岁也，大将军姊子霍去病年十八，幸，为天子侍中。善骑射，再从大将军，受诏与壮士，为剽姚校尉，与轻勇骑八百直弃大军数百里赴利，斩

这年，大将军卫青姐姐的儿子霍去病十八岁，受到宠爱，当了皇帝的侍中。霍去病善于骑马、射箭，两次跟随大将军出征，大将军奉皇上的诏命，拨给他一些壮士，让他当剽姚校尉。他和八百名轻捷勇猛的骑兵，抛开大部队几百里，去袭击匈

捕首虏过当。[1]于是天子曰:“剽姚校尉去病斩首虏二千二十八级,及相国、当户,斩单于大父行籍若侯产,生捕季父罗姑比,再冠军,以千六百户封去病为冠军侯。[2]上谷太守郝贤四从大将军,捕斩首虏二千余人[3],以千一百户封贤为众利侯。”是岁,失两将军军,亡翕侯,军功不多,故大将军不益封。右将军建至,天子不诛,赦其罪,赎为庶人。

奴,斩获的敌人超过了他们损失的数量。于是天子说:“剽姚校尉霍去病斩杀敌人二千零二十八人,其中有相国、当户官员,杀死了单于祖父辈的籍若侯产,活捉了单于叔父罗姑比,他的功劳两次在全军中获第一,以一千六百户的食邑封霍去病为冠军侯。上谷太守郝贤四次跟随大将军出征,斩获敌人二千多,拿一千一百户食邑封郝贤为众利侯。”这年,损失了两位将军的军队,翕侯逃跑了,由于军功不多,所以大将军卫青没有得到加封。右将军苏建回来后,天子没有诛杀他,赦免了他的罪过,他交了赎金,成为平民。

注释 1 与:给予。 剽姚:《史记索隐》云大颜案:“荀悦《汉纪》作‘票鹞’。票鹞,劲疾之貌也。”《史记志疑》:“当作‘骠鹞’。” 直弃:径直离开。 赴利:奔向有利之处。 2 当户:匈奴官名。 大父行:祖父一辈之人。 籍若:匈奴侯爵名。 产:人名。 罗姑比:单于季父名也。 3 二千余人:《史记志疑》:“《汉书》言捕千三百级,故两《表》云首虏千级以上也。则此误作‘二千余人’,乃‘一千余人’耳。”

大将军既还,赐千金。是时王夫人[1]方幸于上,宁乘说大将军曰:“将军所以

大将军卫青回来后,皇上赏赐他千金。当时王夫人正受到皇上的宠幸,宁乘就劝大将军说:“将军

功未甚多,身食万户,三子皆为侯者,徒以皇后故也。今王夫人幸而宗族未富贵,愿将军奉所赐千金为王夫人亲寿。[2]”大将军乃以五百金为寿。天子闻之,问大将军,大将军以实言,上乃拜宁乘为东海都尉。[3]

功劳还不算多,自己有万户食邑,三个儿子都封侯的原因,仅仅是卫皇后的缘故。如今王夫人得到宠幸,而她的同族还没有得到富贵,希望将军拿皇上所赐的千金给王夫人的母亲祝寿。”大将军卫青于是拿五百金去祝寿。天子听说了,就询问大将军,大将军就如实说了出来,皇上于是任命宁乘做东海都尉。

张骞从大将军,以尝使大夏,留匈奴中久,导军,知善水草处,军得以无饥渴,因前使绝国功,封骞博望侯。[4]

张骞跟随大将军出征,因为他曾经出使大夏,被扣留在匈奴很长时间,他给大军引路,知道哪里有水和草,军队因此不受饥渴困扰,加上他以前出使遥远的国家有功,被封为博望侯。

注释 1 王夫人:汉武帝宠姬,齐王刘闳之母。 2 奉:捧。 寿:祝福贺寿。 3 东海:汉郡名,治所郯县,在今山东郯城县北。 都尉:官名,辅助太守掌全郡军事。 4 大夏:西域国名,在今阿富汗境。 绝国:极远之国家。

冠军侯去病既侯三岁,元狩二年[1]春,以冠军侯去病为骠骑将军,将万骑出陇西,有功。天子曰:“骠骑将军率戎士逾乌盭,讨遬濮,涉狐奴,历五王国,辎重人

冠军侯霍去病已被封侯三年,在元狩二年春天,皇上任命冠军侯霍去病为骠骑将军,率领一万骑兵从陇西出塞,有功劳。天子说:“骠骑将军率领战士越过乌盭山,讨伐遬濮,渡过狐奴河,经过匈奴五个王国,不掠夺那些因恐惧而顺从

众慑慴者弗取，冀获单于子。[2]转战六日，过焉支山千有余里，合短兵，杀折兰王，斩卢胡王，诛全甲，执浑邪王子及相国、都尉，首虏八千余级，收休屠祭天金人，益封去病二千户。[3]”

者的财物和民众，只希望捉到单于的儿子。转战六天，越过焉支山有一千多里，和匈奴短兵相接，杀死了折兰王，砍死了卢胡王，诛杀了全副武装的敌人，活捉了浑邪王的儿子和匈奴相国、都尉，斩杀敌人八千多人，收缴了休屠王的祭天金人，加封霍去病二千户食邑。”

注释 1 元狩二年：即公元前121年。 2 乌盭(lì)：《史记集解》引《汉书音义》曰：“音戾，山名也。”亦作“乌戾”。 遬(sù)濮：《史记索隐》：“音速卜二音。崔浩云‘匈奴部落名’。案：下有‘遬濮王’，是国名也。” 狐奴：《史记集解》引晋灼曰：“水名也。” 慑慴(shè zhé)：畏惧而被征服。 冀：希望。 3 焉支山：一名删丹山，在今甘肃山丹县东南。 合短兵：以短兵器交战。 折兰、卢胡：《史记集解》引张晏曰：“折兰、卢胡，国名也。” 全甲：全副武装之士兵。此处《汉书》作“锐悍者诛，全甲获丑”，意更明晰，则“全甲”乃谓军中之甲不亡失。丑，众。 浑邪王：匈奴君王名。 休屠：匈奴君王名，其建都于今甘肃武威市北。

其夏，骠骑将军与合骑侯敖俱出北地[1]，异道；博望侯张骞、郎中令李广俱出右北平，异道：皆击匈奴。郎中令将四千骑先至，博望侯将万骑在后至。匈奴左贤王将数万骑围郎中令，郎中

那年夏天，骠骑将军霍去病和合骑侯公孙敖都从北地出塞，分路进发；博望侯张骞、郎中令李广都从右北平出塞，分路进发：全部去攻打匈奴。郎中令李广率领四千骑兵最先到达，博望侯张骞率领一万骑兵误期后到达。匈奴左贤王率领几万骑兵包围了郎中

令与战二日，死者过半，所杀亦过当。博望侯至，匈奴兵引去。博望侯坐行留[2]，当斩，赎为庶人。而骠骑将军出北地，已遂深入，与合骑侯失道，不相得，骠骑将军逾居延至祁连山，捕首虏甚多。[3]天子曰："骠骑将军逾居延，遂过小月氏，攻祁连山，得酋涂王，以众降者二千五百人，斩首虏三万二百级，获五王、五王母、单于阏氏、王子五十九人，相国、将军、当户、都尉六十三人，师大率减什三，益封去病五千户。[4]赐校尉从至小月氏爵左庶长。[5]鹰击司马破奴再从骠骑将军斩遬濮王，捕稽沮王，千骑将得王、王母各一人，王子以下四十一人，捕虏三千三百三十人，前行捕虏千四百人，以千五百户

令李广，李广和匈奴交战两天，损失大半人马，杀死的敌人也超过了自己损失的数量。博望侯赶到，匈奴军队已撤去。博望侯张骞犯了行军滞留的罪，应被处死，他出钱赎罪，成为平民。而骠骑将军霍去病从北地出塞，已经深入匈奴腹地，而合骑侯公孙敖迷道路了，没能相会，骠骑将军越过居延泽到了祁连山，捕获了很多敌人。天子说："骠骑将军越过居延泽，最终经过小月氏，攻打祁连山，捉到酋涂王，率众投降的有二千五百人，斩杀敌军三万零二百人，俘获匈奴五个小王、五个小王的母亲、单于的妻子、王子五十九人，还有相国、将军、当户、都尉六十三人，汉朝军队大概损失十分之三，加封霍去病五千户，赏赐跟随霍去病到达小月氏的校尉左庶长爵位。鹰击司马赵破奴两次跟随骠骑将军霍去病出征，斩杀遬濮王，捕获稽沮王，千骑将捉到匈奴小王、王母各一人，王子以下四十一人，俘虏敌军三千三百三十人，先头部队俘获敌军一千四百人，以一千五百户封赵破奴为从骠侯。校尉句王高不识，跟随骠骑将军捕获呼于屠

封破奴为从骠侯。[6]校尉句王高不识，从骠骑将军捕呼于屠王王子以下十一人，捕虏千七百六十八人，以千一百户封不识为宜冠侯。[7]校尉仆多[8]有功，封为煇渠侯。”合骑侯敖坐行留不与骠骑会，当斩，赎为庶人。诸宿将所将士马兵亦不如骠骑，骠骑所将常选，然亦敢深入，常与壮骑先其大军，军亦有天幸，未尝困绝也。[9]然而诸宿将常坐留落不遇。[10]由此骠骑日以亲贵，比[11]大将军。

王和王子以下十一人，俘虏敌军一千七百六十八人，以一千一百户封高不识为宜冠侯。校尉仆多有军功，封他为煇渠侯。”合骑侯公孙敖因犯有行军滞留罪，未能和骠骑将军按时会合，应当被处死，他出钱赎罪，成为平民。各位老将军所率领的士兵、马匹、武器都不如骠骑将军，骠骑将军所率领的士兵是经过挑选的，而且骠骑将军也敢于深入敌人境内，常常和壮健的骑兵冲在大军的前面，军队也有好运气，没有遇到困境。可是各位老将却不是因为贻误军期，就是遇不到敌军。从此以后，骠骑将军日益受到皇上亲近，更加显贵，和大将军卫青的地位差不多。

注释　1 北地：汉郡名，治所马岭，在今甘肃庆阳市西北。　2 行留：行军滞留。　3 居延：泽名，在今内蒙古额济纳旗东。　祁连山：在今甘肃张掖市西南、甘肃与青海边界一带。　4 小月氏(yuè zhī)：大月氏西迁后留在南山(今甘肃武威市南，甘肃、青海交界一带)的一部分月氏人。　酋涂王：匈奴君王名。《汉书》此前有“单桓(亦匈奴君王名)”二字，缺。　大率：大概。　5 从至：跟随到。　左庶长：爵名，第十级。　6 破奴：赵破奴，本篇后有其附传。　稽沮王：匈奴君王名。　千骑将：当为赵破奴之属将。《汉书》作“右千骑将”。　前行：前头部队。　从骠侯：《史记集解》引张晏曰：“从骠骑将军有功，因以为号。”　7 高不识：原为匈奴人。 呼于屠:匈奴王号。 **8** 仆多:人名。 **9** 宿将:旧将。 选:选取精兵。 先:在……之前。 **10** 留落:行动迟缓,落在后边。 不遇:没有遇到敌军。 **11** 比:等同。

其秋,单于怒浑邪王居西方数为汉所破,亡数万人,以骠骑之兵也。单于怒,欲召诛浑邪王。浑邪王与休屠王等谋欲降汉,使人先要边[1]。是时大行李息将城河上,得浑邪王使,即驰传以闻。[2]天子闻之,于是恐其以诈降而袭边,乃令骠骑将军将兵往迎之。骠骑既渡河,与浑邪王众相望。浑邪王裨将见汉军而多欲不降者,颇[3]遁去。骠骑乃驰入与浑邪王相见,斩其欲亡者八千人,遂独遣浑邪王乘传先诣行在所,尽将其众渡河,降者数万,号称十万。既至长安,天子所以赏赐者数十巨万[4]。封浑邪王万户,为漯阴[5]侯。封其裨

那年秋天,单于因为浑邪王居守在西方,多次被汉朝打败,损失了几万人,而这全是骠骑将军的军队造成的,感到十分气愤。单于发怒,想召浑邪王来将他杀掉。浑邪王和休屠王等人密谋想投降汉朝,派人先到边塞等候联络。当时大行李息率兵在黄河边上修筑城池,见到浑邪王的使者,就马上命令驾乘传车去报告。天子知道了,担心他们是用诈降的办法来袭击边境,就命令骠骑将军率领军队前去迎接。骠骑将军渡过黄河后,和浑邪王的部众远远观望。浑邪王的副将们看到汉军,多数不想投降,有很多人逃离了。骠骑将军于是奔入敌阵和浑邪王相见,斩杀了那些想要逃跑的八千人,于是派浑邪王一人乘着驿车先去皇上巡行的地方,然后他带着其部众渡过黄河,投降的人有几万人,号称十万。回到长安后,天子拿来赏赐的钱有几十万。封给浑邪王一万户食邑,为漯阴侯。封他

王呼毒尼为下摩侯，鹰庇为煇渠[6]侯，禽犁为河綦侯，大当户铜离为常乐侯。于是天子嘉骠骑之功，曰："骠骑将军去病率师攻匈奴西域王浑邪，王及厥众萌咸相奔，率以军粮接食，并将控弦万有余人，诛獟駻，获首虏八千余级，降异国之王三十二人，战士不离伤，十万之众咸怀集服，仍与之劳，爰及河塞，庶几无患，幸既永绥矣。[7]以千七百户益封骠骑将军。"减陇西、北地、上郡戍卒之半，以宽天下之繇。[8]

居顷之，乃分徙降者边五郡[9]故塞外，而皆在河南，因其故俗，为属国。其明年，匈奴入右北平、定襄，杀略汉千余人。

的小王呼毒尼为下摩侯，鹰庇为煇渠侯，禽黎为河綦侯，大当户铜离为常乐侯。于是天子赞许骠骑将军的功劳，说："骠骑将军霍去病率领军队攻打匈奴西方的浑邪王，浑邪王和他的部队民众都投奔汉朝，骠骑将军用军粮接济了他们，并且率领善射的士兵一万多人，诛杀了妄图逃亡的凶悍之人，斩杀了八千多人，使敌国之王三十二人投降，而其战士没有人受伤，十万军民全部倾心归顺，接连出征，不辞辛劳，使黄河边塞地区，差不多消除了边患，有幸永久安定和平。以一千七百户加封骠骑将军。"这年武帝下令将驻守在陇西、北地、上郡的士兵减少一半，以减轻天下百姓的徭役负担。

过了不久，朝廷就迁徙投降的匈奴人到边境五郡原来的关塞以外，但都在河南地区，沿袭他们以前的风俗，作为汉朝的属国。第二年，匈奴入侵右北平、定襄，杀掠汉朝一千多人。

注释　1 要(yāo)边：《史记索隐》："谓先于边境要候汉人，言其欲降。要，通"邀"，中途拦截。　2 传(zhuàn)：驿车。　以闻：报告天子。3 颇：许多。　4 巨万：万万，极言数目之多。　5 漯(tà)阴：汉县名，在今山东禹城市东。 6 辉渠:《史记志疑》以为当作“辉梁”。 7 众萌:众民。萌,通“氓”,百姓,黎民。 獟騂(xiāo hàn):同“骁悍”。 离:通“罹”,遭受。 仍与之劳:《汉书》作“仍兴之劳”,意谓重兴军旅之劳。 绥:安定。 8 陈直《史记新证》按:“上述三郡之戍卒,皆骑士。《汉官仪》云:‘戍卒在边郡为骑士,在中原为材官,在水乡为楼船’是也。钱文子《补汉兵志》,谓‘大抵金城、天水、陇西、安定、北地、上郡、河东多骑士。三河、颍川、沛、淮阳、汝南、巴蜀多材官,江淮以南多楼船’。其说甚是。以敦煌、居延两木简考之,骑士之籍贯,仅有陇西、张掖、河东三郡人民,无北地、上郡人民,盖各郡之骑士,因防守地区不同,籍贯因而不同。” 9 五郡:指陇西、北地、上郡、朔方、云中等塞外诸郡。

其明年,天子与诸将议曰:“翕侯赵信为单于画计,常以为汉兵不能度幕轻留,今大发士卒,其势必得所欲。[1]”是岁元狩四年[2]也。

元狩四年春,上令大将军青、骠骑将军去病将各五万骑,步兵转者踵军数十万,而敢力战深入之士皆属骠骑。[3]骠骑始为出定襄,当单于。捕虏言单于东,乃更令骠骑出代郡,令大将军出定襄。郎

第二年,天子和诸位将军商议说:“翕侯赵信替单于出谋划策,总是认为汉军不能越过大漠轻易久留,如今我们派大量士兵前往,大举进攻,势必能捉到单于。”这年是元狩四年。

元狩四年春天,皇上命令大将军卫青、骠骑将军霍去病分别率领五万骑兵,几十万步兵和转运物资的人跟随其后,而那些敢于奋力作战、深入敌阵的士兵都归属于骠骑将军。骠骑将军开始要从定襄出塞,迎击单于。俘虏的匈奴人说单于在东边,于是改令骠骑将军从代郡出塞,命令大将军从定襄出塞。郎中令李广任前将军,太仆公孙贺任左将军,主爵都尉赵食其任右将军,平阳侯曹襄任后

中令为前将军，太仆为左将军，主爵赵食其为右将军，平阳侯襄为后将军，皆属大将军。[4]兵即度幕，人马凡五万骑，与骠骑等咸击匈奴单于。赵信为单于谋曰："汉兵既度幕，人马罢[5]，匈奴可坐收虏耳。"乃悉远北其辎重，皆以精兵待幕北。而适值大将军军出塞千余里，见单于兵陈而待，于是大将军令武刚车自环为营，而纵五千骑往当匈奴。[6]匈奴亦纵可万骑。会日且入，大风起，沙砾击面，两军不相见，汉益纵左右翼绕单于。[7]单于视汉兵多，而士马尚强，战而匈奴不利，薄莫，单于遂乘六骡，壮骑可数百，直冒汉围西北驰去。[8]时已昏，汉匈奴相纷拿[9]，杀伤大当。汉军左校捕虏言单于未昏而去，汉军因发轻

将军，他们都隶属于大将军。军队就越过大漠，连人带马共五万骑兵，和骠骑将军一起攻打匈奴单于。赵信为单于出计说："汉军越过沙漠以后，人马都很疲惫，匈奴坐着就能把汉军俘虏了。"于是单于把辎重全部运到远远的北边，率领所有的精兵等候在大漠的北边。适逢大将军的军队出塞一千多里，看到单于的军队列阵而等候，于是大将军命令将武刚车排成环形阵营，而命令五千骑兵纵马去抵挡匈奴。匈奴也有大约一万骑兵放马奔来。正赶上太阳将要落山，刮起大风，沙石打在人脸上，两军都相互看不见，汉军又派左右两翼急驰去包围单于。单于看到汉军人多，而士兵、马匹还健壮，交战而匈奴会不利。在天快黑的时候，单于于是乘着六头骡子拉的车子，同大约几百名精壮骑兵，径直冲开汉军的包围，向西北奔去。当时已经黄昏，汉朝军队和匈奴军队混战，死伤人数大致相当。汉军左校尉捉到的俘虏说单于在天未黑时已离去，汉军于是派出轻骑兵连夜追赶，大将军的军队也跟随其后。匈奴军队也散开逃跑了。将近天亮

骑夜追之,大将军军因随其后。匈奴兵亦散走。迟明,行二百余里,不得单于,颇捕斩首虏万余级,遂至窴颜山赵信城,得匈奴积粟食军。[10]军留一日而还,悉烧其城余粟以归。

的时候,汉军走了二百多里,没有捉到单于,却斩获敌兵一万多人,于是到了窴颜山赵信城,获得匈奴积存的粮食来供给军队食用。军队停了一天而回师,把剩余在赵信城的粮食全都烧光才回来。

注释 1 幕:通“漠”,沙漠。 轻留:轻易留下。 2 元狩四年:即公元前119年。 3 转者:用车运输之人。转,用车运输。 踵军:后续部队。踵,跟随其后。 4 郎中令:此指李广。 太仆:此指公孙贺。 主爵:即主爵都尉。 襄:即曹襄。 5 罢:通“疲”。 6 陈:“阵”之古字。列阵。 武刚车:一种军车。《史记集解》引《孙吴兵法》曰:“有巾有盖,谓之武刚车也。” 7 会日且入:正赶上太阳将落山。 绕:包抄。 8 薄莫:傍晚。薄,迫近。莫,“暮”之古字。 冒:冲。 9 纷拏(ná):混战。 10 迟明:黎明。 窴(tián)颜山:亦作“寘颜山”,古山名,在今蒙古国境内,为杭爱山脉之一支。 赵信城:在窴颜山区。 食军:以供部队食用。

大将军之与单于会也,而前将军广、右将军食其军别从东道,或失道[1],后击单于。大将军引还,过幕南,乃得前将军、右将军。大将军欲使使归报,令长史簿责[2]前将军广,广自杀。右将

大将军和单于会战的时候,前将军李广、右将军赵食其另外从东边的道路进军,因为迷失方向,没有如期赶来攻打单于。大将军卫青带兵返回,经过大漠以南,才碰到前将军、右将军。大将军卫青要派使者回去禀报天子,命令长史按文书所列罪状审讯前将军李广,李广自杀了。右将军回到京城,被交给法司,他自己出钱

军至，下吏，赎为庶人。大将军军入塞，凡斩捕首虏万九千级。

赎罪成为平民。大将军的军队进入边塞，这次总共斩获敌人一万九千多人。

是时匈奴众失单于十余日，右谷蠡王闻之，自立为单于。单于后得其众，右王乃去单于之号。

当时匈奴民众一连十多天找不到单于的下落，右谷蠡王听说了，就自立为单于。单于后来与他的部众会合了，右谷蠡王才去掉自己的单于称号。

注释 **1** 或失道：迷失了方向，迷了路。或，通“惑”。 **2** 簿责：依军法审问。

骠骑将军亦将五万骑，车重[1]与大将军军等，而无裨将。悉以李敢等为大校，当裨将，出代、右北平千余里，直左方兵，所斩捕功已多大将军。[2]军既还，天子曰：“骠骑将军去病率师，躬将所获荤粥之士，约轻赍，绝大幕，涉获章渠，以诛比车耆，转击左大将，斩获旗鼓，历涉离侯。[3]济弓闾，获屯头王、韩王等三人，将军、相国、当户、都尉八十三人，封

骠骑将军也率领五万骑兵，所带车辆辎重和大将军的军队相等，却没有副将。他把李敢等人全部任命为大校，充当副将，从代郡、右北平出塞一千多里，恰逢左贤王的军队，所斩获敌军的功劳已远远超过大将军。军队回来后，天子说：“骠骑将军霍去病统帅军队，又亲自率领所俘获的匈奴勇士，携带轻便的物资，越过大漠，渡河捉到单于近臣章渠，诛杀匈奴小王比车耆，转而攻打匈奴左大将，斩杀敌人缴获他们的军旗和战鼓，翻过离侯山。渡过弓闾河，捉到屯头王、韩王等三人，以及将军、相国、当户、都尉八十三人，在狼居胥山祭天，在姑衍山祭

狼居胥山，禅于姑衍，登临翰海。[4]执卤获丑七万有四百四十三级，师率减什三，取食于敌，逴行殊远而粮不绝，以五千八百户益封骠骑将军。[5]”右北平太守路博德属骠骑将军，会与城，不失期，从至梼余山，斩首捕虏二千七百级，以千六百户封博德为符离侯。[6]北地都尉邢山从骠骑将军获王，以千二百户封山为义阳侯。故归义因淳王复陆支、楼专王伊即靬皆从骠骑将军有功，以千三百户封复陆支为壮侯，以千八百户封伊即靬为众利侯。[7]从骠侯破奴、昌武侯安稽[8]从骠骑有功，益封各三百户。校尉敢得旗鼓，为关内侯，食邑二百户。校尉自为爵大庶长。[9]军吏卒为官，赏赐甚多。而大将军不得益封，军吏卒皆无封侯者。

地，登上高山眺望翰海。共捕获俘虏和杀敌七万零四百四十三人，汉军大概损失了十分之三。他们从敌人那里取得粮食，能够行进到极远的地方而没有断绝军粮，以五千八百户加封骠骑将军。”右北平太守路博德隶属于骠骑将军，和骠骑将军在与城会师，没有失掉约期，跟随骠骑将军到达梼余山，斩获敌军二千七百人，以一千六百户封路博德为符离侯。北地都尉邢山跟随骠骑将军出征俘获了匈奴小王，以一千二百户封邢山为义阳侯。以前投降汉朝的匈奴因淳王复陆支、楼专王伊即靬都跟随骠骑将军出征有功劳，以一千三百户封复陆支为壮侯，以一千八百户封伊即靬为众利侯。从骠侯赵破奴、昌武侯安稽跟随骠骑将军出征有功劳，各人加封三百户。校尉李敢缴获敌军战旗、战鼓，被封为关内侯，食邑二百户。校尉徐自为被授予大庶长的爵位。军队中的小官士卒当官和受赏赐的人很多，而大将军卫青没有得到加封，军中小吏士卒都没有人被封为侯。

注释 1 车重：车辆辎重。 2 李敢：李广之子。 直：通“值”，逢。 3 躬：亲自。 荤粥：匈奴之别称。 约轻赍(jī)：携带着简约轻便的物资。赍，携带。 大幕：大漠。 章渠：《史记索隐》引小颜云：“涉谓涉水也。章渠，单于之近臣。谓涉水而破获之。” 比车耆：《史记集解》晋灼曰：“王号也。” 历涉离侯：《史记索隐》：“《汉书》作‘度难侯’。小颜云‘山名’。历，度也。” 4 弓闾：《史记集解》引晋灼曰：“水名也。” 屯头王：《史记集解》引《汉书音义》曰：“胡王号也。” 韩王：《史记索隐》：“《汉书》云‘屯头、韩王等三人’。李奇曰‘皆匈奴王号’。” 封：在山顶祭天。 狼居胥山：山名，在今蒙古乌兰巴托之东。 禅：筑坛祭地。 姑衍：山名，在乌兰巴托之东，狼居胥山之西。 翰海：大漠，在蒙古境内。 5 卤：通“掳”。 率：大概。 逴(chuō)：远。 6 路博德：本篇后有其传。 梼余(táo tú)山：古山名，地址不详。 7 归义：归附正义。 复陆支、伊即靬：投降过来的匈奴王名。 8 安稽：《史记集解》引徐广曰：“姓赵，故匈奴王。” 9 自为：徐自为。 大庶长：爵位名，二十等爵的第十八级，庶长中最尊者。

两军之出塞，塞阅[1]官及私马凡十四万匹，而复入塞者不满三万匹。乃益置大司马位，大将军、骠骑将军皆为大司马[2]。定令，令骠骑将军秩禄与大将军等。自是之后，大将军青日退，而骠骑日益贵。举大将军故人门下多去事骠骑，辄得官爵，唯任安不肯。[3]

当卫青和霍去病两支军队出塞时，边塞上的官吏检查到当时官府和私人马匹共十四万匹，可他们再入边塞时，所剩下的马匹不足三万匹。于是朝廷添设大司马官，大将军、骠骑将军都当了大司马。定下法令，让骠骑将军的官阶俸禄与大将军相等。从这以后，大将军卫青的权势日渐衰退，而骠骑将军霍去病日益显贵。昔日大将军的朋友、门客大多都离开他而去事奉骠骑将军，许多人因此得到了官爵，只有任安不肯这样做。

注释 1 塞阅:临出边塞时阅检。阅检时官私马要登记入册。 2 大司马:《汉书·百官公卿表》:"太尉……武帝建元二年省。元狩四年初置大司马,以冠将军之号。" 3 举:全部。 任安:西汉荥阳人,字少卿,曾任益州刺史,北军使者护军。司马迁之友。

骠骑将军为人少言不泄,有气敢任。[1]天子尝欲教之孙、吴[2]兵法,对曰:"顾方略何如耳,不至学古兵法。[3]"天子为治第[4],令骠骑视之,对曰:"匈奴未灭,无以家为[5]也。"由此上益重爱之。然少而侍中,贵,不省[6]士。其从军,天子为遣太官赍数十乘,既还,重车余弃粱肉,而士有饥者。[7]其在塞外,卒乏粮,或不能自振,而骠骑尚穿域蹋鞠。[8]事多此类。大将军为人仁善退让,以和柔自媚于上,然天下未有称也。

骠骑将军为人寡言少语,不露声色,有气魄,敢于任事。天子曾经想教他孙子和吴起的兵法,他回答说:"战争只看策略如何就行了,不必学古人的兵法。"天子为他修造府第,让骠骑将军去看,他回答说:"匈奴还没有消灭,不用考虑家里的事情。"因此,皇上更加重视、喜欢他。但是,霍去病从少年时起就任侍中,身份显贵,不会体恤士兵。他率军出征,天子派遣太官送给他几十车食物,他回来时,辎重车上丢弃了许多剩余的米和肉,而士兵中却有挨饿的人。他在塞外打仗时,士兵缺少粮食,有的饿得无法站起来,而骠骑将军还在画地为球场用来踢球。他做的事大多是这样。大将军卫青为人仁慈善良,谦恭礼让,凭着宽和柔顺取悦于皇上,可是天下没有人称赞他。

注释 1 泄:泄露。 有气敢任:有气魄敢承大任。 2 孙、吴:即孙子、吴起。 3 顾:看。 方略:战术谋略。 不至:不必。 4 治第:建造府第。

5 无以家为：不能考虑治家。 6 省(xǐng)：体恤。 7 太官：官名，掌皇帝膳食及宴享之事。 粱：精米。 8 穿域：穿地为界域。 蹋鞠(tà jū)：世界上最早的供踢打玩耍的球。

骠骑将军自四年军后三年，元狩六年[1]而卒。天子悼之，发属国玄甲军，陈自长安至茂陵，为冢象祁连山。[2]谥之，并武与广地曰景桓侯。[3]子嬗代侯。嬗少，字子侯，上爱之，幸其壮而将之。居六岁，元封元年，嬗卒，谥哀侯。无子，绝，国除[4]。

骠骑将军从元狩四年率军出征后三年，即元狩六年就去世了。天子对他的死很悲伤，调派边境五郡的铁甲军，从长安到茂陵列阵，仿照祁连山的形势给他修筑了陵墓。给他起谥号，将“武”和“广地”的意思合并称景桓侯。他的儿子霍嬗代袭侯爵。霍嬗年纪小，表字子侯，皇上喜欢他，希望他长大后还能当将军。过了六年，即元封元年，霍嬗去世，谥为哀侯。他没有儿子，后代断绝了，封国被废除。

注释 1 元狩六年：即公元前117年。 2 玄甲军：铁甲兵。铁甲为黑色，故称玄甲。 陈：列阵。 茂陵：汉武帝的陵墓，在今陕西兴平市西北，后为县。 冢：坟墓。 3 谥(shì)：死后追加封号。 并：合并。 武与广地：武勇与扩大领土。 4 国除：封国被废除。

自骠骑将军死后，大将军长子宜春侯伉坐法失侯。后五岁，伉弟二人，阴安侯不疑及发干侯登皆坐酎[1]金失侯。失侯

自从骠骑将军霍去病死后，大将军卫青的长子宜春侯卫伉因犯法失去爵位。五年后，卫伉的两个弟弟，阴安侯卫不疑和发干侯卫登都因为犯了助祭金斤两和成色不足的罪而失去爵位。他们失去爵位两年后，冠

后二岁，冠军侯国除。其后四年，大将军青卒，谥为烈侯。子伉代为长平侯。

军侯的封国被废除。四年后，大将军卫青去世，谥号为烈侯。他的儿子卫伉承袭爵位做长平侯。

自大将军围单于之后，十四年而卒。竟不复击匈奴者，以汉马少，而方南诛两越，东伐朝鲜，击羌、西南夷，以故久不伐胡。[2]

自从大将军围攻单于以后，过了十四年而去世。这期间没有再攻打匈奴，是因为汉朝马匹减少，又正在南方诛灭东越、南越，在东方讨伐朝鲜，攻击羌人、西南夷，所以长时间没有征伐匈奴。

大将军以其得尚平阳长公主故，长平侯伉代侯。[3]六岁，坐法失侯。

大将军卫青娶了平阳长公主的缘故，长平侯卫伉才能接替侯爵。六年后，他因为犯法失去了爵位。

注释　1 酎金：诸侯王、列侯所献王朝宗庙祭祀的助祭金。　2 诸事详见《南越》《东越》《朝鲜》《西南夷》各列传。　3 尚：仰攀婚姻。　平阳长公主：汉武帝的姐姐，先嫁平阳侯曹寿，因曹寿有恶疾，汉武帝令卫青娶平阳公主。

左方[1]两大将军及诸裨将名：

下面是两位大将军所率副将的名单：

最[2]大将军青，凡七出击匈奴，斩捕首虏五万余级。一与单于战，收河南地，遂置朔方郡，再益封，凡万二千八百户[3]。封三子为侯，侯千三百户。并之，

大将军卫青出击匈奴总计有七次，斩杀、俘虏敌军五万多人。他和单于交战一次，收复了河南地区，于是设置朔方郡，两次加封，共有一万二千八百户食邑。封他的三个儿子为侯，每人受封一千三百户。加起来，共有

万五千七百户。其校尉裨将以从大将军侯者九人[4]。其裨将及校尉已为将者十四人。为裨将者曰李广，自有传。无传者曰：

一万五千七百户。卫青的校尉副将因为跟随大将军出征而被封侯的有九人。他的副将和校尉已经任将军的有十四人。作为副将的李广，自有传记。没有传记的有：

注释 **1** 左方：古代文字竖排，诸行自右向左，今改横排，则为"下列"。**2** 最：计，合计。 **3** 万二千八百户：青初封为三千八百户，益封三千户，又益封六千户，实共万二千八百户。下文并三子所封各千三百户，实共万六千七百户。 **4** 九人：《史记志疑》："《史》《汉》'表''传'侯者十一人：一苏建，二张次公，三公孙敖，四公孙贺，五韩说，六李蔡，七赵不虞，八公孙戎奴，九李朔，十张骞，十一郝贤。言九人误。"

将军公孙贺。贺，义渠[1]人，其先胡种。贺父浑邪，景帝时为平曲侯[2]，坐法失侯。贺，武帝为太子时舍人。武帝立八岁，以太仆为轻车将军，军马邑。后四岁[3]，以轻车将军出云中。后五岁，以骑将军从大将军有功，封为南窌侯。后一岁，以左将军再从大将军出定襄，无功。后四岁，以坐酎金失

将军公孙贺。公孙贺是义渠人，他的先辈是匈奴人。公孙贺的父亲浑邪，在景帝时期任平曲侯，因犯法失去了爵位。公孙贺在武帝当太子时任舍人。武帝继位八年后，公孙贺以太仆的身份任轻车将军，驻军马邑。四年后，公孙贺以轻车将军的身份从云中出塞。五年后，公孙贺以骑将军的身份跟随大将军出征匈奴有功劳，被封为南窌侯。一年后，公孙贺以左将军的身份两次跟随大将军从定襄出塞，没有功劳。四年后，公孙贺因犯了助祭金

侯。后八岁[4],以浮沮将军出五原二千余里,无功。后八岁[5],以太仆为丞相,封葛绎侯。贺七为将军[6],出击匈奴无大功,而再侯,为丞相。坐子敬声与阳石公主[7]奸,为巫蛊,族灭,无后。

斤两和成色不足的罪而失去了爵位。八年后,公孙贺以浮沮将军的身份从五原出塞二千多里,没有功劳。八年后,公孙贺以太仆的身份任丞相,被封为葛绎侯。公孙贺七次任将军,出击匈奴没有建立大功劳,而两次被封侯,任丞相。公孙贺因为儿子公孙敬声和阳石公主通奸,又搞巫蛊术,被灭族,没有后代。

注释 1 义渠:汉县名,在今甘肃合水县西南。 2 平曲侯:《史记集解》引徐广曰:"为陇西太守。" 3 后四岁:《史记志疑》以为贺自元朔六年(前123)出定襄,后至元鼎五年(前112)坐酎金免,凡十一岁。 4 后八岁:为元鼎六年,即公元前111年。失侯之后实为一年。 5 后八岁:为太初二年,即公元前103年。 6 七为将军:《史记志疑》:"贺为将军五,安有七乎?" 7 阳石公主:汉武帝的女儿。阳石,一云"德邑"。

将军李息,郁郅[1]人。事景帝。至武帝立八岁,为材官将军,军马邑;后六岁[2],为将军,出代;后三岁[3],为将军,从大将军出朔方:皆无功。凡三为将军,其后常为大行。

将军李息是郁郅人。他先是侍奉景帝。到武帝继位八年后,任材官将军,驻军马邑;六年后,李息任将军,从代郡出塞;三年后,李息任将军,跟随大将军从朔方出塞:都没有功劳。李息共三次任将军,后来他担任大行的官职。

注释 1 郁郅:汉县名,在今甘肃庆阳市。 2 后六岁:军马邑后五岁,于元朔元年(前 128)出代,非“六岁”。 **3** 后三岁:息出代后四岁,于元朔五年(前 124)出朔方,非“三岁”。

将军公孙敖,义渠人。以郎事武帝[1]。武帝立十二岁,为骑将军,出代,亡卒七千人,当斩,赎为庶人。后五岁,以校尉从大将军有功,封为合骑侯。后一岁,以中将军从大将军,再出定襄,无功[2]。后二岁,以将军出北地,后骠骑期,当斩,赎为庶人。后二岁,以校尉从大将军,无功。后十四岁[3],以因杅将军筑受降城。七岁,复以因杅将军再出击匈奴,至余吾,亡士卒多,下吏,当斩,诈死,亡居[4]民间五六岁。后发觉,复系。坐妻为巫蛊,族[5]。凡四为将军出击匈奴,一侯。

将军公孙敖是义渠人。他以郎官的身份侍奉武帝。武帝继位十二年,他任骑将军,从代郡出塞,损失士兵七千人,被判死刑,后来出钱赎罪成为平民。五年后,公孙敖以校尉身份跟随大将军出征匈奴有功劳,被封为合骑侯。一年后,公孙敖以中将军的身份跟随大将军,两次从定襄出塞,没有功劳。二年后,公孙敖以将军的身份从北地出塞,延误了和骠骑将军约定的时间,被判死刑,后来出钱赎罪成为平民。二年后,公孙敖以校尉的身份跟随大将军出征,没有功劳。十四年后,公孙敖以因杅将军的身份修筑受降城。七年后,公孙敖再以因杅将军的身份两次出击匈奴,到达余吾,士兵损失很多,被交给法官处置,被判死刑,他假装死亡,逃亡到民间隐居了五六年。后来被发觉,再次入狱。因他妻子搞巫蛊术,全族被诛。公孙敖共四次任将军出击匈奴,一次被封侯。

注释 1 武帝：当依《汉书》作“景帝”。 2 无功：《史记志疑》：“《传》言‘斩虏万余人’。”《史》《汉》“表”皆言是年赦益封，则此误也，当衍“无功”二字。 3 后十四岁：《史记志疑》：“当作“十五岁”，盖自元狩四年后至太初元年也。” 4 亡居：逃亡隐居。 5 族：《史记志疑》：“盖败余吾在天汉四年，巫蛊起于征和元年，且赦自余吾还腰斩，非先曾亡居民间，而后坐巫蛊族也。”

将军李沮，云中人。事景帝。武帝立十七岁，以左内史为强弩将军。后一岁，复为强弩将军。

将军李沮是云中人。他先是侍奉景帝。武帝继位十七年，李沮以左内史的身份任强弩将军。一年后，他再任强弩将军。

将军李蔡，成纪[1]人也。事孝文帝、景帝、武帝。以轻车将军从大将军有功，封为乐安侯。已为丞相，坐法死。

将军李蔡是成纪人。他侍奉过孝文帝、景帝、武帝。他以轻车将军的身份跟随大将军出征有功劳，被封为乐安侯。他随后当了丞相，因犯法被处死。

将军张次公，河东[2]人。以校尉从卫将军青有功，封为岸头侯。其后太后崩，为将军，军北军。后一岁[3]，为将军，从大将军。再为将军，坐法失侯。次公父隆，轻车武射也。以善射，景帝幸近之也。

将军张次公是河东人。他以校尉的身份跟随卫青将军出征匈奴有功劳，被封为岸头侯。后来太后去世，张次公任将军，驻守北军。一年后，他任将军，跟随大将军出征匈奴。他两次担任将军，后来因犯法失去了爵位。张次公的父亲叫张隆，是驾驶轻车的勇武射手。因为他善于射箭，景帝宠幸他。

将军苏建，杜陵[4]人。

将军苏建是杜陵人。他以校尉的身份跟随卫青将军出征，有功

以校尉从卫将军青，有功，为平陵侯，以将军筑朔方。后四岁[5]，为游击将军，从大将军出朔方。后一岁，以右将军再从大将军出定襄，亡翕侯，失军，当斩，赎为庶人。其后为代郡太守，卒，冢在大犹乡。

劳，被封为平陵侯，又以将军的身份修筑朔方城。四年后，他任游击将军，跟随大将军从朔方出塞。一年后，他以右将军的身份两次跟随大将军从定襄出塞，结果翕侯逃亡，大军覆没，被判死刑，后出钱赎罪成为平民。后来他任代郡太守，死后，葬在大犹乡。

注释 1 成纪：汉县名，在今甘肃静宁县成纪古城。 2 河东：汉郡名，治所安邑，在今山西夏县西北。 3 后一岁：《史记志疑》："当作'二岁'，元朔三年太后崩，次公于五年又为将军也。" 4 杜陵：汉县名，在今陕西西安市东南。 5 后四岁：《史记志疑》："苏建封侯在元朔二年，此元朔五年事，当云'后三岁'。"

将军赵信，以匈奴相国降，为翕侯。武帝立十七岁[1]，为前将军，与单于战，败，降匈奴。

将军张骞，以使通大夏，还，为校尉。从大将军有功，封为博望侯。后三岁，为将军，出右北平，失期，当斩，赎为庶人。其后使通乌孙，为大行而卒，冢

将军赵信，以匈奴相国的身份投降汉朝，被封为翕侯。武帝继位十七年，赵信任前将军，和单于作战，失败了，投降了匈奴。

将军张骞，以使者的身份沟通大夏，回来后，任校尉。他跟随大将军出征匈奴有功劳，被封为博望侯。三年后，他任将军，从右北平出塞，延误了约定的军期，被判死刑，出钱赎罪成为平民。后来他作为使者沟通乌孙，担任大行时去世，坟墓在汉

在汉中。[2]

将军赵食其，祋祤[3]人也。武帝立二十二岁，以主爵为右将军，从大将军出定襄，迷失道，当斩，赎为庶人。

将军曹襄，以平阳侯为后将军，从大将军出定襄。襄，曹参孙[4]也。

中。

将军赵食其是祋祤人。武帝继位二十二年，赵食其以主爵都尉的身份任右将军，跟随大将军从定襄出塞，因为迷路而延误军期，被判死刑，后来出钱赎罪，成为平民。

将军曹襄，以平阳侯的身份任后将军，跟随大将军从定襄出塞。曹襄，是曹参的孙子。

注释 1 十七岁：当依《汉书》作“十八岁”，赵信为前将军在元朔六年（前123），武帝已立十八年。 2 乌孙：西域国名。最初在祁连、敦煌间。汉武帝初年西迁至今伊犁河和伊塞克湖一带，都赤谷城，故址在今伊塞克湖东南。 汉中：汉郡名，治所西城，在今陕西安康市西北。 3 祋祤（duì xǔ）：汉县名，在今陕西耀州。 4 孙：是“玄孙”。

将军韩说，弓高侯[1]庶孙也。以校尉从大将军有功，为龙頟侯，坐酎金失侯。元鼎六年[2]，以待诏为横海将军，击东越有功，为按道侯。以太初三年[3]为游击将军，屯于五原外列城。为光禄勋，掘蛊太子宫，卫太子杀之。

将军郭昌，云中人

将军韩说是弓高侯韩颓当的庶出孙子。他以校尉的身份跟随大将军出征有功劳，被封为龙頟侯，后来因犯了助祭金斤两和成色不足的罪而失去了爵位。元鼎六年，韩说以待诏的身份任横海将军，攻打东越有功劳，被封为按道侯。他在太初三年任游击将军，驻扎在五原以外的一些城堡。后来他任光禄勋，因为到太子宫中挖掘巫蛊罪证，被卫太子杀死。

也。以校尉从大将军。元封四年[4],以太中大夫为拔胡将军,屯朔方。还击昆明[5],毋功,夺印。

将军郭昌是云中人。他以校尉的身份跟随大将军出征。元封四年,他以太中大夫的身份任拔胡将军,驻守在朔方。回来以后去攻打昆明,没有功劳,被收回了官印。

将军荀彘,太原广武[6]人。以御见[7],侍中,为校尉,数从大将军。以元封三年为左将军击朝鲜,毋功。以捕楼船将军坐法死。

将军荀彘是太原郡广武人。他凭着善于驾车得见皇上,被任命为侍中,又当了校尉,多次跟随大将军出征。他在元封三年任左将军去攻打朝鲜,没有功劳。因为逮捕楼船将军犯了法,被处死。

注释 1 弓高侯:即韩颓当。 2 元鼎六年:即公元前111年。 3 太初三年:即公元前102年。 4 元封四年:即公元前107年。 5 昆明:西南夷所居之地,属益州郡,当在今云南昆明市周边地区。据《汉书·武帝纪》,郭昌击昆明在元封六年,即公元前105年。 6 广武:汉县名,在今山西代县西南,属太原郡。 7 以御见:以善御被召见。

最骠骑将军去病,凡六出击匈奴,其四出以将军,斩捕首虏十一万余级[1]。及浑邪王以众降数万,遂开河西[2]酒泉之地,西方益少胡寇。四益封,凡万五千一百户。[3]其校吏有功为侯者凡六

总计骠骑将军霍去病出击匈奴共有六次,其中四次是以将军身份出击,斩杀、俘虏敌军十一万多人。等到浑邪王率领部众几万人投降后,就开拓了河西酒泉地区,西部匈奴的侵扰越发减少。霍去病被四次加封,共受封一万五千一百户。他的校尉和其他官吏因为有功劳而被封侯的共有六人,以后成为将军的有两人。

人[4],而后为将军二人。

将军路博德,平州[5]人。以右北平太守从骠骑将军有功,为符离侯。骠骑死后,博德以卫尉为伏波将军,伐破南越,益封。其后坐法失侯。为强弩都尉,屯居延,卒。

将军路博德是平州人。他以右北平太守的身份跟随骠骑将军出征有功劳,被封为符离侯。骠骑将军死后,路博德以卫尉的身份任伏波将军,讨伐、打败南越,被加封。其后他因为犯法而失去爵位。后来,他任强弩都尉,驻守居延,直到去世。

注释　1 十一万余级:《史记志疑》:"《霍去病传》凡斩虏十一万九千六百三十一级,然内中两言八千余级,其一以《汉·传》校之,是'八千九百六十级',其一无考,则斩虏确数尚不止此,《史》误矣。或曰当作'十二万余级'。"　2 河西:指今河西走廊一带。　3《史记志疑》:"去病本封千六百户,四益封万四千五百,并之得万六千一百户,此误数也。若依《汉传》本封二千五百户,四益封万五千一百,并之得万七千六百户。"　4 六人:《史记志疑》:"《史》《汉》表、传从去病为侯者七人:一赵破奴,二高不识,三仆多,四路博德,五卫山,六复陆支,七伊即轩。言六人误。"　5 平州:即平周,汉县名,在今山西介休市西。

将军赵破奴,故九原[1]人。尝亡入匈奴,已而归汉,为骠骑将军司马[2]。出北地时有功,封为从骠侯。坐酎金失侯。后一岁,为匈河将军,攻胡至匈河水,无功。后二岁[3],击虏楼兰王,复封

将军赵破奴原来是九原人。他曾经逃入匈奴,不久又回到汉朝,担任骠骑将军的司马。他从北地出塞攻打匈奴时有功劳,被封为从骠侯。后来他因犯了助祭金斤两和成色不足的罪而失去了爵位。一年后,他任匈河将军,攻打匈奴直到匈河水,没有功劳。二年后,

为浞野侯。后六岁[4]，为浚稽将军，将二万骑击匈奴左贤王，左贤王与战，兵八万骑围破奴，破奴生为虏所得，遂没其军。居匈奴中十岁[5]，复与其太子安国亡入汉。后坐巫蛊，族。

他带兵攻打并俘获了楼兰王，又被封为浞野侯。六年后，他任浚稽将军，率领二万骑兵攻打匈奴左贤王，左贤王同他交战，用八万骑兵包围赵破奴。赵破奴被匈奴活捉，于是全军覆没。赵破奴在匈奴居留了十年，又和他的长子赵安国逃回汉朝。后来，他因犯巫蛊罪，被灭族。

注释 1 九原:汉县名，在今内蒙古包头市西。 2 司马:官名，军府所置高级幕僚。 3 后二岁:《汉书》作“后一岁”，是。 4 后六岁:赵破奴为将军在太初二年，即公元前 103 年，在封侯后五岁，此误为“六”。 5 十岁:赵破奴自太初二年没匈奴，至天汉元年，即公元前 100 年归汉，首尾仅四年，非“十年”。

自卫氏兴，大将军青首封，其后枝属为五侯。[1]凡二十四岁而五侯尽夺，卫氏无为侯者。[2]

自从卫氏兴起，大将军卫青最先受封，后来他的子孙有五人被封侯。总共二十四年而五个侯爵全被剥夺，卫家没有封侯的人了。

注释 1 枝属:后代及亲属。 五侯:《史记志疑》以为卫青只三子，不得言五侯。 2 二十四岁:《史记志疑》:“卫青以元朔二年封，其枝属以元朔五年封，自元朔二至太初四，凡二十七年，不得言‘二十四岁’。” 尽夺:长平侯卫伉于太初四年(前 101)见存，不得言“尽夺无侯”。《史记志疑》以为此段之三十三字，据《史诠》谓，当在上文“六岁坐法失侯”下。

太史公曰：苏建语余曰："吾尝责大将军至尊重，而天下之贤大夫毋称[1]焉，愿将军观古名将所招选择贤者，勉之哉。大将军谢曰：'自魏其、武安之厚宾客，天子常切齿。[2]彼亲附士大夫，招贤绌不肖者，人主之柄也。[3]人臣奉法遵职而已，何与招士！[4]'"骠骑亦放[5]此意，其为将如此。

太史公说：苏建告诉我说："我曾经批评过大将军，说他地位极为尊贵，而天下的贤士大夫却不称誉他，希望将军能够借鉴古代那些招选贤人的名将，也努力招贤纳士。大将军谢绝说：'自从魏其侯、武安侯优待宾客以来，天子对此切齿痛恨。那亲近、笼络士大夫，招选贤能、罢黜无才之人的事，是国君的权柄。作为人臣只要奉守法度、遵守职责就行了，何必参与招选人才呢！'"骠骑将军霍去病也仿效这种态度，他就是这样做将军的。

注释　1 称：称道，赞扬。　2 魏其：即魏其侯窦婴。　武安：即武安侯田蚡。　切齿：十分恼怒。　3 绌：通"黜"，罢黜，排斥。　柄：权力。　4 与：参与。　招士：《史记志疑》："此青谢苏建语如此，汲黯为揖客，大将军益贤之，又进言田仁为郎中，言减宣于上为大厩丞，言主父偃于上，为上言郭解不中徙茂陵，则未尝不招士也。但所招之士，不皆贤耳。"
5 放：通"仿"，仿效，效法。

史记卷一百一十二

平津侯主父列传第五十二

原文

丞相公孙弘者，齐菑川国薛县人也，字季。[1] 少时为薛狱吏，有罪，免。家贫，牧豕海上[2]。年四十余，乃学《春秋》杂说。养后母孝谨。

译文

丞相公孙弘，是齐地菑川国薛县人，表字叫季。他年轻时做薛县的监狱官员，犯了罪，被罢免。他家里贫穷，在海边放猪。四十多岁时，他才学习《春秋》和各家学说。他奉养后母孝顺而恭谨。

注释 1 菑川国：汉初所封王国名。公元前162年，汉文帝封齐悼惠王刘肥七子分齐为王，其中刘贤为菑川王，都剧城(今山东寿光市南)。 薛县：汉县名，在今山东滕州市南，本属菑川国。据《汉书·高五王传》，宣帝五凤年间，青州刺史奏终古(菑川王志之曾孙嗣王)禽兽行，有诏削四县，薛县或在其列，后属鲁。 2 海上：海边。

建元元年，天子初即位，招贤良文学之士。[1] 是时弘年六十，征以贤良为博士[2]。使匈奴，还报，

建元元年，天子刚登位，招选贤良文学之士。当时公孙弘六十岁，以贤良的身份被征召当了博士。他出使匈奴，回来汇报，不合皇上心意，皇

不合上意,上怒,以为不能[3],弘乃病免归。

元光五年[4],有诏征文学,菑川国复推上公孙弘。弘让谢国人曰:“臣已尝西应命,以不能罢归,愿更推选。”国人固推弘,弘至太常[5]。太常令所征儒士各对策,百余人,弘第[6]居下。策奏,天子擢[7]弘对为第一。召入见,状貌甚丽,拜为博士。是时通西南夷[8]道,置郡,巴蜀民苦之,诏使弘视之。还奏事,盛毁西南夷无所用,上不听。

上发怒,认为他无能,公孙弘就借病免官回家了。

元光五年,皇帝下诏书征召文学之士,菑川国再次推荐公孙弘。公孙弘向推举他的人说:“我曾经到京城去接受皇上的任命,因为没有才能而被罢免回来,希望改推别人。”国人坚持推荐公孙弘,公孙弘就到了太常那里。太常让所征召的儒士分别对策,在一百多人中,公孙弘排在最后。对策文章送到皇上那里,武帝将公孙弘的对策拔为第一名。召他进宫来见面,武帝见他相貌堂堂,任命他为博士。这时汉朝开通了连接西南夷的道路,设置了郡,巴蜀民众对此感到困苦,皇上诏命公孙弘去视察。公孙弘回来向皇上汇报情况,极力抨击开拓西南夷没有用,皇上没有听从。

注释 1 建元元年:即公元前140年。建元,武帝年号。 贤良文学:亦简称贤良或文学。汉代选拔官吏的科目之一,指推举方正、贤良、文章博学等有才德之士。 2 博士:学官名。以知识渊博、学有专长者任此职,以备天子顾问,或教授弟子。 3 不能:没有才能。 4 元光五年:《史记志疑》以为是“元年”之误。元光元年,即公元前134年。元光,武帝年号。 5 太常:官名。掌管宗庙礼仪,兼选试贤良文学之士和博士,九卿之一。 6 第:次第,考试的名次。 7 擢:提拔。 8 西南夷:汉代对居住在今四川西南部、云贵一带部族的泛称。

弘为人恢奇多闻，常称以为人主病不广大，人臣病不俭节。[1]弘为布被，食不重肉[2]。后母死，服丧三年。每朝会议，开陈其端，令人主自择，不肯面折庭争。[3]于是天子察其行敦厚，辩论有余，习文法吏事，而又缘饰以儒术，上大说之。[4]二岁[5]中，至左内史。弘奏事，有不可，不庭辩之。尝与主爵都尉汲黯请间[6]，汲黯先发之，弘推其后，天子常说，所言皆听，以此日益亲贵。尝与公卿约议，至上前，皆倍[7]其约以顺上旨。汲黯庭诘[8]弘曰："齐人多诈而无情实[9]，始与臣等建此议，今皆倍之，不忠。"上问弘。弘谢曰："夫知臣者以臣为忠，不知臣者以臣为不忠。"上

公孙弘为人宽宏奇诡、见多识广，常常声称人主的毛病在于心胸不广大，人臣的毛病在于不节俭。公孙弘盖布被，吃饭时不吃两种以上的肉菜。后母去世，他守了三年丧。每次在朝堂上商议事情，他总是先开头陈述事端，让人主自己来抉择，不愿意当面反驳、当庭争辩。天子经过观察发现他品行忠厚，善于辩论，熟悉法律条文和官场事务，而且还能用儒学观点来加以文饰，皇上十分喜欢他。在两年之内，他官至左内史。公孙弘上奏事情，有时不被采纳，他却不在朝廷上争辩。他曾经和主爵都尉汲黯请求皇上单独接见，汲黯先将事情提出，公孙弘随后阐述，天子听了常常很高兴，他的话都予以采纳，因此公孙弘日益受到武帝亲近，地位也愈加显贵。他曾经和公卿大臣事前约定某项建议，到了皇上面前，他却违背了约定，而顺从皇上的意旨。汲黯在朝廷上诘难公孙弘说："齐地人大多都奸诈而没有真情，你开始和我们提出这项建议，如今全都违背了，不忠诚。"皇上问公孙弘。公孙弘谢罪说："了解我的人认为我是忠诚，不了解我的人认为我是不忠诚。"皇上认为公孙弘的话很对。皇上身边

然弘言。左右幸臣每毁弘，上益厚遇之。

宠幸的大臣常常诋毁公孙弘，皇上反而越发优待公孙弘。

注释 1 恢奇：宽宏奇诡。 病：短处，毛病。 不广大：心胸狭窄。 2 重肉：两种以上肉菜。 3 陈：陈述。 端：开端，头绪。 面折：当面驳斥。 庭争：在朝廷争论。 4 缘饰：犹言文饰，即能为自己的观点找出理论根据和出处。 说：通"悦"。 5 二岁：《史记志疑》："徐广作'一岁'，是。弘以元光元年对策为博士，中更母服三年，盖元光五年仍为博士，即于是年为左内史，故《公卿表》言元光五年为左内史也。" 6 请间：请求个别接见。 7 倍：通"背"。下同。 8 诘：指责。 9 情实：真情实意。

元朔三年，张欧免，以弘为御史大夫。[1] 是时通西南夷，东置沧海[2]，北筑朔方之郡。弘数谏，以为罢敝中国以奉无用之地，愿罢之。[3] 于是天子乃使朱买臣等难弘置朔方之便。[4] 发十策，弘不得一[5]。弘乃谢曰："山东鄙人，不知其便若是，愿罢西南夷、沧海而专奉朔方。[6]"上乃许之。

元朔三年，张欧被免官，武帝任命公孙弘做御史大夫。当时汉朝正开拓西南夷，在东边设置沧海郡，在北方修筑朔方郡。公孙弘多次进谏，认为这样做是使国家疲惫不堪而去供养全无用处的土地，希望停止这些事情。于是天子就派朱买臣等人用设置朔方郡的好处来诘难公孙弘。朱买臣等提出十个问题，公孙弘一个也答不上。公孙弘于是谢罪说："我是东边来的鄙陋之人，不了解修筑朔方郡有这般好处，希望停止开拓西南夷、设置沧海郡的事，而专心经营朔方郡。"皇上答应了。

注释 1 元朔三年:即公元前126年。元朔,武帝年号。 张欧:大臣名,字叔。 2 沧海:汉郡名,公元前128—前126年设置,后改名为乐浪郡,治所朝鲜,在今朝鲜平壤南。 3 罢敝:疲敝。 愿:希望。 4 朱买臣:西汉大臣,曾官至主爵都尉。附见《酷吏列传》。 便:好处。 5 不得一:《史记集解》引韦昭曰:"以弘之才,非不能得一也,以为不可,不敢逆上耳。" 6 罢:放弃。 奉:治理。

汲黯曰:"弘位在三公[1],奉禄甚多,然为布被,此诈也。"上问弘。弘谢曰:"有之。夫九卿与臣善者无过黯,然今日庭诘弘,诚[2]中弘之病。夫以三公为布被,诚饰诈欲以钓名。且臣闻管仲相齐,有三归,侈拟于君,桓公以霸,亦上僭于君。[3]晏婴相景公,食不重肉,妾不衣丝,齐国亦治,此下比于民。[4]今臣弘位为御史大夫,而为布被,自九卿以下至于小吏无差,诚如汲黯言。且无汲黯忠,陛下安得闻此言!"天子以为谦让,愈益厚之。卒

汲黯说:"公孙弘位列三公,俸禄很多,可是却盖布被,这是欺诈。"皇上问公孙弘。公孙弘谢罪说:"有这回事。九卿中和我关系好的没有超过汲黯的了,可是他今天在朝廷诘难我,确实说中了我的毛病。我以三公的身份而盖布被,确实是虚伪欺诈,想要钓取美名。况且我听说管仲做齐国国相,有三处住宅,其奢侈可以和国君相比,齐桓公依靠他而称霸,他对国君却有越礼行为。晏婴做齐景公的国相,吃饭不吃两种以上的肉菜,姬妾不穿丝织衣服,齐国也治理得很好,这是晏婴向下和百姓看齐。如今我的职位是御史大夫,而盖着布被,这使得从九卿以下直到小官吏没有贵贱之别,确实像汲黯所说的那样。况且没有汲黯的忠诚,陛下怎么能听到这样的话!"天子认为公孙弘谦恭礼让,越发看重他。最终武帝让

以弘为丞相,封平津侯。

公孙弘做了丞相,封他为平津侯。

注释 1 三公:指丞相、太尉、御史大夫。 2 诚:的确。 3 管仲:春秋时齐国大臣。与下文晏婴均详见《管晏列传》。 三归:一说为台名,一说为三处府第,一说为娶三姓女。 桓公:齐桓公,春秋之始霸,公元前685—前643年在位。 4 晏婴:春秋时齐国大臣。 景公:即齐景公,公元前547—前490年在位。

弘为人意忌,外宽内深。[1]诸尝与弘有郤者,虽详与善,阴报其祸。[2]杀主父偃,徙董仲舒于胶西,皆弘之力也。[3]食一肉脱粟之饭,故人所善宾客仰衣食,弘奉禄皆以给之,家无所余。[4]士亦以此贤之。

公孙弘为人多疑善忌,外表宽容而内心狠毒。那些曾经和公孙弘有仇怨的人,公孙弘假装和他们相处很好,暗中却狠狠地报复他们。杀害主父偃,把董仲舒调迁到胶西,都是公孙弘干的。他每顿吃一个肉菜,吃脱壳的粗饭,老朋友和他喜欢的门客需要衣食,公孙弘的俸禄都用来供给他们,家里没有余财。士人也因此认为他贤明。

注释 1 意忌:猜忌。 深:苛刻,狠毒。 2 郤:隔阂,仇怨。 详:通"佯"。 3 主父偃:大臣名,详见下文。 董仲舒:大臣名,思想家,儒学之集大成者。 胶西:汉诸侯王国名,汉文帝十六年(前164)置,宣帝本始元年(前73)改为高密国,都今山东高密市西。 4 脱粟:粗粮,糙米。 仰:依赖。 给(jǐ):供给。

淮南、衡山谋反,治党与方急。[1]弘病甚,自以为

淮南王、衡山王谋反,朝廷正在紧急追究党羽。当时公孙弘病得

无功而封，位至丞相，宜佐明主填抚国家，使人由臣子之道。[2]今诸侯有畔逆之计，此皆宰相奉职不称，恐窃病死，无以塞责。[3]乃上书曰："臣闻'天下之通道[4]五，所以行之者三。曰君臣，父子，兄弟，夫妇，长幼之序，此五者天下之通道也。智，仁，勇，此三者天下之通德，所以行之者也'。故曰'力行近乎仁，好问近乎智，知耻近乎勇。[5]知此三者，则知所以自治[6]；知所以自治，然后知所以治人'。天下未有不能自治而能治人者也，此百世不易之道也。今陛下躬行大孝，鉴三王，建周道，兼文武，厉贤予禄，量能授官。[7]今臣弘罢驽之质，无汗马之劳，陛下过意擢臣弘卒伍之中，封为列侯，致位三公。[8]臣弘行能不足以称，素有负薪之病，恐先狗

很重，自认为没有什么功劳而被封侯，官位升到丞相，应该辅助贤明的君主治理好国家，使人们都遵从作为臣子的道理。现在诸侯有反叛的阴谋，这都是宰相不称职，他害怕就这样病死了，无法尽责。于是他向皇上上书说："我听说'天下的常道有五条，用来实行这五条常道的有三种美德。君臣、父子、兄弟、夫妇和长幼的次序，这五方面是天下的常道。智慧、仁爱和勇敢，这三方面是天下的常德，是用来实行常道的'。所以孔子说'努力实践接近于仁，好学善问接近于智，知道羞耻接近于勇。懂得这三条，那就知道怎样自我约束；知道怎样自我约束，然后知道怎样约束别人'。天下还没有不能自我约束而能约束别人的，这是百代不变的道理。如今陛下亲自实行大孝，借鉴三王，建立周朝的治国原则，兼有文王和武王的才德，激励贤人而给予俸禄，根据才能来授予官职。如今我的才能低下，没有汗马功劳，陛下特意把我从一般士人中提拔起来，封为列侯，放置到三公的位上。我的品行才能无法和官位相

马填沟壑，终无以报德塞责。[9] 愿归侯印，乞骸骨，避贤者路。[10]”天子报曰：“古者赏有功，褒有德，守成尚文，遭遇右武，未有易此者也。[11] 朕宿昔庶几获承尊位，惧不能宁，惟所与共为治者，君宜知之。[12] 盖君子善善恶恶，君若谨行，常在朕躬。[13] 君不幸罹霜露之病，何恙不已，乃上书归侯、乞骸骨？[14] 是章[15]朕之不德也。今事少闲，君其省思虑，一精神，辅以医药。[16]”因赐告牛酒杂帛。[17] 居数月，病有瘳，视事。[18]

元狩二年[19]，弘病，竟以丞相终。子度嗣为平津侯。度为山阳太守十余岁，坐法失侯。

称，平时又有病，恐怕随时会突然死去，最终无法报答陛下的恩德，无法尽责。希望交回侯印，辞官回乡，给贤能的人让开路。”天子答复他说：“古时奖赏有功的人，褒扬有德的人，保持前人的成业要崇尚文德，遭遇祸乱要重视武功，这是自古不变的道理。我以前有幸得以继承皇位，害怕不能安宁，只想和各位大臣共同治理，你应当知道这一点。君子都喜欢善人而憎恶恶人，你如果谨慎行事，我会经常把你挂在心上。你不幸患了风寒病，何必担忧不痊愈，竟然上书交回侯印，请求辞官回乡？这是显得我无德呀。如今事情稍微少了些，你应该减少思虑，集中精神，再用医药辅助治疗。”于是允许公孙弘继续休假，赐给他牛、酒和各种布帛。过了几个月，公孙弘病好了，就开始处理政事。

元狩二年，公孙弘患病，最终死在丞相任上。他儿子公孙度继承平津侯的爵位。公孙度任山阳太守十多年，因犯法而失去了侯爵。

注释　**1** 淮南：即淮南王刘安。　衡山：即衡山王刘赐。　党与：朋党，同伙。　**2** 填抚：镇抚。填，通“镇”。　由：遵从。　**3** 畔：通“叛”。　称：

称职。 4 通道:通行之常道。 5 “力行近乎仁”三句:见《礼记·中庸》。 6 自治:修养自身。 7 三王:指夏、商、周三代开国君王。 周道:周王朝治政之道。 文武:此指周文王、周武王之德才。 厉:勉励。 8 罢驽:平庸无能。罢,通“疲”。驽,本指劣马,此引申为才能低下。 过意:特意,破例。 卒伍:指与更、正、戍三卒为伍。意谓卑贱的士人。 9 负薪:古代士人自称有病的谦辞。 先狗马填沟壑:谦辞,意谓随时都会突然死去。狗马死后被抛在荒沟坑谷里。 10 归:交回。 乞骸骨:乞求保全尸骨。这是古代官员向皇帝请求退休养老之谦辞。 11 守成:保持维护前代的成业。 尚文:崇尚文德教化。 遭遇右武:《史记索隐》引小颜云:“右亦上也。言遭遇乱时则上武也。” 12 宿昔:往日,从前。 庶几:有幸。 13 善善:崇尚善良。 恶恶:憎恶邪恶。 常在朕躬:颜师古云:“朕常思此,不息于心也。” 14 罹:遭遇。 恙:忧。 15 章:彰明,显扬。 16 少闲:稍有空闲。 一精神:使精神专一。 17 赐告:批准官员归家治病。 杂帛:各种布帛。 18 瘳(chōu):病愈。 视事:任职。 19 元狩二年:即公元前121年。

主父偃者,齐临菑人也。学长短纵横之术[1],晚乃学《易》《春秋》、百家言。游齐诸生间,莫能厚遇也。齐诸儒生相与排摈,不容于齐。家贫,假贷无所得,乃北游燕、赵、中山,皆莫能厚遇,为客甚困。[2]孝武元光元年中,以为诸侯莫足游者,

主父偃是齐地临菑人。他早年学习纵横家的学说,晚年才开始学习《周易》《春秋》、诸子百家的学说。他游学于齐地那些儒生中间,没有谁肯厚待他。齐地那些儒生一起来排斥他,使他无法留在齐地。他家境贫穷,向人家借贷,谁也不借给他,于是他游学到北方的燕、赵、中山等地,所到之处没有谁能厚待他,因而他的处境很艰难。孝武帝元光元年,他认为诸侯中没有值得去游说的,就向西进入

乃西入关见卫将军。[3]卫将军数言上，上不召。资用乏，留久，诸公宾客多厌之，乃上书阙下[4]。朝奏，暮召入见。所言九事，其八事为律令，一事谏伐匈奴。其辞曰：

函谷关，去拜见卫青将军。卫青将军多次向皇上推荐他，皇上不肯召见他。他的钱快用完了，留在长安很长时间，许多达官贵人的宾客们都很讨厌他，于是他就向皇帝上书。早晨递上奏书，傍晚时皇帝就召见他。他所说的九件事，其中八件是法律条令方面的事，一件是劝谏攻打匈奴的事。他原文写道：

注释　1 长短纵横之术：即战国纵横家的学说。往来游说，纵横捭阖。 2 假贷：借贷。　燕、赵、中山：皆古国名，又地区名，约当今北京、河北之地。　3 元光元年：即公元前 134 年。　莫足游：没有值得游说的。　卫将军：即卫青。　4 阙下：本指宫门之下。古代上书皇帝不便直指，便言阙下。

臣闻明主不恶切谏以博观，忠臣不敢避重诛以直谏，是故事无遗策而功流万世。[1]今臣不敢隐忠避死以效愚计，愿陛下幸赦而少[2]察之。

《司马法》[3]曰："国虽大，好战必亡；天下虽平，忘战必危。天下既平，天子大凯，春蒐秋狝，诸侯春振旅，秋治兵，所以

我听说圣明的君主为了拓宽眼界，不厌恶深切的谏言，忠诚的大臣不逃避重重的处罚而直言进谏，正是因为这样，所以他们制定的章程才不会有误，从而功名流传万代。如今我不敢隐讳忠心、逃避死亡而来提出我愚昧的想法，希望陛下赦免我的罪过，稍微留心一下我的想法。

《司马法》上说："国家虽然大，如果喜欢战争就一定会灭亡；天下虽然太平，如果忘记战争就一定有危险。天下已经平定，天子高奏大凯的乐

不忘战也。[4]”且夫怒者逆德也，兵者凶器也，争者末节[5]也。古之人君一怒必伏尸流血，故圣王重行[6]之。夫务战胜穷武事者，未有不悔者也。[7]昔秦皇帝[8]任战胜之威，蚕食天下，并吞战国，海内为一，功齐三代。务胜不休，欲攻匈奴，李斯谏曰："不可。夫匈奴无城郭之居，委积之守，迁徙鸟举，难得而制也。[9]轻兵深入，粮食必绝；踵粮[10]以行，重不及事。得其地不足以为利也，遇其民不可役而守也。胜必杀之，非民父母也。靡弊[11]中国，快心匈奴，非长策也。"秦皇帝不听，遂使蒙恬将兵攻胡，辟地千里，以河为境。地固泽卤，不生五谷。然后发天下丁男以守北河。[12]暴兵露师十有余年，死者不可

章，春秋两季分别举行狩猎活动，诸侯在春天整顿军队，在秋天训练军队，是为了不忘记战争。”况且发怒是悖逆的行为，兵器是不祥的东西，争斗是卑下的品节。古代君主一发怒就一定尸首伏地流血遍野，所以圣明的天子不轻易发怒。致力于战争取胜、用尽武力的人，没有不后悔的。从前秦始皇凭借战胜的兵威，蚕食各国，吞并了六国，统一了天下，功业和夏、商、周三代开国君主相当。他追求胜利没有休止，又想攻打匈奴，李斯劝谏说："不可以攻打匈奴。匈奴没有城郭居住，也没有堆积的财物可守，流动迁移，像鸟飞一样，难以得到他们并加以控制。如果派轻便军队深入匈奴，粮食必然断绝；如果携带军粮来进兵，粮重难运，不便作战。得到了他们的土地也无利可图，得到他们的百姓，也不能役使和占有。战胜了就一定要杀死他们，这不是作为百姓父母的君主应做的事。使中原耗尽物力，而以攻打匈奴为乐事，这不是好的计策。”秦始皇没有听从，于是派蒙恬率领军队攻打匈奴，开辟土地千里，以黄河为界。那里的土地本来就是盐碱地，

胜数，终不能逾河而北。是岂人众不足，兵革不备哉？其势不可也。又使天下蜚刍挽粟，起于黄、腄、琅邪负海之郡，转输北河，率三十钟而致一石。[13]男子疾耕不足于粮饷，女子纺绩不足于帷幕。百姓靡敝，孤寡老弱不能相养，道路死者相望，盖天下始畔[14]秦也。

不生长五谷。然后秦始皇调发天下成年男子去守卫北河地区。军队在旷野驻守了十多年，死的人不计其数，始终没能渡过黄河向北进军。这难道是因为人马不足、装备不齐备吗？这是形势不允许呀。秦始皇又使天下百姓急速转运粮草，从黄县、腄县和琅邪郡靠海的地方起，转运到北河，一般是发运三十钟粮食，到达时才得到一石。男人努力耕田，满足不了军队对粮食的需要，女人纺线织麻，满足不了军队对帷幕的需要。百姓疲惫不堪，孤寡老弱的人得不到供养，路上死的人一个挨着一个，就是由于这个原因，天下才开始反叛秦朝。

注释 **1** 博观：扩大见闻。 遗策：失策。 **2** 少：稍微。 **3**《司马法》：即《司马穰苴兵法》，古兵书，今存一卷。以下所引文字出自其《仁本》篇。 **4** 大凯：《史记集解》引应劭曰："大凯，周礼还师振游之乐。" 蒐(sōu)：春天打猎。 狝(xiǎn)：秋天打猎。 振旅：整顿军队。旅，众。指军队。 **5** 末节：卑下的品节。 **6** 重行：谨慎对待。 **7** 务战胜：追求以战争取胜。 穷武事：用尽武力。 **8** 秦皇帝：即秦始皇。 **9** 委积：积聚，储备。 鸟举：此处指军队轻易迁移如同鸟飞一样。 **10** 踵粮：接运粮食。 **11** 靡弊：风俗侈靡，民生凋敝。 **12** 丁男：成年男子。 北河：处于北部的黄河流经地区。 **13** 蜚刍挽粟：急速地运输粮草。蜚，通"飞"，飞速。刍，畜草。挽，牵引，拉。 黄：黄县，汉置县名，在今山东龙口市东。 腄(chuí)：腄县，古县名，秦置，治今山东烟台市福山区。 琅邪(láng yá)：

此应指琅邪山，在今山东胶南市南靠海处。 钟：古代容量单位，六斛四斗为一钟。 石：十斗为一石。一石等于一斛。 **14** 畔：通“叛”。

及至高皇帝定天下，略地于边，闻匈奴聚于代谷之外而欲击之。[1]御史成[2]进谏曰：“不可。夫匈奴之性，兽聚而鸟散，从之如搏影。[3]今以陛下盛德攻匈奴，臣窃危之。”高帝不听，遂北至于代谷，果有平城[4]之围。高皇帝盖悔之甚，乃使刘敬往结和亲之约，然后天下忘干戈[5]之事。故兵法曰“兴师十万，日费千金”[6]。夫秦常积众暴兵数十万人，虽有覆军杀将系虏[7]单于之功，亦适足以结怨深仇，不足以偿天下之费。夫上虚府库，下敝百姓，甘心[8]于外国，非完事也。夫匈奴难得而制，非一世也。行盗侵驱，所以为业

等到高皇帝平定了天下，占领并平定了边地，听说匈奴聚集在代谷以外，就想攻打他们。御史成进谏说：“不可以进攻匈奴。匈奴的习性，像野兽聚集、鸟儿飞散一样，追赶他们就如捕捉影子一样。如今凭借陛下的盛德去攻打匈奴，我私下里认为危险。”高帝没有听从，于是向北到达了代谷，结果发生了平城被围的事。高皇帝为此十分后悔，于是派刘敬去缔结和亲的盟约，这以后天下的百姓忘记了战争之事。所以兵法上说“发兵十万，每天耗费千金”。秦朝经常聚积民众、驻扎军队几十万人，虽然有歼灭敌军斩杀敌将、俘虏单于的功劳，但也只是与匈奴结下深仇大恨，不足以抵偿天下耗费的财物。这样上使国库空虚，下使百姓疲惫，使外国称心快意，这并不是美好的事情。匈奴难以得到和控制住，这并非当前的事。他们偷盗、侵犯、驱驰，以此作为职业，是天性如此。上自虞舜、夏朝、商朝和周朝，本来就不对他们进行规范和约束，只把他们当作禽兽放

也，天性固然。上及虞夏殷周，固弗程督[9]，禽兽畜之，不属为人。夫上不观虞夏殷周之统，而下循近世之失，此臣之所大忧，百姓之所疾苦也。且夫兵久则变生，事苦则虑易[10]。乃使边境之民靡弊愁苦而有离心，将吏相疑而外市，故尉佗、章邯得以成其私也。[11]夫秦政之所以不行者，权分乎二子[12]，此得失之效也。故《周书》曰"安危在出令，存亡在所用"[13]。愿陛下详察之，少加意而熟虑[14]焉。

养，而不视为人类。上不借鉴虞、夏、商、周的经验，下却遵循近世的错误做法，这是我最大的担忧，是百姓感到痛苦的事。况且战争时间长了，就会发生变乱；做事艰苦，思想就会变化。就会使边境的百姓疲惫愁苦而产生离心，将军和官吏们互相猜疑而与外人勾结，所以尉佗和章邯才能成就他们的个人野心。秦朝政令之所以不能推行，是因为国家大权被这两人瓜分，这就是秦朝必将败亡的明证。所以《周书》上说"天下安危在于天子出什么样的号令，国家存亡在于天子用什么样的人物"。希望陛下仔细考察这个问题，稍加注意，并深思熟虑。

注释　1 高皇帝：即汉高祖刘邦。　代谷：地名，大约在平城（今山西大同东北）附近。　2 成：人名，时为御史。　3 从：追击。　搏影：捕捉影子。　4 平城：县名，在今山西大同市东北。　5 干戈：战争。
6 兴师十万，日费千金：此二句引自《孙子兵法·用间篇》，原文为："凡兴师十万，出征千里，百姓之费，公家之奉，日费千金。"　7 系虏：俘获敌人。
8 甘心：称心快意。　9 程督：规范和约束。　10 虑易：思想发生变化。
11 外市：与外人勾结。　尉佗：即赵佗，秦时为南海尉，汉初封为南越王，几次反叛。　章邯：秦朝将领，镇压过农民起义军，后投降项羽。
12 二子：即指尉佗、章邯。　13 安危在出令，存亡在所用：此二句引文出自《逸周书·王佩解》,原文为“存亡在所用,离合在出命”。 **14** 熟虑:深思熟虑。以上为《谏伐匈奴书》。

是时赵人徐乐、齐人严安俱上书言世务,各一事。[1]徐乐曰:

臣闻天下之患在于土崩,不在于瓦解,古今一也。[2]何谓土崩?秦之末世是也。陈涉无千乘之尊,尺土之地,身非王公大人名族之后,无乡曲之誉,非有孔、墨、曾子之贤,陶朱、猗顿之富也,然起穷巷,奋棘矜,偏袒大呼而天下从风,此其故何也?[3]由民困而主不恤,下怨而上不知,俗已乱而政不修,此三者陈涉之所以为资也。是之谓土崩。故曰天下之患在于土崩。何谓瓦解?吴、楚、齐、赵之兵是也。七国谋为大逆,号皆称万乘之君,带甲数十万,威足以严其境

这时,赵人徐乐、齐人严安都向皇帝上书谈论当代政务,每人讲了一件事。徐乐说:

我听说国家的忧患在于土崩,而不在于瓦解,古今都是一样的。什么叫土崩呢?秦朝末年就是。陈涉没有诸侯的尊贵,没有一尺的封地,自身也不是王公大人和名门望族的后代,没有乡里的称誉,没有孔子、墨子、曾子的贤能,陶朱、猗顿的富有,可是他从贫穷的乡间起兵,举起戟矛,振臂大呼,天下闻风响应,这是什么原因呢?因为人民贫困而君主不加以体恤,下面怨恨而上面的人不知道,世俗已经败坏而政治不修明,这三项是陈涉造反能成功的客观条件。这就叫作土崩。所以说国家的忧患在于土崩。什么叫瓦解呢?吴、楚、齐、赵的军事叛乱就是。吴、楚等七国阴谋叛乱,他们都自称万乘君王,有披甲的士兵几十万,威严足以震慑其国境内,财力足以鼓动其国之百姓,可他们不能向西夺取尺寸的土地而自身却被朝廷擒获,这是什么原因呢?不

内，财足以劝其士民，然不能西攘尺寸之地而身为禽于中原者，此其故何也？[4] 非权轻于匹夫而兵弱于陈涉也，当是之时，先帝之德泽未衰而安土乐俗之民众[5]，故诸侯无境外之助。此之谓瓦解。故曰天下之患不在瓦解。由是观之，天下诚[6]有土崩之势，虽布衣穷处之士或首恶而危海内，陈涉是也。况三晋之君或存乎！天下虽未有大治也，诚能无土崩之势，虽有强国劲兵不得旋踵[7]而身为禽矣，吴、楚、齐、赵是也。况群臣百姓能为乱乎哉！此二体者，安危之明要也，贤主所留意而深察也。[8]

是他们的权势比一个平民小，不是他们的兵力比陈涉弱，而是因为那时候，先帝的恩德遗泽尚未衰减，安于乡土、喜欢时俗的百姓很多，所以诸侯没有封国境外的援助。这就叫作瓦解。所以说国家的忧患不在于瓦解。由此看来，天下如果有土崩的形势，即使是穿粗布衣服、住穷巷茅屋的人也会首先发难而使国家遭到危害，陈涉就是这样。何况还有三晋国君一类的人物可能存在呢！天下虽然还没有大治，如果真能没有土崩的形势，即使有强国劲兵起来造反，也会在转瞬之间遭到擒灭，吴、楚、齐、赵就是这样。何况群臣百姓能够起来造反呢！这两个主要方面，是关系国家安危的根本所在，贤明的君主应对此留心而深入考察。

注释　1 徐乐(yuè)：燕地无终县(今天津蓟州区)人，曾为郎中，后拜中大夫。所上为《上武帝书言政事》。　严安：临菑人，本名庄安，因避汉明帝刘庄讳为后世所改，官拜郎中。所上为《上书言世务》，文较《汉书》有删减。　2 土崩：土地崩裂，此喻百姓造反。　瓦解：瓦片破碎，此喻统治阶级内讧。　3 大人：世家豪右，王公大人。　乡曲：乡里、民间。　曾子:即曾参,字子舆,孔子弟子,以孝行见称。 陶朱:又名陶朱公,春秋末年越国大夫范蠡。他助句践灭吴后,离越经商,定居齐之陶地,成为富有的大商人,号称陶朱。 猗顿:战国时代的大商人,以经营盐池和珠宝闻名。 棘矜:矛戟,此泛指武器。棘,通"戟"。矜,矛柄。 从风:闻风响应。 4 劝:鼓励。 攘:抢夺。 禽:通"擒"。下同。 5 民众:百姓多。 6 诚:如果。 7 旋踵:掉转脚跟。此言时间很短促。 8 二体:两种情况。 明要:明显的关键。要,重要,根本。

间者关东五谷不登,年岁未复,民多穷困,重之以边境之事,推数循理而观之,则民且有不安其处者矣。[1] 不安故易动。易动者,土崩之势也。故贤主独观万化之原,明于安危之机,修之庙堂之上,而销未形之患。[2] 其要,期使天下无土崩之势而已矣。故虽有强国劲兵,陛下逐走兽,射蜚鸟,弘游燕之囿,淫纵恣之观,极驰骋之乐,自若也。[3] 金石丝竹之声不绝于耳,帷帐之私俳优侏儒之笑不乏于前,而天下

近来关东地区五谷歉收,年景不好,百姓大多穷困,再加上边境的战事,按照规律和常理来看,这会使百姓不安于现状。不安于现状就容易骚动。容易骚动,就是土崩的形势。所以,贤明的君主能独自看到万物变化的原因,明白安危的关键,只在朝廷上治理政事,却能消除尚未形成的祸患。其中最关键的就是想办法使国家不出现土崩的形势而已。那么即使有强国强兵作乱,陛下仍然可以追赶走兽,射击飞鸟,扩大游宴的场所,无节制地纵情观赏,极尽驱马打猎的欢乐,安然自若。各种乐器的演奏声不绝于耳,帷帐中与美女的欢爱和俳优侏儒的笑声总在面前出现,然而天下没有积久的忧患。名声何必要像汤王、武王那样高,民俗何必要像成王、康王时那样好!即便这样,我私

无宿忧。[4]名何必汤武,俗何必成康![5]虽然,臣窃以为陛下天然之圣,宽仁之资,而诚以天下为务,则汤武之名不难侔,而成康之俗可复兴也。[6]此二体者立,然后处尊安之实,扬名广誉于当世,亲天下而服四夷,余恩遗德为数世隆,南面负扆摄袂而揖王公,此陛下之所服也。[7]臣闻图王不成,其敝足以安。[8]安则陛下何求而不得,何为而不成,何征而不服乎哉!

下认为陛下是天生的圣人,有宽厚仁爱的资质,果真以治理天下作为自己的根本职责,那么汤王、武王的名声就不难赶上,而成王、康王时的风俗就可重新出现。这两方面达到了,陛下就可以处于尊荣安乐,在当代传扬美名,扩大声誉,亲近天下人而降服四方蛮夷,余恩遗德将盛传几代,面朝南方,背靠屏风,而使王公大臣整理衣袖,拱手行礼,这就是陛下所要做的事了。我听说想实行王道,即使不成功,最差也可以使国家安宁。天下安宁,陛下怎么会需要什么而得不到,想干什么而不成功,征讨谁而不降服呢?

注释 1 间者:近来。 登:丰收。 年岁:年景。 推数:推度情理。 2 万化之原:各种变化之根源。 庙堂:此指朝廷。 销:消除。 3 蜚:通“飞”。 弘:扩大。 游燕之囿:游玩宴饮之苑囿。 淫:沉溺,无节制地。 自若:安然自如。 4 金石丝竹:泛指各种乐器。 帷帐之私:指帐幕密室中的男女私情。俳(pái)优:古代表演滑稽乐舞杂耍之人。 侏儒:身材异常矮小之人,古时常被统治者视为玩物。 宿忧:久积的、平素就有忧患。 5 汤武:指商汤、周武王。 成康:指周成王、周康王。史称“成康之治”。 6 天然之圣:天生之圣人。 资:资质。 侔:等同。 7 南面:面向南。 摄袂(mèi):整理衣袖。 揖:拱手行礼。 8 图王:图谋王业。 敝:最坏的结局。

严安上书曰：

臣闻周有天下，其治三百余岁，成康其隆也，刑错[1]四十余年而不用。及其衰也，亦三百余岁，故五伯[2]更起。五伯者，常佐天子兴利除害，诛暴禁邪，匡正海内，以尊天子。五伯既没，贤圣莫续，天子孤弱，号令不行。诸侯恣行，强陵弱，众暴寡，田常篡齐，六卿分晋，并为战国，此民之始苦也。[3]于是强国务攻，弱国备守，合从连横，驰车击毂，介胄生虮虱，民无所告诉。[4]

严安上书说：

我听说周朝据有天下，统治有三百多年，成王、康王时代是周朝的鼎盛时期，刑罚搁置不用四十多年。待到周朝衰落，也经历了三百多年，所以春秋五霸相继兴起。五位霸主经常辅助天子兴利除害，诛伐暴虐，禁止奸邪，在海内匡扶正道，使天子得以尊贵。五霸都去世后，没有圣贤的人接续，天子孤立衰弱，号令不能施行。诸侯恣意行事，强大的欺凌弱小的，人多的损害人少的，田常篡夺了齐国的政权，六卿瓜分了晋国的土地，从而形成了战国，这是人民受苦的开始。于是强国致力于战争，弱国备战防守，出现了合纵、连横之势，车马驱驰，来往相撞，战士的盔甲生满了虮虱，百姓无处诉苦。

注释　1 刑错：刑法搁置不用。错，通“措”，放置。　2 五伯：指春秋五霸。伯，通“霸”。　3 陵：欺凌。　田常：即田成子，或称陈成子。春秋末期的齐国重臣，谋杀简公，立平公为君，逐渐夺取了齐国政权。　六卿：春秋末年晋国的六大家族，即韩、赵、魏、智、范、中行氏。　4 合从：即合纵。从，通“纵”。　驰车：飞驰的交往之车。　击毂(gǔ)：车轮相撞。　毂，车轮中心的圆木。　介胄：铠甲和头盔。　诉：诉说，诉苦。

及至秦王，蚕食天下，并吞战国，称号曰皇帝，主海内之政，坏诸侯之城，销其兵，铸以为钟虡，示不复用。[1]元元黎民得免于战国，逢明天子，人人自以为更生。[2]向使秦缓其刑罚，薄赋敛，省徭役，贵仁义，贱权利，上笃厚，下智巧，变风易俗，化于海内，则世世必安矣。[3]秦不行是风而循其故俗，为智巧权利者进，笃厚忠信者退；法严政峻，谄谀者众，日闻其美，意广心轶[4]。欲肆威海外，乃使蒙恬将兵以北攻胡，辟地进境[5]，戍于北河，蜚刍挽粟以随其后。又使尉佗、屠睢将楼船之士南攻百越，使监禄凿渠运粮，深入越，越人遁逃。[6]旷日持久，粮食绝乏，越人击之，秦兵大败。秦乃使尉佗将卒以戍越。当是时，

待到秦王嬴政，蚕食天下，吞并六国，号称为皇帝，掌管全国的政治，毁坏诸侯的都城，熔化他们的兵器，铸成钟虡，表示不再用兵。平民百姓得以免除战争的祸害，遇上了圣明天子，人人都自以为得到了新生。假使秦朝宽缓刑罚，少征赋税，减轻徭役，贵重仁义，贱视权利，崇尚忠厚，鄙视智巧，移风易俗，使全国百姓得到教化，那么世世代代一定太平了。但是秦朝不推行这种风气而因循以前的风俗，使那些长于智巧权利的人得以进用，忠厚诚信的人却被斥退；法律惨酷，政治严峻，阿谀奉承的人很多，天天听到他们的赞美声，于是就野心膨胀、贪得无厌。想要肆行威严于海外，就派蒙恬率领军队向北攻打匈奴，扩张土地，拓展国境，在北河驻守，使百姓急速转运粮食，跟随其后。又派尉佗、屠睢率领水兵去攻打南方的百越，派监御史名禄的凿通运河，运送粮食，深入越地，越人逃跑。经过长时间的相持，秦兵粮食匮乏，越人攻打他们，秦兵大败。秦朝于是派尉佗率领士兵戍守越地。这时，秦朝的灾祸有在北方和匈奴结怨，在

秦祸北构于胡，南挂于越，宿兵无用之地，进而不得退。[7] 行十余年，丁男被甲，丁女转输，苦不聊生，自经于道树，死者相望。[8] 及秦皇帝崩，天下大叛。陈胜、吴广举陈，武臣、张耳举赵，项梁举吴，田儋举齐，景驹举郢，周市举魏，韩广举燕，穷山通谷豪士并起，不可胜载也。[9] 然皆非公侯之后，非长官之吏也。无尺寸之势，起闾巷[10]，杖棘矜，应时而皆动，不谋而俱起，不约而同会，壤长地进，至于霸王，时教使然也。秦贵为天子，富有天下，灭世绝祀者，穷兵之祸也。故周失之弱，秦失之强，不变之患也。

南方和越人结仇，在无用的地方驻扎军队，只能前进而不得退守。经过了十多年，成年男子披甲当兵，成年女子转运粮食，百姓痛苦无法生活，上吊自杀在路旁的树上，死的人一个接一个。等到秦始皇逝世，天下发生大叛乱。陈胜、吴广攻取陈县，武臣、张耳攻占赵地，项梁攻占吴县，田儋攻占齐地，景驹攻占郢，周市攻占魏地，韩广攻占燕地，穷山深谷，豪杰之士一同起兵，不可胜记。然而，他们都不是公侯的后代，不是大官的属吏。他们没有丝毫权势，从民间兴起，手持戟矛，顺应时势而都行动起来，不用预谋而同时起兵，不用约定而同时会合，不断扩大土地，直到称王称霸，这是当时的教化造成了这个局面。秦朝皇帝有天子的尊贵，有天下的富有，然而国家灭亡祭祀断绝，这是穷兵黩武导致的灾祸。所以周朝的败亡在于衰弱，秦朝的败亡在于强大，这是不会顺时而变的灾难。

注释 1 销：熔化。 虡(jù)：亦作“簴”。悬挂钟、磬的木架，其两侧的柱叫簴，悬挂的横梁叫筍。 2 元元：庶民，众民。 更生：重获新生。 3 向使：假如。 上：崇尚。 下：鄙视。 4 意广心轶：野心膨胀，贪婪无厌。 5 进境:拓展领地。 6 屠睢:人姓名,生平不详。 监禄:《史记集解》引韦昭曰:"监御史名禄也。" 7 构:结。 宿兵:驻军。 8 丁女:成年女子。 转输:运输。 经:上吊。 9 举:起兵后攻占。 陈:汉县名,在今河南淮阳县。 武臣:秦末农民起义军将领,后自立为赵王。 张耳:秦末农民起义军将领,后归刘邦,被封为赵王。 项梁:秦末农民起义军首领,项羽之叔父。 田儋(dān):战国末齐国贵族,起义后自立为齐王。 景驹:战国末楚国贵族,后被立为楚王。 郢:战国时楚都城,在今湖北荆州市荆州区西北。 周市(fú):秦末农民起义军将领,后拥立他人为魏王,自任魏相。 韩广:秦末农民起义军将领,武臣命其攻燕,被燕豪强拥立为燕王。 10 闾巷:民间。

今欲招南夷,朝夜郎,降羌僰,略濊州,建城邑,深入匈奴,燔其茏城,议者美之。[1]此人臣之利也,非天下之长策也。今中国无狗吠之惊,而外累于远方之备,靡敝国家,非所以子民[2]也。行无穷之欲,甘心快意,结怨于匈奴,非所以安边也。祸结而不解,兵休而复起,近者愁苦,远者惊骇,非所以持久也。今天下锻甲砥剑,桥箭累弦,转输运粮,未见休时,

现在朝廷想招降南夷,使夜郎来朝拜,降服羌、僰,攻取濊州,建置城邑,又深入匈奴,烧掉他们的茏城,受到议论者的称赞。这是做人臣的利益,不是天下的长远计策。如今中国没有狗吠的惊扰,却在外面受着远方备战的牵累,使国家凋敝,这不是爱护人民的办法。去实现无穷的欲望,使心意畅快,与匈奴结怨,这不是安顿边境的办法。祸害结下而不能解除,战争停止而又重新兴起,使近处的人愁苦,远处的人惊骇,这不是持久的办法。如今天下锻造铠甲、磨制刀剑,矫正箭杆、积攒弓弦,运送粮食,看不到停止的时候,这是天下百姓共同忧

此天下之所共忧也。[3]夫兵久而变起，事烦而虑生。今外郡之地或几千里，列城数十，形束壤制[4]，旁胁诸侯，非公室之利也。上观齐晋之所以亡者，公室卑削，六卿大盛也；下观秦之所以灭者，严法刻深，欲大无穷也。今郡守之权，非特[5]六卿之重也；地几[6]千里，非特闾巷之资也；甲兵器械，非特棘矜之用也；以遭万世之变，则不可称讳也。

虑的事情。战争持久了就会有变乱发生，事情繁杂了就会有疑虑产生。现在外郡的土地有的几千里，列城几十座，山川的形势和土地足以控制郡内百姓，威胁附近的诸侯，这对公室皇族是不利的。往上看看齐、晋灭亡的原因，在于公室衰弱，六卿太强盛；往下看看秦朝灭亡的原因，在于严刑酷法，欲望大得没有止境。如今郡守的权力，不只是以前六卿那么大；郡地将近千里，不是只有那一点资本；铠甲兵器等装备，不只是戟矛那么点用处；以这些条件，碰上天下重大的变乱，那么后果就不可讳言了。

注释　1 夜郎：当时西南夷中较大的一支部族，主要活动于今贵州一带。　羌僰(bó)：活动于今四川南部羌族的一支。　濊(wèi)州：又称貊貉，在今朝鲜北部地区。　2 子民：爱护人民。　3 锻：锻造。　砥：磨石。此用为动词，磨砺。　桥(jiǎo)：通“矫”，矫正。　累：积累。　4 形束壤制：《史记集解》引苏林曰：“言其土地形势足以束制其民也。”　5 特：只。　6 几：将近。

书奏天子，天子召见三人，谓曰：“公等皆安在？何相见之晚也！”于是上乃拜主父偃、徐乐、

上书奏呈给天子，天子召见了这三人，对他们说：“你们过去都在哪里呢？怎么我们相见这么晚啊！”于是皇上就任命主父偃、徐乐、严安为郎

严安为郎中。偃数见,上疏言事,诏拜偃为谒者,迁为中大夫。[1]一岁中四迁偃。

中。主父偃多次进见,上疏陈说事情,皇帝下诏任命主父偃为谒者,后又提升为中大夫。一年之间,四次提升主父偃。

注释 1 谒者:官名,主管司仪、出使等,秩比六百石。 中大夫:官名,侍从皇帝,掌议论,秩比二千石。

偃说上曰:"古者诸侯不过百里,强弱之形易制。今诸侯或连城数十,地方千里,缓则骄奢易为淫乱,急则阻其强而合从以逆京师。[1]今以法割削之,则逆节[2]萌起,前日晁错是也。今诸侯子弟或十数,而適[3]嗣代立,余虽骨肉,无尺寸地封,则仁孝之道不宣。愿陛下令诸侯得推恩[4]分子弟,以地侯之。彼人人喜得所愿,上以德施,实分其国,不削而稍弱矣。"于是上从其计。[5]又说上曰:"茂陵[6]初立,天下

主父偃向皇上劝说道:"古代诸侯的土地不超过一百里,天子与诸侯力量悬殊,天子容易控制诸侯。如今诸侯有的拥有相连的城池几十座,土地纵横千里,平常的时候,他们骄奢放纵,容易做出淫乱的事,危急的时候,他们就会依仗自己的强大,联合起来反叛朝廷。现在用法令来分割从而削弱他们,那么他们反叛的行为就会产生,以前晁错就是这样。现在诸侯的子弟有的多达十几个,而只有嫡长子世代继袭,其余虽然也是诸侯亲骨肉,却没有一点土地受封,那么陛下的仁爱孝悌就不能显示出来。希望陛下命令诸侯可以推广恩德,把土地分给子弟,封他们为侯。那些子弟都会因如愿以偿而高兴,皇上用这个办法施与恩德,实际上却分割了诸侯的封国,不用削减封地而诸侯就会

豪桀并兼之家，乱众之民，皆可徙茂陵，内实京师，外销奸猾，此所谓不诛而害除。”上又从其计。

逐渐衰弱了。”于是皇上听从了他的计策。主父偃又劝皇上说：“茂陵刚设置县，可以将天下豪强兼并之家和作乱的人，都迁到茂陵去，内则充实京城，外则消除奸猾的人，这就是不用诛杀而消除祸害。”皇上又听从了他的主张。

注释 1 阻：依仗。 从：通“纵”。 2 逆节：叛逆之行为。 3 適：通“嫡”。 4 推恩：推广恩惠。 5 于是上从其计：《史记集解》引徐广曰：“元朔二年，始令诸侯王分封子弟也。” 6 茂陵：武帝陵墓名，后在此置县，地在今陕西兴平市东北。

尊立卫皇后，及发燕王定国阴事，盖偃有功焉。[1] 大臣皆畏其口，赂遗[2]累千金。人或说偃曰：“太横[3]矣。”主父曰：“臣结发游学四十余年，身不得遂，亲不以为子，昆弟不收，宾客弃我，我厄日久矣。[4] 且丈夫生不五鼎食，死即五鼎[5]烹耳。吾日暮途远，故倒行暴施之。[6]”

后来，卫子夫被立为皇后，以及揭发燕王刘定国的各种犯法阴事，主父偃都是有功的。大臣们都害怕主父偃的那张嘴，贿赂、赠送给他的钱累计有千金。有人劝主父偃说：“你太横行了。”主父偃说：“我从束发游学至今已有四十多年，自己不得志，父母不把我当儿子，兄弟不收留我，宾客抛弃我，我困难的日子很长久了。况且大丈夫生不能列五鼎而食，死就受五鼎烹煮的刑罚好了。我已经到了日暮途远的时候，所以只能倒行逆施了。”

注释 1 卫皇后：即汉武帝皇后卫子夫。 定国：即刘定国，承袭祖爵为燕王。事见《史记·荆燕世家》。 2 赂遗(wèi):以财物赠送或买通他人。3 横(hèng):蛮横,残暴。 4 结发:古代男孩成童时结发为髻。此指年轻时期。 遂:成功,实现愿望。 厄:困厄,倒霉。 5 五鼎:古祭礼,用五鼎盛牛、羊、豕、鱼、麋。后用五鼎食形容贵族官僚生活的奢侈。6 日暮:此指年纪大。 倒行暴施:违背常理行事。《史记索隐》:"偃言吾日暮途远,恐赴前途不跌,故须倒行而逆施,乃可及耳。今此本作'暴'。暴者,言已困久得申,须急暴行事以快意也。暴者,卒也,急也。"

偃盛言朔方地肥饶,外阻河,蒙恬城之以逐匈奴,内省转输戍漕,广中国,灭胡之本也。[1] 上览其说,下公卿议,皆言不便。公孙弘曰:"秦时常发三十万众筑北河,终不可就,已而弃之。"主父偃盛言其便,上竟用主父计,立朔方郡。

主父偃极力说朔方土地肥沃,外有黄河为凭借,蒙恬在那里筑城来驱逐匈奴,内省转运和戍守漕运的人力物力,这是扩大中国疆土,消灭匈奴的根本所在。皇上看了他的奏议,就下交给公卿们议论,大家都说不利。公孙弘说:"秦朝时候曾征发三十万人在北河筑城,最终没有筑成,不久就放弃了。"主父偃极力讲述它的便利,皇上最终采纳了主父偃的主张,设立朔方郡。

注释 1 偃盛言朔方地肥饶:《史记志疑》:"《义门读书记》曰'偃前谏伐匈奴,此何以复议置朔方郡?前言地泽卤不生五谷,转输率三十钟致一石,此何以复云地肥饶,省转漕?岂非进由卫氏,卫将军始取其地,故偃变前说以建此计乎?'" 漕:水上运输。

元朔二年，主父言齐王内淫佚行僻，上拜主父为齐相。[1]至齐，遍召昆弟宾客，散五百金予之，数[2]之曰："始吾贫时，昆弟不我衣食，宾客不我内门[3]；今吾相齐，诸君迎我或千里。吾与诸君绝矣，毋复入偃之门！"乃使人以王与姊奸事动[4]王，王以为终不得脱罪，恐效燕王论死，乃自杀。有司以闻。

元朔二年，主父偃向皇上讲了齐王刘次景在王宫内淫乱、行为邪僻的事，皇上任命主父偃为齐相。主父偃到了齐国，把他的兄弟和宾客都召来，散发五百金给他们，数落他们说："当初我贫困时，兄弟不给我吃穿，宾客不让我进门；如今我做齐相，你们有的人在千里之外欢迎我。我和你们绝交了，不要再进入我的大门！"于是派人用齐王和他姐姐通奸的事来震动齐王，齐王认为自己最终也不能摆脱罪责，害怕像燕王刘定国那样被判处死刑，就自杀了。主管此事的官吏把这事报告给了皇上。

注释　**1** 齐王：指刘次景，袭祖爵为齐王。见《齐悼惠王世家》。　内：诸侯王官内。　淫佚：淫乱放荡。　行僻：进行邪僻之事。　**2** 数(shǔ)：数落，指责。　**3** 内门：接纳入门。内，同"纳"，接纳。　**4** 动：震动。

主父始为布衣时，尝游燕赵，及其贵，发燕事。赵王恐其为国患，欲上书言其阴事，为偃居中，不敢发。[1]及为齐相，出关，即使人上书，告言主父偃受诸侯金，以故诸侯子弟多

主父偃当初为平民时，曾经游历燕、赵，等到他当了大官，就揭发燕王的阴私。赵王害怕他成为赵国的祸害，想要上书讲述他的隐私，因为主父偃在朝中，不敢揭发。到了他当了齐相，走出了函谷关，赵王就派人上书，告发主父偃接受诸侯的金钱，诸侯子弟很多因此得以封

以得封者。及齐王自杀，上闻大怒，以为主父劫[2]其王令自杀，乃征下吏治。主父服[3]受诸侯金，实不劫王令自杀。上欲勿诛，是时公孙弘为御史大夫，乃言曰："齐王自杀无后，国除为郡，入汉，主父偃本首恶，陛下不诛主父偃，无以谢天下。"乃遂族主父偃[4]。

主父方贵幸时，宾客以千数，及其族死，无一人收者，唯独洨[5]孔车收葬之。天子后闻之，以为孔车长者也。

侯。等到齐王自杀后，皇上听到十分生气，认为主父偃威胁齐王使他自杀，于是把主父偃召回交给法司治罪。主父偃承认接受诸侯的贿金，但他确实没有威胁齐王使他自杀。皇上不想处死他，当时公孙弘任御史大夫，就对皇上说："齐王自杀，没有后代，齐国废除为郡，归入朝廷，主父偃本是这事的首恶，陛下不诛杀主父偃，无法向天下人交代。"于是就将主父偃灭族。

主父偃正尊贵受宠的时候，他的宾客数以千计，到他被灭族而死时，竟然没有一个人为他收尸，只有洨县人孔车为他收尸并埋葬了他。天子后来听说了，认为孔车是个忠厚长者。

注释 1 赵王：指赵王刘彭祖，景帝之子。 居中：处于朝中。 2 劫：威逼，要挟。 3 服：承认。 4 族主父偃：事在元朔三年，即公元前126年，治其狱者乃减宣，见《酷吏列传》。 5 洨(xiáo)：又名洨县，属沛郡，在今安徽固镇县东南。

太史公曰：公孙弘行义虽修，然亦遇时。[1]汉兴八十余年矣，上方乡文学，招俊乂，以广儒墨，弘

太史公说：公孙弘的品行虽然好，也是遇上了好时机。汉朝建立八十多年了，皇上正崇尚儒家学说，招揽才能超群的人来发扬儒家和墨

为举首。[2]主父偃当路[3]，诸公皆誉之，及名败身诛，士争言其恶。悲夫！

家学说，公孙弘是被选拔为第一的人。主父偃当权时，那些王公大臣都称誉他，到他身败名裂时，士人都争相讲他的坏话。真是可悲啊！

注释 1 修：好。 遇时：有机遇。 2 八十余年：《史记集解》引徐广曰："汉初至元朔二年八十年也。" 乡：通"向"，倾向，重视。 乂(yì)：有才能的人。 举首：第一。 3 当路：当仕路，掌握大权。

太皇太后[1]诏大司徒大司空："盖闻治国之道，富民为始；富民之要，在于节俭。《孝经》曰'安上治民，莫善于礼'[2]'礼，与奢也，宁俭'[3]。昔者管仲相齐桓，霸诸侯，有九合一匡之功，而仲尼谓之不知礼，以其奢泰侈拟于君故也。[4]夏禹卑[5]宫室，恶衣服，后圣不循。由此言之，治之盛也，德优矣，莫高于俭。俭化俗民，则尊卑之序得，而骨肉之恩亲，争讼之原[6]息。斯[7]乃家给人足，刑错之本也

太皇太后给大司徒、大司空的诏书说："听说治理国家的道理，首先要使人民富裕；使人民富裕的关键，在于节俭。《孝经》说'使皇帝及统治者安宁，百姓得到治理，没有比用礼更好的了''礼，与其奢侈，毋宁节俭'。以前管仲当齐桓公的宰相，使齐桓公称霸诸侯，立有多次召集诸侯会盟和一度稳定周天子王位的大功，可是仲尼说他不懂礼，因为他奢侈过度，能和国君相比拟。夏禹住矮小的宫室，穿粗劣的衣服，后代的圣人不遵循他的做法。由此来说，国家的鼎盛，在于君主的德行，德优，莫过于节俭。用节俭来教化人民，那么尊卑的次序就形成了，骨肉恩情就加深了，争讼的根源就消灭了。这就是百姓富足、不再需要使用刑罚的根本吧？

欤？可不务哉！夫三公者，百寮之率[8]，万民之表也。未有树直表[9]而得曲影者也。孔子不云乎，‘子率而正，孰敢不正’[10]‘举善而教不能则劝’[11]。维汉兴以来，股肱宰臣身行俭约，轻财重义，较然著明，未有若故丞相平津侯公孙弘者也。[12]位在丞相而为布被，脱粟之饭，不过一肉。故人所善宾客皆分奉禄以给之，无有所余。诚内自克约而外从制。[13]汲黯诘之，乃闻于朝，此可谓减于制度而可施行者也。[14]德优则行，否则止，与内奢泰而外为诡服以钓虚誉者殊科。[15]以病乞骸骨，孝武皇帝即制曰‘赏有功，褒有德，善善恶恶，君宜知之。其省思虑，存精神，辅以医药’。赐告治病，

怎能不尽力去做呢！三公是百官的统帅，万民的表率。没有竖起的笔直标杆，而产生弯曲的影子的。孔子不是说过，‘你带头走正道，谁敢不走正道’‘选用贤能的人来教育鼓励那些没有能力的人’。汉朝建立以来，宰辅大臣而能亲身践行节俭，轻财重义，表现特别突出的，没有像以前的丞相平津侯公孙弘那样的人。他位居丞相而盖布被，吃粗米饭，每餐不超过一个肉菜。对老朋友和他喜欢的宾客，他都分出俸禄来供给他们，手里没有多余的钱财。这确实是在内自我克制而在外遵从制度。汲黯诘难他，这些事才被皇上知道，他的做法可以说是低于制度规定的标准而值得表彰推广的呀。德行优良就去做，否则就不去做，这和那些背地里奢侈无度而表面上假装节俭以沽名钓誉的人是不同的。他以有病为由请求辞官回家，孝武皇帝马上下令说‘奖赏有功的人，褒扬有德的人，喜欢好人，讨厌坏人，你应当知道这些。希望你减少思虑，保养精神，再用医药辅助治疗’。又给他假期治病，还赐给他牛、酒和各种布帛。过了几个月，公孙弘病好了，开始管理政事。

牛酒杂帛。居数月，有瘳，视事。至元狩二年，竟以善终于相位。夫知臣莫若君，此其效[16]也。弘子度嗣爵，后为山阳[17]太守，坐法失侯。夫表德章义，所以率俗厉化，圣王之制，不易之道也。[18]其赐弘后子孙之次当为后者爵关内侯，食邑三百户，征诣公车，上名尚书，朕亲临拜焉。[19]"

到元狩二年，他终于在相位上寿终正寝。知臣者莫如君，武帝对待公孙弘就是一个很好的证明。公孙弘的儿子公孙度继承爵位，他后来当了山阳太守，因犯法失去了侯爵。表彰道德大义，是为了引导流俗，激励教化，这是圣王的制度，是不可改变的道理。要赐给公孙弘后代子孙中的继承者以关内侯的爵位，食邑三百户，用公车把他们征召到京城，把他们的名字上报到尚书那里，朕要亲自授予爵位。"

注释 1 太皇太后：在位皇帝的祖母。此指西汉平帝的祖母王政君，她是汉成帝的生母，汉元帝的皇后。 2 安上治民，莫善于礼：此二句出自《孝经·广要道》。 3 礼，与奢也，宁俭：此文出自《论语·八佾》，原文为"礼，与其奢也，宁俭"。 4 九合一匡：意即多次会合诸侯使天下匡正。 泰：太，过度。 5 卑：低矮。 6 原：起源，源泉。 7 斯：此。 8 百寮之率：百官之长。寮，通"僚"。率，通"帅"。 9 树直表：竖立笔直的标杆。表，标志，标杆。 10 子率而正，孰敢不正：此二句出自《论语·颜渊》，原文为"子帅以正，孰敢不正"。 11 举善而教不能则劝：此句引自《论语·为政》。不能，没有能力的人。劝，鼓励。 12 股肱：得力大臣。 较然：明显貌。 13 诚：的确。 克约：克制约束。 从制：遵从制度。 14 减：低。 制度：《史记集解》引应劭曰："礼，贵有常尊，衣服有常品。" 15 诡服：心口不一。 殊科：不同。 16 效：证明。 17 山阳：汉县名，在今河南焦作市东。 18 章：彰明。 厉化：激励教化。

19 征诣:召往。 公车:官车。

班固称曰:公孙弘、卜式、兒宽皆以鸿渐之翼困于燕雀,远迹羊豕之间,非遇其时,焉能致此位乎?[1]是时汉兴六十余载,海内乂安,府库充实,而四夷未宾,制度多阙,上方欲用文武,求之如弗及。[2]始以蒲轮迎枚生,见主父而叹息。[3]群臣慕向[4],异人并出。卜式试于刍牧,弘羊擢于贾竖,卫青奋于奴仆,日磾出于降虏,斯亦曩时版筑饭牛之朋矣。[5]汉之得人,于兹为盛。儒雅则公孙弘、董仲舒、兒宽,笃行则石建、石庆,质直则汲黯、卜式,推贤则韩安国、郑当时,定令则赵禹、张汤,文章则司马迁、相如,滑稽则东方朔、枚皋,应

班固称赞说:公孙弘、卜式、兒宽都是具有鸿鹄一样的飞行能力,而早年困厄于燕雀之中,或在远方混迹于猪羊之间,不是遇到好的时机,怎么能得到公卿的高位呢?这时,汉朝建立六十多年,海内安定,府库充盈,而四方蛮夷还未臣服,制度有很多缺陷,皇上正打算选用文武人才,搜求这样的人好像害怕追赶不上似的。开始曾用安车蒲轮迎接枚乘,后来召见主父偃而赞叹不已。因此,群臣羡慕向往,有奇异才能的人同时出现。卜式从割草牧人中被选中,桑弘羊从商人小子中被提拔起来,卫青奋起于奴仆之间,金日磾从投降的匈奴人中被选拔出来,这些即是从前干过筑墙、喂牛等业而后成为国家栋梁的那类人啊。汉朝得到的人才,在这个时期最兴盛。温文尔雅的有公孙弘、董仲舒、兒宽,忠厚勤奋的有石建、石庆,质朴正直的有汲黯、卜式,推举贤能的有韩安国、郑当时,制定法令的有赵禹、张汤,擅长写文章的有司马迁、司马相如,能言善辩、诙谐滑稽的有东方朔、枚皋,善于应对的有严助、

对则严助、朱买臣，历数则唐都、落下闳，协律则李延年，运筹则桑弘羊，奉使则张骞、苏武，将帅则卫青、霍去病，受遗则霍光、金日磾。[6]其余不可胜纪。是以兴造功业，制度遗文，后世莫及。[7]孝宣承统，纂修洪业，亦讲论六蓺，招选茂异，而萧望之、梁丘贺、夏侯胜、韦玄成、严彭祖、尹更始以儒术进，刘向、王褒以文章显。[8]将相则张安世、赵充国、魏相、邴吉、于定国、杜延年，治民则黄霸、王成、龚遂、郑弘、邵信臣、韩延寿、尹翁归、赵广汉之属，皆有功迹见述于后。[9]累其名臣，亦其次[10]也。

朱买臣，精通天文历算的有唐都、落下闳，协调音律的有李延年，精于筹划的有桑弘羊，奉命出使的有张骞、苏武，著名将帅有卫青、霍去病，接受遗命、辅佐新主的有霍光、金日磾。其余的各种人才不计其数。因此这个时期创立的功业、制定的典章制度和保存下来的文献，后世无法企及。汉宣帝继承大统，继续修治汉朝大业，也讲述宣扬儒家六经，招选优秀特异人才，因而萧望之、梁丘贺、夏侯胜、韦玄成、严彭祖、尹更始因为精通儒家学说而被任用，刘向、王褒因为善写文章而闻名。著名的将相有张安世、赵充国、魏相、邴吉、于定国、杜延年，治理人民成效卓著的有黄霸、王成、龚遂、郑弘、邵信臣、韩延寿、尹翁归、赵广汉这些人，他们都有功勋，事迹被后世所记述。这种名臣辈出的盛况，可以说是仅次于汉武帝时代。

注释　**1** 卜式：大臣名。少时以畜牧为业致富，后以家财捐公助边。武帝召拜入官，位至御史大夫。事见《平准书》。　兒(ní)宽：大臣名，水利家，官至御史大夫。见《儒林列传》。　鸿渐：此词出自《易经·渐》“鸿渐于干”句。本喻超凡的才能。鸿，大雁。　**2** 乂(yì)安：安定。　宾：宾服。 阙:缺失,不足。 3 蒲轮:以蒲草缠缚车轮的安稳之车。 枚生:即枚乘。西汉辞赋家,曾在吴王刘濞手下供职,谏阻其谋反。武帝即位,被征召入京,死于途中。今存其《七发》《柳赋》等。《汉书·贾邹枚路传》有记载。 4 慕向:倾慕向往。 5 刍牧:割草放牧。 弘羊:即桑弘羊,大臣名,出身商人,曾任治粟都尉、大司农,后任御史大夫。事见《平准书》。 贾(gǔ)竖:古时对商人的蔑称。 日磾(mì dī):即金日磾。本为匈奴休屠王太子,武帝时归汉,姓金,曾为侍中,死后谥敬侯。其事可见《汉书·霍光金日磾传》。 曩(nǎng)时:从前。 版筑:古代建墙工具,打夯土用。此指商王武丁时之傅说。 饭牛:喂牛。此指秦缪公时之五羖大夫百里奚。 朋:一类。 6 儒雅:温文尔雅。 笃行:行为忠厚。 质直:纯朴耿直。 赵禹:大臣名,官至太中大夫,用法苛深。见《酷吏列传》。 张汤:大臣名,历任廷尉、御史大夫等职。见《酷吏列传》。 相如,即司马相如,辞赋家。见《司马相如列传》。 滑稽(gǔ jī):本为盛酒的口小肚大之器皿,后用以比喻能言善辩、诙谐幽默者。 东方朔:大臣名,文学家。见《滑稽列传》。 枚皋:枚乘子,武帝时为郎,善辞赋,好辩。《汉书·贾邹枚路传》载其事迹。 应对:应酬对答。 严助:西汉大臣,曾为中大夫、会稽太守。《汉书》卷六十四有其传。 朱买臣:西汉大臣,尝为武帝文学侍臣。《汉书》卷六十四亦有其传。 历数:天文、数算。 唐都:天文学家,武帝时曾参预制订太初历。 落下闳(hóng):天文历算家,因居落下而名。 协律:调协乐律。 李延年:音乐家,能歌善舞,好创新声,为汉武帝李夫人之兄。见《佞幸列传》。 苏武:大臣名,武帝时奉命出使匈奴,被扣,居匈奴十九年持节不屈。见《汉书·李广苏建传》。 受遗:接受皇帝遗命,辅佐幼主。 霍光:政治家,霍去病弟,前后辅佐或迎立过昭帝、昌邑王刘贺、宣帝,共执政二十年。见《汉书·霍光金日殚传》。 7 制度:制定的法度。 遗文:保存下来的文章典籍。 8 孝宣:即汉宣帝刘询,公元前74—前49年在位。 纂修:继续进行治理。 六艺:即“六经”。 萧望之:著名的儒学家。见《汉书·萧望之传》。 梁丘贺:西汉大臣,官太中大夫、给侍中,精通《易经》。　夏侯胜:西汉儒生,精《尚书》。梁丘贺、夏侯胜均见《汉书·儒林传》。　韦玄成:西汉大臣,以文学诗赋见称。见《汉书·韦贤传》。　严彭祖:西汉大臣,曾任左冯翊、太子太傅,精《公羊春秋》。见《汉书·儒林传》。　尹更始:治《穀梁传》,又受《左氏传》,官至谏大夫,长乐户将。　刘向:西汉经学家、目录学家。见《汉书·楚元王传》。　王褒:西汉辞赋家。《汉书》卷六十四有记载。　9 张安世:西汉大臣,张汤子,尊为公侯。见《汉书·张汤传》。　赵充国:西汉大将。《汉书》有专传。　魏相:西汉大臣,曾为御史大夫、丞相。《汉书》有传。　邴吉:亦作丙吉。西汉大臣。见《汉书·魏相丙吉传》。　于定国:西汉大臣,治狱平恕。《汉书》卷七十一有记载。杜延年:西汉大臣,杜周之子。见《汉书·杜周传》。　黄霸:西汉大臣,曾任御史大夫,丞相等职,治政有“外宽内明”之称。见《汉书·循吏传》。　王成:西汉大臣。见《汉书·循吏传》。　龚遂:西汉大臣,见《汉书·循吏传》。　郑弘:西汉大臣。《汉书》卷六十四有其传。　邵信臣:亦作召信臣,西汉大臣,水利家。见《汉书·循吏传》。　韩延寿:西汉大臣。《汉书》卷七十六有记载。　尹翁归:西汉大臣。《汉书》卷七十六有记载。　赵广汉:西汉大臣。《汉书》卷七十六有记载。　10 次:编次。以上班固所称,系录自《汉书·公孙弘卜式兒宽传》之论赞。

史记卷一百一十三

南越列传第五十三

原文

南越王尉佗者，真定人也，姓赵氏。[1]秦时已并天下，略定杨越，置桂林、南海、象郡，以谪徙民，与越杂处十三岁。[2]佗，秦时用为南海龙川[3]令。至二世时，南海尉任嚣[4]病且死，召龙川令赵佗语曰："闻陈胜等作乱，秦为无道，天下苦之，项羽、刘季、陈胜、吴广等州郡各共兴军聚众，虎争天下，中国扰乱，未知所安，豪杰畔秦相立。[5]南海僻远，吾恐盗兵侵地至此，吾欲兴兵绝

译文

南越王尉佗是真定人，姓赵。秦国统一天下后，又攻取平定了杨越，设置了桂林、南海、象郡，把被判刑的百姓迁徙到这里，和越人杂居了十三年。尉佗，秦朝任用他做南海龙川县令。到秦二世时，南海郡尉任嚣患病快死了，召来龙川令赵佗，告诉他说："听说陈胜等人叛乱，秦朝政治无道，天下人都受其苦，项羽、刘邦、陈胜、吴广等人都在州郡各自同时建立军队、聚集民众，像猛虎争夺食物一样争夺天下，中原动乱，不知何时安宁，豪杰们背叛秦朝，互相对立。南海郡地处偏远，我害怕强盗的军队侵夺土地到这里，我想发动军队切断秦朝通往南海的新路，自我防备，等待诸侯

新道[6],自备,待诸侯变,会病甚。且番禺[7]负山险,阻南海,东西数千里,颇有中国人相辅,此亦一州之主也,可以立国。郡中长吏无足与言者,故召公告之。”即被佗书[8],行南海尉事。嚣死,佗即移檄告横浦、阳山、湟溪关[9]曰:“盗兵且至,急绝道聚兵自守!”因稍以法诛秦所置长吏,以其党为假守[10]。秦已破灭,佗即击并桂林、象郡,自立为南越武王[11]。高帝已定天下,为中国劳苦,故释[12]佗弗诛。汉十一年,遣陆贾因立佗为南越王,与剖符通使,和集百越,毋为南边患害,与长沙接境。[13]

的变化,碰巧我病得很重。况且番禺有背靠着险要山势的条件,有南海阻挡,东西几千里,有不少中原人辅助我们,这也能当一州之主,可以建立国家。郡中的长官没有谁值得我同他说话,所以召你来告诉这些事。”就颁给赵佗有关文书,让他代行南海郡尉的职务。任嚣死后,赵佗立即传递檄文布告横浦、阳山、湟溪关说:“强盗的军队将要来,火速切断道路,聚集军队来自守!”接着又寻找借口依法诛杀了秦朝所设置的官吏,而用他的党羽为代理长官。秦朝灭亡后,赵佗就吞并了桂林、象郡,自立为南越武王。高皇帝平定天下后,因为中原百姓劳顿困苦,就没有派兵去讨伐赵佗。汉高祖十一年,派陆贾出使南越,封赵佗为南越王,和他剖符定约,互通使者,让他继续维持南越各族间的友好和平,不要成为汉朝南边的祸害,南越边界和长沙交接。

注释 1 南越:亦名“南粤”,是越人的一支,占据今五岭以南地区。赵佗建国亦以此为名。 尉:官名。秦时在南越设立桂林、南海、象郡,三郡长官不称守,而称尉。赵佗曾为南海郡尉,故亦称尉佗。 真定:汉县名,在今河北正定县南。 2 杨越:《史记集解》引张晏曰:“杨州之南越也。”《史记正义》:“夏禹九州本属杨州,故云杨越。”杨,通“扬”。 桂林:秦置郡名,治所在今广西桂平市西南。 南海:秦置郡名,治所番禺,在今广州市。 象郡:秦置郡名,治所临尘,在今广西崇左市。 谪(zhé):有罪流放戍边。 十三岁:《史记志疑》:“《始皇纪》三十三年略陆梁地,为桂林、南海、象郡,则至二世元年陈胜反时,首尾才六年,安得十三年乎?徐广已言之。” 3 龙川:汉县名,在今广东龙川县西。 4 任嚣:人名,秦始皇时为南海尉,秦末农民起义时筑关自保。 5 刘季:即刘邦,字季。 中国:中原。 畔:通“叛”。 6 新道:秦时所修的通往南越之道。 7 番禺(pān yú):南海郡治所在地。 8 被(bèi)陀书:《史记集解》引韦昭云:“被之以书。音‘光被’之被。”被,给予。 9 移檄:传发檄文。 横浦:关名,在今广东南雄市。 阳山:关名,在今广东阳山县西北。 湟溪关:关名,在今广东英德市西南。 10 假守:代理长官。 11 武王:《史记集解》引韦昭曰:“生以‘武’为号,不稽于古也。” 12 释:释免。 13 汉十一年:即公元前196年。 陆贾:西汉初大臣,曾任太中大夫,两次出使南越。详见《郦生陆贾列传》。 剖符:犹剖竹。古代帝王分封诸侯、功臣时,以竹符为信证,剖分为二,君臣各执其一。后因以为分封、授官之称。此表示汉确认赵佗为南越王。 百越:泛指所有的越族。 长沙:汉代分封诸侯王国名,都临湘,在今湖南长沙市。

高后时,有司请禁南越关市铁器。[1]佗曰:“高帝立我,通使物[2],今高后听谗臣,别异蛮夷,隔绝器物,此必长沙王计也,欲倚中国,击灭南越而并王之,

高后时,有关部门的官吏请求禁止南越在关市上购买铁器。赵佗说:“高帝立我做南越王,互通使者和货物,如今高后听信谗臣的意见,歧视蛮夷,断绝器物交易,这一定是长沙王的主张,他想倚仗中原,吞并南越而一并统治它,为自己建立功

自为功也。”于是佗乃自尊号为南越武帝，发兵攻长沙边邑，败数县而去焉。高后遣将军隆虑侯灶[3]往击之。会暑湿，士卒大疫，兵不能逾岭[4]。岁余，高后崩，即罢兵。佗因此以兵威边，财物赂遗闽越、西瓯、骆[5]，役属焉，东西万余里。乃乘黄屋左纛，称制，与中国侔。[6]

业。”于是赵佗就自封为南越武帝，派兵攻打长沙国边境城邑，攻下几个县后就离去了。高后派将军隆虑侯周灶前去攻打赵佗。适逢酷暑阴雨天气，士兵中流行瘟疫，军队无法越过阳山岭。一年多后，高后去世，汉军就撤兵了。赵佗因此凭借武力扬威边境，他用财物贿赂闽越、西瓯、骆越，奴役并使它们归属南越，从而使南越的疆域东西达一万多里。赵佗于是乘坐黄盖左纛之车，以皇帝的身份发号施令，和汉朝皇帝平起平坐。

注释 1 高后：即吕后。 关市：在边关所设立的贸易市场。 2 使物：使者与物资。 3 灶：人名，姓周，封为隆虑侯。 4 岭：《史记索隐》：“此岭即阳山岭。” 5 闽越：即东越，越人之一支，活动于今浙江南部、福建境内。 骆：即骆越，越人的一支。 6 黄屋：以黄绸做车盖之车。 左纛(dào)：插在车厢左上方的用旄牛尾装饰的旌旗。以上均为皇帝的车饰。 称制：以皇帝的身份发号施令。

及孝文帝元年[1]，初镇抚天下，使告诸侯四夷从代来即位意，喻盛德焉。乃为佗亲冢在真定，置守邑，岁时奉祀。[2]召其从昆弟[3]，尊官厚赐

待到孝文帝元年，文帝刚刚统治天下，派遣使者告诉诸侯和四方蛮夷的君长自己从代国来京即位的意图，以表明皇帝的盛德。于是为赵佗在真定的父母的坟墓，设置守墓的居民，逢年过节，按时祭祀。召来他的堂兄弟，封给高官，赏以厚

宠之。诏丞相陈平等举可使南越者，平言好畤[4]陆贾，先帝时习使南越。乃召贾以为太中大夫，往使，因让佗自立为帝，曾无一介之使报者。[5]陆贾至南越，王甚恐，为书谢，称曰："蛮夷大长老夫[6]臣佗，前日高后隔异南越，窃疑长沙王谗臣，又遥闻高后尽诛佗宗族，掘烧先人冢，以故自弃，犯长沙边境。且南方卑湿，蛮夷中间，其东闽越千人众号称王，其西瓯骆裸国亦称王。[7]老臣妄窃帝号，聊以自娱，岂敢以闻天王[8]哉！"乃顿首谢，愿长为藩臣，奉贡职[9]。于是乃下令国中曰："吾闻两雄不俱立，两贤不并世。皇帝，贤天子也。自今以后，去帝制黄屋左纛。"陆贾还报，孝文帝大

礼，以表示对尉佗的特殊恩宠。诏令丞相陈平等人推荐可以出使南越的人，陈平说好畤人陆贾，在先帝时就熟悉出使南越的事。于是文帝召陆贾来，任命他为太中大夫，出使南越，让他责备赵佗擅自称帝，竟然连一个来报告的使者都没有。陆贾到了南越，南越王赵佗十分害怕，写信谢罪，说："蛮夷大长老夫臣佗禀告，以前高后隔绝并歧视南越，我怀疑长沙王说了南越的坏话，又听说高后诛杀了赵佗的全族，挖掘烧毁祖先坟墓，因此我才起兵，侵犯长沙国边境。况且南方地势低而潮湿，蛮夷当中，东边的闽越只有上千民众却号称王，西边骆越这样的原始裸体之国也称王。我妄自窃取帝王的尊号，聊以自慰，怎么敢把这事禀告天王呢！"于是磕头谢罪，愿意长久地做汉朝的藩臣，奉守进贡的职责。于是赵佗就下令全国说："我听说两个英雄是不能同时存在的，两个贤人是不能并列于世的。汉朝皇帝，是贤明的天子。从今以后，我去掉帝制以及黄盖左纛的车子。"陆贾回来报告，孝文帝十分高兴。到了孝景帝时期，赵佗向汉朝称臣，派人朝见天子。可是在南越国内，

说。遂至孝景时，称臣，使人朝请。然南越其居国[10]，窃如故号名，其使天子，称王朝命如诸侯。至建元四年[11]卒。

赵佗仍偷偷用过去的帝号，只是他派使者朝见天子，才称王，接受天子的命令如同诸侯一样。到了建元四年，赵佗去世。

注释 **1** 孝文帝元年：即公元前179年。 **2** 守邑：守墓的人家。 岁时奉祀：每年按时节进行祭祀。 **3** 从昆弟：堂兄弟。 **4** 好畤(zhì)：县名，在今陕西乾县东。时陆贾家居于此。 **5** 让：指责。 一介之使：一个使臣。介，个。 **6** 大长老夫：年老的大君长。 **7** 卑：地势低。 裸国：传说中的古国名。或说在西方，或说在南方，其民皆不穿衣，故称。 **8** 天王：此指皇帝。 **9** 奉贡职：遵守纳贡称臣的职责。 **10** 居国：在国内。 **11** 建元四年：即公元前137年。建元，武帝年号。

佗孙胡为南越王。此时闽越王郢兴兵击南越边邑，胡使人上书曰："两越俱为藩臣，毋得擅兴兵相攻击。今闽越兴兵侵臣，臣不敢兴兵，唯天子诏之。"于是天子多南越义，守职约，为兴师，遣两将军往讨闽越。[1]兵未逾岭，闽越王弟余善杀郢以降，于是罢兵。

赵佗的孙子赵胡当了南越王。这时候闽越王郢发动军队攻打南越边境城镇，赵胡派人向汉朝天子上书说："南越和闽越都是汉朝的藩国，不能擅自发兵互相攻打。如今闽越发兵侵犯我，我不敢发兵迎击，希望天子下诏指示。"于是天子称赞南越王讲道义，遵守职责和盟约，就派遣两位将军前去讨伐闽越。军队还未翻过阳山岭，闽越王的弟弟余善就杀死了郢，投降汉朝，于是汉朝停止进兵。

天子使庄助往谕意[2]

天子派庄助前往向南越王表明朝廷的意图，赵胡叩头说："天子竟

南越王，胡顿首曰："天子乃为臣兴兵讨闽越，死无以报德！"遣太子婴齐入宿卫[3]。谓助曰："国新被寇，使者行矣。胡方日夜装[4]入见天子。"助去后，其大臣谏胡曰："汉兴兵诛郢，亦行以[5]惊动南越。且先王昔言，事天子期无失礼，要之不可以说好语入见。[6]入见则不得复归，亡国之势也。"于是胡称病，竟不入见。后十余岁，胡实病甚，太子婴齐请归。胡薨，谥为文王。

然为我派兵讨伐闽越，我到死也无法报答这个恩德！"赵胡就派太子婴齐到朝廷去任宿卫。赵胡对庄助说："国家刚刚遭受侵犯，请使者先走吧。我正日夜整装准备入朝去拜见天子。"庄助离去后，他的大臣向赵胡劝谏说："汉朝派兵诛杀郢，也用这个行动来威吓南越。况且先王曾说过，事奉天子只求不要失礼，总之不可以因为听了几句好话就入朝拜见天子。去朝见就不能再回来，这样国家就要灭亡了。"于是赵胡假称有病，未去朝见天子。十几年后，赵胡真的病得很重，太子婴齐请求回国。赵胡死了，谥号是文王。

注释　1 多：赞赏。　两将军：《史记索隐》："王恢、韩安国。"　2 谕意：表明旨意。　3 入宿卫：入朝当宫中的侍卫。　4 装：整装。　5 行以：以行，用此行动。　6 期：希望。　无：不。　要之：总之。　说：通"悦"。《汉书》作"怵"。怵，诱，意为被好语所诱。

婴齐代立，即藏其先武帝玺。婴齐其入宿卫在长安时，取邯郸樛[1]氏女，生子兴。及即位，上书请立樛氏女为后，

婴齐继位后，就把他祖先武帝的印玺藏起来。婴齐到长安在朝廷当宿卫的时候，娶了邯郸樛家的女儿做妻子，生了个儿子叫赵兴。到他即位时，他就向天子上书请求立樛家女子为王

兴为嗣。汉数使使者风谕婴齐，婴齐尚乐擅杀生自恣，惧入见要用汉法，比内诸侯，固称病，遂不入见。[2]遣子次公入宿卫。婴齐薨，谥为明王。

后，赵兴为太子。汉朝多次派使者委婉劝说婴齐去朝见天子，婴齐喜欢自己掌握生杀大权为所欲为，害怕进京朝见天子，被迫接受汉朝的法度，像内地诸侯一样，坚持推说有病，最终没有进京朝见。他派儿子次公到朝廷去任宿卫。婴齐死了，谥号是明王。

注释 1 樛(jiū):姓。 2 风:通“讽”，劝告，讽谏。 尚乐:喜欢。 要:要挟，强迫。 比内诸侯:比照内地诸侯。 固:坚持。

太子兴代立，其母为太后。太后自未为婴齐姬时，尝与霸陵人安国少季通。[1]及婴齐薨后，元鼎四年[2]，汉使安国少季往谕王、王太后以入朝，比内诸侯；令辩士谏大夫终军等宣其辞，勇士魏臣等辅其缺，卫尉路博德将兵屯桂阳，待使者。[3]王年少，太后中国人也，尝与安国少季通，其使，复私[4]焉。国人颇知之，多不附太后。太后恐乱起，亦欲倚汉威，数劝王及群

太子赵兴继位，他的母亲为太后。太后在还未做婴齐的妾时，曾经和霸陵人安国少季通奸。等到婴齐死后，元鼎四年，汉朝派安国少季前去规劝南越王、王太后进京朝见天子，和内地诸侯一样；命令辩士谏大夫终军等人宣达有关言辞，勇士魏臣等人辅助不足的地方，卫尉路博德率领军队驻扎在桂阳，等候使者消息。南越王年轻，太后是中原人，曾经和安国少季通奸，这次安国少季出使前来，两人又私通了。南越国中很多人都知道这事，大多数人不依附太后。太后害怕发生动乱，也想倚靠汉朝的威势，就屡次劝说南越王和大臣们请求归属汉朝。于是南越王通过使者向天子上书，请求比照内地诸侯，

臣求内属。即因使者上书，请比内诸侯，三岁一朝，除边关。于是天子许之，赐其丞相吕嘉银印，及内史、中尉、大傅印，余得自置。除其故黥劓刑，用汉法，比内诸侯。[5]使者皆留填[6]抚之。王、王太后饬治行装重赍，为入朝具。[7]

三年朝见天子一次，撤除边境的关塞。天子答应了他们的请求，把银印赐给南越丞相吕嘉，还赐给了内史、中尉、大傅等官印，其余的官职可以由南越王自己设置。废除他们以前的黥刑、劓刑，采用汉朝法律，和内地诸侯一样。使者都留下来镇抚南越。南越王、王太后整治行装和贵重礼物，为进京朝见天子做准备。

注释　1 姬：妃妾。　霸陵：汉县名，在今陕西西市东北。　安国少季：《史记索隐》："安国，姓也；少季，名也。"　通：私通。　2 元鼎四年：即公元前113年。元鼎，武帝年号。　3 谏大夫：官名，为郎中令属官，后改为谏议大夫。　缺：欠缺，不足。　桂阳：汉县名，在今广东连州市。　4 私：私通。　5 黥：古代一种酷刑，在面额刻刺再涂上墨，亦称"墨刑"。　劓(yì)：古代的一种酷刑，割掉鼻子。　6 填：通"镇"。　7 饬(chì)治：整治。　重赍：贵重财物。赍，通"资"，钱财。　具：准备。

其相吕嘉年长矣，相三王，宗族官仕为长吏者七十余人，男尽尚王女，女尽嫁王子兄弟宗室，及苍梧秦王有连。[1]其居国中甚重，越人信之，多为耳目者，得众心[2]愈于王。王

南越丞相吕嘉年纪很大了，辅佐过三位国王，他的宗族中当官做长吏的有七十多人，男的都娶王女做妻子，女的都嫁给王子兄弟或宗室的人，还同苍梧郡的秦王有婚姻关系。他在国内很有权威，南越人信任他，很多人都做了他的耳目，比南越王还得人心。南越王上书给汉

之上书，数谏止王，王弗听。有畔[3]心，数称病不见汉使者。使者皆注意嘉，势[4]未能诛。王、王太后亦恐嘉等先事发，乃置酒，介[5]汉使者权，谋诛嘉等。使者皆东乡，太后南乡，王北乡[6]，相嘉、大臣皆西乡，侍坐饮。嘉弟为将，将卒居宫外。酒行，太后谓嘉曰："南越内属，国之利也，而相君苦不便者，何也？"以激怒使者。使者狐疑相杖，遂莫敢发。[7]嘉见耳目非是，即起而出。太后怒，欲鏦[8]嘉以矛，王止太后。嘉遂出，分其弟兵就舍[9]，称病，不肯见王及使者。乃阴与大臣作乱。王素无意诛嘉，嘉知之，以故数月不发。太后有淫行，国人不附，欲独诛嘉等，力又不能。

皇帝，他多次劝阻南越王，南越王不听。他产生了叛乱心思，多次推说有病不去会见汉朝使者。使者都非常留意吕嘉，因为形势的关系，未能诛杀他。南越王、王太后也害怕吕嘉等人事先发难，就摆设酒宴，想借助汉朝使者的权势，图谋诛杀吕嘉等人。使者都面朝东坐，太后面朝南坐，王面朝北坐，丞相吕嘉、大臣们都面朝西坐，陪坐饮酒。吕嘉的弟弟任将军，率领士兵守在宫外。他们正饮着酒，太后对吕嘉说："南越归属汉朝，这对国家是有利的，而您为什么总是说不好呢？"她用这话来激怒汉朝使者，想让使者杀吕嘉。使者犹豫不决相持不下，于是没敢动手。吕嘉看到周围人不是自己的亲信，就马上起身出去。太后发怒，想用矛冲刺吕嘉，南越王阻止了太后。吕嘉于是出去了，抽调他弟弟的一部分士兵来护卫他回家，推说有病，不愿意见南越王和使者。吕嘉就暗中和大臣准备发动叛乱。南越王向来没想要诛杀吕嘉，吕嘉知道这一点，因此过了几个月都没有发动叛乱。王太后有淫乱行为，国中人不依附她，她想独自诛杀吕嘉等人，可是力量又不足。

注释 1 相三王:辅佐三位君王。 尚:仰攀婚姻。 苍梧秦王:《史记索隐》:“苍梧越中王自名为秦王,即下赵光是也,故云‘有连’。连者,连姻也。赵与秦同姓,故称秦王。”苍梧,郡名,治所广信,在今广西梧州市。 2 众心:民众之心。 3 畔:通“叛”。 4 势:指当时形势。 5 介:凭恃,借助。 6 乡:通“向”。 7 狐疑:犹豫。 杖:持。 8 鏦(cōng):古代兵器,短矛。此处用作动词,用矛冲刺。 9 就舍:护卫回家。

天子闻嘉不听王,王、王太后弱孤不能制,使者怯无决。又以为王、王太后已附汉,独吕嘉为乱,不足以兴兵,欲使庄参以二千人往使。参曰:“以好往[1],数人足矣;以武往,二千人无足以为也。”辞不可,天子罢参也。郏壮士故济北相韩千秋奋曰:“以区区之越,又有王、太后应,独相吕嘉为害,愿得勇士二百人,必斩嘉以报。”[2]于是天子遣千秋与王太后弟樛乐将二千人往,入越境。吕嘉等乃遂反,下令国中曰:“王年少。太后,中国人也,又与使者乱,专

天子听说吕嘉不听从南越王,南越王、王太后势力孤弱,无法制服,使者怯懦也不能决断。又认为南越王、王太后已经归附汉朝,只有吕嘉作乱,不值得派军队,想派庄参带二千人前去出使。庄参说:“如果为了友好而前往,几个人就足够了;如果为打仗而前往,二千人不足以解决问题。”他推辞不去,天子就没派庄参前去。郏地壮士、原济北王的丞相韩千秋奋然说:“凭这么一个小小的南越,又有南越王、太后做内应,独有丞相吕嘉从中破坏,我愿意带勇士二百人,一定斩杀吕嘉回来报告。”于是天子派韩千秋和王太后的弟弟樛乐率领二千人前往,进入南越境内。吕嘉等人这才造反了,命令国内说:“国王年轻。太后是中原人,又和使者淫乱,一心想归属汉朝,拿先王的珍宝重器全都献给天

欲内属，尽持先王宝器入献天子以自媚，多从人，行至长安，虏卖[3]以为僮仆。取自脱[4]一时之利，无顾赵氏社稷，为万世虑计之意。”乃与其弟将卒攻杀王、太后及汉使者。遣人告苍梧秦王及其诸郡县，立明王长男越妻子术阳侯建德为王。[5]而韩千秋兵入，破数小邑。其后越直开道给食，未至番禺四十里，越以兵击千秋等，遂灭之。[6]使人函封汉使者节置塞上，好为谩辞谢罪，发兵守要害处。[7]于是天子曰：“韩千秋虽无成功，亦军锋之冠[8]。”封其子延年[9]为成安侯。樛乐，其姊为王太后，首愿属汉，封其子广德为龙亢侯。乃下赦曰：“天子微，诸侯力政，讥臣不讨贼。今吕嘉、建德等反，自立晏如[10]，

子来谄媚汉天子，带走了很多随从，走到长安后，便把他们卖给汉人做奴仆。她只想自行解脱得一时好处，没有考虑赵氏国家利益，没有为赵家的后代做长远考虑。”于是和他的弟弟率领士兵杀死了南越王、太后和汉朝使者。吕嘉派人告知苍梧郡秦王和各郡县官员，立明王的长子即婴齐与南越妻子生的儿子术阳侯赵建德为王。这时韩千秋的军队进入南越，攻下了几座小城。以后，南越径直让开道路，供给饮食，汉军还没走到离番禺四十里的地方，南越派兵攻击韩千秋等人，于是把他们消灭了。吕嘉派人用匣子封装使者的符节，放置在边塞之上，友好地讲了一通骗人的话向汉朝谢罪，派兵把守要害地方。于是天子说：“韩千秋虽然没有成功，但也够得上作战先锋之冠了。”就封他的儿子韩延年为成安侯。樛乐，他的姐姐是王太后，她是最先愿意归属汉朝的，天子就封樛乐的儿子广德为龙亢侯。天子于是颁下赦令说：“天子力量衰弱，诸侯以武力相互征伐，人们讥讽大臣不讨伐反叛之贼。如今吕嘉、赵建德等人造反，竟然安然地自立

令罪人及江淮以南楼船十万师往讨之。”

为王，我命令罪人和长江、淮河以南的水兵共十万前去讨伐他们。”

注释 1 以好往：以友好前往。 2 郏(jiá)：县名，在今河南郏县。 济北：即济北王，汉文帝二年（前178），立东牟侯兴居为济北王，治所卢县，今山东济南市长清区西南。 3 虏卖：掠卖。 4 自脱：自行解脱。 5 长男：长子。 术阳侯：《史记志疑》：“‘术阳’乃‘高昌’之误，建德降后始封术阳也。” 6 直：径直。 开：让开。 7 函封：木匣子装封。 塞上：《史记索隐》：“《南康记》以为大庾岭名‘塞上’也。”大庾岭，山名，在今广东韶关市东北。 谩辞：骗人之言辞。 8 军锋之冠：军中第一先锋。 9 延年：即韩延年，后随李陵战死于匈奴。 10 晏如：安然无恙。

元鼎五年秋，卫尉路博德为伏波将军，出桂阳，下汇水；[1] 主爵都尉杨仆为楼船将军，出豫章[2]，下横浦；故归义越侯二人为戈船、下厉将军，出零陵，或下离水，或抵苍梧；[3] 使驰义侯因巴蜀罪人，发夜郎兵，下牂柯江[4]：咸会番禺。

元鼎五年秋天，卫尉路博德任伏波将军，从桂阳出发，直下汇水；主爵都尉杨仆任楼船将军，从豫章出发，直下横浦；原来归降汉朝后受封为侯的两个南越人任戈船将军和下厉将军，从零陵出发，一部分直下离水，一部分直抵苍梧；派驰义侯凭借巴蜀的罪人，发动夜郎的军队，直下牂柯江：全都在番禺会师。

注释 1 元鼎五年：即公元前112年。元鼎，武帝年号。 汇水：古水名，一作“湟水”“洭水”，今北江支流连江。 2 豫章：汉郡名，治所南昌，在今江西南昌市。 3 越侯：《史记集解》引张晏曰：“故越人，降为侯。” 戈船、下厉：皆为将军名号。 零陵：汉郡名，治所零陵，在今广西全州县西南。 离水：古水名，发源于零陵郡内，即今之漓江。 4 驰义侯：《史记集解》引徐广曰："越人也，名遗。" 夜郎：古部族名，西南夷中最大的一支，汉武帝时在其地设置牂柯郡，治所且兰，在今贵州黄平、贵定二县间。 牂柯江：古水名。一说即今北盘江，一说即今都江。此外又有今蒙江、沅江、乌江等说。

元鼎六年冬，楼船将军将精卒先陷寻陕，破石门，得越船粟，因推而前，挫越锋，以数万人待伏波。[1]伏波将军将罪人，道远，会期后，与楼船会，乃有千余人，遂俱进。楼船居前，至番禺。建德、嘉皆城守。楼船自择便处，居东南面；伏波居西北面。会暮，楼船攻败越人，纵火烧城。越素闻伏波名，日暮，不知其兵多少。伏波乃为营，遣使者招降者，赐印，复纵令相招。楼船力攻烧敌，反驱而入伏波营中。犁旦[2]，城中皆降伏波。吕嘉、建德已夜与其属数百人

元鼎六年冬天，楼船将军率领精兵首先攻陷了寻陕，又攻下了石门，缴获南越的战船和粮食，于是向前推进，挫败南越的先头部队，率领几万人等候伏波将军。伏波将军率领被赦免的罪人，路途遥远，会合的日期拖后，和楼船将军相会合的，才有一千多人，于是他们一同前进。楼船将军在前边，到达番禺。赵建德、吕嘉都据城防守。楼船将军自己选择有利的地方，驻兵在番禺的东南方；伏波将军驻兵在西北方。正当天黑时，楼船将军攻击并打败了南越人，放火烧城。南越人平时就听说过伏波将军的大名，现在天黑，不知道他有多少军队。伏波将军于是扎下营寨，派使者去招来投降的人，赐给他们官印，又把他们放出，让他们去招降南越将士。楼船将军奋力攻打，放火烧城，正好驱赶敌军进入伏波将军营中来投降。黎明时，番禺城中的敌军都投降了伏波将军。吕嘉、

亡入海,以船西去。伏波又因问所得降者贵人,以知吕嘉所之[3],遣人追之。以其故校尉司马苏弘得建德,封为海常侯;越郎都稽得嘉,封为临蔡侯。[4]

赵建德已经在夜里和他们属下几百人逃到了海上,乘船西去。伏波将军又趁机询问已投降的南越贵族,得知吕嘉逃跑的地方,派人追赶。原先为南越校尉而现为汉军司马的苏弘捉到赵建德,被封为海常侯;南越的郎官都稽捉到吕嘉,被封为临蔡侯。

注释 1 寻陕:亦作“寻狭”。陕,同“狭”。赵陀在秦水(今北江)上所建险关,在今广东清远市东。 石门:《史记索隐》引《广州记》云:“在番禺县北三十里。昔吕嘉拒汉,积石镇江,名曰石门。” 2 犁旦:黎明。犁,通“黎”。 3 所之:逃跑的地方。之,往。 4 越郎:南越之郎官。 都稽:人名。《史记集解》引徐广曰:“表曰孙都。”

苍梧王赵光者,越王同姓,闻汉兵至,及越揭阳令定自定属汉;[1]越桂林监居翁谕瓯骆属汉[2]:皆得为侯。戈船、下厉将军兵及驰义侯所发夜郎兵未下,南越已平矣。遂为九郡[3]。伏波将军益封。楼船将军兵以陷坚为将梁侯。

苍梧王赵光,与南越王同姓,听说汉军来到,和南越揭阳县令定共同决定归属了汉朝;南越桂林郡监居翁,告知瓯骆归属汉朝:他们都被封为侯。戈船将军、下厉将军的军队以及驰义侯所调发的夜郎军队还没来到,南越已经被平定了。于是汉朝在南越设置了九个郡。伏波将军受到加封。楼船将军的军队因为攻坚有功,被封为将梁侯。

自尉佗初王后,五世九十三岁而国亡[4]焉。

从尉佗开始称南越王以后,经过五代共九十三年而国家灭亡。

注释 1 越揭阳：县名，在今广东揭阳市。 定：揭阳县令名。 2 桂林监：南越所设的掌管桂林郡的官名。 居翁：人名，姓居名翁，桂林郡监。 3 九郡：据《汉书》，即儋耳、珠崖、南海、苍梧、九真、郁林、日南、合浦、交阯。 4 国亡：《史记志疑》："南武侯织，高帝十二年封南海王，见《汉书·高纪》及《淮南王传》，亦粤之世也，当附于《传》，《史》失之。"

太史公曰：尉佗之王，本由任嚣。遭汉初定，列为诸侯。隆虑离湿疫，佗得以益骄。[1]瓯骆相攻[2]，南越动摇。汉兵临境，婴齐入朝。其后亡国，征[3]自樛女；吕嘉小忠，令佗无后。楼船从欲，怠傲失惑；[4]伏波[5]困穷，智虑愈殖，因祸为福。成败之转，譬若纠墨[6]。

太史公说：尉佗称王，本来是由于任嚣。当时遇上汉朝刚刚平定天下，所以尉佗被封为诸侯。隆虑侯带兵讨伐南越，碰上了酷暑潮湿和瘟疫，赵佗因而越发骄傲。由于瓯骆互相攻打，南越随之动摇。汉军来到境内，婴齐进京去当宿卫。后来南越亡国，征兆从樛女开始；吕嘉的忠于小南越，反而使得赵佗绝了后。楼船将军放纵欲望，怠慢骄傲，失于昏惑；伏波将军不得志，智谋越发增长，因祸而变为福。可见成败的转化，就像绳子那样，是永远绞在一起的。

注释 1 隆虑：指隆虑侯周灶。 离：通"罹"，遭遇。 2 瓯骆相攻：《史记志疑》引《古今黈》曰："此误也，当云'东闽兴兵，南越动摇'。案《传》，其相攻者闽越与南越，非瓯、骆也，瓯、骆未尝与诸国相攻也。又闽越未攻南越时尝围东瓯，则是瓯、闽相攻，亦不得为瓯、骆也。" 3 征：征兆，发端。 4 楼船：指楼船将军杨仆。 从：通"纵"。 5 伏波：

指伏波将军路博德。 **6** 纠墨:意即事之成败如同绳索纠结在一起,难以预料。三股绳拧到一起,称“纠”。两股绳拧在一起,名“纆”。墨,通“纆”。

史记卷一百一十四

东越列传第五十四

原文

闽越王无诸及越东海王摇者，其先皆越王句践之后也，姓驺氏。[1]秦已并天下，皆废为君长，以其地为闽中郡。[2]及诸侯畔秦，无诸、摇率越归鄱阳令吴芮，所谓鄱君者也，从诸侯灭秦。[3]当是之时，项籍[4]主命，弗王，以故不附楚。汉击项籍，无诸、摇率越人佐汉。汉五年[5]，复立无诸为闽越王，王闽中故地，都东冶。孝惠三年，举高帝时越功，曰闽君摇功多，其民便附，乃立摇为东海王，都东

译文

闽越王无诸和越东海王摇，他们的祖先都是越王句践的后代，姓驺氏。秦国统一天下后，他们都被废除了王号，成为君长，把他们的封地设置为闽中郡。待到诸侯反叛秦朝时，无诸、摇率领越人归附鄱阳县令吴芮，即所谓鄱君，跟随诸侯灭亡了秦朝。当时，项籍号令诸侯，不封无诸、摇为王，因此他们不归附楚王。汉军攻打项籍，无诸、摇率领越人辅助汉王。汉王五年，重新立无诸为闽越王，管辖闽中旧地，建都在东冶。孝惠帝三年，列举高帝时越人的功劳，说是闽君摇的功劳最多，他的人民愿意归附他，于是立摇为东海王，建都在东瓯，俗称为

瓯，世俗号为东瓯王。[6]

东瓯王。

注释 1 句践：春秋末越国国君，公元前496—前465年在位。 姓驺氏：《史记集解》和《史记索隐》均认为"作骆"，为"瓯骆"之骆，"不姓驺"。 2 废为君长：废去王号，降为食爵禄之君长。 闽中郡：秦置郡名，治所东冶，在今福建福州市。 3 畔：通"叛"。 鄱阳：亦作番阳，古地名，秦置县，在今江西鄱阳县。 吴芮：汉初异姓诸侯王。初为秦朝鄱阳令，项羽时被封为衡山王，汉朝建立，被封为长沙王。 4 项籍：即项羽。 5 汉五年：即公元前202年。 6 孝惠三年：即公元前192年。 东瓯：古族名、古地区名。越族的一支，亦称"瓯越"。首领摇助汉灭项羽，惠帝时受封为东海王，因都东瓯（在今浙江温州市），俗号东瓯王。后王亦以东瓯或瓯越为温州及浙南地区的别称。

后数世，至孝景三年[1]，吴王濞反，欲从闽越，闽越未肯行，独东瓯从吴。及吴破，东瓯受汉购，杀吴王丹徒，以故皆得不诛，归国。[2]

吴王子子驹亡走闽越，怨东瓯杀其父，常劝闽越击东瓯。至建元三年[3]，闽越发兵围东瓯。东瓯食尽，困，且降，乃使人告急天子。天子问

几代以后，到孝景帝三年，吴王刘濞造反，想使闽越跟随自己反叛，闽越不愿意，只有东瓯跟随吴王。待到吴王失败，东瓯接受了汉朝的重金收买，在丹徒杀死了吴王，因此东瓯王没有被诛杀，回到了自己的封国。

吴王刘濞的儿子子驹逃跑到闽越，他怨恨东瓯杀死了他的父亲，就常劝闽越攻打东瓯。到了建元三年，闽越派军队包围东瓯。东瓯粮食耗尽了，十分窘困，将要投降，便派人向天子告急。天子向太尉田蚡征求意见，田蚡回答说："越人互相攻打，本来是常事，他们又总是反复无常，不值得烦扰中

太尉[4]田蚡，蚡对曰："越人相攻击，固其常，又数反覆，不足以烦中国往救也。自秦时弃弗属。"于是中大夫庄助诘蚡曰："特患力弗能救，德弗能覆；诚能，何故弃之？且秦举咸阳而弃之，何乃越也！今小国以穷困来告急天子，天子弗振，彼当安所告诉？又何以子[5]万国乎？"上曰："太尉未足与计。吾初即位，不欲出虎符[6]发兵郡国。"乃遣庄助以节发兵会稽。[7]会稽太守欲距不为发兵，助乃斩一司马，谕意指，遂发兵浮海救东瓯。[8]未至，闽越引兵而去。东瓯请举国徙中国，乃悉举众来，处江淮之间。

原前去救助。从秦朝开始就抛弃他们，不将他们作为属国。"这时中大夫庄助质问田蚡说："只怕力小不能救助，德浅不能庇护；如果能够，为什么要抛弃他们呢？况且秦朝连咸阳在内全都丢弃了，怎么仅仅是丢弃越国呢！如今小国因为走投无路而来向天子告急，天子不加以援救，那它应当到哪里去诉苦告急呢？那天子又凭什么来养育天下子民呢？"皇上说："不值得和太尉在一起商讨。我刚刚登位，不想拿出虎符调遣郡国军队。"于是派庄助拿着符节到会稽调遣军队。会稽太守想拒绝派军，庄助就斩杀了一位军司马，使他们知道皇帝的意图，于是会稽太守才派兵渡海救援东瓯。还没有到达，闽越王就带兵离去了。东瓯请求举国迁徙到中原来，于是朝廷就让他们全部迁居到江淮一带。

注释　1 孝景三年：即汉景帝三年，公元前154年。 2 购：收买。 丹徒：汉县名，在今江苏镇江市丹徒区。 3 建元三年：即公元前138年。建元，武帝年号。 4 太尉：官职名。西汉时的最高武职，有时担任临时军事统帅，或为皇帝的临时军事顾问，不常置。 5 子：养育，保护。 6 虎符：古代帝王授予臣属兵权和调发军队的信物。一般为铜铸虎形，

从中一分为二,朝廷、将帅各置一半,有旨令合符为证。 7 节:符节。 会稽:汉郡名,治所吴县,在今江苏苏州市。 8 距:通“拒”,抗拒。 浮海:渡海。

至建元六年[1],闽越击南越。南越守天子约,不敢擅发兵击,而以闻。上遣大行王恢出豫章,大农韩安国出会稽,皆为将军。[2]兵未逾岭,闽越王郢发兵距险。其弟余善乃与相、宗族谋曰:“王以擅发兵击南越,不请,故天子兵来诛。今汉兵众强,今即幸胜之,后来益多,终灭国而止。今杀王以谢天子。天子听,罢兵,固一国完[3];不听,乃力战;不胜,即亡入海。”皆曰“善”。即鏦杀王,使使奉其头致大行。大行曰:“所为来者诛王。今王头至,谢罪,不战而耘[4],利莫大焉。”乃以便宜案兵[5]告大农军,而使使奉王头驰

到了建元六年,闽越攻打南越。南越遵守天子的约束,不敢擅自派兵还击,而把这事报告天子。皇上派大行王恢从豫章出发,派大农韩安国从会稽出发,他们都任将军。军队还没有越过阳山岭,闽越王郢派军队在险要地方抵御。他的弟弟余善于是和丞相、宗族人商议说:“我们国王因为擅自派兵攻打南越,不向天子请示,所以天子的军队来讨伐。如今汉军人多势大,现在我们就是侥幸获胜了,后面跟着要来的汉兵会更多,直到消灭我们为止。如今杀了国王来向天子谢罪。天子如果接受我们的请求,就会停止进兵,就一定会保全闽越一国;如果不接受,我们就奋力作战;若是不能取胜,就逃入大海。”大家都说:“好。”于是就用矛刺杀了国王,派使者带着他的头送给大行王恢。大行王恢说:“我们来这里是为了讨伐东越王。如今你们送东越王的头来请罪,不用战斗而消除了祸害,没有比这更好的了。”于是王恢自

报天子。诏罢两将兵，曰："郢等首恶，独无诸孙繇君丑[6]不与谋焉。"乃使郎中将立丑为越繇王，奉闽越先祭祀。

行停止进兵，并告知大农韩安国的军队，又派使者带着东越王的头急驰长安报告天子。天子下诏令两位将军撤回军队，说："东越王郢等首先作乱，只有无诸的孙子繇君丑没参与这个阴谋。"于是派郎中将去立繇君丑为越繇王，继承闽越国王位。

余善已杀郢，威行于国，国民多属，窃自立为王。繇王不能矫[7]其众持正。天子闻之，为余善不足复兴师，曰："余善数与郢谋乱，而后首诛郢，师得不劳[8]。"因立余善为东越王，与繇王并处。

余善杀了郢以后，威震全国，国民都依附他，他就暗中自立为王。繇王不能使民众归附他。天子听说后，认为不值得为余善再出动军队，说："余善多次同郢阴谋作乱，而后来首先诛杀了郢，使得汉军不用劳苦。"于是立余善为东越王，和繇王一同存在。

注释 1 建元六年：即公元前135年。 2 大行：官名。西汉初称典客，武帝时更名大鸿胪，属官行人令更名大行令。掌管外交宾客之礼。 大农：大农令、大司农的省称。 3 固：巩固、保持。 完：完整。 4 耘：《史记索隐》："耘，除也。《汉书》作'陨'。"《史记志疑》引惠栋《左传补注》曰："此'抎'字之误。《汉书》作'殒'，知抎与陨通，古今字也。徐广曰'耘义当取"耘除"'，失之。" 5 案兵：停止进兵。 6 繇君丑：《史记索隐》："繇，音摇，邑号也。丑，名。" 7 矫：矫正，改变。 8 劳：烦劳，辛苦。

至元鼎五年[1]，南越反，东越王余善上书，请以卒八千人从楼船将军

到了元鼎五年，南越反叛，东越王余善向天子上书，请求率领八千名士兵跟从楼船将军攻打吕嘉等

击吕嘉等。兵至揭扬，以海风波为解，不行，持两端，阴使南越。[2]及汉破番禺，不至。是时楼船将军杨仆使使上书，愿便引兵击东越。上曰士卒劳倦，不许，罢兵，令诸校屯豫章梅领待命。[3]

人。他的军队到了揭扬，以海上有风浪为借口，不再前进，采取骑墙观望的态度，暗中派使者与南越勾结。待到汉军攻下了番禺，东越的军队也没到来。这时楼船将军杨仆派使者向天子上书，要求带兵攻打东越。皇上说士兵劳顿疲倦，没有答应，于是撤兵，命令各个军营驻扎在豫章的梅岭待命。

注释　1 元鼎五年：即公元前112年。元鼎，武帝年号。　2 揭扬：即揭阳，汉县名，在今广东揭阳市。扬，通“阳”。　海风波：海上有大风巨浪。　解：借口。　两端：骑墙观望。　3 诸校：各部队。　梅领：《史记索隐》：“豫章三十里有梅岭，在洪崖山足，当古驿道。”过去的豫章郡，其治所在今江西南昌市，其西北仍有梅岭，故此梅岭非江西广昌之梅岭山脉。领，通“岭”。　待命：听候诏命。

元鼎六年秋，余善闻楼船请诛之，汉兵临境，且往，乃遂反，发兵距汉道[1]。号将军驺力等为“吞汉将军”，入白沙、武林、梅岭，杀汉三校尉。[2]是时汉使大农张成、故山州侯齿将屯，弗敢击，却就便处，皆坐畏懦诛。[3]

元鼎六年秋天，余善听说楼船将军请求朝廷讨伐他，汉军已经临近东越边境，将要攻过来，他于是就反叛了，派军队在汉兵的必经之路上抵御。他给将军驺力等人加封官号为“吞汉将军”，攻入白沙、武林、梅岭，杀了汉朝三位校尉。这时汉朝派大农令张成、原山州侯刘齿率兵屯驻，不敢进攻东越军队，退向安全地带，他们都因犯怯懦畏敌罪而被处死。

余善刻"武帝"玺自立,诈其民,为妄言。天子遣横海将军韩说出句章,浮海从东方往;楼船将军杨仆出武林;中尉王温舒出梅岭;越侯为戈船、下濑将军,出若邪、白沙。[4]元封元年[5]冬,咸入东越。东越素发兵距险,使徇北将军守武林,败楼船军数校尉,杀长吏。[6]楼船将军率钱唐辕终古斩徇北将军,为御儿侯。[7]自兵未往。

余善刻了"武帝"印玺而自立为皇帝,欺骗他的人民,散布荒谬的言论。汉朝天子派横海将军韩说从句章出发,渡海从东边前往;派楼船将军杨仆出武林;派中尉王温舒出梅岭;派归降汉朝后受封为侯的两个南越人任戈船将军和下濑将军,从若邪、白沙出兵。元封元年冬天,这些军队全都进入东越境内。东越一直派兵在险要地方抵御,派徇北将军把守武林,打败了楼船将军军队中的几位校尉,杀死了长吏。楼船将军的士卒钱唐人辕终古斩杀了徇北将军,被封为御儿侯。他自己的军队没有前往武林。

注释 1 道:此处指汉军进闽之要道。 2 白沙:汉邑名,在今江西南昌市东北,鄱阳湖南岸。 武林:汉邑名,在今江西余干县北的武陵山。 3 齿:人名,咸阳共王子,旧封为山州侯。 畏懦:畏惧怯懦。 4 句(gōu)章:汉县名,在今浙江余姚市东南。 中尉王温舒出梅岭:据《将相表》及《汉书·武帝纪》,王温舒与韩说皆出会稽。句章自在会稽,故王温舒当非出"梅岭"。 越侯:据《武帝纪》,一名严,一名甲。 若邪:一说山名,在今浙江绍兴市南。 5 元封元年:即公元前110年。元封,武帝年号。 6 武林:此当指武林山,即今浙江杭州市西灵隐、天竺诸山。因时汉军已"咸入东越",故恐非上文之"武林"。 吏:《汉书》作"史"。 7 率:《汉书》作"卒"。 钱唐:汉县名,在今浙江杭州市。 辕终古:人名,姓辕,名终古。 御儿:乡名,在今浙江杭州市余杭区东北。

故越衍侯吴阳前在汉，汉使归谕余善，余善弗听。及横海将军先至，越衍侯吴阳以其邑七百人反，攻越军于汉阳[1]。从[2]建成侯敖，与其率，从繇王居股谋曰："余善首恶，劫[3]守吾属。今汉兵至，众强，计杀余善，自归诸将，傥[4]幸得脱。"乃遂俱杀余善，以其众降横海将军，故封繇王居股为东成侯，万户；封建成侯敖为开陵侯；封越衍侯吴阳为北石侯[5]；封横海将军说为案道侯；封横海校尉福为缭嫈侯。福者，成阳共王子，故为海常侯，坐法[6]失侯。旧从军无功，以宗室故侯。诸将皆无成功，莫封。东越将多军，汉兵至，弃其军降，封为无锡侯。[7]

原东越衍侯吴阳在这之前留在汉朝，汉朝派他回去劝说余善，余善不听从。待到横海将军的军队首先到了东越，越衍侯吴阳率领他乡邑中七百人叛变东越，在汉阳攻打东越军队。他和建成侯敖及其部下，同繇王居股商议说："余善首先作恶，胁迫我们。如今汉军到来，人多势强，不如杀了余善，各自领军投降横海将军，或许能侥幸得以脱身。"于是他们就一起杀死了余善，率领他们的部众投降了横海将军，因此天子封繇王居股为东成侯，食邑一万户；封建成侯敖为开陵侯；封越衍侯吴阳为北石侯；封横海将军韩说为案道侯；封横海校尉刘福为缭嫈侯。刘福是成阳共王刘喜的儿子，原来是海常侯，因犯法失去了侯爵。从前参军没有功劳，因为是宗室子弟的缘故而被封侯。其他的将军们都没有战功，没有受封。东越的将军多军，汉军一到，他就抛弃军队而投降，被封为无锡侯。

于是天子曰东越狭多阻[8]，闽越悍，数反覆，诏军

于是天子说东越地方狭窄多险要之处，闽越人强悍，多次叛服无常，下诏命令军官们将所有这些

吏皆将其民徙处江淮间。东越地遂虚。[9]

地方的民众迁徙到江淮一带居住。东越一带就空无人烟了。

注释 1 汉阳:古城名,故城在福建浦城县北。 2 从:与,和。 3 劫:劫持、胁迫。 4 傥:倘,或许。 5 北石侯:当依《汉书》作“卯石侯”。 6 坐法:坐酎金。 7 多军:人名,姓多名军。生平不详。 无锡侯:此下《汉书》有“故瓯骆王将左黄同斩西于王,封为下鄜(fū)侯”,当叙。 8 狭多阻:狭窄多险要。 9 东越地遂虚:《史记志疑》:“《汉志》会稽有冶县,师古曰‘本闽越地’。《续志》云‘鄞、章安故冶,闽越地’。”

太史公曰:越虽蛮夷,其先岂尝有大功德于民哉,何其久也!历数代常为君王,句践一称伯[1]。然余善至大逆,灭国迁众,其先苗裔繇王居股等犹[2]尚封为万户侯,由此知越世世为公侯矣。盖禹之余烈[3]也。

太史公说:越国虽然是蛮夷,它的祖先难道曾经对民众有很大的功德吗,不然为什么会传世这么久远呢!经历了几代总是为君王,句践还一度称霸。可是余善竟至于大逆不道,结果国家被消灭,百姓被迁徙,他们祖先的后代繇王居股等人还仍然做万户侯,由此可知,越人世世代代都有当公当侯的。这大概是禹丰功伟业的余荫吧。

注释 1 伯:通“霸”。 2 犹:仍然。 3 余烈:遗留之功业。

史记卷一百一十五

朝鲜列传第五十五

原文

朝鲜王满[1]者，故燕人也。自始全燕时，尝略属真番、朝鲜，为置吏，筑鄣塞。[2]秦灭燕，属辽东外徼[3]。汉兴，为其远，难守，复修辽东故塞，至浿水[4]为界，属燕。燕王卢绾反，入匈奴，满亡命，聚党千余人，魋结蛮夷服而东走出塞，渡浿水，居秦故空地上下鄣，稍役属真番、朝鲜蛮夷及故燕、齐亡命者王之，都王险。[5]

会孝惠、高后时天

译文

朝鲜王卫满，原先是燕国人。燕国全盛时，曾经攻占了真番、朝鲜，在那里设置了官吏，修筑了边境上的关塞。秦国灭掉燕国后，朝鲜就成为辽东郡界外的小国，隶属于辽东郡。汉朝建立后，因为朝鲜离得远，难以守卫，就重新修复辽东郡以前的关塞，一直到浿水，将其归于燕国管辖。燕王卢绾造反，跑到匈奴，卫满也逃亡，聚集同党一千多人，梳着椎形发髻，穿上蛮夷服装，向东跑出关塞，渡过浿水，居住在以前秦朝叫上、下鄣之间的空旷地方，他逐渐役使真番、朝鲜以及原先燕国、齐国的逃亡者，并使他们归属自己，他自称为王，建都王险。

适逢孝惠帝、高后时期，天下刚刚平定，辽东太守就约定卫满为藩属国的

下初定，辽东太守即约满为外臣，保塞外蛮夷，无使盗边；诸蛮夷君长欲入见天子，勿得禁止。以闻，上许之，以故满得兵威财物侵降其旁小邑，真番、临屯[6]皆来服属，方数千里。

外臣，保卫边塞外的蛮夷，不能让他们侵扰边境；诸蛮夷的首领想要到汉朝进见天子，不要禁止。辽东太守把这些情况报告给皇上，皇上答应了，因此，卫满能够凭借兵威和财物侵占、降服他附近的小国，真番、临屯都来降服归属，他统治的地区纵横有几千里。

注释 1 满：《史记索隐》："案《汉书》，满，燕人，姓卫，击破朝鲜而自王之。"《汉书考证》齐氏曰："满姓卫。朝鲜自周封箕子后，传四十余世，至战国时侯准始称王。汉初其国大乱，燕人卫满击破准而自王也。《后书》正补此《传》之缺。"（《史记志疑》） 2 全燕时：《史记索隐》："始全燕时，谓六国燕方全盛之时。" 略属：略取使之归属。 真番：本朝鲜附属部族，活动于今鸭绿江中上游一带，汉武帝灭朝鲜后在此设置真番郡，治雪县，在今朝鲜半岛礼成江、汉江之间。又据《史记索隐》引应劭云："玄菟本真番国。" 鄣塞：即障塞，屏障要塞。鄣，同"障"。 3 徼(jiào)：边界。 4 浿水：古水名，今朝鲜之清川江。 5 卢绾(wǎn)：西汉初将领，与刘邦同里，并同日生，随刘邦起义，汉立以为燕王，后因陈豨、韩信、彭越被杀事见疑，奔入匈奴，病死。详见《韩信卢绾列传》。 魋(zhuī)结：即椎髻，结发如椎。魋，通"椎"。 王险：古地名。按《史记集解》应劭所云，为朝鲜王旧都；臣瓒以为在乐浪郡浿水之东。旧都在今朝鲜平壤市大同江南岸。 6 临屯：《史记索隐》："东夷小国，后以为郡。"

传子至孙右渠[1]，所诱汉亡人滋多，又未尝入见；真番旁众国欲上书

卫满传王位给他儿子，再传至他孙子右渠，这期间诱骗逃来的汉人越来越多，而右渠又从来不曾进

见天子，又拥阏[2]不通。元封二年，汉使涉何谯谕右渠，终不肯奉诏。[3]何去至界上，临浿水，使御刺杀送何者朝鲜裨王长，即渡，驰入塞，遂归报天子曰“杀朝鲜将”。[4]上为其名美，即不诘，拜何为辽东东部都尉。朝鲜怨何，发兵袭攻杀何。

见天子；真番周围许多小国要上书进见天子，又受到右渠的阻挡。元封二年，汉朝派涉何责备和晓谕右渠，可他始终不肯接受皇帝的命令。涉何离开，回到了边界上，临近浿水，派车夫刺杀了送他的朝鲜名叫长的小王，马上渡河，骑马飞奔进入塞内，于是回来报告天子说“杀了朝鲜一位将军”。皇上因为涉何有杀死朝鲜将军的美名，就不追究他的过失，任命他为辽东东部都尉。朝鲜怨恨涉何，派兵袭击并杀死了他。

注释 1 右渠：卫满孙。 2 拥阏(è)：堵塞隔绝。拥，壅塞，阻塞。阏，阻塞。 3 元封二年：即公元前109年。元封，武帝年号。 涉何：人名，汉朝使臣，生平不详。 谯(qiào)：同“诮”，责备。 4 御：驭手，车夫。 裨王长：《史记正义》：“颜师古云：‘长者，裨王名也。送何至浿水，何因刺杀也。’按：裨王及将士长，恐颜非也。”

天子募罪人击朝鲜。其秋，遣楼船将军杨仆从齐浮渤海；兵五万人，左将军荀彘出辽东：讨右渠。右渠发兵距险[1]。左将军卒正多率辽东兵先纵，[2]败

天子募集犯罪的人，让他们去攻打朝鲜。元封二年秋天，汉朝派楼船将军杨仆从齐地渡过渤海；左将军荀彘带领五万人从辽东出发：去讨伐右渠。右渠派兵在险要地方抵御。左将军名字叫多的卒正率领辽东兵首先进击敌军，结果失败逃散，卒正多也逃了，因触犯军法被处死。楼船将军率

散，多还走，坐法斩。楼船将军将齐兵七千人先至王险。右渠城守，窥知楼船军少，即出城击楼船，楼船军败散走。将军杨仆失其众，遁山中十余日，稍求收散卒，复聚。左将军击朝鲜浿水西军，未能破自前。

天子为两将未有利，乃使卫山因兵威往谕右渠。右渠见使者，顿首谢：“愿降，恐两将诈杀臣；今见信节，请服降。”遣太子入谢，献马五千匹，及馈军粮。人众万余，持兵，方渡浿水，使者及左将军疑其为变，谓太子已服降，宜命人毋持兵。太子亦疑使者左将军诈杀之，遂不渡浿水，复引归。山还报天子，天子诛山。

左将军破浿水上军，乃前，至城下，围其西北。楼船亦往会，居城南。右

领齐地兵七千人首先到了王险城。右渠据城防守，探知楼船将军的部队人少，就出城攻打楼船将军，楼船将军部队失败，四散逃跑。将军杨仆失散了部队，逃到山中藏了十多天，才逐渐将失散的士兵重新聚集。左将军荀彘攻打朝鲜浿水西边的军队，未能从前方攻破朝鲜军。

天子见两位将军作战不利，于是派卫山用军威去劝说右渠。右渠会见使者，磕头谢罪说：“我愿意投降，只害怕两位将军用欺骗手段杀害我；如今见到符节，请允许我降服。”右渠派太子到朝廷上谢罪，献给汉朝五千匹马，还向在朝鲜的汉军赠送军粮。朝鲜民众一万多人，手里拿着武器，正在渡过浿水，使者和左将军怀疑他们会叛变，说太子已经降服，应该命令民众不要手持武器。太子也怀疑使者和左将军要用欺骗手段杀害自己，就不渡浿水，又领着民众回去。卫山回去报告天子，天子处死了卫山。

左将军攻破了浿水岸上的朝鲜军队，这才向前推进，到了王险城下，包围了王险城的西北方。楼船将军也前往会师，驻扎在城南。

渠遂坚守城,数月未能下。

因为右渠坚守城池,几个月也没能攻下。

注释 1 距险:在险要之地抗拒。距,通“拒”,抗拒。 2 卒正:领兵将官。 纵:进击。

左将军素侍中,幸,将燕代卒,悍,乘胜,军多骄。[1]楼船将齐卒,入海,固[2]已多败亡;其先与右渠战,困辱亡卒,卒皆恐,将心惭,其围右渠,常持和节。[3]左将军急击之,朝鲜大臣乃阴间[4]使人私约降楼船,往来言,尚未肯决。左将军数与楼船期战,楼船欲急就其约,不会;[5]左将军亦使人求间郤[6]降下朝鲜,朝鲜不肯,心附楼船:以故两将不相能[7]。左将军心意楼船前有失军罪,今与朝鲜私善而又不降,疑其有反计,未敢发。天子曰将率不能,前乃使卫山谕降

左将军一向在皇宫里侍奉天子,得到皇上宠爱,他率领燕、代两地的士兵,很强悍,凭借胜利的形势,军中战士大多很骄横。楼船将军率领的是齐地的士兵,渡海而来,本来就已经有很多损失伤亡;他们先前和右渠交战,兵败受辱,损失了很多士兵,士兵都很害怕,将领心中也觉得惭愧,他们包围右渠的时候,楼船将军经常手拿议和的符节。左将军迅急攻打,朝鲜大臣于是暗中找机会派人私下约定向楼船将军投降,使者往来传话,还没有决定下来。左将军多次和楼船将军约定向敌人开战,楼船将军想赶快实现他与朝鲜大臣的约定,不和左将军会师;左将军也派人寻找机会降伏朝鲜,朝鲜不愿意,只想归附楼船将军:因此,两位将军相互不和。左将军心想楼船将军以前有失败的罪过,如今和朝鲜私下友好,而朝鲜又不来投降,怀疑他有反叛的阴谋,只是还

右渠，右渠遣太子，山使不能剸决，与左将军计相误，卒沮约。[8]今两将围城，又乖异[9]，以故久不决。使济南太守公孙遂往正之，有便宜得以从事。[10]遂至，左将军曰："朝鲜当下久矣，不下者有状[11]。"言楼船数期不会，具以素所意告遂，曰："今如此不取，恐为大害，非独楼船，又且与朝鲜共灭吾军。"遂亦以为然，而以节召楼船将军入左将军营计事，即命左将军麾下执捕楼船将军，并其军，以报天子。天子诛遂[12]。

未敢发作。天子说将帅无能，以前派卫山去晓谕右渠投降，右渠派太子入朝，卫山作为天子使者却不能果断处理事情，和左将军的计谋都出现失误，最终破坏了约定。如今两位将军包围王险城，又不能同心协力，因此这么长时间也无法解决问题。于是派济南太守公孙遂前去调解两位将领的分歧，并授予他便宜处置之权。公孙遂到达后，左将军说："朝鲜早该攻下了，之所以没有攻下，是有原因的。"他说楼船将军几次约定都不来会师，并且把一向所怀疑的事全都告诉公孙遂，说："如今这种情况不拿问他，恐怕会成为大祸害，不单是楼船将军的问题，而且他还会和朝鲜一同消灭我们军队。"公孙遂也认为这样对，就用符节召楼船将军进入左将军营中商议事情，马上命令左将军部下捉拿楼船将军，合并了他的军队，并且向天子报告。天子杀了公孙遂。

注释　1 素：一向。　侍中：侍从于皇帝身旁。　燕代：此处泛指北方。　2 固：本来。　3 将：将官。　惭：羞愧。　和节：议和的符节。　4 阴：暗中。　间：找机会。　5 期战：相约进攻。　就：完成，实现。　约：朝鲜投降的约定。　6 间郤：间隙，机会。　7 不相能：互相不和。　8 剸(zhuān)决：独自决断。剸，同"专"。　卒：终于，最终。　沮：毁坏。　9 乖异：离心离德，不能统一行动。　10 济南：汉郡名，治所东平陵，在

今山东济南市章丘区西。 正：纠正。 **11** 状：情况，原因。 **12** 诛遂：《史记志疑》："左将军亦以争功相嫉乖计弃市，则武帝必以执楼船为非。"

左将军已并两军，即急击朝鲜。朝鲜相路人、相韩阴、尼溪相参、将军王唊相与谋曰[1]："始欲降楼船，楼船今执，独左将军并将，战益急，恐不能与，王又不肯降。"阴、唊、路人皆亡降汉。路人道死。元封三年[2]夏，尼溪相参乃使人杀朝鲜王右渠来降。王险城未下，故右渠之大臣成巳[3]又反，复攻吏。左将军使右渠子长降、相路人之子最告谕其民，诛成巳，以故遂定朝鲜，为四郡。[4]封参为澅清侯，阴为狄苴侯，唊为平州侯，长为幾侯。[5]最以父死颇有功，为温阳[6]侯。

左将军征至，坐争功相嫉，乖[7]计，弃市。楼船

左将军合并了两军之后，就加紧进攻朝鲜。朝鲜相路人、相韩阴、尼溪相参、将军王唊等一起商议说："起初想投降楼船将军，楼船将军现在被逮捕，只有左将军统一率领，战争越发紧急，恐怕不能同他打下去，国王又不肯投降。"韩阴、王唊、路人都逃跑向汉投降。路人死在路上。元封三年夏天，尼溪相参就派人杀死了朝鲜王右渠而来投降。王险城还没攻下来，原右渠的大臣成巳造反，又攻打不同他造反的朝鲜官吏。左将军派右渠的儿子长降、相路人的儿子路最去晓谕朝鲜百姓，杀了成巳，因此汉朝就平定了朝鲜，在那里设置了四个郡。封参为澅清侯，韩阴为狄苴侯，王唊为平州侯，长降为幾侯。路最因为父亲死在归降途中很有功劳，被封为温阳侯。

左将军被召回京城，因为犯了争功、嫉妒，违背军事计划之罪，被处死。楼船将军也因军队到达列口，应当等候左将军，却擅自抢

将军亦坐兵至列口[8],当待左将军,擅先纵,失亡多,当诛,赎为庶人。

先纵兵作战,使得伤亡很多,被判处死刑,后来他出钱赎罪成为平民。

注释 1 相:朝鲜国宰相。 路人:朝鲜宰相名,《史记索隐》引应劭云:“路人,渔阳县人。” 尼溪相、将军:皆朝鲜官名。 2 元封三年:即公元前108年。 3 成已:朝鲜人名。 4 长降、最:皆为朝鲜人名。 四郡:真番(公元前108—前82年),在今朝鲜半岛中西部;临屯(公元前108—前82年),在今朝鲜半岛东部;乐浪,治所朝鲜,在今平壤市南;玄菟(公元前108—前82年),治所夫租,在今朝鲜咸兴市。 5 澅(huà)清:《史记集解》引韦昭曰:“属齐。” 狄苴:《史记集解》引韦昭曰:“属勃海。” 平州:《史记集解》引韦昭曰:“属梁父。” 幾:《史记集解》引韦昭曰:“属河东。” 6 温阳:《史记集解》引韦昭曰:“属齐。”《史记索隐》作“涅阳”。《史记志疑》:“‘温’乃‘涅’字之讹。” 7 乖:违背。 8 列口:汉县名,在今朝鲜殷栗。

太史公曰:右渠负固,国以绝祀。涉何诬[1]功,为兵发首。楼船将狭,及难离咎。[2]悔失番禺,乃反见[3]疑。荀彘争劳,与遂皆诛。两军俱辱,将率[4]莫侯矣。

太史公说:右渠倚恃险固,而招致国家灭绝。涉何骗取功劳,成为发兵攻打朝鲜的开端。楼船将军心胸狭窄,遇到危难而遭兵败祸咎。后悔当年攻打番禺时失去单独立功机会,却反被人怀疑。荀彘争功,和公孙遂一同被处死。这两支军队都曾有兵败的耻辱,其将帅没有被封侯的。

注释 1 诬:假冒。 2 离:通“罹”,遭遇。 咎:灾祸。 3 见:被。 4 将率:即“将帅”。率,通“帅”,主将,首领。

史记卷一百一十六

西南夷列传第五十六

原文

西南夷君长以什数，夜郎[1]最大。其西靡莫[2]之属以什数，滇最大；自滇以北君长以什数，邛都最大：此皆魋结，耕田，有邑聚。[3]其外西自同师以东，北至楪榆，名为嶲、昆明，皆编发，随畜迁徙，毋常处，毋君长，地方可数千里。[4]自嶲以东北，君长以什数，徙、筰都最大；[5]自筰以东北，君长以什数，冉駹[6]最大。其俗或土箸，或移徙，在蜀之西。[7]自冉駹以东北，君长以什

译文

西南夷的少数民族部落有几十个，其中夜郎是势力最大的。它的西边靡莫之夷也有几十个部落，其中滇的势力最大；滇的北边也有几十个部落，其中邛都之夷的势力最大：这些地方的人都把头发梳成椎形的髻，耕种田地，有城镇和村落。它们的外边，西面从同师往东，直到北边的楪榆，称为嶲和昆明，这里的人都结发为辫，随着牲畜而迁徙，没有固定的住处，没有君长，土地纵横大约有几千里。嶲的东北也有几十个部落，其中徙和筰都的势力最大；筰的东北也有几十个部落，其中冉駹的势力最大。它们的风俗有的定居，有的迁移不定，都在蜀郡的西边。冉駹的东北也有几十个部落，其中白马的

数，白马最大，皆氐类也。[8] 此皆巴蜀西南外蛮夷也。[9]

势力最大，它们都属于氐族。这些都是巴郡、蜀郡西南以外的蛮夷。

注释 1 夜郎：古部族名，主要分布在今贵州一带。 2 靡莫：古部族名，属于氐羌族系统，活动于今云南昆明市北。 滇：古族名、国名，都于今云南昆明市晋宁区之晋城，活动于今云南昆明市及滇池一带。 3 魋结：同“椎髻”，髻如椎形。 邑聚：城镇村落。 4 同师：古地名，大约在今云南西界。 楪(yè)榆：古地名，在今云南大理市西北，洱海西侧。 嶲(suǐ)：古部族名，活动在今云南保山市一带。 昆明：古部族名，活动在今云南昆明市西部、下关周围一带。 5 徙：古部族名，活动在今四川天全县一带。 筰(zuó)都：古部族名，活动在今四川乐山市至西昌市西部一带。 6 冉駹(máng)：古部族名，活动在今四川成都市以北，松潘县一带。 7 土箸：定居。箸，同“著”。 蜀：汉郡名，治所成都，在今四川成都市。 8 白马：亦称“白马氐”“武都氐”“白氐”，古部族名，氐族的一支，秦汉时活动在今四川西北部，甘肃南部。西汉时于其地置武都郡。 氐：古部族名，分布在今甘肃东南部及四川西北部。 9 巴：汉郡名，治所江州，在今重庆市嘉陵江北岸。

始楚威王时，使将军庄蹻将兵循江上，略巴、黔中以西。[1] 庄蹻者，故楚庄王苗裔[2]也。蹻至滇池，方三百里，旁平地，肥饶数千里，以兵威定属楚。欲归报，会秦击夺楚巴、黔中郡，道

楚威王的时候，派将军庄蹻率兵沿长江而上，攻占了巴郡、黔中郡以西的地方。庄蹻是以前的楚庄王的后代。庄蹻到了滇池，那里纵横三百里，附近是平坦的土地，肥沃富饶的地方有几千里，他凭借军队的威势平定了那里，使它隶属楚国。庄蹻正想回来报告楚王，适逢秦国攻取了楚国巴郡、黔中郡，道路阻塞，无法通行，于是他返回

塞不通，因还，以其众王滇，变服，从其俗，以长之。[3] 秦时常頞略通五尺道，诸此国颇置吏焉。[4] 十余岁，秦灭。及汉兴，皆弃此国而开蜀故徼。巴蜀民或窃出商贾，取其笮马、僰僮、髦牛，以此巴蜀殷富。[5]

滇池，凭借他的军队在滇称王，改变服饰，随从当地的风俗，而做了当地的首领。秦朝时，常頞大略开通了五尺道，这些国家大部分都设置了一些官吏。十几年后，秦朝灭亡。待到汉朝建立，把这些国家都抛弃了而把蜀郡原来的边界当作关塞。巴郡、蜀郡百姓中有的人暗中出塞做买卖，换取那里笮国的马、僰国的童仆和牦牛，因此巴郡、蜀郡人口繁多，生活富裕。

注释 1 楚威王：战国时楚国国君，公元前 339—前 329 年在位。庄蹻入滇在楚顷襄王（前 298—前 263 年）时，此处有误。 庄蹻：人名，一说其又名庄豪。公元前 279 年，率兵从黔中进入云南，后因秦所阻，便在滇中称王。 巴：古部族名，活动于今四川东部一带。 黔中：古地名，战国时属楚国，秦始皇时置郡，治所临沅，在今湖南沅陵县西。 2 苗裔：后代子孙。 3 王滇：于滇称王。 长之：充当其首领。 4 常頞（è）：人名，秦时将领，生平不详。 五尺道：道名。秦统一中国后，为控制西南地区，在今四川宜宾市和云南曲靖市间修了一条大道，路面宽五尺，故称五尺道。 5 笮：即笮都。 僰（bó）僮：僰族的奴婢。僰，古部族名，活动于今四川宜宾市一带。 髦牛：即牦牛。

建元六年[1]，大行王恢击东越，东越杀王郢以报。恢因兵威使番阳令唐蒙风[2]指晓南越。南越食蒙

建元六年，大行王恢攻打东越，东越人杀死了东越王郢而向汉朝报告。王恢乘着军事威势派番阳令唐蒙委婉地告知南越汉朝出兵的意图。南越拿蜀地的枸酱给唐蒙吃，唐蒙问

蜀枸酱，蒙问所从来，曰“道西北牂柯，牂柯江广数里，出番禺城下”。[3]蒙归至长安，问蜀贾人，贾人曰：“独蜀出枸酱，多持窃出市夜郎[4]。夜郎者，临牂柯江，江广百余步，足以行船。南越以财物役属夜郎，西至同师，然亦不能臣使也。[5]”蒙乃上书说上曰：“南越王黄屋左纛[6]，地东西万余里，名为外臣，实一州主也。今以长沙、豫章往，水道多绝，难行。[7]窃闻夜郎所有精兵，可得十余万，浮船牂柯江，出其不意，此制越一奇也。诚以汉之强，巴蜀之饶，通夜郎道，为置吏，易甚。”上许之。乃拜蒙为郎中将，将千人，食重万余人，从巴蜀筰关入，遂见夜郎侯多同。[8]蒙厚赐，喻以威

这是从哪里得来的，南越人说“由西北边的牂柯江而来的，牂柯江宽有几里，流经番禺城下”。唐蒙回到长安，询问蜀地的商人，商人说：“只有蜀郡出产枸酱，很多人偷偷拿着出去和夜郎做交易。夜郎靠近牂柯江，江宽有一百多步，足够行船。南越用财物使夜郎归附自己，势力向西到达了同师，可是也没能像对待臣国那样使唤夜郎。”唐蒙于是上书劝皇上说：“南越王乘坐着黄盖左纛的车子，土地东西有一万多里，名义上是外臣，实际上是一州的君主。如今从长沙、豫章前去，水路多数断绝，难以前行。我私下听说夜郎所拥有的精兵，可能有十多万，乘船从牂柯江而下，乘它不注意，这是制服南越的一条奇计。如果凭着汉朝的强大，巴郡、蜀郡的富饶，开通前往夜郎的道路，给那里设置官吏，十分容易。”皇上答应了这个建议。任命唐蒙做郎中将，率领一千人，以及携带粮食辎重的一万多人，从巴郡筰关进入夜郎，会见了夜郎侯多同。唐蒙给他很优厚的赏赐，用汉王朝的威势和恩德来晓谕他，约定给他们设置官吏，让他的儿子任县令。夜郎附近的小国都贪图汉朝的丝织

德，约为置吏，使其子为令。夜郎旁小邑皆贪汉缯帛[9]，以为汉道险，终不能有也，乃且听蒙约。还报，乃以为犍为[10]郡。发巴蜀卒治道，自僰道指[11]牂柯江。蜀人司马相如[12]亦言西夷邛、笮可置郡。使相如以郎中将往喻，皆如南夷，为置一都尉，十余县，属蜀。

品，认为通往汉朝的道路艰险，终究不能占为己有，就暂且接受了唐蒙的盟约。唐蒙回到汉朝报告，于是朝廷把夜郎设为犍为郡。调派巴郡、蜀郡的士兵修整道路，从僰一直通向牂柯江。蜀郡人司马相如也说西夷的邛、笮可以设置郡。皇上派司马相如以郎中将的身份前去那里告谕，将它们都如同南夷那样对待，给它们设置了一个都尉、十几个县，归属于蜀郡。

注释　1 建元六年：即公元前135年。建元，武帝年号。　2 风：通“讽”，劝告，讽谏。　3 食(sì)：让……吃。　枸(jǔ)酱：亦作“蒟酱”，一种用胡椒科植物做的酱，味辛而香。　牂(zāng)柯：即牂柯江，古水名。一说即今北盘江，一说即今都江。此外又有蒙江、沅江、乌江等说。　番(pān)禺：汉县名，今广东广州市。　4 市夜郎：到夜郎去卖。　5 役属：役使并使之归属。　臣使：像臣国一样驱使。　6 黄屋左纛：指天子车服。黄屋，黄缯覆裹的车盖。左纛，插在车舆左边用牦牛尾等制成的装饰物。　7 长沙：汉郡名，治所临湘，在今湖南长沙市。　豫章：汉郡名，治所南昌，在今江西南昌市。　8 郎中将：《史记志疑》据《华阳国志》以为当作“中郎将”。中郎将、郎中将，均属郎中令。　食重：粮食辎重。　巴蜀筰关：王念孙《读书杂志》认为当作“巴符关”。《汉书》正无“蜀”字。巴，巴郡。符关，古关名，在今四川合江县。　多同：人名，夜郎部族首领。　9 缯帛：泛指各种丝织品。　10 犍(qián)为：郡名，治所鳖县，在今贵州遵义市西。汉末移至僰道，在今四川宜宾市西南。　11 指：通向。　12 司马相如：西汉辞赋家，蜀郡成都人。详见下篇。

当是时，巴蜀四郡通西南夷道，戍转相饷[1]。数岁，道不通，士罢饿离[2]湿，死者甚众；西南夷又数反，发兵兴击，秏费无功。上患之，使公孙弘往视问焉。还对，言其不便。及弘为御史大夫，是时方筑朔方以据河逐胡，弘因数言西南夷害，可且罢，专力事匈奴。上罢西夷，独置南夷夜郎两县一都尉，稍令犍为自葆就。[3]

这时，巴、蜀、汉中、广汉四个郡开通了西南夷的道路，以士兵运送军粮。几年后，道路不通，士兵疲乏饥饿，又遭受潮湿患病，死了很多人；西南夷又多次反叛，派兵发动攻击，消耗巨大却没有成效。皇上忧虑这件事，派公孙弘前去察看了解情况。公孙弘回来报告，说这件事对国家不利。待到公孙弘任御史大夫，当时朝廷正准备修筑朔方城，来据守黄河驱逐匈奴，公孙弘就再次陈说开拓西南夷的害处，请求暂且停止，集中精力对付匈奴。皇上停止了开拓西南夷的事，只在南夷夜郎设置两个县和一个都尉，保留犍为郡，并让它慢慢发展完善自己的郡县体制。

注释 **1** 巴蜀四郡：指汉中、巴、蜀、广汉四郡。　戍转：以士兵运输。**2** 离：通“罹”。　**3** 南夷夜郎两县一都尉：《史记集解》引徐广曰：“元光六年，南夷始置邮亭。”夜郎都尉治今贵州关岭县。　葆就：自我保全并完成置郡的体制。

及元狩元年，博望侯张骞使大夏来，言居大夏时见蜀布、邛竹杖，[1]使问所从来，曰“从东南身毒

到了元狩元年，博望侯张骞出使大夏归来，说他在大夏时看到蜀地出产的丝布和邛崃山出产的竹杖，让人去问这些东西是从哪里来的，回答说“从东南方的身毒国来

国[2],可数千里,得蜀贾人市"。或闻邛西可二千里有身毒国。骞因盛言大夏在汉西南,慕中国,患匈奴隔其道,诚[3]通蜀,身毒国道便近,有利无害。于是天子乃令王然于、柏始昌、吕越人[4]等,使间出西夷西,指求身毒国。至滇,滇王尝羌[5]乃留,为求道西十余辈。岁余,皆闭[6]昆明,莫能通身毒国。

的,它离这里大约有几千里,能够和蜀地的商人做买卖"。又听说邛崃山西边大约二千里有身毒国。张骞乘机大说大夏在汉朝的西南,敬慕中国,担心匈奴阻隔了他们和中国的交通,如果能够开通蜀地的道路,取道身毒国既方便又近,对汉朝有利无害。于是天子就命令王然于、柏始昌、吕越人等人,让他们乘机私行,从西夷的西边出发去寻找身毒国。他们到了滇国,滇王尝羌就留下他们,派了十多批人为他们寻找向西去的道路。一年多后,道路全都被昆明夷阻断,没有人能通往身毒国。

滇王与汉使者言曰:"汉孰与[7]我大?"及夜郎侯亦然。以道不通故,各自以为一州[8]主,不知汉广大。使者还,因盛言滇大国,足事亲附。天子注意焉。

滇王和汉朝使者谈话说:"汉朝和我们滇国相比哪个大?"到了夜郎,夜郎侯也是这样问。因为道路不通的缘故,他们各自以为自己是一个地区的主宰,不知道汉朝的辽阔。使者回来后,于是大谈滇是个大国,值得让他们归附汉朝。于是天子开始关注滇国。

注释 1 元狩元年:即公元前122年。元狩,武帝年号。 张骞:西汉外交家,出使中元朔三年(前126)从匈奴逃归,元朔六年(前123)三月封博望侯。详见《大宛列传》。 大夏:西域国名,在今阿富汗。 邛:邛崃山,产竹，节高实中。 2 身毒(yuān dú)国：亦作“天竺”，即古印度。 3 诚：果真，如果。 4 王然于、柏始昌、吕越人：西汉人名，生平不详。 5 尝羌：人名，时为滇王，一作“赏羌”。 6 闭：阻塞，阻断。 7 孰与：表示两个事物的比较。 8 州：此指地区。

及至南越反，上使驰义侯因犍为发南夷兵。[1]且兰君恐远行，旁国虏其老弱，乃与其众反，杀使者及犍为太守。[2]汉乃发巴蜀罪人尝击南越者八校尉[3]击破之。会越已破，汉八校尉不下，即引兵还，行诛头兰。[4]头兰，常隔滇道者也。已平头兰，遂平南夷为牂柯郡。夜郎侯始倚南越，南越已灭，会还诛反者，夜郎遂入朝。上以为夜郎王。

南越破[5]后，及汉诛且兰、邛君，并杀筰侯，冉駹皆振恐，诸臣置吏。乃以邛都为越巂郡，筰都为沈犁郡，冉駹为汶山郡，

等到南越造反，皇上派驰义侯以犍为郡的名义调遣南夷军队。且兰君害怕行军遥远，附近的国家会乘机掳走自己的老弱百姓，于是和他的军队反叛了，杀死了汉朝使者和犍为太守。汉朝于是调派曾经攻打南越的八位校尉，率领巴郡和蜀郡被赦罪从军的犯人，打败了且兰。适逢南越已经被攻破，汉朝八位校尉还未沿牂柯江而下，就带兵撤回，在行军中诛灭头兰。头兰是经常阻断滇国和汉朝通路的国家。平定头兰后，接着就平定了南夷，设置了牂柯郡。夜郎侯起初倚恃南越，南越灭亡后，正碰上汉朝军队回来诛杀反叛的人，夜郎于是入京朝见天子。皇上封他为夜郎王。

南越被攻破后，汉朝又诛杀了且兰、邛君，并且杀了筰侯，冉駹的部族都震惊恐慌，便向汉朝请求称臣，为它们设置官吏。于是汉朝将邛都设为越巂郡，筰都设为沈犁郡，冉駹设为汶

广汉西白马为武都郡。[6]

山郡，广汉西边的白马设为武都郡。

注释 1 驰义侯：封爵名，其人名遗，原为越人而归汉者。 因：从，凭借。 2 且(jū)兰：西南夷中的一个小部族，活动于今贵州贵定县以东。 杀使者：指杀驰义侯。 3 八校尉：八个校尉所带领的军队。 4 行诛：在行军中诛灭。 头兰：即且兰，后为县。 5 南越破：事在元鼎六年(前111)冬。 6 越嶲郡：汉郡名，治所邛都，在今四川西昌市。 沈犁郡：亦作"沈黎郡"。汉郡名(公元前111—前97年)，治所笮都，在今四川汉源县东北。 汶山郡：汉郡名(公元前111—前67年)，治所汶江，在今四川茂县北。 广汉：汉郡名，治所雒县乘乡，在今四川金堂县东。武都在广汉之北，非"西"。 武都郡：郡名，治所武都，在今甘肃陇南市武都区。

上使王然于以越破及诛南夷兵威风喻[1]滇王入朝。滇王者，其众数万人，其旁东北有劳浸[2]、靡莫，皆同姓相扶，未肯听。劳浸、靡莫数侵犯使者吏卒。元封二年[3]，天子发巴蜀兵击灭劳浸、靡莫，以兵临滇。滇王始首善[4]，以故弗诛。滇王离难西南夷[5]，举国降，请置吏入朝。于是以为益州郡[6]，赐滇

皇上派王然于利用南越破败以及诛杀南夷的兵威委婉地告知滇王入京朝见天子。滇王，他的军队有几万人，他附近东北边有劳浸、靡莫，都和滇王同姓，相互扶持，不肯听从劝告。劳浸、靡莫多次冒犯汉朝使者和官兵。元封二年，天子调发巴郡、蜀郡的军队进攻并消灭了劳浸、靡莫，大军逼近滇国。滇王首先与汉朝交好，因此他没有被诛杀。滇王见势，举国向汉朝投降，请求汉朝为他们设置官吏，并愿意入京朝见天子。于是汉朝将滇国设为益州郡，赐给滇王王印，依旧统治他的人民。

王王印，复长其民。

西南夷君长以百数，独夜郎、滇受王印。滇小邑，最宠焉。

西南夷的君长数以百计，只有夜郎、滇的君长接受了王印。滇是个小国，最受汉朝宠爱。

注释 1 风喻：用含蓄的话暗示或劝告。风，通“讽”。 2 劳浸：亦作“劳浸”，《汉书》作“劳深”，古代部族名，活动在今云南昆明市东部一带。 3 元封二年：即公元前109年。元封，武帝年号。 4 首善：开始友善。 5 滇王离难西南夷：《汉书》作“滇王离西夷”，似“难”与“南”当为衍文。 6 益州郡：郡名，治所滇池，在今云南昆明市晋宁区东。

太史公曰：楚之先岂有天禄[1]哉？在周为文王师[2]，封楚。及周之衰，地称五千里。秦灭诸侯，唯楚苗裔尚有滇王。汉诛西南夷，国多灭矣，唯滇复为宠王。然南夷之端，见枸酱番禺，大夏杖邛竹。[3]西夷后揃，剽分二方，卒为七郡。[4]

太史公说：楚国的祖先难道有上天赐予的福禄么？在周的时候做过文王的师傅，被封于楚。待到周朝衰落，楚国土地号称方圆五千里。秦国灭亡六国，只有楚国的后代还做着滇王。汉朝讨伐西南夷，那里的国家大多灭亡了，只有滇王仍旧是汉朝宠爱的王。可是平定南夷的起因，是在番禺见到了枸酱，在大夏见到了邛竹杖。西夷后来被分割，分为西、南二方，最终汉朝在这些地区设了七个郡。

注释 1 天禄：上天所赐之福禄。 2 文王师：《楚世家》载：“吾先鬻熊，文王之师也。” 3 南夷之端：平定南夷的起因。 杖邛竹：以邛竹制成的杖。 4 揃（jiǎn）：分割。 剽：分开。 七郡：即犍为、牂柯、越嶲、益州、武都、沈犁、汶山七郡。

史记卷一百一十七

司马相如列传第五十七

原文

司马相如者，蜀郡[1]成都人也，字长卿。少时好读书，学击剑，故其亲名之曰犬子[2]。相如既学，慕蔺相如[3]之为人，更名相如。以资为郎，事孝景帝，为武骑常侍，非其好也。[4]会景帝不好辞赋，是时梁孝王来朝，从游说之士齐人邹阳、淮阴枚乘、吴庄忌夫子之徒，相如见而说之，因病免，客游梁。[5]梁孝王令与诸生同舍，相如得与诸生游士居数岁，乃著《子虚之赋》。

译文

司马相如是蜀郡成都人，字长卿。他少年时喜爱读书，学习剑术，所以他父母给他取名叫犬子。司马相如开始求学后，因仰慕蔺相如的为人，就改名叫相如。他凭借资财而出任郎官，侍奉孝景帝，担任武骑常侍，这不是他所喜好的。适逢景帝不喜欢辞赋，这时候梁孝王来京朝见，跟随梁孝王而来的善于游说的人，有齐郡人邹阳、淮阴人枚乘、吴县人庄忌先生等，司马相如见到这些人就喜欢上了，以有病为由辞了官职，旅居梁国。梁孝王让他和众儒生住在一起，司马相如有机会和儒生们、游说之士相处了好几年，于是写了《子虚赋》。

注释 1 蜀郡：汉郡名，治所成都，在今四川成都市。 2 犬子：司马相如之小名。《史记索隐》引孟康云："爱而字之也。" 3 蔺相如：战国时赵国大臣，曾面斥强秦，完璧归赵。详见《廉颇蔺相如列传》。 4 资：财产。汉制，限家资十万钱乃得为官。 武骑常侍：骑郎，侍从天子出巡、游猎。 5 梁孝王：景帝弟被封于梁，都睢阳，在今河南商丘市东南。 邹阳：文学家，原齐临菑人。 枚乘：辞赋家，淮阴人。 庄忌夫子：儒生，名忌，号夫子。《汉书》作"严忌"，避明帝讳而改。

会梁孝王卒，相如归，而家贫，无以自业。素与临邛[1]令王吉相善，吉曰："长卿久宦游不遂，而来过我。[2]"于是相如往，舍都亭[3]。临邛令缪为恭敬，日往朝相如。[4]相如初尚见之，后称病，使从者谢吉，吉愈益谨肃。[5]临邛中多富人，而卓王孙家僮八百人，程郑亦数百人，二人乃相谓曰[6]："令有贵客，为具[7]召之。"并召令。令既至，卓氏客以百数。至日中，谒司马长卿，长卿谢病不能往，临邛令

正值梁孝王去世，司马相如返回家乡，可是家境贫寒，没有什么可以谋生。他平素和临邛县令王吉关系很好，王吉说："你长久在外行游求官，不顺遂，就来拜访我。"于是司马相如前去，住在城内的都亭中。临邛县令假装恭敬的样子，每天去拜访司马相如。司马相如最初还以礼相见，后来就声称有病，派随从谢绝王吉的拜访，王吉更加谨慎恭敬。临邛县中有很多富人，卓王孙家就有奴仆八百人，程郑家也有几百人，他们两人就互相商量说："县令有贵客，我们不如准备酒食宴请他。"他们一并请了县令。县令到来后，卓家的客人已有上百人。到了中午，去请司马长卿，司马相如推称有病，不能前去，临邛县令不敢品尝酒食，亲自前去迎请司马相如。司马相如不得已，勉强前往，在座的客人都钦佩他的风

不敢尝食，自往迎相如。[8] 相如不得已，强往，一坐[9] 尽倾。酒酣，临邛令前奏琴曰：“窃闻长卿好之，愿以自娱。”相如辞谢，为鼓一再行[10]。是时卓王孙有女文君新寡，好音，故相如缪与令相重，而以琴心挑之。[11] 相如之临邛，从车骑，雍容闲雅甚都；[12] 及饮卓氏，弄琴，文君窃从户窥之，心悦而好之，恐不得当也。[13] 既罢，相如乃使人重赐文君侍者通殷勤。[14] 文君夜亡奔相如，相如乃与驰归成都。家居徒四壁立。卓王孙大怒曰：“女至不材[15]，我不忍杀，不分一钱也。”人或谓王孙，王孙终不听。文君久之不乐，曰：“长卿第俱如临邛，从昆弟假贷犹足为生，何至自苦如此！[16]”相如与俱之临邛，尽卖其车骑，买一酒

采。饮酒正畅快尽兴时，临邛县令向前送上琴说：“我听说长卿喜欢弹琴，请您弹奏一曲，为自己助兴。”司马相如推辞了一番，便弹奏了一两首曲。当时卓王孙有个女儿叫文君，刚刚守寡，喜欢音乐，所以司马相如假装和县令相互敬重，而用琴声来挑逗她。司马相如到临邛时，有车马跟随，仪表又雍容娴雅，十分漂亮；待到在卓家饮酒，弹奏琴曲，卓文君偷偷从门缝中看他，心里很高兴，喜欢上了他，又担心自己不能符合他的心意。弹琴结束后，司马相如于是叫人送给卓文君的侍者很丰厚的礼物，向卓文君传达自己恳切深厚的情意。卓文君连夜逃出家门，与司马相如私奔。司马相如就和她急忙赶回成都。他家里穷得空无一物，只有四面墙壁竖立。卓王孙十分生气说：“女儿太不成才，我不忍心杀死她，但也不分给她一个钱。”有的人劝说卓王孙，卓王孙始终不听从。过了很长一段时间，卓文君感到不高兴，说：“长卿只要和我一起去临邛，向兄弟们借贷也还足够用来维持生活，何至于使自己苦到这个地步呢！”司马相如就和她一起到了

舍酤酒，而令文君当炉。[17] 相如身自著犊鼻裈，与保庸杂作，涤器于市中。[18] 卓王孙闻而耻之，为杜门[19]不出。昆弟诸公[20]更谓王孙曰："有一男两女，所不足者非财也。今文君已失身于司马长卿，长卿故倦游，虽贫，其人材足依也，且又令客，独奈何相辱如此！"卓王孙不得已，分予文君僮百人，钱百万，及其嫁时衣被财物。文君乃与相如归成都，买田宅，为富人。

临邛，卖掉了他们的全部车马，买了一间酒店来卖酒，而让卓文君主管炉前的酒铺买卖。司马相如自己身穿犊鼻裤，和雇工们一起工作，在街市中洗涤酒器。卓王孙听说了，感到耻辱，就闭门不出。兄弟们和临邛的长者交相劝卓王孙说："你有一个儿子和两个女儿，你缺少的不是钱财。如今卓文君已经成了司马长卿的妻子，长卿本来厌倦宦游，虽然贫穷，他的才能足以依靠，况且他又是县令的客人，为什么您让他受这样的耻辱呢？"卓王孙不得已，就分给卓文君家奴一百人，钱一百万，以及她出嫁时的衣服被褥和各种财物。卓文君就和司马相如回到成都，购买了田地房屋，成为富人。

注释 1 临邛：县名，在今四川邛崃市。 2 宦游：离乡在外，求官谋职。 遂：顺遂。 过：探望，拜访。 3 都亭：《史记索隐》："临邛郭下之亭也。" 4 缪：假装。同下文"相如缪与令相重"之"缪"。 朝：拜访。 5 尚：还。 谢：谢绝，拒绝。 谨肃：谨慎恭肃。 6 卓王孙、程郑：二人皆为冶铁巨商，详见《货殖列传》。 7 具：备办酒席。 8 谒：请。 谢病：因病谢却。 9 一坐：在座的客人。 10 一再行：一两首曲子。行，乐曲。 11 重：敬重。 琴心：琴声中蕴含的情意。 挑：挑逗，诱发。 12 雍容：神态从容高贵。 闲雅：文雅大方。 都：姣美。 13 好：喜爱。 当：符合心意。 14 通：传达，表达。 殷勤：衷情，心意。

15 不材：不成才，不争气。 16 第：但，只。 俱如：一块前往。 假贷：借贷。 17 酤酒：卖酒。 当炉：主持卖酒。炉，古时酒店前放置酒坛的炉形土墩。 18 犊鼻裈(kūn)：开如牛犊之鼻的短裤。古时的裤子，无裆谓之袴，有裆谓之裈。 保庸：酒保等雇工。 19 杜门：闭门。 20 诸公：《史记集解》引郭璞曰："诸公，父行也。"

居久之，蜀人杨得意为狗监[1]，侍上。上读《子虚赋》而善之，曰："朕独[2]不得与此人同时哉！"得意曰："臣邑人司马相如自言为此赋。"上惊，乃召问相如。相如曰："有是。然此乃诸侯之事，未足观也。请为天子游猎赋，赋成奏之。"上许，令尚书给笔札[3]。相如以"子虚"，虚言也，为楚称[4]；"乌有先生"者，乌有[5]此事也，为齐难；"无是公"者，无是人也，明[6]天子之义。故空藉此三人为辞，以推天子诸侯之苑囿。[7]其卒章归之于节俭，因以风谏。[8]奏之天子，天子大

过了很长时间，蜀郡人杨得意担任狗监，侍奉皇上。有一天，皇上读到《子虚赋》，认为写得好，说："可惜我偏偏不能和这个人同时代啊！"杨得意说："我的同乡司马相如自称写了这篇赋。"皇上很吃惊，于是召司马相如来询问。司马相如说："有这样的事。但这是写诸侯的事，不值得看。请让我写天子游猎赋，写成后就进献给您。"皇上答应了，命令尚书给他笔和简牍。司马相如用"子虚"作为虚构的楚人之名，来称说楚国之美；"乌有先生"，就是哪有这事，来替齐国诘难楚国；"无是公"，就是没有这人，来阐明天子的意图。所以借这三个人的议论，来推想天子和诸侯的游猎活动。赋的终篇归结到节俭上去，借此委婉地劝谏皇上。他把赋进献给天子，天子十分高兴。文章写道：

楚国派子虚出使到齐国，齐王

说。其辞曰：

楚使子虚使于齐，齐王悉发境内之士，备车骑之众，与使者出田[9]。田罢，子虚过诧乌有先生，而无是公在焉。[10]坐定，乌有先生问曰："今日田乐乎？"子虚曰："乐。""获多乎？"曰："少。""然则何乐？"曰："仆乐齐王之欲夸仆以车骑之众，而仆对以云梦之事也。[11]"曰："可得闻乎？"

调遣国内所有的士兵，准备了众多的车马，和使者一同出外打猎。打猎结束，子虚去拜访并向乌有先生夸耀，无是公当时也在场。他们坐定后，乌有先生向子虚问道："今天打猎快乐吗？"子虚说："快乐。""猎物很多吗？"子虚说："很少。""那你为何快乐？"子虚说："令我快乐的是齐王本想向我夸耀他的车马众多，而我却用楚王在云梦打猎的盛况来回答他。"乌有先生说："可以说给我听么？"

注释 **1** 狗监：内官名，主管皇帝的猎犬。 **2** 独：偏偏。 **3** 笔札：书写工具。札，供书写用的小木板。 **4** 楚称：《史记集解》引郭璞曰："称说楚之美。" **5** 乌有：哪有，没有。乌，何，与"恶"同。 **6** 明：阐明。 **7** 藉：借。 推：推想。 **8** 卒章：终篇。 风：通"讽"，劝告。 **9** 田：打猎。 **10** 过：拜访。 诧：夸耀。 **11** 仆：对自己的谦称。 云梦：古泽名，即云梦泽，在今洪湖、洞庭湖一带。

子虚曰："可。王驾车千乘，选徒万骑，田于海滨。列卒满泽，罘罔弥山，掩兔辚鹿，射麋脚麟。[1]骛于盐浦，割鲜染轮。[2]射中获多，矜[3]

子虚说："可以。齐王指挥着一千辆军车，选拔一万名骑兵，在海边打猎。排列开的士兵布满了草泽，捕兽的罗网遍布山上，罗网罩住野兔，车轮碾死大鹿，射中了麋鹿，抓住了麟的一脚。车马纵横

而自功。顾谓仆曰：‘楚亦有平原广泽游猎之地饶乐若此者乎？楚王之猎何与[4]寡人？’仆下车对曰：‘臣，楚国之鄙人也，幸得宿卫十有余年，时从出游，游于后园，览于有无，然犹未能遍睹也，又恶[5]足以言其外泽者乎！’齐王曰：‘虽然，略以子之所闻见而言之。’

奔驰在泽边的盐滩，被宰杀的禽兽的血染红了车轮。射中目标，获得很多猎物，齐王骄傲地向人夸耀自己的功劳。他回头对我说：‘楚国也有平原广泽供人游玩打猎之地，能使人获得这么多的快乐吗？楚王的游猎和我比起来，哪个更好呢？’我走下车子回答说：‘我是楚国低贱的人，有幸能够在楚国宫禁中值宿警卫十多年，时常跟随楚王出外游猎，在王宫的后苑游猎，匆匆浏览过周围的景物，但还不能全部看遍，又怎么够得上谈论那内苑之外的大泽盛景呢！’齐王说：‘即使这样，还是请你根据你的所见所闻大略说说吧。’

注释　1 罘(fú)：捕兔的网。　罔：渔猎用的网。罔，同“网”。　弥：满。　掩(yǎn)：罩住。　辚(lìn)：同“躏”，即“躏轹”，车轮碾压。　麋：麋鹿。　脚：《史记索隐》引韦昭云：“谓持其一脚也。”　2 骛(wù)：纵横奔驰。　盐浦：泽边盐滩。　鲜：新鲜的肉。　3 矜：夸耀。　4 何与：孰与。　5 恶(wū)：怎么。

“仆对曰：‘唯唯[1]。臣闻楚有七泽，尝见其一，未睹其余也。臣之所见，盖特[2]其小小者耳，名曰云梦。云梦者，方九百里，其中有山焉。其山则盘纡岪郁，隆崇嵂崒；[3]岑

“我回答说：‘是，是。听说楚国有七个大泽，我只看到过其中一个，还没看过其余的。我所看到的，大概只是其中最小的一个，名叫云梦。云梦纵横九百里，其中有山。山势盘桓，曲折阴幽，高耸险峻；山峰峭拔，

岩参差，日月蔽亏；[4]交错纠纷，上干青云；[5]罢池陂陁，下属江河。[6]其土则丹青赭垩，雌黄白坿，锡碧金银，众色炫耀，照烂龙鳞。[7]其石则赤玉玫瑰，琳瑉琨珸，瑊玏玄厉，碝石武夫。[8]其东则有蕙圃衡兰，芷若射干，穹穷昌蒲，江离麋芜，诸蔗猼且。[9]其南则有平原广泽，登降陁靡，案衍坛曼，缘以大江，限以巫山。[10]其高燥则生葴菥苞荔，薛莎青薠。[11]其卑湿则生藏莨蒹葭，东蔷雕胡，莲藕菰芦，菴闾轩芋，众物居之，不可胜图。[12]其西则有涌泉清池，激水推移；外发芙蓉菱华，内隐巨石白沙。[13]其中则有神龟蛟鼍，玳瑁鳖鼋。[14]其北则有阴林巨树，楩楠豫章，桂椒木兰，蘗离朱杨，楂梸梬栗，橘柚芬芳。[15]其上

高低不齐，日月时隐时缺；群山错落交杂，直冲云霄；山坡倾斜而下，连接江河。那土壤里有朱砂、石青、赤土、白垩、雌黄、石灰石、锡矿、碧玉、黄金、白银，各种颜色光彩夺目，光耀如同灿烂的龙鳞。那里的石头有赤玉、玫瑰宝石、琳瑉、琨珸、瑊玏、黑石、碝石、武夫石。东面有长着蕙草的园圃，其中有杜衡、兰草、白芷、杜若、射干、穹穷、菖蒲、江离、麋芜、甘蔗、芭蕉。南面有平原广泽，起伏不平，倾斜连绵，有的低洼，有的平坦，沿着长江，直到巫山为界。那高峻干燥的地方生长有马蓝、菥草、苞草、荔草、藾蒿、莎草和青薠。那低湿的地方生长有狗尾巴草、芦苇、东蔷、菰米、莲花、荷藕、葫芦、青蒿草、莸草，各种各样的东西生长在那里，不能完全描绘。西面有奔涌的泉水和清澈的水池，激荡的水波在翻滚向前；水面上开放着荷花、菱花，水面下隐伏着大石、白沙。水中有神龟、蛟蛇、鼍龙、玳瑁、鳖和鼋。北面有森林大树，生长着楩树、楠木、豫樟树、桂树、花椒树、木兰、黄柏树、山梨树、赤茎柳、山楂树、黑枣树，橘树、柚子树发出芳香。这些树的上

原文	译文
则有赤猿蠷蝚,䴔鹄孔鸾,腾远射干。[16] 其下则有白虎玄豹,蟃蜒貙犴,兕象野犀,穷奇獌狿。[17]	面有赤猿、猕猴、䴔鹄、孔雀、鸾鸟,善跳的猴子和射干。树下有白虎、黑豹、蟃蜒、貙、犴、雌犀牛、大象、野犀牛、穷奇、獌狿。

注释 1 唯唯:应答之声。 2 特:只,只是。 3 盘纡(yū):迂回曲折。 岪(fú)郁:山势曲折阴幽。 隆崇:高高耸立。 嵂崒(lǜ zú):山高峻貌。 4 岑(yín)岩:山势险峻貌。 参差(cēn cī):高低不齐的样子。 蔽亏:时隐时缺。蔽,全遮。亏,残缺。 5 交错:交叉错杂。 纠纷:纠结纷扰。 干:触犯。 6 罢(pí)池:倾斜而下貌。 陂陁(pō tuó):倾斜不平貌。陁,同"阤"。 属(zhǔ):连接。 7 丹:朱砂。 青:石青。 赭(zhě):赤土。 垩(è):白土。 雌黄:矿物名。即三硫化二砷,半透明,柠檬黄色。 白坿(fù):石灰石。 碧:青色的玉石。 照烂:光照灿烂。 8 玫瑰:一说火齐珠。如同玫瑰色的美玉。 琳瑉(mín):精美的玉石。 琨珸(kūn wú):本为山名(即昆吾山),此指如同琨珸山之美石。 瑊玏(jiān lè):似玉的美石。 玄厉:《史记集解》引《汉书音义》曰:"黑石可用磨者。" 瑌(ruǎn)石:似玉的美石。 武夫:亦作"碔砆",似玉的美石。 9 蕙圃:蕙草之园。蕙,一种和兰外貌相似的香草。 衡兰:杜衡和兰草。杜衡,香草名。 芷(zhǐ)若:白芷和杜若,均为香草名。 射干:香草名,灌木,可入药。《汉书》无此二字,为"其东则有蕙圃,衡兰芷若"。 穹穷:香草名,根可入药。 昌蒲:水草名,根可入药。 江离、蘪芜:两种水草名。 诸蔗:即甘蔗。 猼且(pò jū):一说即芭蕉,一说为蘘荷,草名。《汉书》作"诸(藷)柘巴且"。 10 登降:或登上或降下,地势高低不平。 陁(yǐ)靡:形容地势斜长而又绵延不断的样子。 案衍:地势低下。 坛曼:广阔平坦。 缘:沿,循。 大江:即长江。 巫山:古山名,即云梦泽中的阳台山,在今湖北武汉市境内。 11 葴(zhēn):马蓝,多年生草本植

物。 薪(sī):草名。《史记集解》引徐广曰:“或曰草,生水中,华可食。” 苞:席草,可制席子和草鞋。 荔:草名。一说即马蓝,叶可造纸,根可制刷。 薛:草名,藾蒿。《汉书》作“薜”,即当归。二物判然不同。 莎(suō):草名,莎草之类,可供药用。 青薠(fán):草名,似莎而大。 **12** 藏莨(zāng làng):即狗尾巴草,亦称狼尾草。 蒹葭(jiān jiā):芦苇。 东蔷(qiáng):草名,状如蓬草,果实如葵子,可吃。 雕胡:即菰米,茭白于实,煮熟为雕胡饭。 菰芦:即葫芦。 奄閭(yǎn lú):即青蒿。 轩芋:草名,亦作“轩于”,莸草。 **13** 推移:浪涛翻滚向前。 发:开放。 芙蓉:即荷花。 菱华:即菱花。华,同“花”。 **14** 蛟:古代传说中一种能发水的龙。一说水中大蛇。 鼍(tuó):即扬子鳄。 玳瑁(dài mào):形状似龟的爬行动物,甲壳黄褐色,可做装饰品。 鼋(yuán):大鳖。 **15** 楩(pián):树名。《史记集解》引郭璞曰:“楩,杞也,似梓。” 楠:即楠木,一种常绿乔木。 豫章:亦作“豫樟”,树名,枕木与樟木的并称。 桂:香树名。 椒:花椒树。 木兰:树名,开白花。 蘗(bò):即黄柏。落叶乔木,树皮味苦,可入药。 离:通“梨”,即山梨树。 朱杨:生于水边的树名,即赤茎柳。 楂梸:山楂树。 樗(yǐng)栗:即楞枣,今称黑枣。 **16** 赤猿:红猴。 蠷蝚(qú náo):即猕猴。《汉书》《文选》无“赤猿蠷蝚”四字,因下文有“玄猿素雌”及“蛭蜩蠷蝚”之句。 鹓鸰(yuān chú):传说中与鸾凤同类的鸟。鸰,同“雏”。 孔:孔雀。 鸾:鸾鸟,传说中似凤凰的鸟。 腾远:《史记索隐》引郭璞云:“腾蛇,龙属,能兴云雾。”一说即“腾猿”,善腾跃的猴子。 射(yè)干:《史记索隐》引张揖云:“射干,似狐,能缘木。” **17** 蟃蜒(wàn yán):《史记集解》引郭璞云:“大兽,长百寻。” 貙(chū):也称貙虎,大如狗,文如狸。 犴(àn):一种野狗。 兕(sì):雌性犀牛。 穷奇:传说中的野兽名。《山海经·西山经》中有记载。 獌狿(màn yán):野兽名,似狸狼属。于“兕象野犀,穷奇獌狿”处,《史记志疑》:“八字《汉书》《文选》皆无,且上句蟃蜒即獌狿,而下又有‘穷奇象犀’之语也。”

"'于是乃使专诸之伦，手格此兽。[1] 楚王乃驾驯驳之驷，乘雕玉之舆，靡鱼须之桡旃，曳明月之珠旗，建干将之雄戟，左乌嗥之雕弓，右夏服之劲箭；[2] 阳子骖乘，纤阿为御；[3] 案节未舒，即陵狡兽，辚邛邛，蹴距虚，轶野马而韢騊駼，乘遗风而射游骐；[4] 儵眒凄浰，雷动熛至，星流霆击，弓不虚发，中必决眦，洞胸达腋，绝乎心系，获若雨兽，揜草蔽地。[5] 于是楚王乃弭节裴回，翱翔容与，览乎阴林，观壮士之暴怒，与猛兽之恐惧，徼郄受诎，殚睹众物之变态。[6]

"'于是楚王就派专诸这类的勇士，徒手击杀这些猛兽。他便驾着被驯服的杂毛驷马，乘坐着雕刻有美玉装饰的车子，挥动着鱼须作的旃旗，摇动着明月珍珠缀饰的旗帜，高举着干将铸造的三刃利戟，左手拿着雕有花纹的乌嗥名弓，右手拿着夏羿箭囊中的强劲之箭；善于相马的阳子做陪乘，擅长驾车的纤阿当御者；车马徐徐而行，还未尽情驰骋时，就已踏倒了狡猾的野兽，碾压了善跑的邛邛，践踏着距虚，用轴头突袭和撞击野马、騊駼，乘着千里马射猎正在游荡的骐；动作敏捷，有如惊雷滚动，来势迅猛，又如流星飞坠，似若雷霆撞击，放射的箭都不落空，射裂禽兽的眼眶，穿透胸膛直达腋部，使连着心脏的血管断裂，猎获的禽兽，多得像下雨一般，覆盖了草野、大地。于是楚王就停鞭徘徊，逍遥自在，在茂林中游览，观赏壮士的暴怒和猛兽的恐惧，拦截、捕捉那些疲困而走投无路的野兽，尽情地欣赏壮士围猎各种猛兽的情形。

注释　1 专诸：春秋时吴国勇士，曾替吴公子光刺杀吴王僚。见《刺客列传》。　格：击杀。　2 驯驳：经驯服的杂色马。　驷：此指驷马。　舆：车。　靡：通"麾"，挥动。　桡旃（náo zhān）：轻柔飘动的旗帜。通帛为旃。　曳:摇动。　明月:珍珠名。　干将:春秋时代吴国的著名制剑工匠。所制之剑异常锋利,亦名"干将"。　雄戟:即三刃戟。　乌嗥:又作"乌号",古代良弓名。　夏服:《史记索隐》:"夏羿,善射者。又服,箭室之名,故云'夏服'。"　**3**　阳子:即孙阳,字伯乐,秦缪公之臣,以善相马著称。　骖乘:陪乘。　纤阿:传说中为月神驾车的仙女。　**4**　案节:指马缓行而有节奏。　舒:舒展,此为尽情奔驰。　陵:侵凌,此指践踏。　轔:碾压。　邛邛:传说中的走兽。　蹵(cù):踩、踏。　距虚:《史记集解》引郭璞曰:"距虚即邛邛。"一说是一种善于奔走的野兽,其状如驴。　轶:突击。　轊(ruì):本意为车轴顶端,此为用车轴头冲撞。　騊駼(táo tú):良马名。　遗风:一种千里马。　骐:野兽名,似马之巂(xī,一角)而无角。　**5**　儵眒(shū shēn):疾速貌。　凄浰(qī lì):迅疾貌。　靁:雷的本字。熛(biāo)至:谓疾风迅猛来临。比喻来势迅猛。　星流:流星飞坠。　霆:疾雷。　眦(zì):眼角。　洞:贯穿。　绝:断裂。　心系:连心的血管。　获若雨兽:猎取的野兽如同雨点降落一样。　揜(yǎn):遮蔽,覆盖。　**6**　弭节:停鞭缓行。　裴回:同"徘徊"。　容与:从容自得的样子。　阴:此指繁茂遮阴。　徼(yāo):拦截。　谻(jué):疲困。此指极度疲困之野兽。　受:捕捉。　诎:穷尽,此指走投无路之猎物。　殚:尽。

"'于是郑女曼姬,被阿锡,揄纻缟,杂纤罗,垂雾縠;[1]襞积褰绉,纡徐委曲,郁桡溪谷;[2]衯衯裶裶,扬袘恤削,蜚纤垂髾;[3]扶与猗靡,噏呷萃蔡,下摩兰蕙,上拂羽盖,错翡

"'于是美女穿着细缯和细布做的衣裳,拖着麻布和白绸做的裙子,还装点着纤细的绫罗,身上垂挂着薄雾一般的轻纱;衣裙褶皱重叠,纹理细密,线条婉曲多姿,好似深幽的溪谷;长长的衣服,扬起的袖子,整齐美观,衣上的飘带、形如燕尾的装饰随风飘动;衣着合体,婀娜称美,衣裙相磨,发出噏呷萃蔡的响声,接触到下边的兰花蕙草,拂拭着上面的羽

翠之威蕤，缪绕玉绥；[4]缥乎忽忽，若神仙之仿佛。[5]

饰车盖，头发上杂饰着各色鸟的羽毛，领下缠绕着用玉装饰的帽缨；若隐若现，飘忽不定，就像神仙一样。

注释 1 郑女：相传古代郑国多美女，此泛指美女。 曼姬：美女。曼，柔美，细美。 被：通“披”。 阿(ē)锡：轻细的丝织品。阿，细缯。锡，通“緆”，细布。 揄(yú)：牵曳。 纻缟(zhù gǎo)：泛指麻绸织品。纻，麻布。缟，白绸布。 纤罗：纤细的绫罗。 雾縠(hú)：轻薄如雾之细纱。縠，有绉纹的纱。 2 襞(bì)积：服饰的褶皱。 褰(qiān)绉：紧缩的皱纹。 纡徐：宽舒。 委曲：曲折。《汉书》无“纡徐委曲”四字，并且下有“纡余委蛇”句。 郁桡：深曲的样子。 3 衯衯(fēn)裶裶(fēi)：衣长貌。 袘(yì)：衣袖。 恤削：形容衣服裁制合体整齐。 蜚纤：衣上飘带。 垂髾(shāo)：古代妇女上衣的装饰，形如燕尾。 4 扶与、猗靡：皆复音状词，形容衣服合身而体态婀娜。 噏呷(xī xiā)、萃蔡：均为象声词，形容人走路时衣服摩擦所发出的响声。 摩：摩擦。 兰蕙：指地上的花草。 拂：拂拭。 羽盖：用羽毛装饰的车盖。 错：错杂。 翡、翠：此皆指羽毛。翡，红色的鸟。翠，绿色的鸟。 威蕤(ruí)：华丽貌。 缪(liǎo)绕：缠绕。 玉绥：用玉装饰的帽带。绥，沈钦韩以为“緌”之误字，緌，帽带的末梢部分。 5 缥乎：飞扬不定。 忽忽：忽隐忽现，若有若无。 仿佛：隐约，不真切。

“‘于是乃相与獠于蕙圃，媻珊勃窣上金堤，揜翡翠，射鵔鸃，微矰出，纤缴施，弋白鹄，连驾鹅，双鸧下，玄鹤加。[1]怠而后发[2]，

“‘于是楚王就和众美女一起于夜间在蕙圃打猎，缓慢地登上坚固的水堤，网住翡翠鸟，射中锦鸡，射出带丝线的短箭，放出系着细丝绳的箭，射中白鹄，击中野鹅，中箭的

游于清池；浮文鹢，扬桂枻，张翠帷，建羽盖，罔瑇瑁，钓紫贝；[3] 摐金鼓，吹鸣籁，榜人歌，声流喝，水虫骇，波鸿沸，涌泉起，奔扬会，礧石相击，硠硠礚礚，若雷霆之声，闻乎数百里之外。[4]

鸧鸹双双坠地，黑鹤也中箭落地。打猎疲倦以后，他们在清池中泛舟；划着绘有鹢鸟花纹的彩船，扬起桂木的船桨，张挂起翠幔，立起羽毛装饰的伞盖，网捞玳瑁，钓取紫贝；敲打金鼓，吹起排箫，船夫唱歌，歌声嘶哑，鱼虾惊骇，洪波翻腾，泉水涌出，浪涛汇聚，滚石互相撞击，发出硠硠礚礚的响声，好像雷霆之声，几百里以外都能听到。

注释　1 獠(liáo)：夜间打猎。　媻(pán)珊：犹蹒跚，走路缓慢貌。　勃窣(sū)：走路缓慢的样子。　金堤：坚实的水堤。　鵕鸃(jùn yí)：锦鸡。　矰(zēng)：系有丝绳的短箭。　缴(zhuó)：拴在箭上的生丝绳。　施：放射。　弋：用带丝绳的箭射飞禽。　鹄：天鹅。　驾鹅：野鹅。　鸧(cāng)：即鸧鸹，水鸟名。似鹤，苍青色。　加：箭加其身。　2 发：发船。《汉传》无“发”字，“于”前后七字作一句读，《史记志疑》以为“甚是”。　3 浮：水上泛舟。　文：花纹。　鹢(yì)：水鸟名。形如鹭而大，羽色苍白，善高飞。古代在船首以彩色画鸿鸟之形，后往往借指船。　扬：举起。　桂枻(yì)：桂木桨。桂，《汉书》《文选》作“旌”。枻，桨。　张：张开，打开。　翠帷：画有翡翠鸟图案的帷帐。　羽盖：用鸟毛装饰的伞盖。　罔：用网捕。　紫贝：海中软体动物名，亦称文贝，壳圆质洁白，有紫色斑纹。4 摐(chuāng)：撞击。　籁(lài)：排箫、箫一类的管乐器，三孔。　榜(bàng)人：船夫。　流喝(yè)：声音悲咽，嘶哑。　水虫：鱼虾之类。　鸿：通“洪”，大。　沸：翻腾。　扬会：据《史记会注考证》，中井积德认为是“波涛”。　礧(léi)石：古代作战时从高处向下推滚用以打击敌人的石头。　硠(láng)硠、礚(kē)礚：两词均为象声词，表示水石相撞击发出的声响。

"'将息獠者,击灵鼓,起烽燧,车案行,骑就队,纚乎淫淫,班乎裔裔。[1]于是楚王乃登阳云之台,泊乎无为,澹乎自持,勺药之和具而后御之。[2]不若大王终日驰骋而不下舆,脟割轮淬,自以为娱。[3]臣窃观之,齐殆[4]不如。'于是王默然无以应仆也。"

"'打猎将要停止时,敲起灵鼓,点燃火把,车驾依次而行,骑兵归队出发,群行不断,流动相连。于是楚王便登上阳云台,显出安静平和无事、恬静自若的样子,侍者调和好五味食物后,就献给楚王品尝。不像大王终日奔驰,不下车子,用刀割肉,在车轮间烧烤食用,自以为乐。我私下看来,齐王游猎恐怕不如楚王那样有趣。'于是齐王默不作声,无话回答我。"

注释 1 灵鼓:专用于田猎的六面鼓。 起:燃起。 烽燧:本指烽火,此指火把。 案行:依次而行。 就队:归入队列。 纚(xǐ)乎:绳子相连的样子。 淫淫:行进貌。 班乎:依次相连而行。班,通"般"。 裔裔:四散流布貌。 2 阳云之台:亦名"阳台",《史记志疑》以为当从《文选》作"云阳",为楚国台榭之名。今重庆巫山县北有阳台山,高百丈,上有云阳台遗址。 泊乎:淡泊无为的样子。 澹(dàn)乎:安静平和的样子。 自持:保持内心宁静。 勺药:草药名,合之于兰桂五味以助诸食。 具:齐备。 御:进用。 3 脟(luán):把肉切成小块。 轮淬(cuì):在车轮间烤肉吃。淬,烧。 4 殆:恐怕。

乌有先生曰:"是何言之过也!足下不远千里,来况齐国,王悉发境内之士,而备车骑之众,以出

乌有先生说:"这话为什么说得如此过分呢!您不远千里光临齐国,齐王调遣国内所有的士兵,准备了众多的车马,和您同去田猎,是想同心协力猎获禽兽,来使

田，乃欲戮力致获，以娱左右也，何名为夸哉！[1]问楚地之有无者，愿闻大国之风烈，先生之余论也。[2]今足下不称楚王之德厚，而盛推云梦以为高，奢言淫乐而显侈靡，窃为足下不取也。[3]必若所言，固非楚国之美也。有而言之，是章[4]君之恶；无而言之，是害足下之信。章君之恶而伤私义，二者无一可，而先生行之，必且轻于齐而累于楚矣。[5]且齐东陼巨海，南有琅邪，观乎成山，射乎之罘，浮勃澥，游孟诸，邪与肃慎为邻，右以汤谷为界，秋田乎青丘，傍偟乎海外，吞若云梦者八九，其于胸中曾不蒂芥。[6]若乃俶傥瑰伟，异方殊类，珍怪鸟兽，万端鳞萃，充仞其中者，不可胜记，禹不能名，契不能计。[7]然在诸侯之位，不敢言游戏之乐，苑囿

您快乐，为什么称这样是夸耀呢？询问楚国有没有游猎的平原广泽，是希望听听贵国的教化和功业，先生的美言高论。如今您不称颂楚王丰厚的恩德，却尽力称说云梦泽的盛大，大谈淫乐而显露奢侈靡费的场景，我认为您不应该这样。如果真像您所说的，那原本算不上是楚国的美事。有这些事而说出来，是宣扬国君的丑恶；没有这样的事而说出来，是有损您的信誉。宣扬国君的丑恶和损害自己的信誉，这两件事没有一件是可取的，可先生却做了，这一定将会被齐国轻视而使楚国受牵累。况且齐国东临大海，南有琅邪山，在成山观赏，在之罘山射猎，在渤海泛舟，在孟诸泽游荡，侧面和肃慎为邻，右边以汤谷为界限，秋天在青丘打猎，在海外徘徊，即使容纳下八九个像云梦这样的大泽，那在胸中也丝毫没有梗塞的感觉。至于那些卓异奇伟之物，各地特产，珍奇怪异的鸟兽，万物聚集，就像鱼鳞密布一样，充满其中，不可胜记，就是大禹也叫不上名字，契也计不完数目。可是齐王身处诸侯的地位，不敢谈论游

之大；先生又见[8]客，是以王辞而不复，何为无用应哉！”

猎嬉戏的欢乐，园林的广大；先生又被当作客人，所以齐王辞让而不作答复，怎么是无言以对呢？”

注释 1 况：通“贶”，惠顾，光临。 戮力：齐心合力。 2 风烈：风教德业。 余论：美言高论。 3 高：盛大。《汉书》作“骄”。 奢言：大谈。 4 章：彰明，显扬。 5 私义：此处指信誉。 累：牵累。 6 陼：同“渚”，水边。 琅邪：即琅邪山。 成山：山名，在今山东荣成市东北成山角。 之罘：又作“芝罘”，山名，在今山东烟台市北芝罘岛上。 勃澥(xiè)：即渤海。 孟诸：古泽名，亦作“盟诸泽”，在今河南商丘市东北。 邪：通“斜”，侧翼。 肃慎：古国名或古部族名，活动在今东北辽宁省境内。 右：刘奉世说当为“左”。《史记志疑》引陈子龙曰：“汤谷日出之区，应在齐东，而云‘右’，恐‘左’字之误。《正义》所云‘北向天子’，亦无据。” 汤谷：或作“旸谷”，传说中的日出之地。 青丘：传说中的海外国名。《山海经·海外东经》有记载。 傍偟：同“彷徨”，徘徊。 吞：容纳。 蒂(chài)芥：亦作“芥蒂”，小小的梗塞之物。 7 俶傥：同“倜傥”，卓异非凡。 瑰伟：奇伟。 万端：万物。 鳞萃：像鱼鳞般聚集一处。 充仞：充满。 契：商族之始祖，发明历法。 8 见：被。

无是公听然[1]而笑曰：“楚则失矣，齐亦未为得也。夫使诸侯纳贡者，非为财币，所以述职也；封疆画界者，非为守御，所以禁淫也。[2]今齐列为东藩，

无是公张口笑着说：“楚国是错了，齐国也算不上正确。天子之所以让诸侯交纳贡物，不是为了财币礼物，而是为了让他们陈述履行职务的情况；之所以要划分疆界，不是为了守卫边境，而是为了杜绝诸侯肆意侵占疆土。如今齐国列

而外私肃慎，捐国逾限，越海而田，其于义故未可也。[3] 且二君之论，不务明君臣之义而正诸侯之礼，徒事争游猎之乐，苑囿之大，欲以奢侈相胜，荒淫相越，此不可以扬名发誉[4]，而适足以贬君自损也。

为东方的藩国，却和国外的肃慎私下往来，离开封国，越过边界，渡过大海去打猎，这在礼义上是不允许的。况且你们两位的议论，都不是致力于明确君臣之间的道义而端正诸侯的礼仪，只是一心去争论游猎的快乐，园林的广大，想凭奢侈来争胜负，以荒淫赛高低，这样非但不能显扬名望扩大声誉，反而恰好可以用来贬低君王的形象。

注释　**1** 听(yín)然：张口笑的样子。　**2** 述职：陈述职责治政之事。古代礼制，诸侯每五年要进京朝见天子一次，进献贡物，陈述政情。　淫：此指恣肆。　**3** 东藩：东方屏藩之国。　私：私下交往。　捐国：离开封国。　**4** 发誉：扩大声誉。

“且夫齐、楚之事又焉足道邪！君未睹夫巨丽也，独不闻天子之上林乎？[1] 左苍梧，右西极，丹水更其南，紫渊径其北；[2] 终始霸、浐，出入泾、渭；[3] 酆、鄗、潦、潏，纡余委蛇，经营乎其内。[4] 荡荡兮八川分流，相背而异态。[5] 东西南北，驰骛往来，

“况且齐、楚游猎的事情又哪里值得一说呢！你们还没看过那宏大壮丽的场面，难道没有听说过天子的上林苑吗？东边是苍梧，西边是西极，丹水流过它的南边，紫渊经过它的北边；霸水、浐水始终流在苑中，泾水、渭水流进来又流出去；酆水、鄗水、潦水、潏水，曲折宛转，在上林苑中周旋。浩浩荡荡的八条河川，流向相背，姿

出乎椒丘之阙，行乎洲淤之浦，径乎桂林之中，过乎泱莽之野。[6] 汩乎浑流，顺阿而下，赴隘陕之口。[7] 触穹石，激堆埼，沸乎暴怒，汹涌滂濆，滭浡滵汩，湢测泌瀄，横流逆折，转腾潎洌，澎濞沆瀣，穹隆云挠，蜿灗胶戾，逾波趋浥，莅莅下濑，批岩冲壅，奔扬滞沛，临坻注壑，瀺灂霣坠，湛湛隐隐，砰磅訇磕，潏潏淈淈，湁潗鼎沸，驰波跳沫，汩濦漂疾，悠远长怀，寂漻无声，肆乎永归。[8] 然后灏溔潢漾，安翔徐徊，翯乎滈滈，东注大湖，衍溢陂池。[9] 于是乎蛟龙赤螭，鲘鳙螹离，鰅鳙鰬魠，禺禺鱋魶，揵鳍擢尾，振鳞奋翼，潜处于深岩；鱼鳖讙声，万物众夥，明月珠子，玓瓅江靡，蜀石黄

态不同。东西南北，往来奔驰，从椒丘的山谷缺口中冲出，流动在沙洲的水边，穿过桂林，流过茫茫无垠的原野。盛大迅疾的水流，沿着高丘流下，奔赴狭窄的山口。撞击着巨石，激荡着沙石堆成的曲岸，水流奔涌，暴怒异常，汹涌澎湃，水盛流急，相互激荡，横流回旋，转折奔腾，疾速清澈，水势高起，卷曲如云，宛转盘旋，波浪相推趋向洼处，哗哗地越过河底的沙石，拍击着岩石，冲击着河堤，奔腾飞扬，不可阻挡，大水冲过小洲，流入山谷，水势渐缓，水声渐细，跌落于沟谷深潭之中，有时潭深水大，水流激荡，发生乒乓轰隆的巨响，有时水波翻涌飞扬，如同鼎中热水沸腾，水波急驰，白沫泛起，水势急转，水流迅疾，放纵长流，寂寥无声，安静永归。然后水无边际，安然回旋，缓慢流淌，白光闪闪，向东流入大湖，溢进江边的小池塘。于是蛟龙、赤螭、鲘鳙、螹离、鰅、鳙、鰬、魠、禺禺、鱋、魶，都扬起背鳍，摇动鱼尾，振抖鱼鳞，奋扬鱼翅，潜处于深渊岩谷之中；鱼鳖惊跳，万物众多，明月珠和珍珠，闪耀江边，蜀石、黄色的硬石、水晶石，层层堆积，灿烂夺目，色彩明亮，聚集在水中。鸿鹄、

碝,水玉磊砢,磷磷烂烂,采色澔旰,丛积乎其中。[10]鸿鹔鹄鸨,驾鹅属玉,交精旋目,烦鹜庸渠,箴疵䴔卢,群浮乎其上。[11]泛淫泛滥,随风澹淡,与波摇荡,掩薄草渚,唼喋菁藻,咀嚼菱藕。[12]

鹔鷞、鸨鸟、野鹅、鸀鳿、䴔䴖、鹮目、烦鹜、鹏鸈、䴋䴅、䴔卢,一群群地漂浮在水面上。凭河水漂流,或随风自在飘摇,与波涛摇荡,或遮蔽在长着水草的小洲之上,口衔着菁、藻,唼喋作响,嘴含着菱、藕,咀嚼不已。

注释 1 巨丽:博大之美景。 上林:即“上林苑”。秦始皇始建,汉武帝改扩,地在今西安市西南。 2 左:东方。古人在地理上以东为左。 苍梧:苍梧山,本在广西境内。上林苑中的景物以天下之名山大川命名,以示其容纳天下、四海为家之意。 右:西方。 西极:高步瀛《文选李注义疏》以为此指西极之汃(bīn)水。 丹水:古水名,源出今陕西商洛市商州区西北之冢岭山。 更:经过。 紫渊:《史记正义》引《山海经》云:“紫渊水出根耆之山,西流注河。” 3 霸:亦作“灞”。灞水,古水名。发源于今陕西蓝田县西南蓝田谷中,西北与浐水汇合注入渭水。 浐:古水名。源出蓝田县南秦岭山。 泾、渭:即今泾水、渭水。 4 酆:古水名。源出南山(秦岭),流入渭水,流经今西安市西。 鄗:古水名。源出陕西西安市长安区南,北流入渭水。今上游流入潏水,下游淤塞。 潦(láo):古水名。源出今陕西西安市鄠邑区南秦岭,北入渭水,即今涝水。 潏(jué):古水名,亦今潏水。源出秦岭山,流入渭水。 纡余:水流曲折的样子。 委蛇:即“逶迤”,水流宛转而长。 经营:周旋,盘旋。 5 八川:指灞、浐、潏、酆、鄗、潦、泾、渭八条河。 相背:流向不同。 6 驰骛(wù):奔腾。 椒丘:《史记集解》引郭璞曰:“椒丘,丘名,言有岩阙也,见《楚辞》。”《史记索隐》引如淳云:“丘多椒也。” 洲淤:水中沙洲。 浦:

水边。　桂林:《山海经·南海经》中所云之林名。　泱莽:广阔无垠的样子。　**7** 汩(yù)乎:水流迅疾的样子。　浑流:水势盛大。　阿(ē):高丘。　隘陕:即"狭隘"。陕,"狭"的古字。　**8** 穹石:隆起的大石。　堆埼(qí):沙石壅积所形成的曲岸。　沸:水流涌起。　滂濞:即"澎湃"。　滭浡(bì bó):亦作"泽沸",水沸涌貌。　滵汩(mì yù):水流疾貌。　湢(bì)测:水汹涌相迫貌。　泌瀄(bì zhì):水波冲激貌。　转腾:波浪翻腾。　潎洌(piē liè):水流撞击发出的响声。　澎濞:波浪相撞击声。　沆瀣(hàng xiè):水流动缓慢。　穹隆:水势高耸。　云挠:形容水势像云一样低曲回旋。　蜿灗(shàn):水流回旋貌。　胶戾:水流蜿蜒曲绕的样子。　逾波:后浪推前浪。　浥(yì):低洼之处。　莅莅(lì):水急流状。　濑:流过沙石之急水。　批:撞击。　壅:堤防。　奔扬:奔腾飞扬。　滞沛:水洒落貌。　坻(chí):水中的小洲或高地。　壑(hè):溪谷。　瀺灂(chán zhuó):小水声。　霣(yǔn)坠:陨落。　湛湛:水深的样子。　隐隐:水盛大的样子。　砰磅:水流激荡的声音。　訇磕(hōng kē):水流冲撞之宏阔的声音。　潏潏:水涌出的样子。　淈淈(gǔ):水涌流貌。　湁潗(chì jí):水沸涌貌。　驰波:水波急驰。　跳沫:泛起的白沫跳跃不停。　汩湜(yù xī):急流声。　漂疾:水势猛悍迅疾。　悠远长怀:水流远去而长久回旋。怀,回归,回旋。　寂漻:同"寂寥",寂静无声。　肆乎:安静的样子。　**9** 灏溔(hào yǎo):水无边际貌。　潢漾(huáng yàng):浩荡无际貌。　安翔:舒缓貌。　徐徊:缓慢徘徊。　翯(hè)乎:《史记索隐》引郭璞曰:"水白光貌。"　滈滈(hào):水泛白光貌。　大湖:指上林苑中的昆明池。　衍溢:漫溢。　陂(bēi)池:小的池塘湖泊。　**10** 螭(chī):传说中一种没有角的龙。　䱭鰽(gèng méng):鲟类鱼。　螹(jiàn)离:鱼名。一说为介虫之类。　鰅(yú):鲶类的一种。　鳙(yōng):花鲢。　鰬(qián):鱼名,似鲤而大。一说"似鳝鱼"。　魠(tuō):鱼名。《史记集解》引徐广曰:"哆口鱼。"　禺禺:鱼名,一种黄地黑纹、皮上有毛的鱼。　魼(qū):即比目鱼。　鳎(nà):即鲵,俗称"娃娃鱼"。　揵(qián):扬起。　擢:

摇动。 谨(xuān):喧哗。 夥:多。 明月:明月珠。 珠子:指蚌胎内的小珠。 玓瓅(dì lì):珠光闪耀。 靡:通“湄”,水边。 蜀石:产于蜀地的次于玉的石。 黄碝(ruǎn):黄色的如玉美石。 水玉:水晶石。 磊砢(luǒ):众多貌。 磷磷:形容水、石明净夺目貌。 烂烂:色泽灿烂的样子。 采色:即“彩色”。采,通“彩”。 澔旰(hào hàn):亦作“澔汗”,光明盛貌。 **11** 鸿鹔:即鹔。 鹔(sù):即“鹔鹴(shuāng)”,鸟名,雁的一种,颈长,羽绿。 鸨(bǎo):鸟名,似雁而略大,头小,颈长,背部平,翅膀阔,尾巴短。 駕(gē)鹅:野鹅。駕,同“駕”。 鸀鳿(zhú yù):水鸟名,似鸭而大。 鵁鶄(xiāo jīng):即“池鹭”。 䴉(huán)目:水鸟名,大如鹭而短尾,目旁毛长而旋。 烦鹜(wù):水鸟名,似鸭而小。 鷛鸈(yóng qú):水鸟名,似鸭而鸡足,毛呈灰色,俗名“水鸡”。 鱵鴜(zhēn cí):水鸟名,能捕鱼。 鵁鸬(jiāo lú):水鸟名,鸬鹚的一种。 **12** 泛淫:浮游不定貌。 泛滥:浮游于水上。 澹淡:水波动荡貌。 掩薄:《史记索隐》引张揖云:“掩,覆也。草丛生曰薄也。”《史记正义》:“掩,覆也。薄,依也。言或依草渚而游戏也。” 草渚:此二字《汉书》《文选》作“水渚”。 唼喋(shà zhá):鱼和水鸟的吃食声。 菁(jīng):水草。 藻:泛指生于水中的藻类植物。 咀嚼(jǔ jué):咬嚼,嚼食。 菱(líng):一年生水生草本植物,果实有硬壳,俗称“菱角”。

“于是乎崇山矗矗,巃嵸崔巍,深林巨木,崭岩参嵳,九嵏、嶻嶭,南山峨峨,岩陁甗锜,摧崣崛崎,振溪通谷,蹇产沟渎,谽呀豁閜,自陵别岛,崴磈嵔瘣,丘虚崛㠑,隐辚郁㠑,登降

“在这里,高山耸立,山势峻拔,森林广阔,树木高大,山峰险峻,交错不齐,九嵏山、嶻嶭山高耸,终南山巍峨,崖岸高低屈曲石倾山斜,崔巍而又陡峭,狭溪贯通山谷,曲折地流入沟渠,山谷空旷而广大,在空阔的山谷间断断续续地坐落着一些小山,山势高峻险绝,错落不平,重

施靡，陂池貏豸，沇溶淫鬻，散涣夷陆，亭皋千里，靡不被筑。[1]掩以绿蕙，被以江离，糅以蘪芜，杂以流夷。[2]尃结缕，欑戾莎，揭车衡兰，稿本射干，茈姜蘘荷，葴橙若荪，鲜枝黄砾，蒋芧青薠，布濩闳泽，延曼太原，丽靡广衍，应风披靡，吐芳扬烈，郁郁斐斐，众香发越，肸蠁布写，晻暧苾勃。[3]

重叠叠，起伏绵延不绝，山形高低连延，溪流从山谷间缓慢地流出，到了宽广的平地，水旁低湿的平地广阔，无边无际。平地被绿色的蕙草和江离所覆盖，中间杂生着蘼芜和留夷。还散布着结缕，丛生着莎草、揭车、杜衡、兰草、稿本、射干、初生的嫩姜、蘘荷、酸浆草、金登草、杜若、荃、鲜枝、黄砾、蒋、芧、青薠，众草遍布于广泽，蔓延在广原之上，绵连不绝，随风摇荡倾倒，散发出浓烈的香气，许多花草都茂茂盛盛，香气弥漫而沁人心脾，十分浓郁。

注释　**1** 巃嵸(lóng zōng)：山势高峻貌。　崔巍：高大雄伟。　嵯(cuó)峨：山屹立貌。　深林：广阔的森林。　崭(chán)岩：险峻不齐状。　嵾(cēn)嵯：不齐貌。　九嵕(zōng)：山名，今亦名此，在陕西礼泉县东北。唐太宗筑昭陵于山中。　巀嶭(jié niè)：山名，一名"嵯峩山"，又名"慈峩山"，传说黄帝曾铸鼎于此。在今陕西三原县西北。　南山：即今终南山，此指其主峰。　峨峨：高貌。　岩：险峻。　陁(yǐ)：倾斜。　甗(yǎn)：一种两层的像甑一样的瓦器。　锜(qí)：三足釜。甗、锜，在这里皆用作状语，形容山势像这两种器皿的形状。　摧崣(zuǐ wěi)：亦作"摧嵬"，高大。　崛崎(jué qí)：陡峭。　振溪：收敛的溪水。振，约束。　通谷：贯通的山谷。　蹇(jiǎn)产：曲折幽深貌。　沟渎：河沟。　谽(hān)呀：亦作"谽谺""岭岈"，山谷空深貌。　豁閜(huò xià)：虚空貌。　阜(fù)：山丘。　崴磈(wēi kuǐ)：高峻貌。　嵔瘣(wěi huì)：高峻貌。　丘虚：堆垄不平貌。 崛礨(lěi):山势不平状。 隐辚:险峻不平貌。 郁𡾰(lù):山势高峻不平貌。 登降:地势高低不平。 施靡:山势绵延起伏的样子。 陂池:同"陂陁",倾斜不平貌。 貏豸(bǐ zhì):山势绵延渐平貌。 沇(wěi)溶:盛多貌。 淫鬻:水流激荡貌。 散涣:形容水四散而流。 夷陆:平坦的原野。 亭皋:平坦的水边之地。 靡:没有。 被筑:《史记集解》引郭璞曰:"皆筑地令平。" 2 掩:覆盖。 绿(lù)蕙:王刍及蕙草。绿,通"菉",草名,即王刍,又名"荩草"。 江离:亦作"江蓠",香草名。 糅:间杂。 蘪芜(mí wú):或作"蘼芜",亦名"蕲茝""江蓠",香草名。 流夷:香草名,亦作"留夷",即"峦夷",芍药。 3 尃(fū):散布。 结缕:草名,俗称"鼓筝草"。多年生小草,茎细长,在地面随处生细根,互相联结,广覆于地面。 欑(cuán):亦作"攒",丛聚。 戾莎:一种可染紫色的草。 揭车:香草名。 衡:亦作"蘅",即杜衡,香草名。 稿本:香草名。 射(yè)干:多年生草本植物。叶剑形排成两行,夏季开花,花呈橘红色,有深红斑点,根可入药。 茈(zǐ)姜:即紫姜,嫩姜。 蘘(ráng)荷:一名"蘘草"。多年生草本植物,根似姜,可入药。 葴(zhēn):植物名,即酸浆草。 橙:指金登草。 若:香草名,即杜若。 荪:亦名"荃",香草名。 鲜枝:亦作"鲜支",栀子的别称。一说或名"焉支""燕支",可染红色。 黄砾:香草名,其根可作染料用。 蒋:植物名,即茭白。 苎(zhù):草名,即三棱,亦名"荆三棱"。 青薠:香草名。 布濩(hù):散布。 闳泽:大泽。闳,宏大。 延曼:漫延。 太原:广阔的原野。 丽靡:相连不绝貌。 广衍:扩延散布。 披靡:迎风倒伏状。 芳:香气。 扬烈:散发浓烈的香气。 郁郁:香气浓淳。 斐斐:香味扩散貌。 发越:播散,散发。 肸蠁(xī xiǎng):散布,弥漫。 布写:分布流散。写,通"泻"。 晻暧(yè ài):形容香气盛。 苾(bì)勃:香气浓烈。

“于是乎周览泛观，瞋盼轧沕，芒芒恍忽，视之无端，察之无崖。[1]日出东沼，入于西陂[2]。其南则隆冬生长，踊水跃波[3]；兽则镛旄貘犛，沈牛麈麋，赤首圜题，穷奇象犀。[4]其北则盛夏含冻裂地，涉冰揭河[5]；兽则麒麟角端，騊駼橐驼，蛩蛩驒騱，駃騠驴骡。[6]

“在这里，睁大眼睛环视四方，景物众多，无法分辨，使人眼花缭乱，看不到开端，望不见边际。太阳早晨从苑东边的水池中升起，傍晚从苑西边的山坡上下落。它南部气候温暖，盛冬草木生长不止，水波荡漾而不冻；里面的野兽有镛牛、旄牛、貘、犛、水牛、四不像、麋鹿、赤首、圜题、穷奇、象、犀牛。它北部气候寒冷，盛夏滴水成冰，大地冻裂，涉冰渡河；这里的野兽有麒麟、角端、騊駼、橐驼、蛩蛩、驒騱、駃騠、驴、骡。

注释　1 瞋(chēn)盼：睁大眼睛看。盼，看视。　轧沕(yà wù)：细致缜密。　芒芒：同“茫茫”，广大的样子。　恍忽：即“恍惚”。　2 陂：山坡。　3 踊水跃波：言水不结冰。　4 镛(yōng)：又名“封牛”，因领上肉隆起而得名。　貘(mò)：兽名，似熊。　犛(máo)：野牛，较牦牛小。　沈(chén)牛：亦作“沉牛”，即水牛。　麈(zhǔ)：鹿类，亦名“驼鹿”，俗称“四不像”。　赤首：古兽名。　圜题：圆题，“题”当作“蹄”，即“圆蹄”，王先谦以为指麒麟。　穷奇：传说中的兽名，音如嗥狗，食人。《山海经·西山经》中有记载。　象：大象。　犀：犀牛。　5 揭河：撩衣过河。　6 麒麟：古代传说中的一种动物。形状像鹿，头上有角，全身有鳞甲，尾像牛尾。古人以此象征祥瑞。　角端(duān)：古代传说中的异兽。状如豕，角在鼻上。相传能人言，角可作弓。　騊駼(táo tú)：良马名。　橐驼：即骆驼。　蛩蛩(qióng)：传说中的异兽名，状如马。《山海经·海外北经》有记载。　驒騱(diān xī)：野马名。　駃騠(jué tí)：良马名。

“于是乎离宫别馆，弥山跨谷，高廊四注，重坐曲阁，华榱璧珰，辇道纚属，步櫩周流，长途中宿。[1]夷嵏筑堂，累台增成，岩突洞房，俯杳眇而无见，仰攀橑而扪天，奔星更于闺闼，宛虹拖于楯轩。[2]青虬蚴蟉于东箱，象舆婉蝉于西清，灵圄燕于闲观，偓佺之伦暴于南荣，醴泉涌于清室，通川过乎中庭。[3]磐石裖崖，嵚岩倚倾，嵯峨礁碟，刻削峥嵘，玫瑰碧琳，珊瑚丛生，瑉玉旁唐，玢豳文鳞，赤瑕驳荦，杂臿其间，垂绥琬琰，和氏出焉。[4]

“在这里，天子的离宫别馆，满山遍谷，高大的游廊四面环绕宫室，重重叠叠的宫室有阁道曲折相连，雕梁画栋，宫馆之间道路纵横交错，相互连接着，檐下的走廊环绕遍布，一天也走不完。铲平山而修筑殿堂，楼阁台榭重重叠叠，在山底建造幽深的房屋，如果登上台榭之顶，俯视则深不见底，向上攀则其屋椽可摸到天，流星从宫中小门穿过，曲虹与长廊、窗户相连。青龙腾跃于东堂，象舆萦回于西堂，众种安歇于闲馆，而偓佺等仙人则在南檐下晒太阳，醴泉在清室中涌出，而通流的河水，从中庭流过。用磐石修治河的崖岸，高险屈曲参差不齐，石块错落而高耸，使渠崖深邃多姿有如雕刻，玫瑰石、碧琳、珊瑚，在水下丛生，珉玉、旁唐石的纹理像鳞那样排比，赤玉文彩间杂，玉石的色彩在崖石中闪烁，朝采、琬琰、和氏一样的璧玉都出自这里。

注释　1 离宫：古代皇帝离京在外临时居住的行宫。　别馆：皇帝正宫以外的宫室。　弥：满。　四注：四方环绕。　重坐：层楼。　曲阁：阁道曲折相连。　华榱(cuī)：前端雕绘花纹的屋椽。榱，椽。　璧珰：以璧玉嵌饰的瓦珰。珰，筒瓦的前端。　辇(niǎn)：帝王乘坐的车。　纚属(lǐ zhǔ):连续不断。 步櫚(yán):檐下的走廊。櫚,同“檐”。 周流:周游。 中宿:中途住宿。言廊之长而终日不能尽。 2 夷嵕:削平山头。山之高曰嵕。 累台:重叠的高台。 增成:犹言“重重”。 岩突(yào):亦作“岩交”,山岩的深底处。又指幽深貌。 洞房:幽深的房屋。 杳眇(yǎo miǎo):悠远、渺茫貌。 橑(lǎo):屋椽。 扪(mén):摸。 奔星:流星。 更:经过。 闺:上圆下方的小门。 闼(tà):门。 宛虹:弯曲的虹。 拖:《史记正义》认为“拖谓中加于上也”。 楯(shǔn):栏杆的横木。 轩:窗户。 3 青虬(qiú):传说中有角的龙。一说此指用龙驾的车。 蚴蟉(yǒu liú):蛟龙曲折行进貌。 东箱:即“东厢”,正寝之处。 象舆:用大象驾驭的车子。 婉蝉(shàn):即“蜿蝉”,萦回屈曲。 西清:西厢清净地。 灵圉:神仙的总称。 燕:通“宴”,安闲。 闲观:清闲的馆舍。 偓佺(wò quán):古代传说中的仙人名。 南荣:房屋的南檐。荣,屋檐两头翘起的部分。 醴泉:甘甜的泉水。 通川:通流的河水。 4 槃石:磐石,大石。 裖(zhěn):重叠密集地堆砌在一起,即修治。 嵚(qīn)岩:高险貌。 倚倾:参差不齐。 嵯峨(zá yè):山高貌。 刻削:形容棱角分明、峥嵘峭拔。 峥嵘:高峻貌。 玫瑰:美玉。一说为火齐珠。 碧琳:青绿色的玉。 珊瑚:由珊瑚虫分泌的石灰质骨骼凝结而成的东西,状如树枝,多为红色。 瑉(mín)玉:同“珉玉”,似玉的美石。 旁唐:彩纹石。 瑸斒(bīn bān):玉的纹理。 文鳞:鱼鳞形花纹。 赤瑕:红色的玉。 驳荦(luò):文彩间杂,斑驳。 臿(chā):通“插”。 垂绥:一作“朝采”,美玉名。 琬琰(wǎn yǎn):泛指美玉。 和氏:此指如同和氏璧一样的美玉。

“于是乎卢橘夏孰,黄甘橙楱,枇杷橪柿,楟柰厚朴,樗枣杨梅,樱桃

“在这里,卢橘在夏季成熟,还有柑、橙、楱、枇杷、橪、柿、山梨、柰、厚朴、樗枣、杨梅、樱桃、蒲桃、棠棣、

蒲陶，隐夫郁棣，榙㯓荔枝，罗乎后宫，列乎北园。[1] 貤丘陵，下平原，扬翠叶，杌紫茎，发红华，秀朱荣，煌煌扈扈，照曜巨野。[2] 沙棠栎槠，华氾檘栌，留落胥余，仁频并闾，欃檀木兰，豫章女贞，长千仞，大连抱，夸条直畅，实叶葰茂，攒立丛倚，连卷累佹，崔错癹骫，坑衡閜砢，垂条扶於，落英幡纚，纷容萧蔘，旖旎从风，浏莅芔吸，盖象金石之声，管籥之音。[3] 柴池茈虒，旋环后宫，杂遝累辑，被山缘谷，循阪下隰，视之无端，究之无穷。[4]

郁李、榙㯓、荔枝，许多种果树密密麻麻地生长在上林苑的离宫别馆之间。遍及丘陵和平原，果树的绿叶紫茎，随风摆动，绽放红花，散发光彩，果木花叶鲜明的光彩照耀着广阔的原野。沙棠、橡树、槠木、桦树、枫树、银杏、黄栌、石榴、椰子树、槟榔、棕榈、檀树、木兰、豫樟、女贞，这些树木高大粗壮，花朵和枝条都挺拔舒展，果实和叶子都硕大、茂盛，树木或聚立一处，或丛簇相倚，枝条蜷曲，既相依附又相背离，枝条交错盘曲，重叠倾斜，相互依赖扶持，树木枝柯向四方伸展，落花飞扬，枝条繁盛而修长，随风摇动飘荡，发出'浏莅''卉吸'的声音，似乎是钟磬之声，又像是箫管之音。树木高下参差不齐，环绕着后宫，它们重叠聚集，覆盖着山，沿着山谷，循斜坡生长直到低湿之地，极目远望，看不到开端，也望不到边际。

注释 **1** 卢橘：橘子的一种。秋天结实，次年二月渐变青黑色，至夏始熟。以其核变黑，故名卢橘。　孰：同"熟"。　黄甘：即黄柑。　橙(chéng)：即橙子。　楱(còu)：果名，橘类的一种。　橪(rǎn)：酸枣。　楟(tíng)：果木名，山梨。　柰(nài)：果树名，果实有白、赤、青三色。　厚朴：树名，皮很厚，故又名"重皮"。　梬(yǐng)枣：果木名。亦叫"软枣"。　蒲陶：

即蒲桃,常绿乔木。叶对生,披针形,夏季开花,花大,白色。果实圆球形或卵形,淡绿色或淡黄色,味甜而香,可供食用。一说即野葡萄,亦有人将此释为人工种植的葡萄。 隐夫:即棠棣,其果实名“山樱桃”。 郁棣:又名“郁李”,落叶灌木,果实紫赤色,有酸味。 榙橠(dá tà):果木名,似李。 2 貤(yì):延伸。 杌(wù):摇动。 荣:草花名华,木花名荣。 煌煌:光彩夺目貌。 扈扈:光彩显明貌。 曜:照耀。 3 沙棠:果名,即沙果。 栎(lì):橡树。 槠(zhū):常绿乔木,果实小于橡实。 华:亦作“桦”,桦木。 氾:《史记集解》引徐广曰:“氾,一作‘枫’。”即枫树。 檘(píng):木名,同“枰”,《汉》正作“枰”,即银杏树或平仲木。 栌(lú):木名,即黄栌,落叶乔木。 留落:木名,高步瀛以为即石榴。 胥余:亦作“胥邪”,椰子树的别名。 仁频:槟榔的别名。 并闾:即棕榈,常绿乔木。 欃檀:檀树的别名。 木兰:香木名,又名“杜兰”“林兰”。皮似桂而香,状如楠树。 豫章:亦作“豫樟”。木名,枕木与樟木的并称。 女贞:木名。凌冬青翠不凋,其子可入药。 仞(rèn):长度单位。古代以七尺或八尺为一仞。 连抱:连臂合抱。 夸:亦作“荂”,花。 条:枝条。 直畅:挺直舒展。 葰(jùn):大。 攒(cuán):聚在一起。 丛倚:丛簇相倚。 连卷:树枝相连卷曲。 累佹(guǐ):树枝交叉或相背生长。 崔错:错落。 癹骫(bá wěi):盘旋屈曲。 坑(kàng)衡:重叠倾斜貌。 閜砢(ě luǒ):交相扶持。 扶於:亦作“扶舆”,树枝四散分布貌。 英:花朵。 幡纚(fān sǎ):亦作“幡洒”,飞扬貌。 纷容:亦作“纷溶”,繁盛貌。 萧蔘(cēn):草木茂盛貌。 旖旎(yǐ nǐ):婀娜多姿。 浏莅(lì):象声词,林木鼓动之声。 芔吸:指风吹动草木之声,或以为风声迅疾。芔,“卉”的古字。 籥(yuè):乐器名,三孔管乐器。 4 柴(cī)池:参差不齐。 茈虒(cǐ sī):不齐貌。“柴池”“茈虒”二语与“差池”均音近而通。 旋环:环绕。 杂遝(tà):亦作“杂沓”。纷杂繁多貌。 辑:聚集。 被:覆盖。 缘:沿。 隰:低湿之地。

“于是玄猿素雌，蜼玃飞鸓，蛭蜩蠼蝚，螹胡豰蛫，栖息乎其间；[1] 长啸哀鸣，翩幡互经，夭蟜枝格，偃蹇杪颠。[2] 于是乎隃绝梁，腾殊榛，捷垂条，踔稀间，牢落陆离，烂曼远迁。[3]。

“若此辈[4]者，数千百处。嬉游往来，宫宿馆舍[5]，庖厨不徙，后宫不移，百官备具。

“在这里，黑色的猿、白色的雌猿、长尾猿、大猕猴、鼯鼠、蛭、蜩、猕猴、螹胡、豰、蛫，在上林苑中栖息；它们在树林间鸣啸，往来轻疾蹦跳，在枝条中跃动自如，在树梢上屈曲宛转。在这里，猿猴越过无梁之水，跳过丛林，时而抓住悬垂的枝条，时而在林木稀疏无枝的空间腾跃，参差地奔走跳动，散乱地迁向远方。

“像这样的地方，苑中还有很多。天子可以往来嬉戏游玩，在离宫别馆止宿，供奉天子的庖厨不需从朝廷调来，嫔妃宫女也不要移徙，各种臣僚都应齐备。

注释　1 玄：黑色。　素雌：白色的雌猿。　蜼(wèi)：一种长尾猿。　玃(jué)：大猕猴。　飞鸓(lěi)：即能飞的鼯鼠。　蛭(zhì)：传说中的兽名，长有四翼，能飞。　蜩(tiáo)：传说中的兽名。《史记索隐》引《神异经》云：“西方深山有兽，毛色如猴，能缘高木，其名曰蜩。”　蠼蝚(zhuó róu)：即猕猴。　螹(chán)胡：即撕胡。兽名，猿类。　豰(hù)：《史记索隐》引郭璞曰：“豰似鼯而大，腰以后黄，一名黄腰，食猕猴。豰，白狐子也。”　蛫(guǐ)：异兽名。《山海经·中山经》有记载。　2 翩幡(piān fān)：行动轻疾貌。　互经：交互经过、往来。　夭蟜：亦作“夭娇”，屈伸跃动貌。　枝格：即枝柯，树枝。　偃蹇：屈曲宛转貌。　杪(miǎo)：树枝的细梢。　3 于是乎：三字衍文，《汉书》《文选》无。　隃：越过。　绝梁：无梁，断桥。　殊榛：奇异的丛林。　捷：接续，连续。　踔(chuō)：跳，超越。　稀间：枝条稀疏的空间。　牢落：犹“寥落”，稀疏零落貌。 陆离:参差不齐貌。 烂曼:散乱跃动貌。 4 辈:衍字,《汉书》无。 5 宫宿馆舍:住宿于离宫别馆。

“于是乎背秋涉冬,天子校猎。[1]乘镂象,六玉虬,拖蜺旌,靡云旗,前皮轩,后道游;[2]孙叔奉辔,卫公骖乘,扈从横行,出乎四校之中。[3]鼓严簿,纵獠者,江河为阹,泰山为橹,车骑雷起,隐天动地,先后陆离,离散别追,淫淫裔裔,缘陵流泽,云布雨施。[4]

“于是,秋去冬来,天子到这里围猎。乘坐着六条配上玉勒的马驾的象车,牵引着霓虹旗,挥动着云旗,前面有虎皮装饰的车开路,后面有导车、游车跟着;公孙贺执缰驾车,卫青在车上陪乘,百官侍从率意横行围猎,在四周设有木栏的围场中往来。击鼓于森严的仪仗队之中,让打猎的士兵出发,以江河来堵截禽兽,以高山为望楼来观望田猎,车骑奔驰之声如雷鸣,震天动地,车骑士卒争先恐后陆续散开,分别追逐禽兽,猎手们络绎不绝,纷纭行进,沿陵顺河,漫山遍野,如云布满天空,雨降落地面。

注释 1 背:去,离。 涉:入。 校猎:置栏围猎。 2 镂象:用象牙镶饰的车。 玉虬:饰有玉勒的马。 蜺(ní)旌:彩饰之旗。蜺,副虹。 靡:通“麾”,挥动。 云旗:画有熊虎图案的大旗。 皮轩:用虎皮装饰的车子。 道游:天子出行时的导车和游车。道,通“导”。 3 孙叔:《史记集解》引《汉书音义》曰:“孙叔者,太仆公孙贺也。”一说指古代善御车者。 奉辔(pèi):执缰驾车。 卫公:《史记集解》引《汉书音义》曰:“卫公者,卫青也。太仆御,大将军骖乘也。”一说指古代善御者。 骖乘(cān chéng):陪乘。 扈从:皇帝出巡时的护卫侍从人员。 四校:栅栏之四周。 4 鼓:击鼓。 严:威严。 簿:指卤簿,古代帝、后、王公、大臣等外出时的侍从仪仗。　獠者：打猎的人。　阹(qū)：打猎时依山谷形势围住野兽。　泰山：指大山，即高山。　橹：望楼。　淫淫：络绎不绝。　裔裔：纷纭行进貌。　缘：沿。　流：顺。

"生貔豹，搏豺狼，手熊罴，足野羊，蒙鹖苏，绔白虎，被豳文，跨野马。[1]陵三嵏之危，下碛历之坻；径陖赴险，越壑厉水。[2]推蜚廉，弄解豸，格瑕蛤，铤猛氏，罥騕褭，射封豕。[3]箭不苟害，解脰陷脑；弓不虚发，应声而倒。[4]

"生擒貔、豹，搏击豺、狼，徒手击杀熊、罴，追逐山羊，猎手们戴着用鹖尾为饰的帽子，穿着虎皮裤，披着有虎豹纹的单衣，骑着骏马。他们登上高峻的山顶，走下坎坷不平的山坡；经过高山，飞越深沟，渡过河水，不避艰险，追猎野兽。他们击杀龙雀，玩弄獬豸，与瑕蛤格斗，用短矛刺猛氏，用绳索绊捉神马，用箭射取大猪。箭不随便射向野兽，一射必定准确地命中其头颈；弓也不轻易拉动，一拉必定要让野兽应声倒毙。

注释　**1** 生：活捉。　貔(pí)：古代传说中的猛兽，似虎。　手：赤手搏击。　足：追逐。　蒙：戴着。　鹖(hé)苏：鹖尾作的流苏，用以饰冠。鹖，鹖鸡。　绔：同"裤"，裤子。此指穿裤子。　被：通"披"。　豳文：斑纹。　跨：骑。　**2** 陵：登。　三嵏(zōng)：一说即"三重"，另一说以为是"三山并峙的山"。　危：指山顶。　碛(qì)历：亦作"碛砾"，浅水中的沙石。　坻(dǐ)：山坡。　径(jìng)：同"径"，直往。　陖(jùn)：同"峻"，山高而陡。　厉：涉水，渡水。　**3** 推：刺，杀。　蜚廉：亦作"飞廉"，传说中的神禽名。　弄：摆布，玩弄。　解豸(xiè zhì)：亦作"獬豸"，神兽名。相传能辨曲直，似鹿而一角。　瑕蛤(gé)：兽名。　铤(chán)：铁柄短矛。此处用作动词。　猛氏：《史记索隐》郭璞曰："今蜀中有兽，状如熊而小，毛浅有光泽，名猛氏。"　罥

(juàn):用绳索系取鸟兽。 騕褭(yǎo niǎo):古代神马名。 封豕:大野猪。 4 苟:随便,胡乱。 解:剖割。 脰(dòu):颈项。

“于是乎乘舆弥节裴回,翱翔往来,睨部曲之进退,览将率之变态。[1]然后浸潭促节,儵夐远去,流离轻禽,蹴履狡兽,轊白鹿,捷狡兔,轶赤电,遗光耀,追怪物,出宇宙,弯繁弱,满白羽,射游枭,栎蜚虡,择肉后发,先中命处,弦矢分,艺殪仆。[2]

“然后扬节而上浮,陵惊风,历骇飚,乘虚无,与神俱,辚玄鹤,乱昆鸡,遒孔鸾,促鵕鸃,拂翳鸟,捎凤皇,捷鸳雏,掩焦明。[3]

“于是天子乘车徐行,往来回旋,悠闲自得地观望射猎时士卒的进退举止,将领的种种姿态。然后天子渐渐地迅疾行驶,快速地到达远处,用网捕捉飞鸟,用车马践踏狡猾的野兽,车头冲击白色的鹿,追获轻捷善跑的兔子,车骑的迅疾超过了电光,电光被留在车骑之后,猎手们追击神奇的禽兽,奔向天外,拉起繁弱弓,搭上用白羽制的箭,射向游枭,击中蜚虡,先选定肉肥的鸟兽然后发箭,指明将射之处,发箭就能射中致命的部位,箭刚离弦,那野兽就被射中倒毙了。

“然后天子高举旌节,上游于天空,凌驾着疾风,经受住暴风,翱翔在天空中,与天神在一起,天子践踏着黑色的鹤,扰乱昆鸡的队列,迫近而捕杀孔雀、鵕鸃和鹥鸟,捕猎凤凰,获取鸳雏、焦明。

注释 1 弥节:驻节。古指官员巡视中停留。 裴回:同“徘徊”,徐行貌。 翱翔:犹“遨游”。 睨:注视。 部曲:指侍从队伍。 率:通“帅”。 变态:变化的形态。 2 浸潭:逐渐。 促节:加快节奏步伐。 儵敻(shū xiòng):疾速远去貌。儵,同“倏”。敻,远。 流离:指用网捕捉禽鸟,使之无所逃遁。 轻禽:飞鸟。 蹴(cù)履:践踏。 轊(wèi):车轴头。 捷:迅速获取。 轶:超越。 遗:使……留在后边。 光耀:亦指光速。 宇宙:天地。 繁弱:古代良弓名。 满白羽:《史记正义》文颖云:“引弓尽箭镝为满。以白羽羽箭,故云白羽也。” 枭(xiāo):《史记集解》引郭璞曰:“枭,枭羊也。似人,长唇,反踵,被发,食人。” 栎(lì):搏击。 蜚虡(jù):《史记集解》引郭璞曰:“鹿头龙身,神兽。”《汉书》作“飞遽”。 择肉:选择肉肥的鸟兽。 命处:致命的部位。 弦矢分:弓弦和箭分离,即箭离弦。 艺:即今之箭靶。此指猎物。 殪(yì):射死。 仆:向前倒下。

3 扬节:举起旌节。 上浮:因飞奔而好像凌空一般。 陵:乘。 惊风:疾风。 骇飇:暴风。 虚无:天空。 神:指天神。 乱:扰乱。 昆鸡:鸟名,似鹤,黄白色。 遒(qiú):迫近。 促:靠近,迫促。 鵔鸃(jùn yí):鸟名,锦鸡。 拂:击,斫。 鹥(yì)鸟:传说中的鸟名,凤凰之属。 捎(shāo):拂掠。 凤皇:即凤凰。 鸳雏:传说中的凤类之鸟。 掩:捕捉。 焦明:《史记索隐》引张揖曰:“焦明似凤,西方鸟。”

“道尽涂殚,回车而还。[1]招摇乎襄羊,降集乎北纮,率乎直指,晻乎反乡。[2]蹷石关,历封峦,过鳷鹊,望露寒,下棠梨,息宜春,西驰宣曲,濯鹢牛首,登龙台,掩细柳,观士大夫之勤略,钧獠者之所得获。[3]徒车之所辚轹,乘骑之所蹂

“游猎结束之时,驾车回来。逍遥地在空中徘徊,降落在北方极远的地方止息,然后飘然直去,迅疾地顺着来时的路回去。途经石关观、封峦观、鳷鹊观、露寒观,在棠梨宫、宜春宫游观、止息,到达西边的宣曲宫后,又在牛首池持桨行船,然后登上龙台观,在细柳观中休息,天子观察士大夫的勇武智谋,均分他们所获猎物。被步兵、车骑碾压的,被骑

若，人民之所蹈躤，与其穷极倦䜩，惊惮慑伏，不被创刃而死者，佗佗籍籍，填坑满谷，掩平弥泽。[4]

兵践踏的，被大臣们蹂躏的，以及那些走投无路疲惫不堪的、惊恐畏惧而伏匿不动的、没有受到刀剑伤害而死的野兽，横竖交错，杂乱无章，堆满了山谷，遮蔽了平原大泽。

注释 1 涂：通“途”。 殚：尽。 2 招(sháo)摇：逍遥貌。 襄羊：即“徜徉”。动荡貌。 降集：降落而集止。北纮(hóng)：极北之地。纮，犹“维”，指天地的周界。 率乎：即“率然”，洒脱，飘逸貌。 直指：直前。 暗乎：忽然，迅疾。 反：同“返”。 3 蹷：同“蹶”，踩，踏。 石关：观名，汉武帝建元年间建。 封峦：汉武帝所建楼观名。 雉(zhī)鹊：汉武帝所建楼观名。 露寒：汉武帝所建楼观名。 棠梨：《史记集解》引《汉书音义》曰：“宫名也，在云阳县东南三十里。” 宜春：《史记正义》引《括地志》云：“宜春宫在雍州万年县西南三十里。” 宣曲：《史记集解》引《汉书音义》曰：“宣曲，宫名，在昆明池西。” 濯(zhào)：通“櫂”，船桨。此为动词，划船。 鹢(yì)：鸟名。此指画有鹢鸟的船。 牛首：《史记集解》引《汉书音义》曰：“牛首，池名，在上林苑西头。” 龙台：《史记集解》引《汉书音义》曰：“观名，在丰水西北，近渭。” 掩：休息。 细柳：《史记正义》郭云：“观名，在昆明南柳市。” 勤略：劳绩和智略。 钧：通“均”，平均。 4 徒：士卒。 辚轹(lín lì)：车轮碾压。 蹂若：践踏。 蹈躤(jí)：同“蹈藉”，践踏。躤，同“躙”，“躙”又同“藉”。 穷极：走投无路。 倦䜩(jué)：疲惫不堪。䜩，足倦相倚貌。 佗佗籍籍：形容所获禽兽尸体交错纵横。

“于是乎游戏懈怠，置酒乎昊天之台，张乐乎胶葛之宇；[1] 撞千石之

“在游猎疲倦之时，在高上云天的台上设置酒宴，在广阔的宇宙间演奏音乐；撞击那十二万斤重的钟，

钟,立万石之钜;[2]建翠华之旗,树灵鼍之鼓。[3]奏陶唐氏之舞,听葛天氏之歌,千人唱,万人和,山陵为之震动,川谷为之荡波。[4]巴俞宋蔡,淮南于遮,文成颠歌,族举递奏,金鼓迭起,铿鎗闛鞈,洞心骇耳。[5]荆吴郑卫之声,《韶》《濩》《武》《象》之乐,阴淫案衍之音,鄢郢缤纷,《激楚》《结风》,俳优侏儒,狄鞮之倡,所以娱耳目而乐心意者,丽靡烂漫于前,靡曼美色于后。[6]

立起重一百二十万斤的钩子来挂钟;竖起用翠羽装饰的旗,架上鼍皮做的鼓。演奏唐尧的舞乐,倾听葛天氏的歌曲,千人唱,万人和,山陵为之震动,谷底的河流为之掀起波浪。巴俞舞,宋、蔡、淮南等地的歌舞,《于遮》曲,文成、颠地的歌曲,全都交替演奏,锣鼓之声迭起,'铿鎗''闛鞈'作响,使人震惊。楚国、吴国、郑国、卫国等地的音乐,《韶》《濩》《武》《象》等乐曲,侈靡而低平的声音,楚地乐舞交相杂奏,还有演奏《激楚》《结风》乐曲的余声,俳优侏儒的种种杂戏,还有西戎的狄鞮妓歌舞,都是能使耳目欢娱、心神愉快的,这些东西既丽靡动听又纤弱柔美。

注释 1 昊天之台:《史记索隐》引张揖云:"台高上干皓天也。" 张乐:奏乐。 轇輵(jiāo gé):空旷深远貌。 2 石(shí):古代重量单位,120斤为一石。 钜:钩子。 3 翠华:天子仪仗中以翠羽为饰的旗帜或车盖。 灵鼍(tuó):即鼍龙。一种与鳄鱼相似的动物,皮可鞔鼓。 4 陶唐氏:即尧。 葛天氏:传说中的远古帝王。 5 巴俞:古乐舞名。 宋蔡:此指宋国、蔡国的乐舞。 《于遮》:淮南一带的歌曲名。 文成:县名。 颠:即今云南。 族举:并举。 金:锣。 铿鎗(kēng chēng):象声词。形容音乐钟鼓等发出的响亮的声音。 闛鞈(tāng tà):象声词。形容鼓声。 6 荆:楚。《韶》:舜时之乐。《濩(huò)》:商汤乐名。《武》:

周武王之乐。《象》:周公之乐。 阴淫:淫靡。 案衍:形容乐声低平绵延。 鄢郢:战国时期楚国国都,在今湖北宜城市。此处代指楚地乐舞。《激楚》:楚地舞曲名。《结风》:舞曲名。 狄鞮(tí):西方种族名。 倡:古代歌舞人之称。又通"娼",妓女。 丽靡:华丽。 烂漫:形容光彩四射。 靡曼:纤弱柔美。

"若夫青琴宓妃之徒,绝殊离俗,姣冶娴都,靓庄刻饬,便嬛绰约,柔桡嬛嬛,妩媚姌袅;[1] 抴独茧之褕袘,眇阎易以戌削,媥姺徶循,与世殊服;[2] 芬香沤郁,酷烈淑郁;[3] 皓齿粲烂,宜笑旳皪;[4] 长眉连娟,微睇绵藐;[5] 色授魂与,心愉于侧。[6]

"那些歌女们美丽的容颜,好像青琴、宓妃那类人一样,与众不同,举世无双,艳丽文雅,她们浓脂盛妆,发鬓梳得如刻画一样,体态轻盈、绰约,修长而柔美,纤细动人;她们披着丝色纯正的衣裙,穿着宽大而边缘整齐,衣裙随步履而轻舍飘舞,和世俗的衣服不同;她们身上散发出浓郁的香气;牙齿洁白,露齿而笑,光明灿烂;她们蛾眉细美,明目含情,流波荡漾;她们用美色、神魂勾引人,在她们旁边会让人感到满心欢喜。

注释 1 青琴:《史记索隐》引伏俨曰:"青琴,古神女也。" 宓(fú)妃:《史记索隐》引如淳曰:"宓妃,伏羲女,溺死洛水,遂为洛水之神。" 绝殊:特殊,与众不同。 姣冶:美丽。 娴都:文雅。 靓庄:即"靓妆",打扮装饰容貌。 刻饬:即"刻饰",雕作装饰鬓发。 便嬛(pián xuān):轻盈的样子。 绰约:柔婉美好貌。 柔桡:柔弱苗条貌。 嬛嬛:轻柔美丽貌。 姌袅(rǎn niǎo):纤细柔弱貌。 2 抴(yè):拖。 独茧:一个茧抽成的丝。形容色泽纯正。 褕袘(yú yì):罩在外面的直襟单衣。 眇:细看。 阎易：衣长貌。 戌削：《史记集解》引徐广曰："戌削，言如刻画作之。" 媥姺(piān xiān)：衣服轻盈飘舞貌。 徽徲(bié xiè)：衣服飘舞貌。 3 沤郁：香气浓郁。 淑郁：香气浓郁。 4 宜笑：露齿而笑。 旳皪(dì lì)：明亮鲜明貌。 5 连娟：弯曲而纤细。 睇(dì)：斜视。 绵藐：情意深长。 6 色授魂与：男女情爱的神交、默会。

"于是酒中乐酣，天子芒然而思，似若有亡。[1] 曰：'嗟乎，此泰[2]奢侈！朕以览听余间，无事弃日，顺天道以杀伐，时休息于此，恐后世靡丽，遂往而不反，非所以为继嗣创业垂统也。[3]' 于是乃解酒[4]罢猎，而命有司曰：'地可以垦辟，悉为农郊，以赡萌隶；[5]隤[6]墙填堑，使山泽之民得至焉。实陂池而勿禁，虚宫观而勿仞。[7]发仓廪以振贫穷，补不足，恤鳏寡，存孤独。[8]出德号，省刑罚，改制度，易服色，更正朔，与天下为始。[9]'

"在宴饮歌舞正浓之时，天子突然怅惘而思，若有所失。他说：'唉，这太奢侈了！我因为听政之余，闲居无事，虚度时日，顺应天时而来游猎，经常在上林苑中休息，我恐怕后世子孙奢靡，于是沿着奢侈之道走下去而不知回头，这不是开创事业以传后代的正确方法呀。' 于是就放弃酒宴，停止游猎，命令官吏说：'上林苑中可以耕种的土地，都可变为农田以赡养百姓；去掉苑墙，填平壕沟，使普通百姓能进入上林苑。在池塘养满鱼鳖而不禁止百姓捕取，废置离宫别馆不让人居止的规定。打开粮仓来救济贫穷的人，补给不足，抚恤鳏寡，问候幼而无父、老而无子的人。发布有恩德的号令，减省刑罚，调整制定度、量、衡以及礼法，使车马服色各随其宜，重定历法，在天下进行改革，开创崭新的局面。'

注释 1 芒然：同“茫然”，犹惘然、失意的样子。 亡：丢失。 2 泰：过甚。 3 余间：余暇，闲暇。 弃日：虚度时日。 靡丽：奢侈。 反：同“返”。 4 解酒：撤除酒乐。 5 农郊：农田。 萌隶：犹“百姓”。 6 隤（tuí）：倒塌，推倒。 7 实：充实。 仞：《史记正义》：“仞音刃，亦满也。言离宫别馆勿令人居止，并废罢也。” 8 发：打开。 振：同“赈”，救济。 鳏（guān）：老而无妻。 存：抚恤。 9 出德号：发出有恩德的号令。 服色：车马衣着颜色。 正朔：历法。

“于是历吉日以齐戒，袭朝衣，乘法驾，建华旗，鸣玉鸾，游乎六艺之囿，骛乎仁义之涂，览观《春秋》之林，射《狸首》，兼《驺虞》，弋玄鹤，建干戚，载云䍐，揜群《雅》，悲《伐檀》，乐乐胥，修容乎《礼》园，翱翔乎《书》圃，述《易》道，放怪兽，登明堂，坐清庙，恣群臣，奏得失，四海之内，靡不受获。[1] 于斯之时，天下大说，向风而听，随流而化，喟然兴道而迁义，刑错而不用，德隆乎三皇，功羡于五

“于是天子选择吉日来举行斋戒，穿上朝服，乘着法驾，树立华旗，鸣起玉鸾铃，天子游猎于‘六艺’的苑囿，奔走于‘仁义’的大道，环视于《春秋》的园林，在行射礼时演奏《狸首》，还有《驺虞》，用箭射取‘玄鹤’，挥动着盾、斧，在车上载着旌旗，以搜集整理《诗经》，对《伐檀》感到悲伤，对‘乐胥’感到高兴，在《礼经》的园地中修饰容仪，在《尚书》的园圃中翱翔，阐释《周易》的道理，放走上林苑中各种珍禽怪兽，登上明堂，坐在祖庙之中，听任群臣陈奏政事得失，使天下百姓，无不受益。在这个时候，全天下人都十分喜悦，响应天子的风教，听从政令，顺应时代的潮流，接受教化，圣明之道勃然而振兴，人民都归向仁义，刑罚被废弃而不用，君王的恩德高于三皇，功业超越五帝。如果这样，那么游猎才是值

帝。[2]若此,故猎乃可喜也。

得高兴的事。

注释 **1** 历:计算,选择。 齐戒:即“斋戒”。古人在祭祀之前,为表示虔诚之心,需沐浴,更衣,忌食荤、酒,此称为“斋戒”。齐,通“斋”。 袭:穿。 朝衣:君臣朝会时所穿的礼服。 法驾:天子车驾的一种,驾六马。 华旗:彩旗。 玉鸾:车铃的美饰。 六艺之囿:此指书的园地,或指太学。六艺,儒家之“六经”,即《诗》《书》《礼》《乐》《易》《春秋》。 骛(wù):纵横奔驰。 射《狸首》:天子举行射礼时奏《狸首》之乐章。《狸首》,古佚诗篇名。 《驺虞》:《诗经·召南》篇名,天子行射礼时演奏此乐章。 弋:用带绳子的箭射。 玄鹤:黑鹤。 干:盾。 戚:斧。 云罕(hǎn):旌旗。一说为张设于云天的捕鸟之网。 揜:捕,搜罗。 《雅》:此指《诗经》。 《伐檀》:《诗经》篇名,因其序中之意,后引为讥刺贪鄙者尸位素餐而贤者不得仕进的典故。 乐胥:《诗经·小雅·桑扈》中有“君子乐胥,受天之祜”句。一说此指贤才,一说即指乐官。 修容:修饰容貌仪表。 《礼》:即《礼经》,指《仪礼》。 《书》:即《尚书》。 《易》:即《易经》,亦称《周易》。 明堂:天子朝见诸侯、宣明政教及举行各种大典的殿堂。 清庙:太庙,宗庙。 **2** 斯:此。 说:通“悦”。 错:通“措”,放置。 隆:高。 羡:超越。

“若夫终日暴露驰骋,劳神苦形,罢车马之用,抗士卒之精,费府库之财,而无德厚之恩,务在独乐,不顾众庶,忘国家之政,而贪雉兔之获,则仁者不由也。[1]从此

“如果整天暴露身躯驰骋在苑囿之中,精神劳累,身体辛苦,疲惫地使用车马,消耗士卒的精力,浪费国库的钱财,而没有厚德大恩,只是专心于个人的快乐,不考虑广大百姓,遗忘国家政事,却贪图野鸡、兔子的猎获,这是仁爱之君不肯做的事情。由此看来,齐国和楚国游猎之事,岂不可悲么!

观之，齐楚之事，岂不哀哉！地方不过千里，而囿[2]居九百，是草木不得垦辟，而民无所食也。夫以诸侯之细，而乐万乘之所侈，仆恐百姓之被其尤也。[3]"

于是二子愀然改容，超若自失，逡巡避席，曰："鄙人固陋，不知忌讳，乃今日见教，谨闻命矣。"[4]

两国拥有的土地纵横不超过一千里，而苑囿占了九百里，这是生长草木的地方得不到开垦耕种，而人民没有吃的东西的原因。凭借诸侯的微贱地位，却去享受天子的奢侈之乐，我担心百姓将遭受祸患。"

于是两位先生脸色大变，怅然若失，顷刻离开座席，说："鄙人见闻浅陋，不知道避忌，今天才受到教诲，我愿意接受教导。"

注释　1 暴(pù)露：显露。　罢：通"疲"。　抏(wán)：消耗。　务：致力于。　由：做。　2 囿：苑囿。　3 细：地位低下。　被：遭受。　尤：祸害。　4 愀(qiǎo)然：容色改变貌。　超若：犹"超然"，惆怅失意的样子。　逡(qūn)巡：犹顷刻，须臾。

赋奏，天子以为郎。无是公言天子上林广大，山谷水泉万物，及子虚言楚云梦所有甚众，侈靡过其实[1]，且非义理所尚，故删取其要，归正道而论之[2]。

这篇赋献给天子，天子就任命司马相如做郎官。无是公说天子的上林苑广大，有山谷、水泉和万物，以及子虚说楚国云梦泽所有的东西很多，都是夸奢靡丽之论，言过其实，况且也不是礼义所崇尚的，所以我删去其中的不足，提取其中的要点，以便它能引导人们走正道。

注释 1 侈靡过其实:《史记志疑》:“左思《三都赋·序》《文心雕龙·夸饰篇》并称相如之赋,诡滥不实。余谓上林地本广大,且天子以天下为家,故所叙山谷水泉,统形胜而言之。至其罗陈万物,亦惟麟凤蛟龙一二语为增饰,观《西京杂记》《三辅黄图》,则奇禽异木,贡自远方,似不全妄。况相如明著其指曰‘子虚’‘乌有’‘亡是’,特主文谲谏之义耳,不必从地望所奠,土毛所产,而较有无也。程氏《雍录》曾辨之。” 2 归正道而论之:《史记索隐》引大颜云:“不取其夸奢靡丽之论,唯取终篇归于正道耳。”

相如为郎数岁,会唐蒙使略通夜郎西僰中,发巴蜀吏卒千人,郡又多为发转漕万余人,用兴法诛其渠帅,巴蜀民大惊恐。[1]上闻之,乃使相如责唐蒙等,因喻告巴蜀民以非上意[2]。檄[3]曰:

告巴、蜀太守:蛮夷自擅不讨之日久矣,时侵犯边境,劳士大夫。陛下即位,存抚天下,辑安中国。然后兴师出兵,北征匈奴,单于怖骇,交臂受事,诎膝请和。[4]康居西域,重译请朝,稽首来

司马相如担任郎官几年,恰逢唐蒙受命开通通往夜郎及其西面的僰中地区的道路,征发巴郡、蜀郡官吏士卒上千人,两郡又多为他征调陆路及水路的运输人员一万多人,他又用战时法规杀死了部落首领,巴、蜀百姓都十分惊恐。皇上听说这事,就派相如去责备唐蒙等人,趁机告知巴、蜀百姓,这不是皇上的本意。檄文说:

告示巴、蜀太守:蛮夷自作主张,朝廷已经很久没有加以征讨了,他们时常侵扰边境,给边境地区的士大夫增添麻烦。当今皇上即位,安抚天下,使中国和睦安稳。然后发动军队,向北征讨匈奴,单于惊恐,拱手臣服,屈膝求和。康居和西域诸国,经辗转翻译也都来请求朝贡,在参加祭典时虔敬地叩头,进献贡物。然后军队调派

享。[5]移师东指，闽越相诛。右吊番禺，太子入朝。[6]南夷之君，西僰之长，常效贡职，不敢怠堕，延颈举踵，喁喁然皆争归义，欲为臣妾，道里辽远，山川阻深，不能自致。[7]夫不顺者已诛，而为善者未赏，故遣中郎将往宾之，发巴蜀士民各五百人，以奉币帛，卫使者不然，靡有兵革之事，战斗之患。[8]今闻其乃发军兴制[9]，惊惧子弟，忧患长老，郡又擅为转粟运输，皆非陛下之意也。当行者或亡逃自贼杀，亦非人臣之节也。[10]

直指东方，闽越国王被他的弟弟谋杀。接着军至番禺，南越王派太子入朝。南夷的君主，西僰的首领，都经常进献贡物和赋税，不敢怠慢，人人伸长脖子，抬起脚跟，表现出都争着归附大义的样子，愿做汉朝的臣仆，只是路程遥远，山河阻隔，不能亲自来致意。现在，不顺从的人已经被诛杀，而做好事的人还没奖赏，所以派中郎将前来以礼相待，至于征发巴、蜀的士卒百姓各五百人，只是为了供给钱、帛等礼物，保卫使者不发生意外，没有战争的事情和打仗的忧患。如今，皇上听说中郎将竟然动用战时法规，使巴、蜀子弟受到惊惧，使巴、蜀父老忧患，两郡又擅自为中郎将转运粮食，这些都不是皇上的本意。至于当应征的人，有的逃跑，有的自相残杀，这也不是为臣者应有的样子。

注释 **1** 巴、蜀：二郡名。巴，治所江州，在今重庆市长江北岸。蜀，治所成都，在今四川成都市。 兴法：军兴法，即战时的法令制度。 **2** 非上意：并非皇上之意。 **3** 檄：古代用来征召、声讨的文书。 **4** 交臂：拱手。表示降服、恭敬。 受事：接受职事或职务。 诎(qū)：弯曲。 **5** 康居：西域国名，约在今巴尔喀什湖和咸海之间，王都卑阗城。 重译：指遥远的西域各国，需经辗转翻译，方能通话交往。 享：参加祭典。

6 弔(dì):至。 太子:指南越王太子婴齐。 7 西僰:泛指今四川西部。 效:呈献。 贡职:贡品赋税。 喁喁(yóng):众人景仰归向的样子。 自致:亲自致意。 8 宾之:以宾礼相待,加以安抚。 币帛:赠送的礼品。 9 发军兴制:《史记索隐》:"张揖曰:'发三军之众也。兴制,谓起军法制也。'案:唐蒙为使,而用军兴法制也。" 10 当行者:应当被征发的人。 贼杀:残杀。

夫边郡之士,闻烽举燧燔,皆摄弓而驰,荷兵而走,流汗相属,唯恐居后,触白刃,冒流矢,义不反顾,计不旋踵,人怀怒心,如报私仇。[1]彼岂乐死恶生,非编列之民[2],而与巴蜀异主哉?计深虑远,急国家之难,而乐尽人臣之道[3]也。故有剖符之封,析珪而爵,位为通侯,居列东第,终则遗显号于后世,传土地于子孙,行事甚忠敬,居位甚安佚,名声施于无穷,功烈著而不灭。[4]是以贤人君子,肝脑涂中原,膏

那边郡的士兵,听到烽火升起,燧烟点燃的消息,都张弓待射,驱马进击,扛着兵器,奔向战场,人人汗流浃背,唯恐落后,身触利刃,冒着飞箭,也义无反顾,不考虑退却逃跑,人人怀着愤怒的心情,如同报私仇一样。他们难道乐于死而讨厌生,不是编进户籍的人民,而和巴、蜀不是同一个君主吗?只是他们考虑深远,把国家的困难作为急事,而乐于尽到做臣民的义务罢了。所以他们中有的人得到剖符封官,有的分珪受爵,位在列侯,居住在京城的东第,去世后能将显贵的称号流传后世,把封赏的土地留传给子孙,他们做事非常忠诚严肃,当官也十分安逸,好名声传播久远,功业昭著,永不泯灭。因此,贤人君子,都能肝脑涂地、血肉滋润野草而在所不辞。现在

液润野草而不辞也[5]。今奉币役至南夷，即自贼杀，或亡逃抵诛，身死无名，谥为至愚，耻及父母，为天下笑。[6]人之度量相越，岂不远哉！[7]然此非独行者之罪也，父兄之教不先，子弟之率不谨也；寡廉鲜耻，而俗不长厚也。[8]其被刑戮，不亦宜乎！

充当供奉币、帛的役夫到南夷，就自相杀害，或因逃跑被诛杀，身死而没有美名，被谥为至愚，其耻辱牵连到父母，被天下人耻笑。人的气量、胸襟的差距，难道不是很远吗？但这也不仅仅是应征者的罪过，父兄们往日没有加以教导，也没有谨慎地给子弟做表率；人们没有操守，不知羞耻，则世风也就不淳厚了。因而他们被判刑杀戮，不也是理所当然的事么！

注释 1 烽举燧燔：点起烽烟。燧，古代告警而放的烟。 摄：持。 荷兵：扛着武器。 旋踵：旋转脚跟，意即退却逃跑。 2 编列之民：编入户籍之民。3 道：职责，义务。 4 剖符之封：重大的封赐。 析珪：分颁玉珪。 通侯：即“列侯”，原本名“彻侯”，为避汉武帝刘彻的讳而改，是秦制爵二十级中的最高一级。 东第：甲第。《史记索隐》：“列甲第在帝城东，故云东第也。” 佚：通“逸”。 5 膏液：脂膏与血液。 6 币：此指礼品。 亡逃抵诛：因逃亡避役而被诛杀。 谥：人死后起的名号。 7 度量：涵养，素质。 越：隔越，有距离。 8 长厚：淳厚。

陛下患使者有司之若彼，悼不肖愚民之如此，故遣信使晓喻百姓以发卒之事，因数之以不忠死亡之罪，让三老孝弟以不教

皇上担心使者和官员们办事不力，又可怜你们的愚蠢行为，所以派信使将征发士卒的事情告知百姓，趁机列举他们不忠于朝廷、不能为国事而死的罪状，责备三老和孝弟

诲之过。[1]方今田时,重烦百姓,已亲见近县,恐远所溪谷山泽之民不遍闻,檄到,亟下县道,使咸知陛下之意,唯毋忽也。[2]

没能做好教诲的过失。现在正是耕种时期,不轻易烦劳百姓,已经亲自面谕郡旁近县的人了,担心偏远的溪谷山泽间的百姓不能全听到皇上的心声,檄文一到,赶快下发到各县各道,使他们都了解陛下的本意,希望不要疏忽了。

注释 1 若彼:像那样,即像唐蒙擅自征发那样。 数:列举(罪状)。 让:指责。 三老:古代乡间负责教化的长官。 孝弟:乡中负责引导民孝悌之官吏。 2 亟:急。 道:在边远部族所设置的县称道。 唯:表示希望。

相如还报。唐蒙已略通夜郎,因通西南夷道,发巴、蜀、广汉卒,作者数万人。[1]治道二岁,道不成,士卒多物故[2],费以巨万计。蜀民及汉用事者[3]多言其不便。是时邛、筰之君长闻南夷与汉通,得赏赐多,多欲愿为内臣妾,请吏,比南夷。[4]天子问相如,相如曰:"邛、筰、冉、駹者近蜀,道亦易通,秦时尝通

司马相如返回京城报告。唐蒙已经掠取并打通了夜郎,还想趁机开通西南夷的道路,征发巴、蜀、广汉的士兵,参加劳役的有几万人。修路两年,路没修成,士卒大多死亡,耗费的钱财以万万来计。蜀地民众和汉朝当权的人大多都说这样不利。这时,邛、筰的君长听说南夷和汉朝来往,得到了很多赏赐,因此他们也都想做汉朝的臣仆,请求汉朝设置官吏,就像南夷一样。天子询问司马相如,相如说:"邛、筰、冉、駹等都靠近蜀郡,道路也容易修通,

为郡县，至汉兴而罢。今诚复通，为置郡县，愈于南夷。”天子以为然，乃拜相如为中郎将，建节[5]往使。副使王然于、壶充国、吕越人驰四乘之传[6]，因巴蜀吏币物以赂西夷。至蜀，蜀太守以下郊迎，县令负弩矢先驱，蜀人以为宠。[7]于是卓王孙、临邛诸公皆因门下献牛酒以交欢。[8]卓王孙喟然而叹，自以得使女尚[9]司马长卿晚，而厚分与其女财，与男等同。司马长卿便略定西夷，邛、笮、冉、駹、斯榆[10]之君皆请为内臣。除边关，关益斥，西至沫、若水，南至牂柯为徼，通零关道，桥孙水以通邛都。[11]还报天子，天子大说。

秦朝时曾经来往并设置郡县，到了汉朝建立时才废除。如今真要重新开通，设置郡县，价值超过南夷。”天子认为很对，就任命相如做中郎将，让他持节出使。副使王然于、壶充国、吕越人等，乘坐着四匹马拉的传车，凭借巴、蜀的官吏和财物来笼络西夷。到了蜀郡，蜀郡太守及其属下都到郊外来迎接，县令背负弓箭在前面引路，蜀人都以本地出了司马相如而为荣。于是卓王孙、临邛各位父老都凭借关系到相如门下，献上牛和酒，用以结好。卓王孙喟然感叹，自以为把女儿嫁给司马相如的时间太晚，便分给他女儿很多财产，和分给儿子的相同。司马相如便平定了西夷，邛、笮、冉、駹、斯榆的君长都请求臣服汉朝。于是拆除了原先边界上的关隘，使边关扩大，西边到达沫水和若水，南边到达牂柯河，以此作为边界，开通了零关道，在孙水修桥来沟通邛都。相如回京城报告天子，天子十分高兴。

注释　1 广汉：汉郡名，治所在今四川金堂县。　作者：此指工匠、役夫。2 物故：死亡。事详见《西南夷列传》。　3 用事者：执政者。　4 内：内地，指汉朝。 比:效仿。 5 建节:立符节,持符节。 6 传(zhuàn):驿车,传达命令的马车。 7 弩矢:弓箭。 先驱:在前边开道。 8 因:通过,凭借。 牛酒:牛和酒。古代用作馈赠、犒劳、祭祀的物品。 9 尚:仰攀婚姻。 10 斯榆:又作“斯俞”“斯臾”,汉时西南地区部落名,约在今四川西南角。 11 除边关:废除边地关禁。 斥:扩展。 沬:沬水,即今大渡河。 若水:水名,即今雅砻江。 牂柯:汉郡名,治所且兰,在今贵州黄平县西南。 徼:边塞。 零关:即灵关,在今四川峨边县南。 孙水:水名,即今安宁河,在四川西南部。 邛都:《汉书》作“邛笮”。则“邛”为邛都,当时越巂郡所在地,在今四川西昌市。“都”为都县,当即榷都,当时沈犁郡所在地,在今四川汉源县。

相如使时,蜀长老多言通西南夷不为用,唯[1]大臣亦以为然。相如欲谏,业已建之,不敢,乃著书,借以蜀父老为辞,而己诘难之,以风天子,且因宣其使指,令百姓知天子之意。[2]其辞[3]曰:

汉兴七十有八载,德茂存乎六世,威武纷纭,湛恩汪濊,群生澍濡,洋溢乎方外。[4]于是乃命使西征,随流而攘,风之所

司马相如出使蜀郡时,蜀郡的年高长者大多都说开通西南夷没有用处,即使是朝廷大臣也认为是这样的。相如要进谏劝阻,但建议也是由自己提出的,因而不敢再进谏,就写文章,假借蜀郡父老的语气来讲话,而自己诘难对方,来含蓄地劝告天子,并且借此来宣扬自己出使的意图,让百姓知道天子的本意。文章说:

汉朝建立七十八年,六代君主都有崇高道德,国家威武强盛,恩泽流传久远深广,万物都受到滋养,就连国外也广泛传播。于是皇上就命令使者西征,顺势开拓,德教之风所到之处,无不随风倒伏。因而使冉来朝,

被，罔不披靡。[5]因朝冉从駹，定笮存邛，略斯榆，举苞满，结轶还辕，东乡将报，至于蜀都。[6]

使駹顺从，平定了笮，安抚了邛，夺取了斯榆，占领了苞满，然后车马纷纷返回，向东去将要还报朝廷，到达了蜀郡成都。

注释　**1** 唯：虽，即使。　**2** 借：假托。　风：通"讽"，劝告，讽谏。　**3** 辞：文称《难蜀父老》。　**4** 七十有八载：徐广以为时为元光六年，即公元前129年。有，通"又"。　德茂：恩德美盛。　六世：六代，即高祖、惠帝、吕后、文帝、景帝、武帝。　纷纭：多盛貌。　湛(zhàn)恩：深恩。　汪濊(huì)：深广。　群生：众生，一切生物。　澍濡(shù rú)：雨水滋润万物。多用于比喻承受恩泽。　洋溢：广泛传播。　方外：国外。　**5** 攘：略取。　被：加于……之上。　罔：无，没有。　披靡：随风倒下。　**6** 朝冉：使冉朝拜。　从駹：使駹顺从。　定笮：平定笮地。　存邛：安抚邛都。　举：攻取。　苞满：即"靡莫"，古部族名，属氐羌系统，活动于今昆明市北。《史记志疑》："《汉书》《文选》作'苞蒲'，《索隐》亦云一作'蒲'，则'满'字讹。"　结轶：犹"结辙"，形容车辆络绎不绝。　还辕：回车。　乡：通"向"。　蜀都：成都。

耆老大夫荐绅先生之徒二十有七人，俨然造焉。[1]辞毕，因进曰："盖闻天子之于夷狄也，其义羁縻[2]勿绝而已。今罢三郡之士，通夜郎之涂，三年于兹，而功不竟，士卒劳倦，万民不赡，今又

这时，耆老、大夫、荐绅、先生共有二十七人，庄重恭敬地来拜访。寒暄过后，趁机进言说："听说天子对于夷狄，其目的是笼络他们，不使汉朝与他们断绝关系罢了。现在烦劳三个郡的士兵，去开通夜郎的道路，到现在已经三年了，还没有完成，士卒劳累疲倦，广大百姓生活不富足，如今又接着来开通西夷，百姓们精力耗尽，恐怕不

接以西夷，百姓力屈，恐不能卒业，此亦使者之累也，窃为左右患之。[3] 且夫邛、筰、西僰之与中国并也，历年兹多，不可记已。[4] 仁者不以德来，强者不以力并，意者其殆[5]不可乎！今割齐民以附夷狄，弊所恃以事无用，鄙人固陋，不识所谓。[6]"

能完成这事，这也会给使者带来麻烦，我们私下为您忧虑。况且那邛、筰、西僰和中原并存，已经过了许多年，记都记不清了。自古以来，仁德之君不能招来他们，强大之君不能并吞他们，推想大概也办不到吧！如今牺牲良民去使夷狄归附，使汉朝的人民疲困而去做无用的事，鄙人见识短浅，不知道为什么要这么做。"

注释 1 耆老：年高者。 荐绅：同"搢绅"，高官。 俨然：庄重恭敬的样子。 造：访问。 2 羁縻(jī mí)：笼络。 3 罢：通"疲"。 涂：通"途"。 卒业：最终成就功业。 4 并：合并。 兹：通"滋"，益、更加。 5 殆：恐怕。 6 割：危害。 齐民：平民。 弊所恃：依靠自己的疲困。

使者曰："乌谓此邪？[1] 必若所云，则是蜀不变服[2]而巴不化俗也。余尚恶闻若说。[3] 然斯事体大，固非观者之所觏也。[4] 余之行急，其详不可得闻已，请为大夫粗陈其略。

使者说："怎么说这样的话呢？如果真像你们所说的，那么蜀郡人永远不会改变服装，巴郡人永远不会改变风俗了。我讨厌听到这种话。可是这件事情意义重大，本来就不是旁观者所能看得出的。我的行程紧急，没有机会给你们详细解释了，请允许我为大夫们粗略地陈说它的大概。

注释 1 乌：何。 邪：语气助词。 2 变服：改变服饰的习俗。 3 若：此。 4 事体：事理。 觏(gòu)：遇见。这里指看懂。

“盖世必有非常之人，然后有非常之事；有非常之事，然后有非常之功。非常者，固常人之所异也。故曰非常之原[1]，黎民惧焉；及臻厥成，天下晏如也。[2]

“昔者鸿水浡出，泛滥衍溢，民人登降移徙，陭隔而不安。[3]夏后氏戚之，乃堙鸿水，决江疏河，漉沈赡灾，东归之于海，而天下永宁。[4]当[5]斯之勤，岂唯民哉。心烦于虑而身亲其劳，躬胝无胈，肤不生毛。[6]故休烈显乎无穷，声称浃乎于兹。[7]

“大约世上一定要有不平常的人，才会有不平常的事；有了不平常的事，才会建立不平常的功业。不平常，当然是一般人觉得怪异的。所以说不平常的事情出现之初，百姓会惊惧；待到事情成功了，天下就安乐太平了。

“从前，洪水涌出，泛滥蔓延，老百姓上下迁移，颠沛流离，心情十分不安。大禹对此很忧虑，就堵塞河水，挖掘河底，疏通河道，分散洪水，稳定灾情，使河水向东流归大海，而使天下长久安宁。承受这样劳苦的，难道只有百姓？大禹心里忧虑愁苦，并且亲自参加劳作，手脚生出老茧而无细毛，皮肤磨得都长不出汗毛。所以他的功绩传至后世，声望流传至今。

注释　1 原：开始。　2 臻：至。　厥：其。　晏如：安居乐业的样子。　3 浡(bó)：涌出。　衍溢：满溢。　登降：进退。　陭隔：即“崎岖”，道路不平貌，此谓颠沛。　4 夏后氏：禹。　戚：忧患。　堙(yīn)：填塞。　鸿水：洪水。鸿，通“洪”。按：塞洪水者当为鲧。　漉沈：分散深水。漉，分。沈，深。　赡：通“澹”，安定。　5 当：承受。　6 躬：身体。　胝(zhī)：皮厚成茧。　胈(bá)：人身上的细毛。　7 休烈：美好的功业。　声称：声望。　浃(jiā)：遍及。

"且夫贤君之践位也，岂特委琐握龊，拘文牵俗，循诵习传，当世取说云尔哉！[1]必将崇论闳[2]议，创业垂统，为万世规。故驰骛乎兼容并包，而勤思乎参天贰地。[3]且《诗》不云乎：'普天之下，莫非王土；率土之滨，莫非王臣。'[4]是以六合之内，八方之外，浸浔衍溢，怀生之物有不浸润于泽者，贤君耻之。[5]今封疆之内，冠带之伦，咸获嘉祉，靡有阙遗矣。[6]而夷狄殊俗之国，辽绝异党之地，舟舆不通，人迹罕至，政教未加，流风犹微。[7]内之则犯义侵礼于边境，外之则邪行横作，放弑其上。[8]君臣易位，尊卑失序，父兄不辜，幼孤为奴，系累号泣，内向而怨，曰'盖闻中国有至仁焉，德

"况且贤明的君主即位，难道只是拘泥于小节，被规章制度和世俗所拘束、牵制，因循旧习，取悦当世而已吗？他们一定要发表崇高宏大的议论，开创业绩，传留法统，作为后世遵循的榜样。所以要努力做到纵横自如并有所建树，胸襟宽大，勤奋地思考建立和天地相匹的功德。况且《诗经》中不是说过：'普天之下，没有哪个地方不是周王的领土；四海之内，没有哪个人不是周王的臣民。'因此，天地之内，八方之外，都逐渐受到浸润，如果有哪个有生命的东西不被君恩滋润，贤明的君主会视为耻辱。如今封疆之内，文武官员，都获得欢乐和幸福，没有缺漏了。可是那些风俗不同的夷狄国家，和我们相隔遥远、族类不同的地方，车船不通，人迹罕至，因而汉朝的政治教化还未达到那里，那里的风俗受汉朝的影响很微小。如果接纳他们，他们将在边境做些违犯礼义的事情；把他们排斥于外，他们就会在自己国内为非作歹，弑君犯上。颠倒君臣关系，改变尊卑次序，父兄无罪被杀，幼儿和孤儿被当作奴隶，被捆绑着哭喊着，一心向往汉朝，抱怨说'听说中国极为仁

洋而恩普，物靡不得其所，今独曷为遗己’。[9] 举踵 [10] 思慕，若枯旱之望雨。戾夫为之垂涕，况乎上圣，又恶能已？[11] 故北出师以讨强胡，南驰使以诮 [12] 劲越。四面风德，二方之君鳞集仰流，愿得受号者以亿计。[13] 故乃关沫、若，徼牂柯，镂零山，梁孙原。[14] 创道德之涂 [15]，垂仁义之统。将博恩广施，远抚长驾，使疏逖不闭，阻深暗昧得耀乎光明，以偃甲兵于此，而息诛伐于彼。[16] 遐迩一体，中外禔福，不亦康乎？[17] 夫拯民于沉溺，奉至尊之休德，反衰世之陵迟，继周氏之绝业，斯乃天子之急务也。[18] 百姓虽劳，又恶可以已哉？

爱，功德盛多，恩泽普施，万物无不适得其所，如今偏偏为何遗忘了我们’。他们抬起脚跟来仰慕，就像大旱而盼望雨水。就是凶暴的人也会为之落泪，何况皇上圣明，又怎么能作罢呢？所以向北边派出军队来讨伐强大的匈奴，向南边派使者去责备强劲的越国。四方邻国都受仁德的教化，南夷和西夷的君长像游鱼聚集，仰面迎向水流，愿意得到汉朝封号的多得数不清。所以才以沫水、若水为关塞，以牂柯河为边界，凿通零山，在孙水的源头架桥。开创了通向道德的坦途，传留下仁义的传统。将要广施恩德，安抚和控制边远地区的人民，使疏远者不被隔闭，使偏僻不开化地区的人民得到光明，在这里消除战争，在那里消除杀伐。使远近一体，内外安宁幸福，不是康乐的事吗？把人民从水深火热中拯救出来，尊奉皇上的美德，挽救衰败的社会，继承周代已经断绝的业绩，这是天子的当务之急。百姓纵然有些劳苦，又怎么可以停止呢？

注释　1 践位：登上帝王之位。　委琐：谓拘泥于小节，注重琐碎小事。　握龊(chuò)：局促，器量狭小。　拘文：拘泥于成法。　循诵习传：

习惯于读死书,传旧闻。 说:通"悦"。 2 闳:宏大。 3 驰骛:纵横自如,并有所建树。 兼容并包:指胸襟宽阔,气度非凡。 参天贰地:亦作"参天两地",引喻人之德可与天地相比。参,通"三"。 4 "普天之下"四句:引自《诗经·小雅·北山》。率土之滨,即四海之内。率,循,沿着。滨,边,边缘。 5 六合:天、地、东、南、西、北,即指天下。 八方:四方、四维。 浸浔(xún):亦作"浸寻",浸渍,逐渐。 怀生之物:有生命之物。 6 冠带之伦:泛指文武百官。 嘉祉(zhǐ):美好幸福。 阙:空缺。 7 辽绝:辽远隔绝。 舆:车。 8 内:同"纳",接纳,和好。 外:排斥。 弑:诛杀君主。 9 不辜:此指无罪而被杀。 系累:捆绑。 洋:广大浩博。 靡:没有。 曷:何。 10 举踵:抬起脚后跟。 11 戾夫:暴戾之人。 恶(wū):怎么。 12 诮(qiào):责备。 13 风德:德化。 二方:指西夷与南夷。 鳞集:群集。 14 关沬、若:《史记集解》引《汉书音义》曰:"以沬、若水为关。" 镂:凿通。 梁孙原:在孙水之源架桥。 15 涂:通"途"。 16 远抚长驾:安抚远方驾驭边地。 疏逖(tì):疏远。逖,远。 暗昧:愚昧不开化。 偃:停息。 17 遐迩:远近。 禔福:安福。 18 至尊:皇帝。 休德:美德。 反:同"返",使……返回,挽救。 陵迟:衰败的状态。 周氏:指周王朝。

"且夫王事固未有不始于忧勤,而终于佚乐者也。[1]然则受命之符,合在于此矣。[2]方将增泰山之封,加梁父之事,鸣和鸾,扬乐颂,上咸五,下登三。[3]观者未睹指,听者未闻音,犹鹪明已翔乎寥廓,而罗

"况且,君王的事情没有不从忧愁、勤苦开始,而以安逸、快乐结束的。那么承受天命的征兆,也全在于此。皇上正要封禅泰山,祭祀梁父山,使车上的鸾铃鸣响,音乐和颂歌高扬,汉君的恩德上和五帝相同,下超三王。旁观者没有看到事情的宗旨,旁听的人没有听到皇上的真意,如同鹪明已在空旷的天空飞翔,

原文	译文
者犹视乎薮泽。[4]悲夫！”	而捕鸟的人还盯着湖泽。可悲啊！”

注释 1 王事:王朝大事。 佚:通“逸”。 2 符:符瑞,征兆。 合:全。 3 泰山之封:在泰山上祭天之祀。 梁父之事:在泰山旁梁父山上祭地之祀。 和鸾:古代车上的铃铛。挂在车前横木上称“和”,挂在轭首或车架上称“鸾”。 乐颂:颂乐,王朝祭祀的乐歌。 上咸五,下登三:《史记索隐》:“上减五,下登三。李奇曰:‘五帝之德,汉比为减;三王之德,汉出其上:故云减五登三也。’”一说“咸”即“同”。 4 指:旨意。 鷦(jiāo)明:传说中的神鸟,凤凰之类。 寥廓:此指空阔的天空。 罗者:用罗网捕鸟的人。 薮泽:湖泽。薮,水少而草木茂盛的湖泽。

原文	译文
于是诸大夫芒然丧其所怀来而失厥所以进[1],喟然并称曰:“允[2]哉汉德,此鄙人之所愿闻也。百姓虽怠,请以身先之。”敞罔靡徙,因迁延而辞避。[3]	于是诸位大夫心里茫茫然,忘了自己的来意,也遗忘了自己要进谏的事情,感叹地一同说道:“可信啊,汉朝的美德,这是我们鄙陋之人愿意听到的。百姓虽然怠惰,请让我们带头去做。”大夫们怅惘不已而不知所措,于是徘徊了一会就辞别而去。
其后人有上书言相如使时受金[4],失官。居岁余,复召为郎。	此后,有人上书说相如出使时接受了贿赂,他因此丢了官。过了一年多,他又被朝廷召去任郎官。

注释 1 芒然:同“茫然”,失意的样子。 厥:其。 2 允:诚信。 3 敞罔:即怅惘,失意貌。 靡徙:举止失措貌。 迁延:徘徊。 辞避:托词退避。 4 受金:接受贿赂。

相如口吃而善著书。常有消渴疾[1]。与卓氏婚,饶于财。其进仕宦,未尝肯与公卿国家之事,称病闲居,不慕官爵。[2]常从上至长杨猎,是时天子方好自击熊彘,驰逐野兽,相如上疏谏之。[3]其辞曰:

臣闻物有同类而殊能者,故力称乌获,捷言庆忌,勇期贲、育。[4]臣之愚,窃以为人诚有之,兽亦宜然。今陛下好陵阻险,射猛兽,卒然遇轶材之兽,骇不存之地,犯属车之清尘,舆不及还辕,人不暇施巧,虽有乌获、逢蒙之伎,力不得用,枯木朽株尽为害矣。[5]是胡越起于毂下,而羌夷接轸也,岂不殆哉![6]虽万全无患,然本非天子之所宜近也。

司马相如口吃,却善于写文章。他平常身患糖尿病。他和卓文君结婚后,很有钱。他做官,从不肯和公卿大臣们一起讨论国家大事,而借称有病闲居在家里,不仰慕官爵。他曾经跟随皇上到长杨宫去打猎,当时天子喜欢亲自击杀熊和猪,骑马追逐野兽,相如上疏劝谏天子。疏中写道:

"臣听说,万物中有的虽是同类,可是能力却不同,所以人们称赞乌获力量大,谈及庆忌轻捷善射,期待像孟贲和夏育那样勇猛。臣愚昧,私下以为人有这种情况,野兽应该也这样。如今陛下喜欢登上险阻的地方,射击猛兽,突然遇上轻捷超群的野兽,使马受到惊吓而发生危险,在没有防备的情况下,它猛然袭击,向着您的车驾冲来,车子来不及调转车辕,人也无暇施展技巧,纵然有乌获、逢蒙的技能,力量使不出来,枯木朽枝全都可以变成祸害了。这就像胡人、越人出现在车轮下,羌人、夷人紧跟在车后面,难道不是很危险吗?即便是绝对安全没有一点隐患,但这本来就不是天子应该接近的地方。

注释 1 消渴疾：即糖尿病。 2 其进仕宦：《史记志疑》引《义门读书记》曰："'进'作'于'。" 与：参与。 3 常：通"尝"，曾经。 长杨：离宫名，在今陕西周至县境内。 彘(zhì)：猪。 疏：下文为《谏猎疏》。 4 乌获：《史记索隐》引张揖曰："秦武王力士，举龙文鼎者也。" 捷：迅疾。 庆忌：春秋时吴王僚之子，善射。 期：期待。 贲、育：《史记正义》："孟贲，古之勇士，水行不避蛟龙，陆行不避豺狼，发怒吐气，声音动天。夏育，亦古之猛士也。" 5 陵：登。 卒：同"猝"，突然。 轶材：超群。 骇：马受惊。 属车：天子出行的车队。 清尘：对天子车驾行走时所泛起的尘土的尊称。 逢蒙：古之善射者。《史记集解》引《吴越春秋》曰："羿传射于逢蒙。" 伎：同"技"，技巧、技艺。 6 胡越：胡人和越人，此喻指野兽。 毂(gǔ)：车轮中心的圆木，此指车驾。 羌夷：羌人和夷人，此亦喻指野兽。 轸：车厢底部后面的横木，此亦指车驾。 殆：危险。

且夫清道而后行，中路而后驰，犹时有衔橛之变，而况涉乎蓬蒿，驰乎丘坟，前有利兽之乐而内无存变之意，其为祸也不亦难矣！[1] 夫轻万乘之重不以为安，而乐出于万有一危之涂[2]以为娱，臣窃为陛下不取也。

况且，清除道路而后行走，选择道路中央然后奔驰，这样还时常会出现马口中的衔铁断裂、车轴钩心脱落的情况，更何况跋涉在蓬蒿中，奔驰在山陵之地上，前面有猎取野兽的快乐，而内心没有应付意外之事的准备，这样出现祸患也是很容易的了！至于轻视君王的尊贵而不以此为安，却乐于出现在有万一危险的地方，臣私下认为陛下不应该这样做。

盖明者远见于未萌而智者避危于无形[3]，祸固多藏于隐微而发于人之所忽者也。故鄙谚曰

大概明察的人能远在事情发生以前就预见它，智慧的人能在祸害还未形成以前就躲避开，祸患本来就大多藏身于隐约细微之处，发生在人们

"家累千金，坐不垂堂"。[4]此言虽小，可以喻大。臣愿陛下之留意幸察。

疏忽之时。所以谚语说"家中积有千金，不坐在屋檐底下"。这话说的虽然是小事，却可以用来比喻大道理。臣希望陛下留意明察。

注释 1 中路：路的当中。 衔：勒于马口的铁具，折断后马不得控制。 橛：车轴钩心，脱落或滑出会造成翻车。 丘墟：山陵之地。 2 涂：通"途"，道路。 3 无形：事物没有形成之前。 4 鄙谚：俗语。 坐不垂堂：不坐在前屋靠近屋檐之下。

上善之。还过宜春宫，相如奏赋以哀二世行失也。[1]其辞曰：

登陂陁之长阪兮，坌入曾宫之嵯峨。[2]临曲江之隑州兮，望南山之参差。[3]岩岩深山之谾谾兮，通谷𧮰兮谽谺。[4]汩淢噏习以永逝兮，注平皋之广衍。[5]观众树之塕薆兮，览竹林之榛榛。[6]东驰土山兮，北揭石濑。[7]弥节容与兮，历吊二世。[8]持身不谨兮，亡国失埶。[9]信谗不寤[10]兮，宗庙灭绝。呜呼哀哉！操行之不得兮，

皇上认为相如说得不错。回来路过宜春宫的时候，相如向皇上献赋，来哀叹秦二世行事的过失。赋中写道：

登上倾斜不平的长坡啊，一同走进高高的层叠宫殿。俯瞰曲江弯曲的岸边和小洲啊，远望高低参差的南山。岩石深山高耸空深啊，通畅的溪谷豁然空旷。溪水急速地流向远方啊，注入宽广低平的水边之地。观赏各种树木枝繁叶茂啊，浏览茂密的竹林。向东边的土山奔驰啊，朝北提衣走过浅石滩。驻车徘徊啊，路过凭吊二世的坟墓。自身行事不谨慎啊，使国家灭亡、权势丧失。听信谗言而不觉醒啊，使宗庙灭绝。呜呼哀哉！没有

坟墓芜秽而不修兮，魂无归而不食。[11] 敻邈绝而不齐兮，弥久远而愈佅。[12] 精罔阆而飞扬兮，拾九天而永逝。[13] 呜呼哀哉！

好的操守品行啊，坟墓荒芜而无人修整，魂魄没有归宿，得不到祭祀。飘逝到极远无边的地方啊，愈是久远愈昏暗。精魂在空中飞扬啊，经历九天而永远消逝。呜呼哀哉！

注释 1 宜春宫：秦离宫名，二世在此被阎乐所杀，故址在今陕西西安市长安区。 赋：下文为《哀秦二世赋》。 行失：行为过失。 2 陂阤(pō yǐ)：倾斜不平貌。 阪：山坡。 坌(bèn)：并。 曾：通“层”，重。 3 曲江：即曲江池，故址在今陕西西安市东南。 隑(qí)州：边岸曲而长的洲。隑，弯曲的岸。 4 岩岩：高耸貌。 谾谾(hōng)：空深貌。 豁(huò)：“豁”的本字。山谷大开的样子。 谽谺(hān xiā)：亦作“谽谺”，山谷空旷貌。 5 汩淢(yù yù)：水疾流貌。 噏(xī)习：飘忽飞起的样子。 平皋：水边平展之地。 6 蓊薆(wěng ài)：草木茂盛之貌。 榛榛(zhēn)：草木丛生貌。 7 揭：提衣涉水。 石濑(lài)：水为石激形成的急流。濑，浅水沙石滩。 8 弥节：驻车，停留。 容与：徘徊犹豫。 历：经过。 二世：秦二世胡亥。 9 持身：立身。 埶：同“势”。 10 寤：通“悟”，觉悟，醒悟。 11 操行：操守、品行。 得：有。 坟墓：祖坟。 芜秽：荒芜。 不食：没人祭祀。食，血食，祭祀。 12 敻(xiòng)：辽远。此以下五句，《汉书》删。 佅：通“昧”，暗。 13 罔阆：亦作“罔两”。本指古代传说中的一种精怪，句中意为恍惚而无所依据的魂魄。 拾(shè)：蹑足而上。 九天：天空最高处。《史记正义》引《太玄经》云：“九天谓一为中天，二为羡天，三为从天，四为更天，五为晬天，六为廓天，七为减天，八为沉天，九为成天。”

相如拜为孝文园令[1]。天子既美子虚之事，相如

相如被任命为孝文帝的陵园令。天子已经赞美了子虚之事，相

见上好仙道，因曰："上林之事未足美也，尚有靡[2]者。臣尝为《大人赋》，未就，请具[3]而奏之。"相如以为列仙之传居山泽间，形容甚臞，此非帝王之仙意也，乃遂就《大人赋》。[4]其辞曰：

如又看到皇上喜好仙道，于是说："上林的事还不算是最好的，还有更美好的。臣曾经作《大人赋》，没有写完，请允许我写完后献给皇上。"相如认为众仙人中的儒者居住在山林沼泽间，形体容貌特别清瘦，这不是帝王心意中的仙人形象，于是就写成《大人赋》。赋中写道：

注释　1 孝文园令：汉文帝陵墓之陵园令。陵园令，秩六百石，掌管陵园扫除之事。　2 靡：靡丽，更美的。　3 具：完备。　4 传：《史记志疑》附案：《汉书》"传"作"儒"，师古曰："凡有道术者为儒，流俗本作'传'字，非也。"《索隐》以"相传"解之，非。　臞(qú)：清瘦。　《大人赋》：《史记志疑》附案：赋中字句有与《汉书》异者，皆义得两通，故不具论。《评林》明康海曰："古人作文，皆有依仿，《大人赋》全用屈平《远游》中语。"

世有大人兮，在于中州。[1]宅弥万里兮，曾不足以少留。[2]悲世俗之迫隘兮，朅轻举而远游。[3]垂绛幡之素蜺兮，载云气而上浮。[4]建格泽之长竿兮，总光耀之采旄。[5]垂旬始以为幓兮，抴彗星而为髾。[6]掉指桥以偃蹇兮，又旖旎

世上有大人啊，在中原地区。住宅有万里之长啊，不曾值得他稍稍停留。悲伤世俗的狭窄啊，便轻轻飞升离去，向远方漫游。乘着赤幡为饰的素虹啊，乘云气而上浮。竖起状如炎火的云气长竿啊，拴结起光亮闪耀的五彩旄旗。垂挂着旬始星作为旌旗的飘带啊，拖着彗星作为旌旗的垂羽。旌旗随风摇动，委曲宛转啊，柔和美好地摇摆着。

以招摇。[7]揽欃枪以为旌兮，靡屈虹而为绸。[8]红杳渺以眩湣兮，猋风涌而云浮。[9]驾应龙象舆之蠖略逶丽兮，骖赤螭青虬之蚴蟉蜿蜒。[10]低卬夭蟜据以骄骜兮，诎折隆穷蠼以连卷。[11]沛艾赳螑仡以佁儗兮，放散畔岸骧以孱颜。[12]跮踱輵辖容以委丽兮，蜩蟉偃蹇怵臬以梁倚。[13]纠蓼叫奡蹋以艐路兮，蔑蒙踊跃腾而狂趡。[14]莅飒卉翕熛至电过兮，焕然雾除，霍然云消。[15]

揽取欃枪作为旌旗啊，旗杆上缠绕着弯曲的彩虹作为绸缎。天空红而深远，使人眼睛昏花啊，狂飙奔涌，云气飘浮。乘上应龙、象车屈曲前进啊，驾着赤螭、青虬蜿蜒行驶。龙身有时屈曲起伏、昂首腾飞、恣意奔驰啊，有时又屈折隆起、盘绕蜷曲。头时低时昂停滞不前啊，放纵任性而翘首不齐。忽进忽退，摇目吐舌，像趋走的鸟儿舒翼飞翔、左右相随啊，有时掉转头来，屈曲婉转似地奔跑，如屋梁相互倚靠。或缠绕喧嚣踏到路上啊，或飞扬跳跃，奔腾狂进。或迅捷飞翔，相互追逐，疾如闪电啊，突然间又如雾散云消。

注释　1 大人：君王，天子。　中州：中国，中原。　2 弥：布满。　曾不：不曾。　足：值得。　少：稍微。　3 迫隘：逼迫。　朅(qiè)：离去。　4 垂：乃“乘”之讹。　绛幡：红色旗幡。　素蜺：白色的副虹。　5 “建格泽之长竿”两句：《史记集解》引《汉书音义》曰：“格泽之气如炎火状，黄白色，起地上至天，以此气为竿。旄，葆也。总，系也。系光耀之气于长竿，以为葆者。”葆，即纛头。格泽(hè duó)，星名。《史记·天官书》：“格泽星者，如炎火之状。黄白，起地而上。下大，上兑。”　6 旬始：星名，其气如雄鸡，见北斗旁。一说“太白，名旬始，如雄鸡也”。　幓(shān)：古代旌旗上的飘带。　抴(yè)：拉。　髾(shāo)：旌旗上所垂的羽毛。　7 掉：摆动，摇动。　指桥：柔弱貌。　偃蹇：委曲宛转。　旖旎：柔和美好。　招摇：

摇动貌。 8 欃(chán)枪:即“天枪”,彗星的别名。古人认为是凶星,主不吉。 靡:“縻”,缠绕。 9 杳渺:渺茫遥远。 眩涽:眼昏花貌。 猋(biāo)风:旋风,疾风。 10 应龙:古代传说中一种有翼的龙。 象舆:大象驾的车。 蠖(huò)略:谓行步进止貌。 逶丽:蜿蜒曲折貌。 骖:此指以……为骖乘。 赤螭:传说中的赤色无角小龙。 青虬:传说中的一种青龙。 蚴蟉(yōu liú):屈曲行动貌。 11 低卬:时起时伏。卬,通“仰”,举首向上。 夭蟜:亦作“夭矫”,屈伸貌。 骄骜:纵恣奔驰。 诎折:即“屈折”。 隆穷:隆起貌。 蠼(jué):卷曲盘绕貌。 连卷:即“连蜷”,蜷曲的样子。 12 沛艾:昂首摇动貌。 赳螑(xiù):伸颈低昂貌。 仡(yì):抬头。 佁儗(chì yì):停滞不前。 放散:放任散漫。 畔岸:放纵任性。 骧:上仰。 孱颜:参差不齐貌。 13 跮踱(dié duó):走路时忽进忽退。 輵辖(è hé):摇目吐舌貌。 委丽:同“逶丽”。 绸缪:亦作“蜩蟉(tiáo liú)”,掉转头。 怵臭(chù chuò):奔走貌。 梁倚:相依相靠。 14 纠蓼(liáo):相互牵缠。 叫奡(ào):喧呼。 蹋:踏。 艐(jiè):至,到。 蔑蒙:飞扬。 趡(cuǐ):奔跑。 15 莅飒:形容飞行迅捷。 卉翕:形容风声迅捷。 熛(biāo):闪光。 电过:雷电闪过。 焕然:明亮的样子。 霍然:迅疾消散的样子。

邪绝少阳而登太阴兮,与真人乎相求。[1] 互折窈窕以右转兮,横厉飞泉以正东。[2] 悉征灵圉而选之兮,部乘众神于瑶光。[3] 使五帝先导兮,反太一而后陵阳。[4] 左玄冥而右含靁兮,前陆离而后潏湟。[5] 厮征伯侨而役

斜渡东极而登上北极啊,和神仙们在一起交游。走过曲折深远的地方而向右转啊,横渡飞泉向正东奔去。招来所有的神仙进行挑选啊,在那瑶光星上部署众神。让五帝前面开路啊,遣返太乙而让陵阳子明做侍从。左边有玄冥而右面有含雷啊,前有陆离而后有潏湟。役使征伯侨和羡门

羡门兮,属岐伯使尚方。[6]祝融惊而跸御兮,清雰气而后行。[7]屯余车其万乘兮,綷云盖而树华旗。[8]使句芒其将行兮,吾欲往乎南嬉。[9]

高啊,嘱托岐伯掌管药方。命祝融清道负责警戒而清道啊,消除凶气而后前进。聚集我的万辆车驾啊,举起五色云合成的车盖,树起华丽的旗。让句芒率领随从啊,我要到南方去游乐。

注释 1 邪绝:斜行渡越。邪,通"斜"。 少阳:东极。 太阴:北极。 真人:仙人。 2 互折:交互曲折。 窈窕:深远貌。 厉:不脱衣服涉水,渡。 飞泉:《史记正义》引张云:"飞泉,谷也,在昆仑山西南。" 3 征:征召,召集。 灵圉:仙人所居之处,此指众仙。 部乘:部署。 瑶光:北斗星座杓头第一星。 4 五帝:此指五天帝,古称"五方天帝"。即东方苍帝灵威仰,南方赤帝赤嫖怒,中央黄帝含枢纽,西方白帝白招拒,北方黑帝叶光纪。 反:同"返"。 太一:即太乙,星名,古人以为天上之尊神。 陵阳:指传说中的仙人陵阳子明。 5 玄冥:传说佐北方黑帝之神。 含靁:《汉书》作"黔雷",《史记集解》引《汉书音义》:"天上造化神名也。或曰水神。"靁,"雷"的本字。 陆离、潏湟:皆为神名。陆离,《汉书》作"长离"。 6 厮:役使。 征伯侨:传说中的仙人名。一说即王子乔。 羡门:即传说中碣石山上的仙人羡门高。 属(zhǔ):嘱托。 岐伯:传说中的黄帝臣,任太医。 尚方:掌管方药。 7 祝融:《史记正义》引张揖云:"祝融,南方炎帝之佐也。兽身人面,乘两龙,应火正也。火正祝融警跸清氛气也。" 跸(bì)御:古时帝王出行,禁止行人车马通行以清道。 雰(fēn)气:特指凶气。 8 屯:聚集。 余车:皇帝辇的别称。 綷(cuì):五彩杂合。 云盖:合五彩云为盖。 9 句(gōu)芒:《史记正义》引张云:"句芒,东方青帝之佐也。鸟身人面,乘两龙。" 将(jiàng)行:率领从者巡行。 嬉:游乐。

历唐尧于崇山兮，过虞舜于九疑。[1]纷湛湛其差错兮，杂遝胶葛以方驰。[2]骚扰冲苁其相纷挐兮，滂濞泱轧洒以林离。[3]钻罗列聚丛以茏茸兮，衍曼流烂坛以陆离。[4]径入雷室之砰磷郁律兮，洞出鬼谷之崫礨嵬磈。[5]遍览八纮而观四荒兮，朅渡九江而越五河。[6]经营炎火而浮弱水兮，杭绝浮渚而涉流沙。[7]奄息总极泛滥水嬉兮，使灵娲鼓瑟而舞冯夷。[8]时若薆薆将混浊兮，召屏翳诛风伯而刑雨师。[9]西望昆仑之轧沕洸忽兮，直径驰乎三危。[10]排阊阖而入帝宫兮，载玉女而与之归。[11]舒阆风而摇集兮，亢乌腾而一止。[12]低回阴山翔以纡曲兮，吾乃今目睹西王母。[13]皬然白首载胜而穴处兮，亦幸有三足乌为之使。[14]必长生若此而不死兮，虽济万世不足以喜。

在崇山见到唐尧啊，在九嶷山拜访了虞舜。车骑纷繁而重重交错啊，杂乱地一同向前奔驰。骚扰相撞一片混乱啊，澎湃淋漓无边无际。群山簇聚罗列，万物丛集茂盛啊，到处散布而参差不齐。直入险峻深邃的雷室啊，穿过突兀不平的鬼谷。遍览八纮而远望四方啊，渡过九江又越过五河。往来炎火山而泛舟弱水啊，涉过小洲而渡过流沙。突然在葱岭休息，在水中沉浮嬉戏啊，让女娲奏琴而令河伯跳舞。天色阴暗而不明啊，召来雷神诛责风神而刑罚雨师。西望昆仑恍恍惚惚啊，径直朝着三危山奔驰。推开天门而进入帝宫啊，载着仙女一起归来。登上阆风山而高兴地停下歇息啊，就像乌鸟高飞而后一齐停在那里。在阴山徘徊婉转地飞翔啊，到今天我才看到西王母。她满头白发戴着首饰住在洞穴中啊，幸而有三足乌供她驱使。一定要像她这样长生不老啊，不然即使活万世也不值得欢喜。

注释 1 崇山:《史记正义》引张云:“崇山,狄山也。《海外经》云‘狄山,帝尧葬其阳’。” 九疑:即九嶷山,相传舜葬于此,在今湖南永州市零陵区境。 2 湛湛:聚集貌。 差错:纵横交错。 杂遝(tà):纷杂繁多貌。 胶葛:交错纠缠貌。 方:并。 3 冲苁(cōng):犹冲撞。 纷挐(rú):纷乱错杂。 滂濞:亦作“滂沛”,同“澎湃”,水势盛大貌。 泱轧:无边无际的样子。 林离:水流不绝貌。 4 钻:通“攒”,聚。 茏茸(qì):聚集貌。 衍曼:绵延不绝貌。 流烂:散布。 坛:众多盛大貌。 陆离:分散参差的样子。 5 雷室:雷神出入之渊。 砰磷(pēng lín):深峻貌。 郁律:深邃貌。 鬼谷:《史记集解》引《汉书音义》云:“鬼谷在北辰下,众鬼之所聚也。” 崛礨(jué lěi):不平貌。 磈(huái):高峻不平。 6 八纮(hóng):八方极远之地。 四荒:四方。 朅(qiè):句首语气词。 九江:长江及其所有的支流。 五河:神话传说中昆仑山流出的五色之河。“五色”即紫、碧、绛、青、黄。 7 经营:往来,周旋。 炎火:《史记正义》引姚丞云:“《大荒西经》云‘昆仑之丘,其外有炎火之山,投物辄然’。” 弱水:一说为传说中的西域水名。一说即发源于祁连山,途经巴丹吉林沙漠,流入居延泽的古弱水。 杭绝浮渚:《史记集解》引《汉书音义》曰:“杭,船也。绝,渡也。浮渚,流沙中渚也。” 流沙:沙漠。一说指西域地区。 8 奄息:休息。 总(cōng)极:葱岭之巅。总,通“葱”,葱岭。 泛滥:浮游于水上。 水嬉:水中戏要。 灵娲:即女娲。 瑟:《汉书》作“琴”。 冯夷:传说中的黄河之神,即河伯。 9 薆薆:《汉书》作“暧暧”,阴暗不明貌。 屏翳(yì):传说中的雷神。 风伯:即风神飞廉。 雨师:雨神。 10 轧沕(wù)洸忽:皆恍惚不明貌。 直径:捷迅,直接。 三危:神话传说中的山名。一说此山在今甘肃敦煌市东南。 11 排:推开,打开。 阊阖:天门。 玉女:传说中的仙女。 12 舒:登。 阆(làng)风:传说中的山名,在昆仑阊阖之中。 摇:通“遥”,遥远。 集:停留。 亢乌腾:《史记集解》引《汉书音义》曰:“亢然高飞,如乌之腾也。” 13 低回:徘徊。 阴山:传说中西王母所居之山,在大昆仑西二千七百里。 纡

(yū)曲:迂回曲折。 西王母:中国古代神话中的女仙人。 **14** 皬(hé)然:洁白状。 载:通“戴”。 胜:玉胜。《史记正义》引颜师古云:“胜,妇人首饰也,汉代谓之华胜也。” 三足乌:《史记正义》引张辑云:“三足乌,青鸟也。主为西王母取食,在昆墟之北。”

回车朅来兮,绝道不周,会食幽都。[1] 呼吸沆瀣兮餐朝霞,噍咀芝英兮叽琼华。[2] 嬐侵浔而高纵兮,纷鸿涌而上厉。[3] 贯列缺之倒景兮,涉丰隆之滂沛。[4] 驰游道而修降兮,骛遗雾而远逝。[5] 迫区中之隘陕兮,舒节出乎北垠。[6] 遗屯骑于玄阙兮,轶先驱于寒门。[7] 下峥嵘而无地兮,上寥廓而无天。[8] 视眩眠而无见兮,听惝恍而无闻。[9] 乘虚无而上假兮,超无友而独存。[10]

相如既奏《大人之颂》,天子大说,飘飘有凌云之气,似游天地之间意。

掉转车头归来啊,到不周山道路不通,于是就在幽都山会餐。呼吸夜露啊而口食朝霞,咀嚼灵芝啊而稍食琼华。抬头仰望而身体渐渐高升啊,纷然腾涌而向上疾飞。穿过闪电的倒影啊,涉过云神兴作的滂沱大雨。驰骋游车、导车从高处下降啊,抛开云雾而远去。迫于世间的狭窄啊,缓缓走出北极的边际。把屯骑留在北极山上啊,将先驱留在天北门前。下看深远而无大地啊,上视广阔而无天边。视线模糊而不清,听觉恍惚无所闻。乘着虚无而上至远处啊,超然于无有而独自长存。

相如献上《大人之颂》以后,天子十分高兴,以至飘飘然有凌驾云天的感觉,好像遨游在天地之间。

注释 **1** 不周:传说中的山名,在昆仑山东南。 幽都:北方极远之地。**2** 沆瀣(hàng xiè):夜间的水气,露水。 噍咀(jiào jǔ):咀嚼。 芝英:

灵芝之花。 叽(jī):稍微吃一点。 琼华:琼树之花,又称“玉英”。传说吃琼花可长生不老。 3 妗(yǐn):仰头貌。 侵浔:亦作“侵寻”,渐进。 鸿涌:水波汹涌貌。 厉:疾飞。 4 贯:穿。 列缺:闪电。 景:“影”的本字。 丰隆:云神。 滂沛:大雨滂沱。 5 游道:游车与导车。道,通“导”。 修:长。 骛:追逐。 遗雾:抛开云雾。 6 区中:人世间。 隘陕:狭隘。 舒节:缓行。 北垠:北方之边际。 7 遗:留下。 屯骑(jì):众多的随从骑兵。 玄阙:北极之山。 轶:超越。 先驱:在前开道的部队。 寒门:天之北门。 8 峥嵘:深远貌。 寥廓:空旷貌。 9 眩眠:眼睛昏花。 惝恍:模糊。 10 虚无:天空。 假:通“遐”,远。 超:超然。

相如既病免,家居茂陵[1]。天子曰:“司马相如病甚,可往从悉取其书;若不然,后失之矣。”使所忠[2]往,而相如已死,家无书。问其妻,对曰:“长卿固[3]未尝有书也。时时著书,人又取去,即空居。长卿未死时,为一卷书,曰有使者来求书,奏之。无他书。”其遗札书言封禅事,奏所忠。[4]忠奏其书,天子异之。其书[5]曰:

相如因病免官后,家住茂陵。天子说:“司马相如病得很厉害,可派人去把他的书都取回来;不然,以后就散失了。”于是派所忠前去,所忠到时相如已经死了,家中没有书。问他的妻子,她回答说:“长卿本来就不曾有书。他经常写书,又时常被人拿去,家里就什么也没有。长卿还没死的时候,写了一卷书,他说有使者来求取书,就将它献上。再没有别的书了。”他遗留下来的书谈的是有关封禅的事情,他的妻子把它交给所忠。所忠把书献给天子,天子看了后很惊异。书上说:

注释 1 茂陵:本为汉武帝之陵墓,后置县。地址在今陕西兴平市东北,渭水北岸。 2 所忠:使者姓名。《史记正义》:“姓所,名忠也。《风俗通·姓氏》云:‘《汉书》有谏大夫所忠氏。’” 3 固:本来。 4 札:古人用来写字的木片。 封禅:皇帝进行封天禅地的祭祀活动。 5 书:为《言封禅书》文。

伊上古之初肇,自昊穹兮生民,历撰列辟,以迄于秦。[1] 率迩者踵武,逖听者风声。[2] 纷纶葳蕤,堙灭而不称者,不可胜数也。[3] 续《昭》《夏》,崇号谥,略可道者七十有二君。[4] 罔若淑而不昌,畴逆失而能存?[5]

远古开始,天生万民,经历各代君王,一直到秦朝。循着近世君王遗留的踪迹,听察远古君王的遗风美名。繁多而纷乱,名声和事迹沉埋而不为世所称道的,数也数不完。继承虞舜、夏禹的风化,崇尚尊号美谥,封禅泰山而稍可称道的有七十二君。有谁顺从善道而不昌盛,谁逆行失德而能长存?

注释 1 伊:句首语气词。 肇:开始。 昊穹:苍天。 历撰:亦作“历選”,依序逐一地数。 辟:君王。 2 率迩者踵武:《史记集解》引徐广曰:“率,循也。迩,近也。武,迹也。循省近世之遗迹。” 逖听者风声:《史记集解》引徐广曰:“逖,远也。听察远古之风声。”《史记索隐》:“风声,《风》《雅》之声。以言听远古之事,则著在《风》《雅》之声也。” 3 纷纶:杂乱。 葳蕤(wēi ruí):众多貌。 堙(yīn)灭:泯灭。 4《昭》:即《韶》,舜时之乐。《夏》:夏禹之乐。 号:字号,名号。 谥:谥号。 有:通“又”。 5 罔:无。 若:顺。 淑:善。 畴:谁。 逆失:悖逆失理。

轩辕[1]之前,遐哉邈乎,其详不可得闻也。五三《六经》载籍之传,

轩辕以前,距今久远,详细情况无法知晓了。五帝三王,有《六经》典籍记载中的传说,可以看到大概的情

维见可观也。[2]《书》曰“元首明哉，股肱良哉”。[3]因斯以谈，君莫盛于唐尧，臣莫贤于后稷。[4]后稷创业于唐，公刘发迹于西戎，文王改制，爰周郅隆，大行越成，而后陵夷衰微，千载无声，岂不善始善终哉！[5]然无异端，慎所由[6]于前，谨遗教于后耳。故轨迹夷易[7]，易遵也；湛恩蒙涌[8]，易丰也；宪度著明，易则[9]也；垂统[10]理顺，易继也。是以业隆于襁褓而崇冠于二后。[11]揆厥所元，终都攸卒，未有殊尤绝迹可考于今者也。[12]然犹蹑梁父，登泰山，建显号，施尊名。[13]大汉之德，逢涌原泉，沕潏漫衍，旁魄四塞，云尃雾散，上畅九垓，下溯八埏。[14]怀生之类沾濡浸润，协气横流，武节飘逝，迩陕游原，迥阔泳沫，首恶湮没，暗昧

况。《尚书》上说“君主英明啊，大臣杰出”。据此来说，君王没有比唐尧英明的，大臣没有比后稷贤良的。后稷在唐尧时创立功业，公刘在西戎发迹，文王改革制度，使周极为昌盛，大道于是形成，以后虽衰颓微弱，但千年以来无恶声，这难道不是善始善终么？然而没有别的原因，只是前代先王在开始时能谨慎地对待前人的经验教训，又能严谨地垂教于后世子孙罢了。所以前人开拓的轨迹平易，就容易遵循；恩德深广，容易兴盛；法度显明，容易效法；传续法统合乎天理，容易继承。因此王业兴盛于成王时代，而功绩数文王、武王最高。考察周朝的开始和终结，并没有特别优异突出的事迹可以和今天汉朝相比较。然而，周人也还是登上泰山和梁父山，建立显贵的封号，施加尊崇的美名。大汉的恩德，就像源泉涌出，奔流漫溢，震慑四方，如云雾散布，上通九天，下流八荒。一切的生物都受到恩泽滋润，和气横溢，军威远逝，近者如同游于恩泽的源头，远者好似泳于恩惠的末流，罪魁祸首都已湮灭，蒙昧卑俗的人见到光明，万物

昭晢，昆虫凯泽，回首面内。[15]然后囿驺虞之珍群，徼麋鹿之怪兽，䆃一茎六穗于庖，牺双觡共抵之兽，获周余珍收龟于岐，招翠黄乘龙于沼。[16]鬼神接灵圉，宾于闲馆。[17]奇物谲诡，俶傥穷变。[18]钦哉，符瑞臻兹，犹以为薄，不敢道封禅。[19]盖周跃鱼陨杭，休之以燎，微夫斯之为符也，以登介丘，不亦恧乎！[20]进让之道，其何爽与？[21]

和乐，掉转头来朝着中土。然后，聚集珍贵的驺虞，拦截罕见的白麟，在庖厨中选出一茎六穗的嘉禾，拿生着双角的野兽作为祭品，在岐山获得周朝遗留的宝鼎和畜养的神龟，从沼泽里招来了神马。托鬼神迎来各路神仙，在闲馆中待以宾客礼节。珍奇之物，卓异超凡，变化无穷。令人钦敬啊，符兆祥瑞都在这里显现，还认为功德薄弱，不敢谈到封禅的事。周代时跳跃的鱼儿坠落到船中，周武王用它焚柴，这作为符兆太微小了，但他却因此登上泰山，不惭愧么！周朝不该封禅却封禅，汉朝应该封禅而不封禅，进让的原则，差距太大啊！

注释　1 轩辕：黄帝。　2 五三：即“五帝三王”。《六经》：儒家的六部经典。　维：句首发语词。　3《书》：即《尚书》。　“元首明哉”二句：出自《尚书·益稷》篇。股肱，本指人的大腿和手臂，后常喻指得力大臣。4 斯：此。　后稷：周人始祖，曾任尧、舜的农官。　5 唐：唐尧。　公刘：传说为后稷曾孙。曾率周族迁至西戎居住的豳地，奠定了周族发展的基础。　文王：周文王姬昌。　爰：于是。　郅：至。　大行：大道。　越：于是。　陵夷：衰败。　无声：《史记集解》：“徐广曰：‘周之王四海，千载之后声教乃绝。’骃案：韦昭曰‘无恶声’。”　6 所由：所经历的道路。此处代指经验教训。　7 夷易：平易。　8 蒙涌：《汉书》作“庞洪”，广大。9 则：以此为则，遵守。　10 垂统：流传的法统、大业。　11 襁褓：本指包裹婴儿的小被,此喻周武王死后幼小的周成王。 崇冠:功德超越。 二后:此指周文王、周武王。 **12** 揆(kuí):度量。 厥:其。 元:开始。 都:于。 攸:所。 卒:终。 殊尤:特别突出。 绝迹:非常之事迹。 **13** 蹑(niè):登。 梁父(fǔ):亦作"梁甫"。泰山下的一座小山,在今山东新泰市西。古代皇帝常在此辟基祭奠山川大地。 **14** 逢涌原泉:如同源泉一样喷涌而出。逢涌,势盛貌。 沕潏(mì yù):泉流貌。 漫衍:流溢。 旁魄:即"磅礴"。 尃(fū):散布,消散。 畅:畅通。 九垓(gāi):九重天。 泝(sù):逆水流而上。 八埏(yán):八方极远之地。 **15** 怀生之类:有生命的万物。 沾濡:浸湿,此指恩泽遍及。 协气:调协柔和之气。 横流:广泛流布。 迩陕:亦作"迩狭",近。 游原:游览其本源。 迥阔:远。 暗昧:蒙昧卑俗之人,喻指夷狄。 昭晢:光亮,文明。 凯泽(yì):和乐。泽,通"怿"。 面内:面向汉王朝。 **16** 囿:聚集。 驺虞:传说中的珍贵仁兽,出现在太平盛世。 珍群:瑞兽。 徼(yāo):遮拦。 麋鹿:《史记集解》引《汉书音义》曰:"麋鹿得其奇怪者,谓获白麟也。" 䆃(dào):选择谷物。 于庖:谓于庖厨以供祭祀。 牺:牺牲。 双觡(gé):双角。觡,有枝之角。 共抵:《史记集解》:"《汉书音义》曰:'底,本也。武帝获白麟,两角共一本,因以为牲也。'" 周:周朝。 余珍:遗留下来之珍宝。此指周鼎。 收龟:获得神龟。收,《汉书》《文选》作"放"。 岐:岐山。 翠黄:即乘黄,亦名"腾黄",传说中的神马名。 **17** 灵圉:传说中的仙人名。 宾于闲馆:宾旅于闲馆之中。 **18** 谲诡:变化奇巧。 俶傥:同"倜傥",卓异。 **19** 臻:至。 兹:此。 **20** 周跃鱼陨杭:《史记索隐》:"杭,舟也。胡广云:'武王渡河,白鱼入于王舟,俯取以燎。陨,坠之于舟中也。'" 燎(liào):古祭名,烧柴祭天。此事本伪《泰誓》。 微:微小的祥瑞。 斯:此。 介丘:大山,此指泰山。 恧(nǜ):惭愧。 **21** 进让之道:《史记集解》引《汉书音义》曰:"进,周也。让,汉也。言周未可封禅而封禅为进,汉可封禅而不封禅为让也。" 其何爽与:《史记索隐》:"何其爽与。爽犹差也。言周未可封而封,汉可封而不封，为进让之道皆差之也。”

于是大司马[1]进曰：“陛下仁育群生，义征不憓，诸夏乐贡，百蛮执贽，德侔往初，功无与二，休烈浃洽，符瑞众变，期应绍至，不特创见。[2]意者泰山、梁父设坛场望幸，盖号以况荣，上帝垂恩储祉，将以荐成，陛下谦让而弗发也。[3]挈三神之欢，缺王道之仪，群臣恧焉。[4]或谓且天为质暗，珍符固不可辞；若然辞之，是泰山靡记而梁父靡几也。[5]亦各并时而荣，咸济世而屈，说者尚何称于后，而云七十二君乎？[6]夫修德以锡符，奉符以行事，不为进越。[7]故圣王弗替，而修礼地祇，谒款天神，勒功中岳，以彰至尊，舒盛德，发号荣，受厚福，

于是大司马进谏说：“陛下仁爱地抚育众生，依据道义来征讨不顺，华夏诸国都乐于进贡，蛮夷们拿着礼品来朝见，德同当初，功业至高，丰功伟绩遍及各地，符兆祥瑞不断变化，应期而陆续到来，不只是初次显现。想来是泰山、梁父山的坛场盼望皇上幸临，符信相合来和前代比荣耀，上天垂恩积福，将以祭奠而告成功，陛下谦恭礼让而不封禅。断绝三神的欢喜，使王道失仪，群臣惭愧啊！有人说，天道是质朴暗昧的，珍奇的符兆本来就不可以拒绝；如果拒绝它，那泰山将无立表记的机会而梁父山无享受祭祀的希望了。如果古代帝王都是一时荣耀，毕世而灭绝，述说者还有什么称述于后代，而说有七十二君封禅泰山呢？德行修明就赐给符瑞，尊奉符瑞而行封禅的事，不能算是越礼。所以圣明的帝王不废封禅，修行礼仪恭奉地神，诚敬地谒告天神，在中岳嵩山刻石记功，来彰明至上的尊位，宣扬隆盛的德行，显示荣耀的称号，承受丰厚的福禄，来使老百姓受到浸润。这种事伟大

以浸黎民也。[8]皇皇哉斯事！[9]天下之壮观，王者之丕[10]业，不可贬也。愿陛下全之。而后因杂荐绅先生之略术，使获耀日月之末光绝炎，以展采错事，犹兼正列其义，校饬厥文，作《春秋》一艺，将袭旧六为七，摅之无穷，俾万世得激清流，扬微波，蜚英声，腾茂实。[11]前圣之所以永保鸿名而常为称首者用此，宜命掌故悉奏其义而览焉。[12]"

啊！天下的雄壮景象，帝王的大事业，不可贬损呀。希望陛下成全它。然后综合诸儒的道术，使他们获得日月余光远焰的照耀，以施展他们的才能，专心于政事，还要兼正天时人事，阐述封禅大义，校订润饰文辞，著成《春秋》一样的经书，将沿袭旧有的'六经'而变为'七经'，传布到无穷，使万世以后还能激发忠义之士，扬起微波，飞传英明的名声，传送盛美的德业。以前的圣君之所以能够永远保持他的美名，而时常被赞美，就是因为这个缘故，应该让太师掌故将封禅的大义全都呈奏陛下以备观览。"

注释　1 大司马：周时天子所置执政三官之一。西汉武帝时为加官。　2 慑：顺服。　贽(zhì)：古代初次拜见尊长时所送的礼物。　侔：相等。　浃(jiā)洽：遍及。　期：应验之期。　绍：继。　特：但，只。　创见(xiàn)：初次显现。　3 意者：大概、或许。　幸：帝王驾临。　盖号：犹言合符。　况：比。　祉(zhǐ)：福。　荐：进献。　4 挈：通"契"，断绝。　三神：上帝、泰山、梁父。一说指地祇、天神、山岳。　5 质暗：暗昧。　珍符：珍奇的符瑞。　靡记：没有表记。　几：庶几，希望。文中喻指祭祀。　6 并时：一时。　济世：历世。　屈：绝。　7 锡：赐。　进越：僭越。　8 替：废弃。　地祇：地神。　谒款：虔诚拜谒。　勒功：刻石记功。　中岳：嵩山。　9 皇皇：美盛貌。　斯：此。　10 丕：大。　11 因杂：综合。　荐绅先生：此指学者。　略术：学术。　获耀：发出光芒。　末光：余晖。　绝炎：远焰。　展采:供职。 错:通"措"。校饬:校改修饰。 厥:其。《春秋》一艺:《史记集解》引《汉书音义》曰:"《春秋》者,正天时,列人事,诸儒既得展事业,因兼正天时,列人事,叙述大义为一经。" 六:儒家之"六经"。 摅(shū):散布。 俾:使。 蜚:通"飞",飞扬。 腾:腾驰,传送。 茂实:盛美之德业。 12 鸿:通"洪",大。 称首:称道。 掌故:官名,掌管礼乐制度等的故实。

于是天子沛然[1]改容,曰:"愉[2]乎,朕其试哉!"乃迁思回虑,总公卿之议,询封禅之事,诗大泽之博,广符瑞之富。[3]乃作颂曰:

于是天子感动地改变了神色,说:"是呵,我试一试吧!"便反复思考,综合公卿的议论,询问封禅的事情,歌咏大泽的广博,宣扬符瑞之丰富。于是作颂说:

注释 1 沛然:感动貌。 2 愉:表示同意和首肯之词。 3 迁思回虑:反复思考。 总:归纳。 诗:歌颂。 广:宣扬。

自我天覆,云之油油。[1]甘露时雨,厥壤可游。[2]滋液渗漉[3],何生不育;嘉谷六穗,我穑曷蓄。[4]

非唯雨之,又润泽之;非唯濡之,氾尃濩之。[5]万物熙熙[6],怀而慕思。名山显位,望君之来。君乎君乎,侯不迈哉[7]!

覆盖我的苍天,云朵油然而行。普降甘露和及时雨,其地可以畅游。雨水润泽下流,生物无不受到滋养;嘉禾一茎长出六穗,我收获的谷物储存在何处?

不只洒降雨水,又把大地润泽;不但浸润我一人,而且还普遍散布。万物生机勃勃,怀恋而又思慕。名山应当有尊位,盼望君王前来。君王啊,君王,为何不行封禅之事!

注释 1 天覆:上天覆被万物。后用以称美帝王仁德广被。 油油:云行貌。 2 甘露时雨:及时地下着甘甜之雨露。 厥:其。 3 滲漉:水滲润地下。 4 穑:此指收获的庄稼。 曷蓄:储存在何处。 5 濡(rú):浸润。 泛:普遍。 尃濩(fū huò):散布。尃,"敷"的古字。 6 熙熙:旺盛的样子。 7 俟不迈哉:《史记索隐》:"李奇云:'俟,何也。言君何不行封禅之事也。'案:迈训行也。如淳云'俟,维也'。"

般般[1]之兽,乐我君囿;白质[2]黑章,其仪可喜;旼旼睦睦,君子之能。[3]盖闻其声,今观其来。厥涂靡踪,天瑞之征。[4]兹亦于舜,虞氏以兴。[5]

文采斑斑的驺虞,喜欢我君的苑囿;黑纹配上白底,它的仪表美好可爱;和睦恭敬,像君子的姿态。听说过它的名声,现在看到它的降临。那路上没有踪迹,这是天降祥瑞的验应。这兽在舜时也出现过,舜因此而兴旺。

濯濯之麟,游彼灵畤。[6]孟冬十月,君徂郊祀。[7]驰我君舆,帝以享祉。三代[8]之前,盖未尝有。

肥壮的白麟,曾在那五畤嬉戏。孟冬十月时,君王前往郊祭。奔到君王车驾前面,天帝享而赐福。这事三代以前,大概不曾有过。

宛宛[9]黄龙,兴德而升;采色炫耀,熿炳[10]辉煌。正阳显见,觉寤黎烝。[11]于传载之,云受命所乘。[12]

黄龙一屈一伸,遇圣德而升天;色彩闪耀夺目,光辉灿烂。龙体显现,觉悟天下万民。在书传上有记载,说是受命天子之所乘。

注释 1 般般:即"斑斑",色彩鲜明貌。 2 质:质地。 3 旼旼(mín):和乐貌。 睦睦:恭敬貌。 能:通"(態)态"。 4 厥:其。 涂:通"途"。 5 兹:此。 虞氏:即舜。 6 濯濯(zhuó):肥泽貌。 灵畤(zhì):峙,为祭天地五帝的地方。《史记集解》引《汉书音义》曰:"武帝祠五畤,获白麟,故言游灵畤。" 7 孟冬:冬季的第一个月。 徂(zǔ):前往、到。 8 三代:夏、商、周三代。 9 宛宛:屈伸的样子。 10 爌炳:光明的样子。 11 正阳:南面。《史记索隐》引文颖曰:"阳,明也。谓南面受朝也。"此处指龙。 黎烝:民众。 12 受命:受命天子。

厥之有章,不必谆谆。[1] 依类托寓,谕以封峦。[2]

天命符瑞彰明,不必谆谆告知。应当依类寄托,告诉君王行封禅的事。

披艺观之,天人之际已交,上下相发允答。[3] 圣王之德,兢兢翼翼也。[4] 故曰"兴必虑衰,安必思危"。是以汤武至尊严,不失肃祗[5];舜在假典,顾省厥遗:此之谓也。[6]

翻开典籍来看,天道和人事已经相通,上下相互启发应答。圣王的功德就是兢兢业业,小心谨慎。所以说"兴盛的时候一定要考虑衰败,太平的时候一定要想到危险"。因此商汤、周武王位居至尊,不会忘记恭敬;虞舜居于高位,还反省自己的过失:说的就是这个道理。

注释 1 厥:其。 章:彰明。 谆谆:恳切叮咛。 2 依类:依于物类。 托寓:寄托。 封峦:封禅于山峦。 3 披:翻开,打开。 艺:经典。 天人:天道与人事。 发:启发。 4 兢兢:精勤貌。 翼翼:恭敬谨慎貌。 5 肃祗:恭敬。 6 假典:高位,重位。一说为祭天大典。 顾省(xǐng):顾念省察。 厥:其。

司马相如既卒五岁,天子始祭后土[1]。八年而遂先礼

司马相如死后五年,天子开始祭祀后土神。八年,就先祭祀

中岳，封于太山，至梁父禅肃然。[2]

相如他所著，若《遗平陵侯书》《与五公子相难》《草木书》篇不采，采其尤著公卿者云。[3]

中岳之神，再到泰山行封礼，到梁父的肃然山行禅礼。

司马相如的其他著作，如《遗平陵侯书》《与五公子相难》《草木书》等篇不收录，只收录他在公卿大臣中特别著名的。

注释 1 后土：土地神。 2 太山：即泰山。 肃然：《史记集解》引徐广曰："小山，在泰山下趾东北。" 3 相如他所著：《史记志疑》："《汉·艺文志》有相如作《凡将》一篇，《赋》二十九篇。又《汉书·佞幸传》云：'上方兴天地诸祠，欲造乐，令司马相如等作诗颂。'此何以不及？" 平陵侯：即苏建。 采：收录。

太史公曰：《春秋》推见至隐，《易》本隐之以显，《大雅》言王公大人而德逮黎庶，《小雅》讥小己之得失，其流及上。[1]所以言虽外殊，其合德一也。[2]相如虽多虚辞滥说，然其要归引之节俭，此与《诗》之风谏何异！[3]杨雄以为靡丽之赋，劝百风一，犹驰骋郑卫之声，曲终而奏

太史公说：《春秋》是在具体的史实中隐含微妙的意旨，《易经》是通过抽象微妙的道理告诉人们具体明显的事情，《大雅》颂扬王公大人的恩德施之于黎民百姓，《小雅》是通过个人的忧思得失来讽谏上层。所以言辞的外在表现虽然不同，但在德教上却是一致的。司马相如的文章虽然有许多浮夸的言辞，可是他的主旨能归引向节俭，这和《诗经》的讽谏有什么不同！杨雄认为他华丽的辞赋中，鼓励奢侈的言辞太多而劝谏节俭的言辞甚少，就像尽情演奏郑卫之音，曲终时才奏

雅，不已亏乎？[4] 余采其语可论者著于篇。	点雅乐，这不是太毁坏本意了吗？我收录了他的一些可以论述的文字，写在这篇文章之中。

注释 1 推见(xiàn)：推演明显的事物、情状。 隐：一说隐微，一说为隐讳。 隐之以显：《史记索隐》引韦昭曰："《易》本阴阳之微妙，出为人事乃更昭著也。" 逮：及。 黎庶：黎民百姓。 《小雅》讥小己之得失，其流及上：《史记集解》引韦昭曰："《小雅》之人志狭小，先道己之忧苦，其流乃及上政之得失者。" 2 外殊：表面上不同。 合德：洽德。即温柔敦厚的教化效果。 3 归引：归纳指引。 风：通"讽"，劝告、讽谏。 4 杨雄：《汉书》本传作"扬雄"。 劝百风一：讽谏之语仅占鼓励之言的百分之一。 郑卫之声：古人以为淫乐。 亏：毁坏，损害。